在志愿填报上 跑赢对手

主　编　闫庆龙　梁利营　李翔天

世界图书出版公司

图书在版编目(CIP)数据

在志愿填报上跑赢对手 / 闫庆龙，梁利营，李翔天主编. -- 北京 ：世界图书出版公司，2020.7

ISBN 978-7-5192-7471-9

Ⅰ. ①在… Ⅱ. ①闫… ②梁… ③李… Ⅲ. ①高等学校－招生－介绍－中国②毕业生－高中－升学参考资料 Ⅳ. ①G647.32

中国版本图书馆 CIP 数据核字(2020)第 069415 号

书　　名	在志愿填报上跑赢对手
（汉语拼音）	ZAI ZHIYUAN TIANBAO SHANG PAOYING DUISHOU
主　　编	闫庆龙　梁利营　李翔天
总 策 划	吴　迪
责任编辑	王林萍
装帧设计	包　莹
出版发行	世界图书出版公司长春有限公司
地　　址	吉林省长春市春城大街 789 号
邮　　编	130062
电　　话	0431-86805551(发行)　0431-86805562(编辑)
网　　址	http://www.wpcdb.com.cn
邮　　箱	DBSJ@163.com
经　　销	各地新华书店
印　　刷	长春市农安县胜达印刷厂
开　　本	880 mm×1230 mm　1/16
印　　张	21
字　　数	592 千字
印　　数	1—5 000
版　　次	2020 年 7 月第 1 版　　2020 年 7 月第 1 次印刷
国际书号	ISBN 978-7-5192-7471-9
定　　价	78.00 元

编　委　会

主　编　闫庆龙　梁利营　李翔天

副主编　孙运国　王　鑫

编　委　杨卫明　刘　明　齐孟卓　孙全亮　李志国　蔡佳轩
　　　　赵　群　刘　红　陈亚军　刘周颖　王艳辉

前言

志愿填报工作是从高中走入大学必经之路上的一个关键节点，也是这条路上每个人成长的关键节点，更是孩子们在父母、老师的呵护下成长转变为自主学习、自我管理的关键节点。在如此重要的环节上一定不能出现差错，因为这一步的工作不仅仅决定着考生进入什么样的大学、学习什么样的专业，在很大程度上更决定着考生以后的职业走向甚至是人生走向。

任何工作都需要在清晰而明确的指导思想指引下开展，因为这样往往能够使得工作高效而顺利地进行下去。志愿填报工作按照其特色也应具有指导思想、工作方向、具体做法和检验标准。编者在长期以来的工作中，通过大量工作案例的积累整理出了一套以“一个导向”为指导思想、“两个准备”为主要方向、“三个步骤”为具体做法、“四个标准”为检验原则的志愿填报思路，并将其在后文中逐一向读者进行介绍。

本书在介绍思路、方法之余，还内置了大量资料型信息，可以作为考生和家长获取信息的途径，也可以在一定程度上作为咨询师的资料书籍使用。

因编纂时间和水平有限，书中难免有错漏之处，欢迎各位读者朋友指正。

目录

第一章　志愿填报的基本原则

一、志愿填报时候要有明确的“导向”

高考志愿是考生在填报工作时指向与意愿的体现，也是高校、专业录取考生的依据。志愿填报的最直接结果或者说目标就是一个考生从高中进入大学，但是从一个人的职业之路和人生之路的角度来看，进入大学并不是一个结果，而仅仅是个人成长之路上的一个过程。一个人只有树立了远大的目标，才有可能熬过辛苦的当下。每个人给自己树立的目标都有可能是不相同的，有的人为了梦想而努力，有的人为了现实而奋斗。但是，回归到生活面前，绝大多数人都是要工作、就业的。因为工作和就业是实现包括梦想和现实在内的一切目标的基础，所以我们认为志愿填报工作应该从生涯规划出发、以就业为导向。

至于学习，中国早就有“活到老学到老”的说法，现在流行的叫“终身学习”，其实无论哪种描述，说的道理都是人应该让学习成为持续的、贯穿一生的过程，因为只有如此才能不断丰富自己、提高自己，在使得自身竞争力提升的同时增强为社会服务的能力。而学习可以粗略分为在学校学习以及不在学校学习两种。在学校学习因为时间相对固定、内容系统性强、其他因素干扰和影响小等特点而成为绝大多数人获取知识最多、知识体系最完整、个人提升最快的时期。但是，不同的人在校学习的时间长度是不一样的。在志愿填报的时候就想好进入什么样的院校、学习什么样的专业以及在校学习的时间长度是一种有规划的选择和做法。

从数据上看，我国2000年新生儿约为1380万人，而2019年报名高考的考生约为1000万，考虑到我国实施九年制义务教育，也就是说相当于约四分之一的青年没有进入高中就读或者没能够顺利进入高考报名阶段，这一部分青年要么直接进入社会工作，要么经过职业培训之后进入社会工作；而目前我国高考升学率已经超过82%，部分省份已经超过90%，也就是说只有不到五分之一的高中毕业生没有进入高校就读，相当于大学的毛入学率接近三分之二，在百万扩招的政策背景下升学率再提高8－10个百分点也是必然现象；最近几年我国每年硕士、博士研究生的招生数量已经达到76万人并且仍在增加，相当于高校毕业生总数的十分之一左右有机会进入研究生阶段学习，而三十年前全国本、专科录取总数也不过是60－70万人。当前青年人群的学历在普遍而迅速的提升，一方面看这是一个国家和民族进步的资本和基石，另一方面看也体现出当前时代青年们所面临的竞争压力还是很大的。

从上面资料看，无论是读完初中、高中就工作，还是经过3～5年本、专科学习或者再增加几年完成硕士、博士阶段的学习，最终都是要就业的。即便是发了很多论文做完了博士后留在大学开展教学或者科研工作，那也是就业。也就是说，无论在学校学习时间是长是短、学习历程是难是易，最终都要就业。那么，以进入大学为目标的志愿填报工作也应该以就业为目标，让学习、填报都围绕在“就业”这一目标进行是更容易达到较高的工作效率的，人生也更容易做出大的贡献，换个角度看就是通过更少的浪费而获得跑赢竞争对手的结果。

二、报考之前要研究一下就业数据

1. 热门专业的真伪分析

很多考生和家长在进行志愿填报的时候热衷于追逐热门专业，热门专业因为社会需求大、开设院校多、招生数量多、工作待遇好等原因受到喜爱属于正常现象。但是“热门专业”也有“真热门”“伪热门”“过气热门”和“准热门”之分。

编者对2019年部分高中毕业生的意向专业进行了统计，以便用数据说明在考生和家长心中的“热门专业”到底有哪些。统计对象涵盖了省会城市、副省级非省会城市、地级市和市县区，统计对象既有成长于城市环境的青年，也有生长在乡村地区的青年，具有一定代表性。

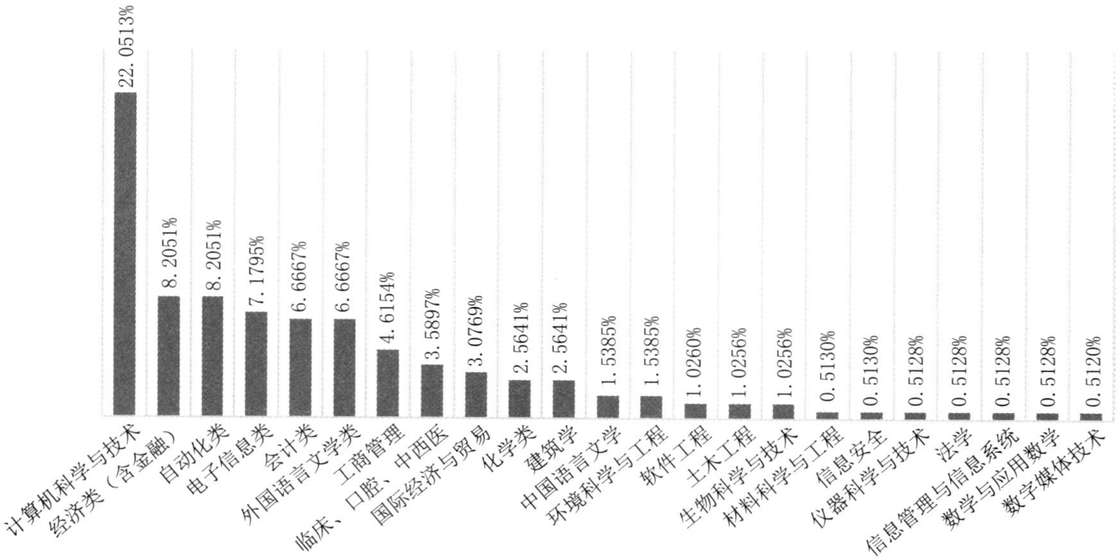

图1.1 第一专业意向统计

注：上图为意向人数较多的部分专业（类）比例示意图，部分意向人数较少的专业（类）未列出。

从上图可以看出，此部分专业（类）覆盖了占采样总人数86.14%的第一意向专业（类）。其中计算机科学与技术以超过22%的比例成为考生意向中的超级热门专业，经济类（含金融）、自动化类、电子信息类、会计类、外国语言文学类等五个专业（类）也均被超过5%的统计对象设置为第一意向专业，其热度可见一斑。

（1）举例分析“真热门”专业

计算机类专业在就业率、就业数量、就业待遇上都处于相对较高的水平。统计资料显示，计算机类专业就业率遥遥领先，超过全国本科生平均就业率，位居所有专业就业率前列；其每年的招生数量也仅次于英语专业和会计类专业而处于第三的高位置；至于初毕业薪资待遇则处于全国最高水平，连续多年，本科平均就业薪资接近 6500 元/月，约高出全国本科生平均薪资水平四分之一。无论从哪个角度看，计算机科学与技术专业已经是毫无疑问的热门专业了。但是有一个不可忽视的事实是计算机科学与技术专业的“对口就业”程度并不高，这也是很多家长和考生在选择专业时容易忽视的一点。因为热门专业诸多美好的特征，必将吸引一些本来不适合学习这个专业甚至不喜欢这个专业的同学加入进来，这一部分同学一般是无法对口就业的，还有就是热门专业不仅获得了家长和考生的追逐，其实也受到了高等院校的追逐，计算机科学与技术及其相关专业是高校开设较多、扩招力度较大的专业，这就造成了培养规模大于就业市场需求的状况。所以希望家长和考生在选择热门专业的时候一定要在充分考虑是否适合就读相关专业，以及热门专业对口就业率较低这一现实之后，再进行理性决策。

自动化类和电子信息类专业是很多倾向于工科专业考生比较靠前的意向。自动化类可以说是现代工业甚至可预期的未来时代的基础学科，是具有持续需求和持续发展空间的专业。电子信息类专业则是当代信息技术飞速发展的基础，更有可能是未来科技发展不得不依赖的基础技术，即便进入光信息时代，也离不开电子信息技术。从就业角度看，自动化类和电子信息类专业的平均就业率分别为 93.2％和 93.0％，就业率水平均高于全国本科平均就业率；从就业数量看，自动化类能够进入全国前三，电子信息类也能维持在前十名左右的位置；而薪资待遇上，自动化类和电子信息类专业则是仅次于计算机类专业，分别处于前三的位置，分别高于全国本科平均薪资水平 15％左右；自动化类和电子信息类毕业生薪资待遇长期跟踪数据表明一般在就业三年后薪资涨幅能够维持在 75％～90％，总收入依然能够维持在前五名的位置。虽然自动化类和电子信息类就业数据和持续发展空间都比经济类（含金融）要好，但是因为工作条件可能要辛苦一点儿，所以在热度上略低于经济类（含金融）专业。不过自动化类和电子信息类专业是真正具有发展前景的热门专业。但是家长和考生在选择本专业的时候要充分认识到这样有发展的专业，其知识体系存在持续更新需求，需要做好终身学习的准备。

（2）举例分析“伪热门”专业

经济类（含金融）专业是前几年名副其实的大热门专业，如今随着国际经济形势的变化以及我国经济转型的实施，使得这个专业逐渐趋于理性了。但是，其在家长和考生心目中的影响是存在“惯性”的，虽然就业市场传递的信息是此专业在逐渐“遇冷”，家长和考生却没能够及时做出反应和调整。经济类（含金融）专业的结业特征体现为：就业率低于全国本科平均就业率；对口就业率远低于全国本科平均水平，连续多年成为对口就业率较低的专业，经济类（含金融）的对口就业率在主要本科对口就业率排名中连前 30 都无法进入；至于薪资，经济学本科毕业生薪资略低于全国本科毕业生平均薪资，金融学略高于全国本科毕业生平均薪资，收入属于“不温不火”的水平；就业量上最近几年也都是徘徊在前 30 名左右的位置，而经济学专业和金融学专业的招生数量则可以进入全国各专业的前十。综合分析可以看出，经济类（含金融）属于填报阶段家长和考生心目中的热门专业，但是在就业市场上则没有充分体现出热门专业的特征，已经从曾经的热门专业变成了当下的“伪热门”。对于具有“伪热门”特征的专业，家长和考生在选择的时候要尽量谨慎一些才好，如果能进入水平较高、专业实力较强、就业水平较高的院校就读是最好的，如果进入的院校水平不高、专业实力不强、就业水平一般的话，那么是不是还要坚持此类专业就另当别论了。

（3）举例分析“过气热门”专业

会计学专业应该是许多年前的热门专业，在改革开放之初，大量非公企业涌现，使得会计学专业的人才炙手可热，加之其属于工作环境良好的非体力劳动工作，更是被一些“求稳”型家长和考生追逐。但是，也正因为这个专业曾经火热无比，导致大量院校开设此专业或扩大办学规模，如今会计学专业已经成为培养人数第二多的专业了。而就业数据上传递的信息可并不那么乐观。虽然会计专业是招生规模第二大的专业，但是其就业率却是低于全国本科平均水平的；薪资待遇更是连前50都无法进入，远远低于全国本科薪酬的平均水平；对口就业率更是低得很，与招生计划相比而言工作岗位明显处于严重不足的状态，而且事实上很多会计岗位是被经济学、财政学、金融学、金融工程、工商管理、财务管理、审计学等专业的毕业生占据着，原本就业岗位缺口就很大的情况下又有许多其他专业的毕业生挤进来，使得会计学专业的就业前景变得更不乐观了。最令人吃惊的是金融工程、审计学、财政学、经济学、金融学毕业生承担会计工作的平均薪资比会计专业的毕业生还要高一些。也就是说会计学这样的专业，也许曾经是“热门专业”，但是当前和可预见的将来就业上，不仅不热而且很有可能会越来越“冷”，属于典型的“过气热门”专业。家长和考生在选择这类专业的时候，如果不是主观意向极其强烈或者能够进入较高水平的院校，那么就要尽量谨慎一些才好。

（4）举例分析“准热门”专业

外国语言文学类专业进入热门专业并不意外，随着全球化的推进，中国的国际地位不断上升，对外交流已经成为各领域的常态，全社会对外语人才的需求都在持续增加。但是外国语言文学类专业因为招生数量巨大，所以就业率并不高，英语专业的就业率基本与全国本科平均就业率持平或略低于全国本科平均就业率；从薪资待遇上看，外国语言文学类专业的平均薪酬略低于全国本科平均水平，但是法语等非通用语种（亦有称之为“小语种”的）专业的薪酬是高过全国本科平均薪酬很多的，非通用语种中日语专业的薪资水平也是比较高的；调查结果显示外国语言文学类专业就业满意度也是比较高的，可以处于所有专业中前十的位置。

目前外语类专业面临的问题是，如果不是以语言本身为研究和工作对象的话，那么学生要尽量在所学语言之外建立一个较为系统的专业知识体系，因为绝大多数时候语言毕竟仅仅是一个工具，其使用领域和范围可能会涉及许多其他专业的知识，所以如果有可能的话在高校学习的时候尽量辅修一个其他专业，可能是提升竞争力的有效途径。令我们欣喜的是现在已经有部分院校开设“语言＋专业”了，而部分水平较高的院校也纷纷开设带有语言强化功能的专业了，这都是符合未来发展趋势的做法，考生也要做好充分的心理准备。

2. 冷门专业的分析

与热门专业相对应的就是冷门专业了，冷门专业要么是因为社会需求量较小，要么是因为招生数量较少或者其学习、研究领域距离普通人的生活、工作较远等原因导致考生意向度不高，形成开设院校少、招生数量少、报考人数少等特征。因为冷门专业一般属于公众认知范围的边缘，甚至认知范围之外，导致在志愿填报的时候因为“不熟悉”而几近无人问津。例如很多人不知道斯瓦希里语、普什图语这样的语言的广泛使用区域在哪里；或者像古生物学这样的专业虽然能够“顾名思义”猜测出专业特点，但是很难推理出其应用场景；至于“茶学”“蚕学”“烟草学”“蜂学”“草业科学”等专业貌似都离我们的生活不远，但是很多人无法想象它们怎么也能成为学科或者专业。

其实，所谓的冷门专业之所以冷的原因往往是因为招生规模较小，或者研究领域离普通人的生活比较远罢了，并不代表其就业质量不高。

冷门专业的另一个显著特征就是其就业的强指向性，因为领域比较窄，人才需求也比较少，高校往往不会对这些专业进行大动作的扩招增设，更多的时候是本着“以销定产”的态度进行招生和培养，所以其就业和待遇往往会更好，适合那些有明确学业规划思路和人生设计的考生进行选报。

3. 意识落后于市场

（1）举例分析群众看好而就业不看好的专业

从图 1.1 中能够看到化学类专业虽然不是大热门，但是也处在意向度第 10 的位置，也算是比较受人民群众喜爱的专业了。但是化学类专业的就业数据却并不乐观，因为就业率较低、失业率较高、月收入和工作满意度较低而沦为红牌专业。化学类的就业率低于全国本科平均就业率，但是失业率却高过全国本科平均水平；薪资待遇上体现出来的是毕业当年比全国本科平均薪酬低约 20％，毕业三年后比全国本科平均水平低约 22％，薪资增长幅度迟缓。这种发展前景堪忧、就业满意度不佳的专业在家长和考生中维持较高热度，说明了人民群众的意识是落后于就业市场的，在这样的情况下，积极擦亮眼睛、迅速转变思路的人也许会更容易在竞争中脱颖而出。

当然，如果考生具有强烈的主观意愿以及较高的适合度，那么进行此类专业的选择和学习也是可以有一个不错的将来的。

（2）举例分析当前不看好未来可能看好的专业

在国家推进法治化进程和人民群众普遍渴望公平正义的当前时刻，人民群众的法律意识普遍提升，法学也越发频繁地走入大众的视野，于是法学专业以并列 20 的高位进入了意向专业较为靠前的位置，而从就业情况看法学专业并不是很乐观。相关统计资料显示，法学专业的就业率远低于全国本科平均就业率，但是工作半年后的失业率却位居前列；而薪资水平则比全国本科平均水平低很多。因为就业率较低、失业率较高、薪酬较低，法学专业已经处于就业情况较不乐观的范围之内了。

但是我们从国家和社会走向分析，法治化进程会逐步加深、法律意识也将更加强烈地根植于人心之中，当前考生从事工作是在 3～7 年甚至更多年之后，那时候社会对法学人才的需求会不会比当前更大呢？如果认为存在这种可能，那么报考法学类专业应该是不错的选择，但是如果 3～7 年内社会需求无法迅速增长的话，那么法学类专业的就业可能依然是不很乐观的。

（3）举例分析市场和未来均看好而群众不看好的专业

从调查数据上可以看出，信息安全、信息管理与信息系统专业的热度与法学专业基本相当，但是从就业数据上看，则体现出极其巨大的不同。信息安全专业和信息管理与信息系统专业的就业率都远高于全国本科平均就业率；这两个专业的毕业生主要进入信息传输、软件和信息技术服务业这几个当前发展最迅速的行业就业；信息安全专业就业薪资高于全国本科平均水平，并连续多年位居本科毕业生收入排行榜的榜首位置，信息管理与信息系统专业就业薪资也高于全国本科平均薪资水平；这两个专业所进入的行业也毫无疑问的以 3 年薪资涨幅接近 100％的水平居于高位，是典型的水平稍好就能轻松起步月薪过万的工作，专业平均水平 3 年过万已经是非常保守的情况了。如此具有发展前景和良好就业市场需求的专业在意向统计中并没有进入更高的位置，在考生和家长眼中远低于化学类专业的意向，跟法学专业比较接近，但是也低于法学专业，这也进一步说明了家长和考生在进行专业选择的时候确实有较为强烈的盲目性，无法及时跟上市场的节奏。

热度与法学、信息安全专业基本相当的数字媒体技术专业也因为紧缺急需、薪资待遇高等原因成了最近的“三高”（就业率高、薪资高、对口就业率高）专业，与之类似的还有数字媒体艺术专业。但是这两个专业都具有“亚艺术专业”“泛艺术专业”的特征，适合那些艺术天分较佳、艺术修养较好的理科较强的非艺术生填报。

选择专业的时候能预判就业趋势是最好的，能跟上市场节奏可以算是及格的，如果落后于市场节奏，那么可就比较令人担忧了，可能需要调整思路了。

三、报考之前最好确定什么时候就业

可能很多人根本没有认真考虑过是本、专科毕业后就业还是读完硕士、博士之后再就业的问题。这里固然有“走一步看一步”的思想在作怪，也有“持续修正规划”的思路在发挥作用，但我们依然坚持以就业为导向来分析一下攻读硕士研究生的问题。

1. 有多少人选择了考研

随着 1999 年开始的高校大规模扩招，经过 20 年的发展，当前全国高考升学率已经高达 82%。因为目前高考以分省录取为主，部分省份的高考毛录取率已经突破 90%。所以进入高等院校学习基本上处于没有压力的情况，但是随之而来的就是大学毕业生就业压力的上升。为了满足社会发展的需要，满足就业市场对高端人才的需求，也为了提高全民族素质满足民众对于求学的需求，同时也为了缓解大学毕业生就业压力，在本科扩招后四年的 2003 年硕士研究生招生数量也开始较大幅度的增加。

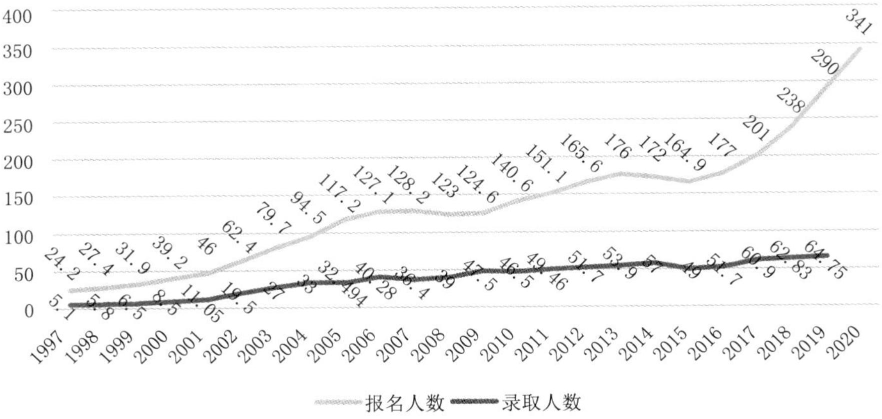

图 1.2　历年硕士研究生报考及录取情况（万人）

从图 1.2 中可以看出：硕士研究生录取数量处于相对温和的上升趋势，但是报考硕士研究生的人数则呈现出较为强烈的增加趋势。熟悉我国经济发展情况的读者还能够看出来，硕士研究生报考人数与国家经济发展速度整体呈现出负相关的趋势，也就是经济发展速度变缓的时候考研人数会有较大的上升。

2. 他们为什么要考研

中国教育在线发布的《2018 年全国研究生招生数据调查报告》中对报考研究生的动机做过一个统计。统计表明：

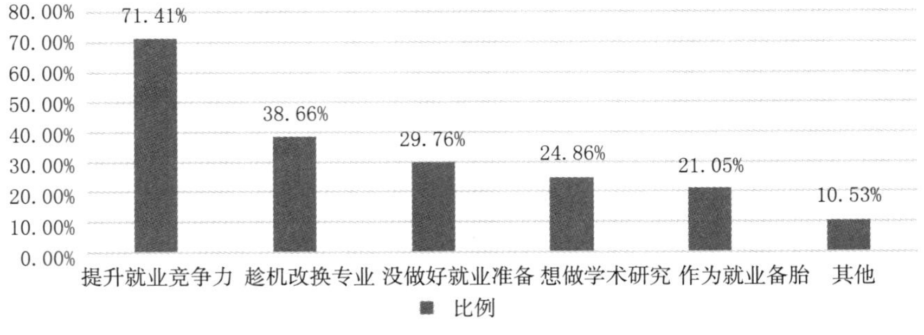

图 1.3　考研动机调查

上图可以看出考研的最主要动机还是缓解就业压力。

“提升就业竞争力”很好理解，如果在本、专科毕业节点就具有强烈就业竞争力的话，也就直接就业，而无须考虑通过考研来提升竞争力了。其实，高等教育入学率的上升和学历水平的普遍提升导致就业竞争激烈，这也使得“提升就业竞争力”成为考研动机的第一因素。

“趁机改换专业”可以有两方面的理解：一个是当时选择本科专业时因为比较盲目而形成“不喜欢”或“不适应”的现状；二是当前的专业就业行情太差，希望通过考研的机会转换到就业较好的专业去。虽然高校一般都会提供调换专业的机会（也就是俗称的“转专业”），但是可以无条件任意调换专业的院校是非常少的，绝大多数院校的“转专业”条件都包含着成绩要求等条件，这也使得客观上转换专业无法普遍实行，尤其是因为无法适应当前专业学习而造成成绩较为不理想的考生更难以顺利转换专业。

例：

第七条　转专业成绩应由学生在校学习期间应修必修课平均成绩和学院选拔考核成绩两部分组成。学生在校学习期间应修必修课平均成绩占转专业总评成绩的30%，学院选拔考核成绩占转专业总评成绩的70%。接收学院按转专业学生的最终总评成绩进行排序，依据接收计划，遵循“成绩优先”原则依次录取。

——《河北大学普通全日制本科生转专业（类）管理办法》

第三条　转入的学生总人数控制在该专业招生计划数的15%以内。在学校规定的范围内，各学院可根据本院情况确定具体比例。

第七条　已获准转专业并办理报到手续的学生，不得申请转回原专业，应在转入专业相应年级学习。

第八条　非理工类专业的学生原则上不能转入理工类专业，如在理工科方面确有特长的学生，需加试高等数学、大学物理及其他相关科目。

——《中国矿业大学（北京）普通本科生转专业管理办法（试行）》

第三条　符合以下条件学生可以申请转专业：

符合《郑州大学普通本科学生转专业学习管理办法》规定、学年成绩排名在专业前10%的学生。

——《郑州大学文学院普通本科学生转专业学习管理办法》

第四条　学生入学后，一般应在录取专业完成学业。符合下列情况之一的，可以申请转专业：

1. 一年级学生学习成绩排名在本专业大类前20%的（含20%）可在第一学期结束后申请跨大类转专业，排名在本专业大类前30%的（含30%）可在第二学期结束后申请在同一专业大类内转专业，一年级转专业工作由基础学院实施；

2. 二年级学生学习成绩排名在本专业前10%的（含10%）可申请转专业；

——《太原理工大学普通本科学生转专业管理办法（试行）》

“没做好就业准备”也有两方面的理解：一个是不想就业，所以通过读研来延长自己的在校时间；另一个就是当前的自身条件无法支撑就业预期，所以需要继续“准备”。其实这个很好理解，如果当前自身条件均可达到目标岗位的要求，就业质量也能满足毕业生的要求，那么毕业生也就基本没有不就业的理由了。如果是毕业生条件能够达到目标岗位要求，但是目标岗位的就业条件、就业环境、就业待遇等无法满足毕业生的预期，也就是从侧面反映出毕业生的就业预期是超越自身能力的，此时的“没做好就业准备”也就反映了需要通过读研来提升自身实力的需求。

“想做学术研究”比较好理解，就是考生出于对学科推进和研究的兴趣而选择读研。

“作为就业备胎”的考生一般处于比较纠结的状态，基本上属于“能就业就就业，不能就业就读研”这种“两手准备”的状态。其实这种情况依然是出于就业压力而做出的选择，如果能够优质就业可能也就不考研了。

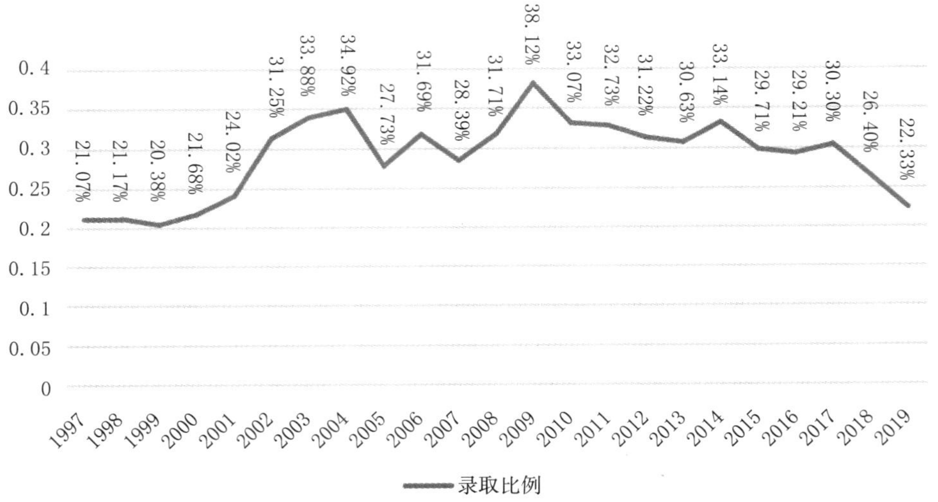

图 1.4　近年来硕士研究生录取比例

从图 1.2 中可以看出最近四年虽然录取人数在增加，但是报考人数增加得更为猛烈。从图 1.4 中可以明显看出最近三年录取比例呈现断崖式下降，已经接近 20 年来的最低位，这也反映出考研竞争的激烈程度。

3. 要不要考研

当前的大学毕业生正在经历为了更好的就业而读研这个步骤，使得当前的高中生不得不思考自己 3～5 年后的选择：读研还是就业。选择读研，意味着要付出更多的努力；选择就业，意味着要培养和积累职业能力。

很多家长在孩子读小学的时候考虑选一个好的学区，目的绝不仅仅是为了小学阶段的教育资源和教育环境，一定还考虑升入初中的便利性，而在选择高中的时候都毫无疑问的会考虑高中升大学的机会。那么，当前经历高中升大学的选择时，考虑的就不仅仅是升大学的问题，还必须对目标高校就读后考研或就业进行考虑。关于如何选择有利于考研或者就业的院校，将会在后续有关院校选择的部分详细介绍。

考研并顺利读完，必然会增加就业时的竞争力，这也是大量本科毕业生选择考研的最主要原因。当前高中生本科毕业是在 4～5 年后，那时候的本科毕业生更多，而且本科生之上还有数十万且正在增加中的硕士研究生。大量高学历就业人士，会将就业压力向下传递，就业情况可能并不会比现在更乐观。随着我国国际地位的提升以及全球一体化进程的持续推进，我国青年的竞争者已经不仅仅是自己的同胞，他们还必然进入与全球优秀青年同台竞争的新赛道。当前留学生数量，尤其是硕士层次上的留学生数量处于迅猛增加的状态，例如：西安电子科技大学上海籍生源 2018 届本科毕业生中就有很大一部分出国深造了。而留学生在国外入籍或者留在目标国家就业的可能性越来越小，我国在世界上经济地位的上升和影响力的上升都使得留学生回国就业比例大大增加，这也从另一个侧面增加了就业压力。

综上分析可以得出如下结论：对于成绩不是太差的同学来说考研可能并非是一种选择，而是一种必须了。

4. 不同学历背景在创业、就业上的差距

某杂志曾经做过一个对新时期创业成功企业家的学历背景分析，来探究学历对个人成就的影响。因为历史时代不同等原因，分析采样对象没有包含家族企业背景的企业家，也没有包含老一代创业的企业家。

(1) 学历对于创业的影响

统计结果表明：采样企业家中具有名校学历背景的为 87%；受过高等教育而非名校出身的为 12%；只有 1%为“草根”阶层。

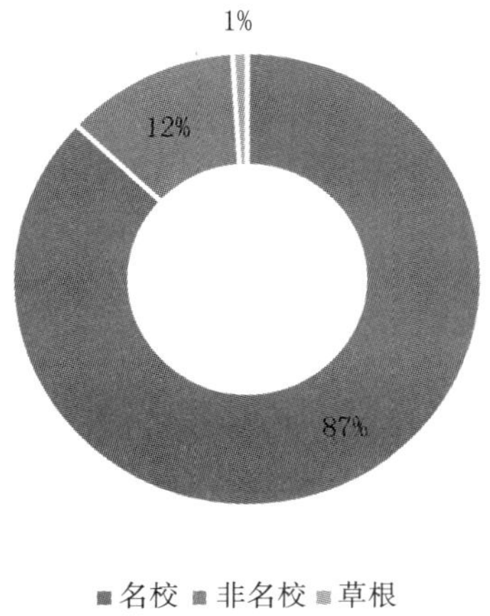

图 1.5 企业家教育背景

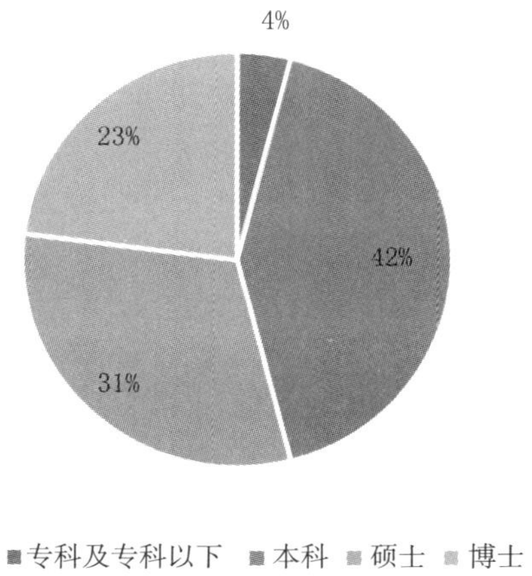

图 1.6 企业家学历分析

进一步统计采样企业家的学历结构会发现：具有专科及专科以下学历的企业家占比 4%；具有本科学历的企业家占比 42%；具有硕士学历的企业家占比 31%；具有博士学历的企业家占比 23%。

单纯从数字上看，具有博士学历的企业家占比远低于本科学历的企业家，但是结合社会学历构成再看，毕竟硕士、博士的数量还是太少了。如果将年龄段内各学历比例与企业家学历比例制作成一个“学历一创业指数”，并将专科学历一创业指数设置为 1 的话，本科学历一创业指数为 8.79，硕士学历一创业指数为 34.88，而博士学历一创业指数将高达 295.2。

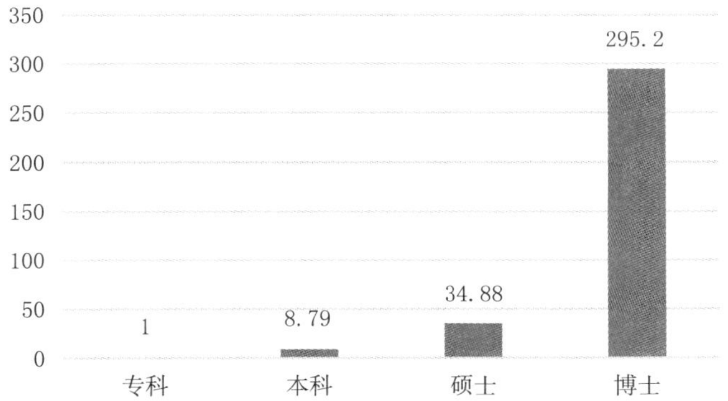

图 1.7 学历一创业指数

对比一下专科生和硕士生的指数我们会发现，完成专科学历需要约 12＋3 年，完成硕士学历需要约 12＋4＋3 年。两者在校学习时长差距为 4 年，约总求学时长的 20%，但是在创业一学历指数上硕士生则比专科生高出了约 35 倍，比本科生高出了约 4 倍。那么，从创业角度上看考研甚至考博可能都是必须的选择了，毕竟更高的学历、更丰富的知识对于创业成功有着更积极的影响。

（2）学历对于就业的影响

有些家长和考生可能会觉得“我为什么要创业呢？安安静静的工作不好吗?”，那么我们就看看直接就业会怎么样。

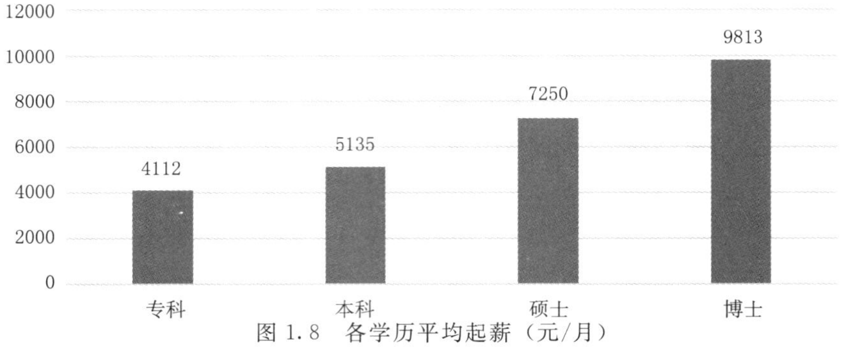

图 1.8　各学历平均起薪（元/月）

上图为各学历毕业生薪酬统计，我们可以看到硕士生比本科生高出了很多，博士生比本科生高出了更多。其实，这只是接近“起薪”的差距，在长期发展观察中发现，硕士、博士生的薪资提升幅度是远远超过专科、本科生的。那么仅仅是从最基本也最现实的理由出发，考研的必要性也很大。

四、哪些因素决定了就业情况

当前毕业生的就业模式是以“双向选择”为主的，即便是军校在毕业分配工作的时候也会充分考虑毕业生本人的意愿。而有志于通过公务员考试或者事业编考试进入行政事业单位的毕业生，也是考生先选择岗位，然后通过考试进入相关工作岗位的。

1. 学历是就业的第一道门槛

C++高级开发工程师（存储/文件系统）　1.5~2.5万/月

上海爱数信息技术股份有限公司　查看所有职位

上海 | 2年经验 | 本科 | 招2人 | 08-26发布

五险一金　绩效奖金　定期体检　员工旅游　餐饮补贴　免费班车　年终奖金

职位信息

岗位职责：

负责存储系统技术方案设计及实现。

任职要求：

1.具备扎实的计算机基础，熟悉linux内核及架构，包括但不限于网络、存储、文件系统；

2.熟练Linux环境开发，熟练使C/C++语言，掌握SHELL、python等中的至少一种编程语言优先；

3.加分项：熟悉存储协议栈，从应用到物理磁盘，包括但不限于文件系统、SCSI TARGET、CACHE、HDD/SSD等，能够对I/O关键路径进行性能优化；

4.加分项：熟练掌握至少一种以上的Hadoop-hdfs、ceph、FastDFS、gluster、luster等分布式文件系统技术（包括原理机制、源代码分析和配置调优）；

5.2年及以上工作经验，具备良好的团队协作能力，具备良好的学习能力和口头表达能力，具备良好的英语阅读能力。

图 1.9

上图为招聘网站常见的格式，招聘信息中最关键的要素分别是：经验、学历、薪酬、岗位职责、能力要求等。很多企业和岗位对于经验看得很重。但是，没有经验的毕业生就只能用学历去“敲门”了。甚至于在职场上最常见的说法是：学历决定能不能有机会进去，能力决定成长上限。很多时候学历是所谓的“硬杠”，如果学历达不到要求，简历都过不了用人单位的初选关。

虽然经常有“中学教师要求博士学历或名校硕士”“银行柜员要求金融学硕士”等新闻被社会评价为“人才浪费”“学历浪费”，但是纵观人类发展历史会发现人类知识水平是不断增长的，有些岗位要求提高学历也是正常的。

华中师大一附中 2020 年第一轮教师招聘拟录人员公示

作者：编辑：来源：学校办公室 发布时间：2019 年 11 月 18 日 点击数：8761

2020 年我校面向社会公开招聘，经过专业和综合面试等环节，由校长办公会讨论决定，第一轮拟录人员名单如下：

序号	姓名	应聘岗位	性别	学历	最高学历毕业院校
1	刘沫含	高中语文	女	硕士	北京大学
2	黄晨	高中英语	女	硕士	清华大学
3	芮黎明	高中物理	女	博士	清华大学
4	田冰珲	高中物理	女	博士	北京大学
5	王林杰	高中化学	女	博士	约翰霍普金斯大学
6	陈倩倩	高中化学	女	博士	中国科学院大学
7	闵　阁	高中化学竞赛	男	博士	北京大学
8	李雨晴	高中生物	女	硕士	清华大学
9	渠　源	高中生物	女	博士	中国科学院大学

华中师范大学第一附属中学

2019 年 11 月 18 日

图 1.10

上图为华中师大一附中招聘拟录人员公示信息，我们可以发现对于这样的优质中学，新聘教师中名校硕士都已经不是主流了，因为主流已经转变为名校博士了。而当前阶段的高中毕业生如果不能充分做好冲击更高学历的打算，那么毕业后所面临的就业局面将会是更残酷的。

2. 能力，既要看基础也要看努力

俗语有云“三百六十行，行行出状元”，但是三百六十行每一行里状元总是少数的，绝大多数还是“非状元”。决定谁能够成为状元的因素固然有机会、运气等条件，但是能力还是发挥最大作用的条件。有些能力是先天的、与生俱来的，有些能力是通过后天的学习和训练获得或者提高的。

（1）为什么在志愿填报阶段就要分析职业要求

在志愿填报阶段，要尽量明确对未来就业职业的预期，然后反过来查看相关职业对从业者能力的要求并与考生的能力进行比对。在比对的过程中，可以暂时忽视后天学习训练能够获得的能力。因为经过大学专、本科甚至硕、博士阶段的学习考生的能力一定会获得提升的。在比对时要注意对先天性因素进行对照，比如沟通能力，沟通能力是可以通过训练进行提升的，但是如果要将一个非常内向、沉默寡言、

不善言辞的人培养成为一个健谈的人是很困难的，如果培养成一个不仅会察言观色，还能够听出别人说话中的“话外之音”，并迅速抓住重点而进行针对性交谈的人，恐怕是一个更加困难的事情了。

（2）为什么在志愿填报阶段就要分析考生的基础能力

能力是胜任一个职业或者岗位的最直接因素，在志愿填报阶段对考生的基础能力进行探查，对后续培养能力需要付出的努力做出预估将使考生在就业阶段比较顺利。

目前社会的现状是多数考生很难有机会在高中阶段进行“个性张扬”的表现，因为他们的时间主要都被繁重的课业占据了。而中学的十几个科目尤其是高考直接进行考察的 9～10 个学科也很难体现考生的全面素质。在实行新高考改革的省份还能有一个较为全面的综合素质评价记录供参考，未实行改革或者虽然实行改革但是综合素质评价工作开展有限的省份或高中则连这样的参考也无法提供。但是家长和考生出于对考生未来负责的态度考虑，增强自身认知则是一种必须的准备工作。

（3）为什么在志愿填报阶段就要分析待培养能力

家长和考生可以对照及拟从事的职业来分析职业对从业人员的要求，也可以通过多种途径分析自身先天条件，在志愿填报阶段最难的是对待培养能力的分析。

如果就业目标是图 1.10 中的华中师大一附中，那么读一个北京大学或者清华大学的博士（考虑到图中描述的是当前年份的信息，应届高中毕业生读完博士总要约十年的时间，那时候“学历普提”或“学历贬值”是很有可能的）可能是一种必要。而这两所院校的博士不是轻易能够读下来的，考生必须要付出非常大的努力才有可能积累相应的条件和能力，那也就决定了在志愿填报阶段必须充分考虑日后需要付出的努力和精力。

3. 性格决定职业类型

性格是一个人面对现实的稳定态度以及与这种态度相应的、习惯化了的行为方式中体现出来的人格特征。而职业性格则是指人们在长期特定的职业生活中所形成的与职业相联系的比较稳定的心理特征。性格同时具有稳定性和可塑性两个特征，但是在形成后一般不会发生重大变化。性格的重大变化往往是在生活发生剧烈变化之后产生的，而消极的、灾难性的负面变化更容易诱发性格的变化。

性格有先天成分也有后天成分，所以中国俗语有云“泰山易改，本性难移”。例如，在成长为医生的道路上有漫长的学习过程，要学习和记忆非常多的知识内容，而技术技巧的训练也是长期而艰巨的过程，随后的规培更是要用三年的时间参观学习。成为医生之后，社会地位是比较高并受到重视和尊重，但是承受的社会心理预期和压力也是巨大的，工作不仅辛苦劳累而且时间上非常不规律。那么，像医生这样的职业，是需要强烈的责任心和同情心才能支撑起来的，如果考生性格中不具备这样的元素，虽然可以培养但是成才的过程可能会很艰难。

新闻链接：

了不起！医生飞机上用嘴帮老人吸尿，整整吸了 37 分钟

19 日（编者注：2019 年 11 月 19 日），在从广州飞往纽约的南航 CZ399 航班上，一名老年旅客突然无法排尿，身体状况极度不佳。听到机上广播后，暨南大学附属第一医院（广州华侨医院）介入血管外科医生张红与海南省人民医院血管外科医生肖占祥赶来，诊断后认为：老人膀胱大致存有 1000 毫升尿液，如不尽快排出，则会面临膀胱破裂的危险，但机上救治条件十分有限……

危急时刻，肖医生利用便携式氧气瓶面罩上的导管、注射器针头、瓶装牛奶吸管、胶布自制了穿刺吸尿装置，并由张医生亲自用嘴吸出尿液。整整 37 分钟，张医生不间断为旅客吸出尿液，吐到杯中，肖医生也不停根据膀胱积尿情况调整穿刺位置和角度，确保最大限度排出积存尿液，最终顺利帮

老人排出700～800毫升尿液，使老人转危为安！

事后，当记者采访张红医生的时候，问到如何能毫不犹豫地做到为老人亲口吸尿？张医生淡然地回答："当时情况紧急，一时也想不到其他更好的方法……只能说是天职所在吧！"

每当人们谈及医生，总是本能地想起诸如"救死扶伤""妙手仁心"这样的词语。这意味着，这个古老的职业，从一开始就承载了人们对于生命的向往，被人们所尊敬。

然而，在被尊敬的同时，医生也遭受了一些超出理性范围的责难与攻击。"医闹""恶性伤医"等问题时有发生，让医务工作者被"污名化"，甚至造成了医患之间严重的信任危机。

矛盾的产生，实际是多种因素长期积累的结果。现实中，既有"医者父母心"的温暖，也有暴力伤医的冰冷。作为一个普通的职业，医生面对的社会问题和其他职业无二，却被寄予了不切实际的期待。社会上往往弥漫着一种情绪："病人交给你，就必须要治好，不能出一点儿问题"。

但是，医学是一门科学，不是神学，医生也只是一个普通人，而不是神。我们应该意识到，无论科学如何发达，都无法完全掌握自然规律并改变它。我们也应该清楚，恶劣的执业环境，不断加剧的医患矛盾，让医务工作者越来越力不从心，遭受损失的不仅仅是他们，也包括我们每一个人。

要突破现在面临的医疗困局，需要从顶层设计上，持续推进医疗制度改革，加大政府补助、改革支付方式、尊重医疗规律。而对于每个医务工作者来说，来自患者和患者家属、整个社会的理解和尊重也同样重要。因为对医者劳动的尊重与认可，是他们目前最需要的心灵慰藉。

在尊重和理解之下，医患双方才能彼此信任、支持。而一个给予医生更多理解的社会，才是正常的、健康的、越来越好的社会。

在后续采访中医生表示自己也"怕"，怕尿液感染，也怕这样的新闻让他"红"了之后会影响工作。但是那一句"只能说是天职所在吧！"充分反映了医生这个工作对于从业人员的特殊要求。

当前挑选出来的专业，很有可能会对应以后的职业，或者说最佳匹配就是当前挑选的专业严格匹配以后的职业。这就要求考生和家长在当前需要了解常见职业对性格的要求，通过与考生性格匹配以规划最佳的成才之路。

4. 兴趣是职业的驱动力

兴趣是人们从事不同活动时心中所产生的乐趣和满足感，兴趣关系着一个人能否长期将精力倾注在某一理想上并享受其中的乐趣。

"甲之蜜糖，乙之砒霜"，同样一份工作，有的人能够从中获得巨大的乐趣和强烈的满足感，而另一些人可能在工作的时候会感到强烈的痛苦，甚至将工作视为一种煎熬，这就是职业兴趣发挥作用的结果。对大部分人来说，努力对一个工作产生兴趣没有把兴趣变成职业更有吸引力，而且努力去适应一个职业的效率可能也是远不及以兴趣为出发点的工作效率。

兴趣具有无形的动力，每个人都会对他感兴趣的事物优先注意和进行积极探索。职业兴趣是一个人对待工作的态度、对工作的适应能力，表现为从事相关工作的愿望和兴趣，足够匹配的职业兴趣将增加个人工作的满意度、稳定性和成就感。所以，尽早明确职业兴趣就是一个必须要在填报工作之前完成的环节。也许这个工作比较麻烦，但是这是有意义、有价值的麻烦。

（1）明确职业兴趣的最好途径

明确职业兴趣的方法有很多，其中之一就是如同那些发达国家一样，让孩子从小就接触、了解各种职业，以便通过长期、大量的见习或体验对职业产生足够全面而正确的认知。

这种方法的巨大优势就是对职业的认知均来自于自身的直接感受，具有最真实、最直接、也最明确的特征。但是其缺点也是极其明显的，那就是要消耗掉大量的时间、精力甚至金钱，在我们的社会普遍实施是具有一定难度的。

（2）明确职业兴趣的集中途径

职业兴趣的重要性是不言而喻的，不仅考生和家长重视这个问题，国家也非常重视这个问题。因为在有兴趣的职业内从事工作能够将个人价值发挥到最大，每一个社会成员的作用和价值都得到充分发挥的国家和社会前进的速度将是无与伦比的。教育部、国家发展改革委、公安部、财政部、交通运输部、文化部、食品药品监管总局、国家旅游局、保监会、共青团中央、中国铁路总公司等十一个部门于 2016 年 11 月 30 日联合发布《关于推进中小学生研学旅行的意见》，研学旅行的作用之一就是有助于让学生了解社会、了解学科、了解专业、了解职业，是学生明确自身职业兴趣的有力途径。

但是研学旅行也有自身的缺点和不足。一次研学旅行往往只能了解部分领域，无法对各种职业进行全面的探查和了解；而且研学旅行的重点往往不包含对自身职业兴趣的探索和评价；研学旅行因为要拿出相对固定而纯粹的时间段来进行，无论是单次研学还是多次研学，在时间、经济、精力上的付出都是比较巨大的，甚至是会与学习产生较大冲突的。

通过研学来进行职业兴趣匹配是一个成本较高的途径。

（3）明确职业性价比的最佳途径

前两个途径各有利弊，而我国的现状是高中生的时间非常宝贵，让他们拿出大块、整块的时间来确定职业兴趣的可行性并不高。

教育部考试中心推出的“升学指导测验”就是一项针对高中学生大学专业选择的心理测评工具。测验主要帮助高中学生认识自身兴趣和专业胜任力，进而选择适合其个性特征的学科和大学专业，指导学生科学合理地规划学业和职业生涯。这个“升学指导测验”在各省均有教育考试院或者商业机构在推广，能帮助考生探查自身职业兴趣，将自身与职业、专业之间进行匹配，从而指导专业选择，是一个效率较高、专业覆盖面较大的途径。

编者参与的“北大方正职业测评”“格学职业生涯测评”和“全职测评”均具有类似的作用。使用此类工具一方面总结各职业的特征、特色、特点，另一方面探测考生的职业兴趣，然后将两方面进行对比给出匹配结果。可以做到节省时间、效率较高，但是直观性和准确性不如前两个途径。综合考量第三个途径是目前比较符合我国社会现状的做法。

5. 职业价值观是判断标准

在社会生活中的每一个人都具有衡量周围事物是非善恶和重要性的标准，这个标准就是每个人内心的价值观，是一个人对周围人、事、物的意义和重要性的总评价和态度集合。价值观在很大程度上影响着一个人的人生态度以及走向。

于是，当职业要求、岗位职责与个人价值观匹配度高的时候，工作是愉悦而顺利的；职业要求、岗位职责与个人价值观不匹配甚至相悖的时候，个人是无法在工作中积极而全面的发挥作用的。

例如，流水线工作注重的是时间、流程、环节的精确对接，所以一个班组下班而另一个班组接班以保证生产线安全顺畅进行就是非常重要的要求，这与守时、守规则的价值观匹配度就比较高，追求自由、创新的人也许会觉得这样的工作是一种束缚；医生在手术等工作的时候肯定不会有规律的作息时间，不可能手术对象躺在手术台上医生护士摘手套下班，也不大可能在固定的时间节点像流水线一样换一个医生来手术，甚至在有急诊急救任务的时候，即便是深夜在家中沉睡的医生也有很大可能被唤起投入工作，如此不规律和繁重的劳动必须有“医者父母心”“生命权最大”“悬壶济世”“治病救人”等伟大的情怀和价值观的支撑才能适应。

所以，在志愿填报工作开始之前就要对自己的内心进行一定的审视，明确认清自己的价值观，同时要尽量全面准确的了解目标职业对价值观的要求，这样才会使得职业的确定具有更明确的指向性，专业的选择也将更加清晰而明确。

五、理性对待职业预期

我们都知道无论学习时间的长或者短，最后都要走向工作岗位，但是绝大多数高中生对工作岗位的认识是模糊的，甚至一部分大学生对工作的认知也是模糊的。其实职业对我们的要求很多，给我们的东西也很多。职业能够给我们的或者我们想从职业中获取的，就是我们对职业的预期。

1. 薪资收入

如果不是“含着金汤匙”出生的人，可能都需要一份至少能够支撑自己生活的收入才可以，而这份收入一般情况下是来自于我们的工作。于是，薪酬的高低往往是人们考虑职业时候非常重要的一个因素。当今社会，谈钱并不俗气也不低级，只要这份薪酬是通过合法途径获取的就可以，而且也只有在充分的薪酬支撑下每一个劳动者才能充分贡献自己的能力。

但是我们经常忽略高薪酬往往代表着更高的要求或者更大量的劳动付出，所以当以薪酬为目标的时候，当前的选择和日后的工作中都要做好能力上和时间上付出更多的心理准备。而这种积极思想准备不仅有利于考生以后获得一份薪资满意的工作，更有转化成当前学习动力的可能性，具有既明确方向又增强动力的双重积极作用。

各种职业的薪酬在较长的历史时间维度上看是会有增长或者降低的趋势的，但是在较短的几年、十几年甚至几十年的时间维度上看，即便有所增减，这种变化也是线性的、连续的。我们可以以当前的就业薪酬情况结合对职业发展的预判来明确自己的薪酬预期。

例如，现在收入普遍较高的是计算机科学与技术相对应的学科，尤其是软件工程等专业方向，社会需求大、待遇好。但是这个领域要保持持续学习的旺盛精力，以及到达一定年龄之后的二次择业问题。

2. 兴趣特长

以自己的兴趣特长为工作或者说在一个能够发挥个人兴趣特长的领域工作是理论上最理想的状态，因为这样不仅能够扬长避短、趋利避害创造出更大的成绩，还能从工作中获得丰富的乐趣和饱满的成就感。但是，想要达到这个目的，就要审视自身的职业兴趣和目标工作的特点以及要求，唯有如此才能形成完美的匹配。

但是，当今社会的年轻人跟上几代人不一样。艰苦困难时期的人们为了生存而努力，后来人们又为了更好的生活而努力，作为未来世界主宰的当前这一代年轻人可以为了更幸福和满足的生活而努力。也许在感兴趣且有特长的方面工作，在有爱好有追求的方面提升生活质量才是好的选择。

3. 权力地位

社会主义社会只有劳动分工的不同，没有高低贵贱的分别。任何社会也都需要分工，各工种之间也应该是平等的。但是，因为工作角色的不同以及人们心中因循守旧的思想等因素的影响使得社会对于不同职业、不同职位的认识和评价有所不同。有些人有较高的权力欲望和控制欲，有些人渴望看见他人按照自己的思想去行动，有些人追逐受人尊重的感觉并从中获得成就感和满足感。

毕业三年内获得职位晋升比例较大的依次是：住宿和餐饮业、零售业、房地产开发及租赁业、邮递物流及仓储业等，均有70%的概率被提职，提升次数均在1～1.5次之间。而看似权力地位更明显的政府及公共管理行业，因为存在着更严格的晋升机制，所以使得从业三年内的晋升比例仅为33%左右，晋升次数也处于平均0.4次的较低水平，但是因为行政机关权力的强制性，依然是很多追逐权力地位的考生的选择。

这里需要提醒的是：官员并不是管理员，而是为人民服务的人民公仆，是另一种形式的服务员。职位高不等于权力大而是责任更大的表现，家长和考生要正确认识这一点。

4. 自由独立

有一些具有丰富想象力和创造力的人，思想的自由也就带动着工作和生活中需要更大的自由度，对于严格的时间和空间束缚会感到很不适应，而且也难充分发挥个人作用和个人价值。追求自由和独立的人需要的是不受太多约束，可以充分掌握自己的时间和工作，时间空间范围内的自由度都比较高，发生工作关系和工作关联的人也比较少，无需对他人进行管理也不太容易接受他人管理的职业。

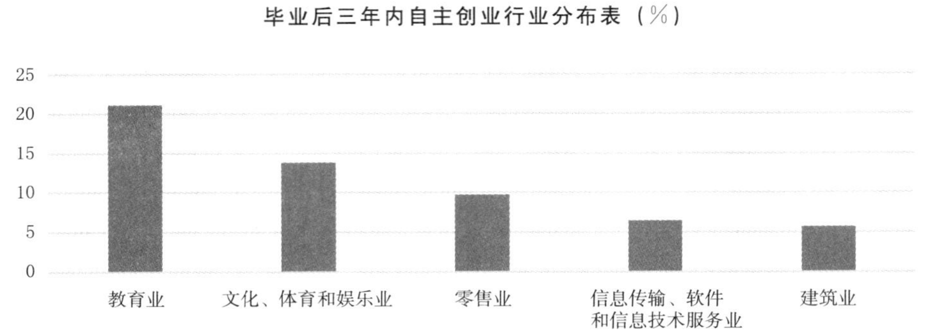

图1.11　自主创业行业分布比例

从数据上能够看出来，毕业三年内自主创业集中在教育业的比例是最高的，这一点与我们惯常认识中的高中毕业生志愿填报时对学科教育主观倾向度不高是存在较大矛盾的，这也从另一个侧面反映出来传统上考生在志愿填报时是不够理性，并且缺乏职业规划认识。其实从就业流向上看，有超过9%的毕业生进入教育培训领域工作，高居流向榜的第一名，比接下来的二、三、四名的总和还要高，这也更进一步证明了填报时反映出来的不理性。所以在填报的时候要避免这种不理性。

5. 自我成长

工作不仅仅是我们用体力、脑力劳动换取薪酬的过程，更是我们获得心理满足和个人成长的过程。这一点我们可以通过很多招聘广告看到，往往更诱人的职位、岗位具有更高的“工作经验”的要求。而很多时候，工作经验里面就包含着自我成长。很多人，尤其是有明确职业规划意识的人往往更看重工作能够带来的个人成长的空间和机会，因为只有成长为一个更强大的自我才有可能有实力去面对更强大的竞争。

如果用就业来引导志愿填报工作的话，充分考虑就业职业、行业能够给个人带来的提升和成长就是较为重要的一件事情了。例如：中学教师这样的职业，随着时间的积累经验必然会增加，增加的经验也会给工作带来较为有限的帮助，但是所教授学科的知识不会有太大的变化与增量，属于自我提升较为不明显的领域；而一些以社会科学或者自然科学为研究对象的工作，很可能会在工作中经历或大或小的进步与提高，这种提高甚至可能超越已有的存在和认知，例如天文学千百年来都没有发现太阳系外的行星，而最近短短十数年已经发现了数千颗太阳系外行星；再如进入投资理财机构做会计工作的人，也许比其进入中学当会计的同学有更多机会接触大量高财富值客户、银行等金融机构的管理人员，也更有可能在工作中收获大量的经验和技巧，这些可能都会对以后的创业有所帮助。

需要注意的是有些时候自我成长跟薪资收入是存在一定矛盾的，甚至每年都有名校毕业生“零薪资”求职的新闻爆出来，这样的毕业生并不是为了制造爆炸性新闻，更主要的可能还是为了经验和自我成长而做出的行为。

6. 自我实现

每个人都有获得其他人认可的心理需求，只是这种需求所占的比重各有不同。有人认为自我实现是可有可无的，有人却认为充分实现自我价值是最重要的事情。因为职业和工作分工的不同，使得每个人的才能在工作中所能发挥的作用也是不尽相同的。如果特别看重自我实现，那么一定要充分考虑目标职业所对应的工作平台和工作机会能不能提供充分施展个人才能、实现自身价值的机会。

马斯洛需求层次理论表明自我实现的需要是最高层次的需要。也就是说，人必须干称职的工作，这样才会使他们感到最大的快乐。马斯洛提出，自我实现的需要是在努力实现自己的潜力，使自己越来越成为自己所期望的人物。因为专业对应职业，所以在志愿填报工作开始的时候就要对内审视自我，判断自身对于自我实现的需求到底大不大，再对照职业能否提供实现机会，并以此为参照条件进行职业选择。

7. 工作环境

工作虽然没有高低贵贱之分，但是工作环境却是千差万别。程序员的工作也许在外人看起来枯燥沉闷，但是工作环境基本是风雨不扰的室内，而土木工程师即便是清华大学毕业的，也要经常到户外工地的烈日酷暑下工作，学农学的即便达到袁隆平先生的地位，也要经常沾泥带水的工作。

如果对工作环境比较看重或者要求较高的话，在志愿填报的时候就要选择未来学习、实习、工作所对应的环境，并以此为参照来确定选报的专业。

8. 工作稳定

我们这里并不讨论工作稳定是优点还是缺点，因为在很多传统、保守的家长看来工作稳定是优点。但是，在追求自我成长和自我实现的年轻人看来，因循守旧、一成不变的稳定则是一潭死水。其实这也不过是出于价值观的一种判断而已。

如果追求稳定的工作，那么进入相对传统的行业，如行政事业单位、国企央企等是较佳的选择，进入医疗卫生、食品生产、文教体育等人们有长期稳定需求的领域可能也是较佳的选择。那么在确定专业的时候做针对性的选择就是具有积极的意义了。

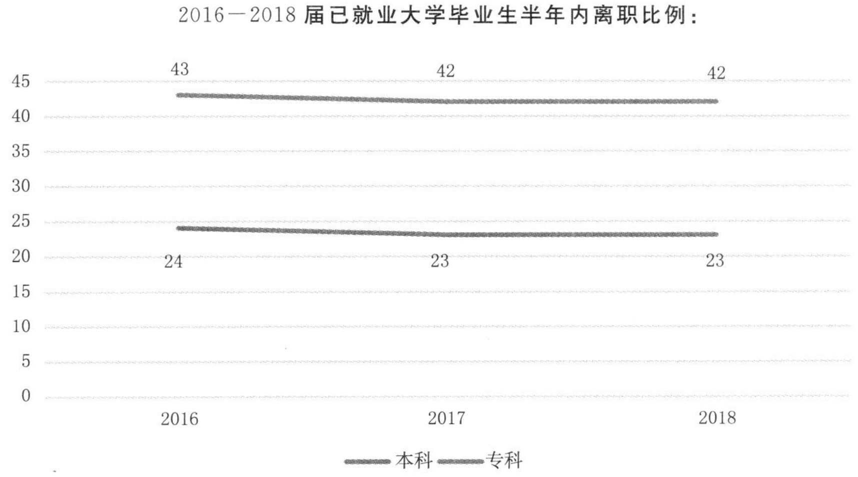

图 1.12 大学生离职率调查（%）

从上图可以看出，近三年来大学本科离职率约为23%～24%，专科离职率约为42%～43%，专科离职率高于本科离职率。

离职率的高低并不是就业水平和就业质量的标志，在对离职人员离职原因的调查中表明，最主要的两个理由是“个人发展空间不够”和“薪资福利偏低”，占比约为48%和43%。离职类型中有93%为“主动离职”，也就是说所谓的离职率较高也是从业人员为了谋求更好的发展空间和薪酬待遇而采取的主动行为。

当然，如果主观上谋求高稳定性的考生及家长，可以认真阅读下表，以便选择自己的专业。

部分本科专业三年内工作单位数量（单位：个）

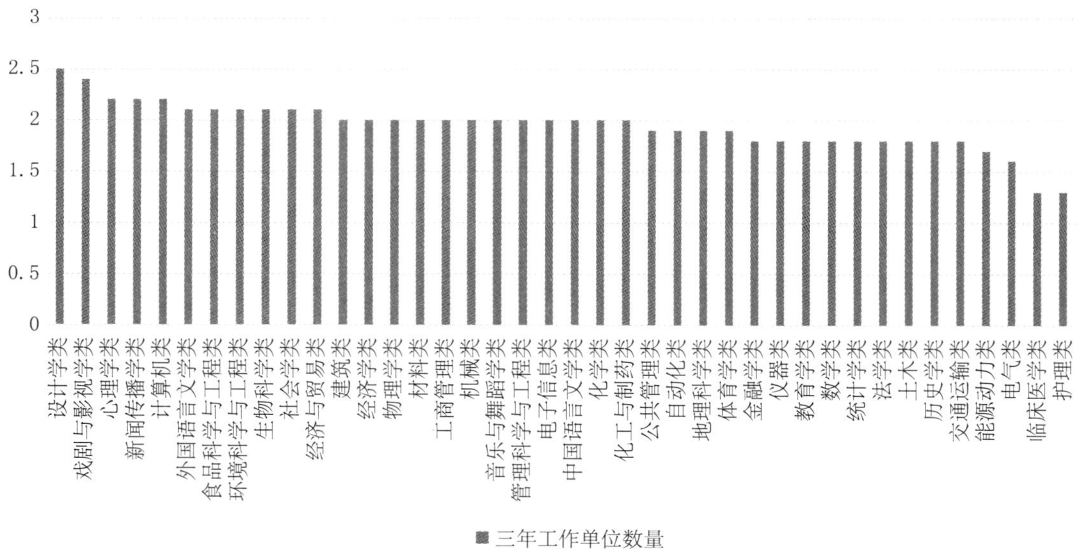

图 1.13　三年工作单位数量

我们能够看出来，培养指向性单一、专业性强、行业外就业可能性较低的医学类下设的临床医学专业是稳定性最高的。

本章小结

如果我们接受以就业作为志愿填报工作的思想导向，那就还要明白一个人的命运与自身的奋斗是分不开的，但是也必须考虑历史的进程和时代的特点。分析就业不是简单的查看各专业的就业率、就业待遇这么简单，而是应该从环境影响和自身条件两个方面得出结论。

只具有高中毕业身份的考生往往难以具有较强的适应工作需求的职业能力，也很难分出时间来充分认识职业特征和职业需求，甚至在很多家长和考生看来拿出时间认识自己都是奢侈的事情。但是，有备无患，志愿填报工作中充分的信息梳理和知识储备是孩子人生成功的重要保障。

资料信息

1. 什么是高考志愿？

高考志愿是考生报考高校时志向、意愿的体现。通俗说就是包含了“想学哪些学科”“想去那些院校”“是否接受调剂”等信息。高考志愿也是省考试院向各高校投档，各高校提档、录取的重要依据。一定要谨慎对待。

2. 高考志愿的单位是什么？

在传统模式下，高考志愿由“院校”和“专业”两层概念组成，可分别称为“院校志愿”和“专业志愿”。省考试院的“投档”和高校的“提档”都是在“院校志愿”层面进行的，提档后由院校按照规则和考生的“专业志愿”进行专业分配。所以严格意义上讲，传统填报模式下的志愿单位是院校。

新高考实施省份有“院校＋志愿组”“院校＋专业（类）”和“专业（类）＋院校”等模式。

“院校＋志愿组”模式基本等同于传统高考的报录模式，只是将同一院校的专业计划按照选考科目要求划分为若干个不同的“志愿组”，提档单位变为“志愿组”，录取到组内专业，如果所有专业志愿均未录取且服从调剂，则会在本志愿组内调剂。

“院校＋专业（类）”“专业（类）＋院校”的报考录取方式下，考生相当于直接报考某校的一个专业（类），能够更大程度上满足考生对学科和院校的需求。因为将“院校”和“学科”整合为一个单位，在录取时直接决定考生是否能够进入某高校的某专业（类），而不是原来的先进入高校再分配专业，所以基本上都能够满足考生的需求而无须调剂。

例如：

传统模式下考生某批次平行志愿填报情况如下：

A：北京大学　专业1、专业2、专业3、……服从专业调剂

B：清华大学　专业1、专业2、专业3、……服从专业调剂

C：复旦大学　专业1、专业2、专业3、……服从专业调剂

D：上海交通大学　专业1、专业2、专业3、……服从专业调剂

E：浙江大学　专业1、专业2、专业3、……服从专业调剂

A、B、C、D、E等院校就是考生的院校志愿，考生选定的各专业即为考生的专业志愿。

院校＋专业（类）模式下某考生平行志愿填报情况如下：

1. 清华大学＋计算机科学与技术

2. 上海交通大学＋计算机科学与技术

3. 浙江大学＋理科实验班

……

80. 唐山学院＋计算机科学与技术

1～80即为考生直接填报某院校某专业而无须调剂的志愿情况，事实上基本不会有考生只选定一个专业而填报数十个院校同一专业的情况，往往也是多个院校和多个专业的组合。各省份的志愿数量设置也不一定都是80个，但是基本上都会允许考生全部填满或者不全部填满。

3. 高考志愿对个人有什么意义？

因为高考志愿是考生个人志向、意愿的体现，所以投档、录取工作都是依据考生的志愿做出的。传统的“院校提档专业录取”的报录方式里，基本上是教育考试院将考生的档案向志愿中填报的院校投送，所以考生不会被志愿外的院校录取，从院校这一级上讲会尽量满足考生的要求。而院校对考生提档后进行学科安置的时候，也会优先在考生填报的学科范围内进行，如果所报学科均无法满足的时候，才会参照考生是否服从学科调剂而进行学科安置。通俗点儿理解就是“未报考院校不会录取该考生”。

因为高考志愿是高校录取考生时候的最主要依据，所以考生一定要充分重视高考志愿的意义和重

要性。这里特别提示考生：千万不要填报那些不准备就读的院校，因为如果被录取而不去就读的话会造成考生不会再被其他院校、专业录取，也会导致目标院校学位的空置和浪费；目前已经有部分省份和高校对具有这种行为的考生次年报考、录取时做出较为严格的限制，甚至有可能因此被认定为不诚信行为。

例如：

河南省对于“录取不报到”的考生做出限制，次年填报普通本科批次志愿时做出了数量上的限制；武汉大学更是明确提出对于不诚信考生“不予录取”的规定。

4. 高考志愿对高校有什么意义？

因为高考志愿充分反映了考生对院校及专业的预期，所以高校参照高考志愿录取上来的学生基本都是“想来我们学校就读的”以及“想就读××专业的”，所以能减低被录取而不来就读者的人数，可以减少学位空置率。考生在充分了解相关院校相关专业的情况下填报志愿，也有助于保证学生在学习具体专业时的适应度，尽量减少因不适合某学科要求而无法顺利学习和成长的问题。

相比较而言，原本的先进入“院校”再安置“专业”的结果不如新高考将“院校”和“专业”志愿整合在一起更能满足高校和考生的双方面要求。但即便是传统模式，如果不服从调剂而专业志愿又不能够满足的情况下，院校也只能对考生档案做退回教育考试院的处理；而服从调剂则很可能被调剂到既没有心理准备也不适合就读的专业去，造成院校学位、教育资源和个人时间精力等多方面的浪费。

5. 什么是学科？

学科是科学知识体系的分类，不同的学科是不同的科学知识体系。而科学又是分科治学的意思，从这两个角度分析，学科也好，科学也罢，都是围绕着知识体系的。

任何一个知识体系都是建立在人类活动已产生的经验上的，通过对经验的积累和消化形成认识，认识通过思考、归纳、理解、抽象而上升为知识，知识在经过运用并得到验证后进一步发展到科学层面上形成知识体系，而知识体系是处于不断发展和演进过程中的，在过程中根据知识体系的共同特征进行划分就形成了学科。

6. 学科是怎么分类的？

从创造知识和科学研究的角度看，同一学科往往具有共同或相对接近的研究对象，相同或相似的研究方法。学科内的知识具有客观事实上内在的相关性，是以相对独立的知识体系本身为边界的。

比如我们最熟悉的学科之一物理学是研究物质运动最一般规律和物质基本结构的学科，其研究对象大到整个宇宙小到基本粒子，而物质运动往往与时间、空间、能量相关，所以无论是经典力学、电磁学、热力学、相对论还是量子力学，物理学都要从物质、能量、时间、空间上找寻大自然的规律，并用找到的规律来分析和解释自然现象。物理学寻找运动规律，但是并不重点研究变化，所以当物理学推进到一定水平的时候，需要在分子、原子层次上研究物质的组成、性质、结构与变化规律的时候，化学就成为一个单独的学科了，因为这种研究方法已经超过物理学研究的方式、方法和范围了。虽然原子物理领域的核裂变、聚变也能产生新物质，但是物理学主要研究的是质量能量的转换。物理和化学共同的特征就是它们都是通过对客观世界的观察、测量得到规律，并且将设想通过实验的手法得到验证，所以它们都是典型的自然学科。

7. 学科分为多少类？

国家标准 GB/T 13745—2009 依据学科研究对象、研究特征、研究方法、学科的派生来源、研究目的及目标等五个方面对学科进行分类，分成五个门类（A 自然科学、B 农业科学、C 医药科学、D 工程与技术科学、E 人文与社会科学），下设 62 个一级学科或学科群、676 个二级学科或学科群、2382 个三级学科。这个分类方法在高考志愿填报中一般并不常用。

在我国高等院校的主要任务是人才培养、科学研究和社会服务。科学研究角度理解学科也就是上一段说过的内容，而人才培养和社会服务则是对知识的传递和应用，已经不仅仅是以知识本身为边界，而是具有组织意义了。所以，我国高等教育学校在本科教育中对学科进行了更详细的分类，我国高等教育将学科划分为 13 个学科门类，它们分别是：哲学、经济学、法学、教育学、文学、历史学、理学、工学、农学、医学、军事学、管理学和艺术学。各学科门类下又分设若干一级学科，一级学科下设若干二级学科，目前常用的一级学科为 93 个（历史上有多种分类方法，所以数量不一），二级学科有五百多个。最通俗的理解是本科层面主要进行二级学科（专业）的学习，按照专业颁发毕业证，按照所属门类获得学士学位证。

在考生和家长的认知中，中学长期而普遍的做法是文化课分为文、理科进行，所以在填报的时候容易错误的把大学学科也分成“文、理科”、这是非常严重的误解和误用。而且随着新高考改革的推进，文、理分科这种已经不符合时代发展要求的方式逐渐退出历史舞台，家长和考生有必要积极调整思路以适应新的时代要求。

8. 什么是专业？

专业是为学科承担人才培养职能而设置的，是为了满足从事某类或某种社会职业的人才需求，而必须接受相应的训练需要而将多种知识组合在一起形成的。也就是专业的指向为解决社会问题或者满足岗位要求，具有较强的实用性，更多时候是指向职业甚至以职业体系划分的。

有些情况下学科和专业具有一致性，如：机械工程学科和机械工程专业就具有较好的统一性；而更常见的情况是多个学科按照应用组合为一个专业，如：数字媒体艺术专业就是由艺术类和诸多非艺术类学科共同组合成的专业。

9. 现在我国高校有多少种专业？

我国现行的专业划分是以 2012 版《普通高等学校本科专业目录》为准的（以下简称《目录》），《目录》中一共有 506 种专业。其中包含 352 种基本专业，154 种特设专业（含 62 种国家控制布点专业）。需要注意的是，这个《目录》随着时代的发展和社会需求在不断修订之中。而高校招生时发布的招生计划中的“专业”数量则是远远多于 506 种的，因为不同的院校会按照实际情况组合出一些目录外的专业，部分院校仅以招生为任务指向的“实验班”“大类招生”以及不同的培养方向则大大丰富了考生志愿填报时候的选择范围。当然，实验班和学科大类里究竟包含哪些专业是需要特别注意的。

10. 什么是基本专业？

基本专业是指学科基础比较成熟、社会需求相对稳定、布点数量相对较多、继承性较好的专业。例如天文学、法学、教育学等专业，有完备的知识体系、成熟的研究方法、清晰的研究边界和广阔的发展前景，因而被设定为基本专业。各高校因为自己的研究领域、专长等原因也都会有自己比较擅长或者专精的专业，有良好的培养传统和完备的培养体系。

11. 什么是特设专业？

特设专业是针对不同高校办学特色，或适应近年来人才培养特殊需求设置的专业。特设专业往往是一些新兴的、具有广阔发展潜力的专业，各高校可能均未在相关专业上形成传统和经验。因为特设专业是为了满足新的社会需求而设置的，所以会导致一些高校趁势争先开设专业，而比较容易忽视资质条件从而导致学生培养质量不佳的问题。例如知识产权、家政学、休闲体育、烹饪与营养教育、物流管理与工程、法医学、护理学、海关交通管理等都属于特设专业。

需要注意的是特设专业中的某一些会因为逐渐成熟而转变为基本专业，也有可能因为社会需求变化等原因而退出目录。

特设专业会在专业代码后标注“T”以示区分。

12. 什么是国家控制布点专业?

国家控制布点专业一般是指那些专业性强，但市场的人才需求不高，需要国家控制学生数量的专业。这些专业一般具有专业性极强、社会需求不宽的特征。

国家控制布点专业总体上可以分成以下两类：一是非常“热门”的专业，这类专业因为开设的大学众多，每年的招生数量庞大，学生的就业竞争压力大，比如财经类、会计、金融等专业，需要国家进行控制布点，防止一些普通大学为了争夺生源，而随意开设“热门”专业；二是非常冷门或者是专业性很强的专业，如医学类专业、公安技术类专业，这些专业不仅专业性强，而且就业面窄，也需要国家的控制布点，防止出现大量的待业毕业生，形成社会用不了，但是相关专业知识在其他领域也用上的不利局面。

国家控制布点专业一般会在专业代码后标注“K”以示区分。

13. 学科和专业有什么关系?

学科是以知识体系为组织形式的，而专业是面向任务或者岗位设置的，这就使得同一学科的知识可能在很多专业中得到应用。比如：数学作为一个既古老又有广泛应用前景的学科，在计算机、经济、物理、工程领域专业中都有广泛应用。而一个专业则有可能用到多个学科的知识，如电子商务专业，就要同时用到计算机、管理、营销等多学科的知识。

目前在国内高校里，本科阶段多以“专业”组织教学，硕士研究生阶段多以“学科”组织教学。这也导致了部分本科专业跟硕士研究生专业的不同，例如：在本科叫作建筑环境工程专业，在研究生叫作供热供燃气通风及空调工程学科，还比如在本科叫作热能与动力工程专业，在研究生叫作动力工程及工程热物理学科。有时候专业与学科的名字也可以是一样的，比如机械工程专业、机械工程学科。

14. 在选择院校专业的时候应如何考虑学科实力?

有的家长和考生在进行院校学科实力查询时发现高校某学科实力很强，而自己所报考的专业虽然对这个学科的依赖程度很重，但是学校的这个强势学科和自己所报的专业分属不同院系。于是有些家长和考生觉得比较困扰，不确定是否能够享受到优质资源。

其实这种担忧是完全没有必要的，因为高校不太可能也没有必要按照院系分设教师组合。举例说明就是：不大可能每个院系安排专门的数学老师或者思想政治老师，而是几乎所有数学老师都来自于数学系，这样既方便教师之间的交流提高，也方便集中力量在学术上进行推进，相关专业的学生只要专业有需要，即便不在同一个院系也自然能够享受到同样的优质资源。

编者的本科阶段的学习是在某高校理学院应用化学专业完成的，但是生物工程学院的同学也会来化学实验室做实验，授课和实验也均由化学系教师完成。虽然编者享受不到生物工程学院高水平的资源，但是生物工程学院的同学可以很好地享受理学院化学系的高水平资源。

15. 举例说明一下大学专业学习内容

我们以土木类教学质量国家标准建筑环境与能源应用工程专业为例进行说明，主要内容来自国家本科类教学质量标准：

土木类教学质量国家标准（建筑环境与能源应用工程专业）

1　概述

建筑环境与能源应用工程专业是工学门类土木类本科专业，主要服务于建筑行业的建筑环境控制与建筑节能领域。

随着人类活动遍布全球，人类需要抵御不利的自然环境，因此营造适宜人类生存、生活、生产的室内环境就成为人类社会存在与发展的必要手段，这些手段包括取暖、通风、降温、照明等。而营造适宜的室内环境的代价就是能源的消耗。

随着社会经济发展和科技进步，人类居住、产品生产等对建筑环境的要求逐渐提高，建筑能耗快速增长。因此如何营造适宜的室内环境，满足人类居住和生产过程对建筑环境品质不断提高的要求，同时避免消耗过多的化石能源，使城乡建设得到可持续发展，成为全球都面临的必须解决的问题，也是涉及我国国计民生的重要问题。

建筑环境与能源应用工程专业的任务就是以建筑为主要对象，采用人工环境与能源利用工程技术，去创造适合人类生活与工作的舒适、健康、高效的建筑环境和满足特殊生产工艺过程与科学实验要求的环境，以及特殊应用领域的环境（如地下工程环境、国防工程环境、运载工具内部空间环境等）。在满足环境需求的情况下，必须做到充分利用自然能源，减少化石能源的消耗，同时减少各种污染物的排放，避免对外部环境的破坏。

建筑环境与能源应用工程专业以建筑环境学、流体力学、热工学为学科基础，融合自然科学、工程力学、机械学、电学、信息与自动控制、建筑科学、生理学、心理学、管理学、社会学等相关学科的科学理论和技术，来解决本专业相关的核心科学技术问题以及工程应用问题。本专业的学科特点是学科基础宽，毕业生适应能力强，是典型的厚基础、宽口径的专业学科。

建筑环境与能源应用工程专业培养的人才主要面向本专业领域的各个方面，包括工业建筑室内环境控制、民用建筑室内环境控制、建筑节能（包括建筑本体节能与暖通空调系统节能）、城市能源规划、暖通空调设备生产与研发等。

2　适用专业范围

3　培养目标

3.1　专业培养目标

建筑环境与能源应用工程专业培养适应我国社会主义现代化建设需要，德智体美全面发展，具备较好的自然科学与人文社会科学基础，具备计算机和外语应用能力，掌握建筑环境与能源应用工程专业的基础理论和专业知识，获得工程师基本训练并具有一定创新能力的复合型工程技术人才。毕业生具有在设计研究院、工程建设公司、设备制造企业、运营公司、能源管理公司等单位从事采暖、通风、空调、净化、冷热源、供热、燃气等方面的规划设计、研发制造、施工安装、运行管理及系统保障等技术或管理岗位工作的能力。

3.2　学校制定专业培养目标的要求

各高校应根据上述培养目标和自身办学定位，结合各自专业基础和学科特色，在对区域和行业特点以及学生未来发展需求进行充分调研与分析的基础上，以适应国家和社会发展对多样化人才培养需要为目标，细化人才培养目标的内涵，准确定位本专业的人才培养目标。各高校还应根据科技及经济、社会待续发展的需要，对人才培养质量与培养目标的吻合度进行定期评估，建立适时调整专业发展定位和人才培养目标的有效机制。

4　培养规格

4.1　学制

4年。

4.2　授予学位

工学学士。

4.3　参考总学时或学分

总学分为140～180学分。各高校可根据具体情况做适当调整。

4.4　人才培养基本要求

5　师资队伍

6　教学条件

6.1　教学设施要求（实验室、实践基地等）

6.2　信息资源要求

（1）图书信息资源

学校图书馆应有与本专业学生数最成比例的专业图书、期刊、资料，应具有数字化资源和具有检索这些信息资源的工具。

专业所在学院可设置专业资料室，存放本专业主要参考书籍、规范、手册、期刊、图纸资料供本专业教师与学生使用，每年有一定的补充量。

（2）其他

有供学生进行课程设计和毕业设计（论文）的专用教室或计算机房。计算机房应配置一定数量的计算机，以满足学生进行科学计算和设计绘图的需求。

6.3　教学经费要求

教学经费主要指用于本科教学师资队伍的建设费用、实验室费用、图书资料费用、学生实习实践活动费用、教学基地建设费用等。

开办的建筑环境与能源应用工程专业的教学科研仪器设备总值应不低于100万元，且生均教学科研仪器设备值应不低于6000元。学校每年应提供专业实验室用于仪器设备维护、更新的经费。

教学经费投入能较好地满足人才培养需要，专业生均年教学日常运行支出不低于1200元。

7质量保障体系

附录　建筑环境与能源应用工程专业知识体系和核心课程体系建议

1　专业知识体系

1.1　知识体系

1.1.1　通识类知识

通识类知识包括人文社会科学类、自然科学类两部分。

人文社会科学类知识包括哲学、政治学、经济学、历史学、法学、心理学、社会学、体育、军事等；自然科学知识类知识包括数学、物理学、普通化学；

工具类知识：外语、计算机技术与应用。

1.1.2　学科基础知识

涉及热科学原理与方法、力学原理与方法、机械原理与方法、电学与智能化控制、建筑领域相关基础五大知识领域。

课程包括传热学、工程热力学、热质交换原理与设备、理论力学、材料力学、流体力学、流体输配管网、建筑环境学、建筑概论、机械设计基础、电工与电子学等。

1.1.3　专业知识

包括暖通空调系统、冷热源设备与系统、城市能源供应系统、燃气储存与输配、燃气燃烧与应用、建筑环境测试技术、建筑设备系统自动化等知识单元。

1.2　主要实践性教学环节

实践教学内容由实验、实习、课程设计、毕业设计（论文）等实践环节组成。

（1）实验

主要包括公共基础实验、专业基础实验以及专业实验。

公共基础实验包括：大学物理实验、大学化学实验等。

专业基础实验包括：建筑环境学、工程热力学、传热学、流体力学、热质交换原理与设备、流体输配管网等课程实验。

专业实验包括：采暖、空调、通风系统相关的实验，冷热源设备相关的实验，燃气燃烧与输配储存系统相关实验，建筑设备自动化和测量技术相关的实验。

（2）实习

主要包括金工实习、认识实习、生产实习和毕业实习等。

（3）课程设计

暖通空调课程设计、城市建筑能源系统课程设计、燃气输配系统设计。

（4）毕业设计（论文）

暖通空调工程、城市建筑能源工程、燃气输配工程相关内容。

2　专业核心课程建议

课程设置应能支持专业培养目标达成。课程体系应能支持人才培养各项要求的有效达成。各类课程的占比应根据各高校工科专业的办学特点来确定。

人文社会科学类教育能够使学生在从事工程设计时考虑经济、环境、法律、伦理等各种制约因素。数学和自然科学类教育能够使学生掌握基本理论与实验方法，将相应基本概念运用到实际工程中，并能进行分析推理。

学科基础类课程应包括本学科的基础内容，能体现工程热力学、传热学、建筑环境学、流体力学和自然科学在本专业应用的能力培养；专业类课程、实践环节应能体现建筑环境与能源应用工程系统设计和实践能力的培养。

3　人才培养多样化建议

鼓励各高校依据自身办学定位和人才培养目标，以适应社会对多样化人才培养的需要及满足学生继续深造和就业的不同需求为导向，在满足人才培养基本要求的基础上，准确定位，办出特色。各高校应积极探索研究型、应用型、技术技能型人才培养，建立多样化的人才培养模式和与之相适应的课程体系以及教学内容、教学方法，设计特色课程，提高选修课程比例，由学生根据个人兴趣和发展进行选修。

应切实转变教育思想，更新观念，树立科学的人才培养质量观，解决人才培养的目标和定位问题。社会对人才的需求从来就是多层面、多规格的，各个层面和不同规格的工程教育都可以有自身的特点。各高校应根据各自的办学条件、生源状况和所处地区、行业等实际情况，确定各自的专业发展目标。

《普通高等学校本科专业类教学质量国家标准》是高校开设专业的“最低标准”，是强制性要求，其中详细规定了课程内容、实验内容等信息，是考生和家长详细了解大学专业的可靠信息途径。

16. 当前各学科、专业的就业情况如何？

目前我国大学本科开设的专业众多，但是有些专业招生、就业人数都比较少，统计意义不大。下表列出毕业生数量较大的一些专业的平均就业率、工作与学习相关度（相当于通俗所说的“对口就业”）以及实习期结束后的月收入等三项数值。表中所列数值均为采样单位的平均值。

表 1.1 各学科、专业就业指标（平均）

序号	学科名	专业名	就业率/%	相关度/%	月收入/元
1	经济学类	经济学	90.5	67	5487
2	经济学类	经济统计学	91.5	56	5060
3	财政学类	财政学	91.7	77	5139
4	金融学类	金融学	91.5	77	5605
5	金融学类	金融工程	90	73	5882
6	金融学类	保险学	91.9	76	5399
7	经济与贸易类	国际经济与贸易	91.2	54	5051
8	法学类	法学	85.3	70	4805
9	政治学类	政治学与行政学	89.4	45	4468
10	社会学类	社会工作	89.5	46	4503
11	马克思主义理论类	思想政治教育	87.6	72	4486
12	教育学类	教育学	92.1	77	4489
13	教育学类	教育技术学	90.9	68	4547
14	教育学类	学前教育	92.1	86	4176
15	教育学类	小学教育	94	91	4287
16	体育学类	体育教育	90.2	78	4990
17	体育学类	社会体育指导与管理	91.7	57	5183
18	中国语言文学类	汉语言文学	91.6	83	4709
19	中国语言文学类	汉语国际教育	89.2	61	5046
20	外国语言文学类	英语	91.5	75	4932
21	外国语言文学类	俄语	92.9	56	4924
22	外国语言文学类	法语	90.9	52	6166
23	外国语言文学类	日语	91	52	5207
24	外国语言文学类	朝鲜语	89.1	55	5433
25	外国语言文学类	翻译	91.4	75	5491
26	外国语言文学类	商务英语	91.8	67	5175
27	新闻传播学类	新闻学	90.1	65	5084

续表

序号	学科名	专业名	就业率/%	相关度/%	月收入/元
28	新闻传播学类	广播电视学	92.2	63	5152
29	新闻传播学类	广告学	93.5	74	5304
30	新闻传播学类	编辑出版学	90.1	68	4718
31	历史学类	历史学	86.3	61	4427
32	数学类	数学与应用数学	91.8	74	5048
33	数学类	信息与计算科学	92.7	57	6001
34	物理学类	物理学	87.9	71	4641
35	物理学类	应用物理学	86.6	41	5547
36	化学类	化学	89.1	74	4354
37	化学类	应用化学	91.9	63	4778
38	地理科学类	地理科学	94.7	74	4540
39	地理科学类	自然地理与资源环境	91.9	49	4717
40	地理科学类	人文地理与城乡规划	94.1	58	4485
41	地理科学类	地理信息科学	93.4	70	5362
42	生物科学类	生物科学	88.8	66	4664
43	生物科学类	生物技术	87.5	56	4917
44	心理学类	心理学	88.1	58	4729
45	心理学类	应用心理学	89	58	4729
46	统计学类	统计学	91	51	5354
47	统计学类	应用统计学	92	51	5180
48	力学类	工程力学	90.4	68	5693
49	机械类	机械工程	92	71	5383
50	机械类	机械设计制造及其自动化	92.6	68	4945
51	机械类	材料成型及控制工程	92.4	58	4939
52	机械类	机械电子工程	94.4	69	5021
53	机械类	工业设计	90.2	64	5549
54	机械类	过程装备与控制工程	92.8	62	5111
55	机械类	车辆工程	93.8	73	5168
56	机械类	汽车服务工程	93.7	67	5306
57	仪器类	测控技术与仪器	90.9	61	5543
58	材料类	材料科学与工程	91.6	52	5404
59	材料类	材料物理	87.7	46	5735
60	材料类	材料化学	90.9	58	5132
61	材料类	冶金工程	89.8	40	5020

续表

序号	学科名	专业名	就业率/%	相关度/%	月收入/元
62	材料类	金属材料工程	89.8	42	4925
63	材料类	无机非金属材料工程	91.7	42	5111
64	材料类	高分子材料与工程	90.7	57	5197
65	能源动力类	能源与动力工程	95.8	78	5122
66	电气类	电气工程及其自动化	95.6	77	5292
67	电子信息类	电子信息工程	93.1	66	5777
68	电子信息类	电子科学与技术	93.4	56	6030
69	电子信息类	通信工程	94.1	67	5893
70	电子信息类	微电子科学与工程	91.8	62	5952
71	电子信息类	光电信息科学与工程	91	51	5540
72	电子信息类	信息工程	92.9	68	6488
73	电子信息类	电子信息科学与技术	91.5	60	5991
74	自动化类	自动化	93.5	68	5777
75	计算机类	计算机科学与技术	93.9	77	6442
76	计算机类	软件工程	96.7	85	6887
77	计算机类	网络工程	93.5	78	6656
78	计算机类	信息安全	93.9	77	7027
79	计算机类	物联网工程	93.6	74	6411
80	计算机类	数字媒体技术	94.9	74	5913
81	土木类	土木工程	92.8	86	5024
82	土木类	建筑环境与能源应用工程	92.1	75	4943
83	土木类	给排水科学与工程	93.9	80	5110
84	水利类	水利水电工程	92.3	79	5287
85	测绘类	测绘工程	93.8	81	5299
86	化工与制药类	化学工程与工艺	91.4	60	4846
87	化工与制药类	制药工程	93.4	68	4935
88	矿业类	采矿工程	89.1	59	5008
89	纺织类	服装设计与工程	90.6	68	4619
90	轻工类	轻化工程	92.4	56	5217
91	交通运输类	交通运输	94.5	78	5728
92	交通运输类	交通工程	93.7	67	5393
93	环境科学与工程类	环境工程	91.2	66	4750
94	环境科学与工程类	环境科学	92.9	65	4657
95	生物医学工程类	生物医学工程	87.8	58	5287

续表

序号	学科名	专业名	就业率/%	相关度/%	月收入/元
96	食品科学与工程类	食品科学与工程	93.4	50	4826
97	食品科学与工程类	食品质量与安全	90.1	54	4877
98	建筑类	建筑学	90.7	88	5538
99	建筑类	城乡规划	89.3	78	5264
100	建筑类	风景园林	89.1	70	5058
101	安全科学与工程类	安全工程	93.1	74	5356
102	生物工程类	生物工程	89.2	62	4867
103	植物生产类	园艺	90.1	48	4848
104	林学类	园林	94.9	61	4542
105	临床医学类	临床医学	88.4	97	4324
106	临床医学类	麻醉学	90	98	4529
107	临床医学类	医学影像学	92.8	98	4661
108	口腔医学类	口腔医学	85.6	99	4487
109	公共卫生与预防医学类	预防医学	95.1	90	4997
110	药学类	药学	92.9	87	5001
111	药学类	药物制剂	90.6	85	4521
112	医学技术类	医学检验技术	93.6	95	5053
113	医学技术类	康复治疗学	94.3	98	4986
114	护理学类	护理学	95.1	95	4756
115	管理科学与工程类	信息管理与信息系统	95.4	64	5856
116	管理科学与工程类	工程管理	95.1	76	4869
117	管理科学与工程类	工程造价	92.2	82	4797
118	工商管理类	工商管理	92.3	59	4950
119	工商管理类	市场营销	94.1	66	5325
120	工商管理类	会计学	91.7	83	4757
121	工商管理类	财务管理	94.2	79	4604
122	工商管理类	国际商务	93.3	46	5296
123	工商管理类	人力资源管理	93.5	62	4965
124	工商管理类	审计学	92.3	86	5497
125	工商管理类	文化产业管理	91.7	45	4895
126	公共管理类	公共事业管理	91.6	48	4790
127	公共管理类	行政管理	91.3	55	4936
128	公共管理类	劳动与社会保障	90.8	50	5231
129	物流管理与工程类	物流管理	95.4	53	4828

续表

序号	学科名	专业名	就业率/%	相关度/%	月收入/元
130	物流管理与工程类	物流工程	93.9	64	5692
131	工业工程类	工业工程	93.3	60	5472
132	电子商务类	电子商务	94.7	56	5442
133	旅游管理类	旅游管理	93	41	4619
134	旅游管理类	酒店管理	90.5	49	4850

17. 为什么要普遍了解大学专业设置？

在填报志愿的时候，很多家长和考生处于信息不对等的条件下，并不了解大学专业设置的情况。或者可以描述为本来是有一片庞大的森林，但是考生和家长只看到了身边的区区几棵树。这就使得考生的选择面大大缩小了，一方面对考生的成长会形成不利影响，另一方面对国家人才培养也是不利的。在广泛而深入地了解了专业设置之后再进行选择才是科学而理性的。

18. 为什么要弄清各专业对学生的要求？

因为大学各专业对人才培养的要求和目的有所不同，所以对生源素质的要求也有所不同，这种不同既包含指示要求也包含能力要求，以及包含价值观在内的素质要求。只有在各方面匹配度较高的学员，才有可能获得良好的培养结果。

《普通高等学校本科专业类教学质量国家标准》中包含各学科对学生培养规格以及各种要求的描述。

19. 为什么要弄清楚各学科的课程体系？

各学科都会有自己的理论课程、实践教学、毕业设计等环节，各环节还会包括公共基础课程、专业类基础课程、专业必修课程、专业选修课程、专业类实验、专业类设计、专业类实训、专业类实习以及毕业设计等内容，考生可以通过提前了解大学课程内容来判断自己是否适合就读相关专业，这样可以减少入学后不能适应课程设置而出现的厌学情况。

《普通高等学校本科专业类教学质量国家标准》中包含各学科课程体系的描述。

20. 为什么要了解各学科毕业后的就业特征？

在人才培养的思路里，对口就业可能是比较理想化的一种方式。也就是说最好的情况就是在所学的专业方向上就职，这样才能做到学以致用，才能在工作中形成专业优势，才能不浪费时间和精力。所以说在志愿填报之前就充分考虑各种工作形式和工作岗位的特点可能是很有必要的。

《中国本科生就业报告》（2018 年）显示，2014 年大学毕业生在三年内转换职业的比例高达 40%，这一数值与 2013 年大学毕业生转换职业的比例基本一致。而且“被转入最多的”的三类职业是“中小学教育”“行政/后勤”和“销售”。从数据以及转换职业的方向上看，选择专业时存在的盲目性或者志愿填报失败是普遍的，转向的职业也主要是知识要求不太高的方向。所以希望考生在选择专业之前要充分了解各学科毕业后的就业特征，避免出现频繁转换职业的情况。

21. 为什么要了解自身条件？

现在的高中生，尤其是高三学生，其生活和学习几乎都是在父母和学校的安排、管理下进行的，缺乏可以发挥个性的条件以及机会。尤其在繁重的课业压力和升学压力下，不仅没有充足的时间和精力去了解大学的专业和以后的就业，甚至于也没有足够的时间对自身进行了解。如果既不了解专业，又不了解自己，那么在匹配专业的时候出现问题的可能性就很大了。

现在各省基本“升学指导测试”“职业规划”等指导或者服务机构帮助考生解决专业选择问题。测试一般通过心理测评手段对学生的性格、兴趣和能力进行倾向性测试，从而帮学生更清楚地了解自己的爱好和具体职业能力倾向，也就是可以通过测评获得客观上考生适合就读的专业。

22. 如何对待“喜欢”与“适合”之间的关系？

通过科学的测试可以得出客观上考生与大学学科专业之间的匹配度，但是“适合”和“喜欢”未必是同步的。而且即便是已经“喜欢”了的专业也未必“适合”，即便客观上“适合”的专业，考生也未必会在主观上“喜欢”。所以我们建议考生在测评之后应该对高匹配度专业进行充分的了解，因为充分的了解才有助于决定是否喜欢，才有助于决定对某些专业是否选择。

而这一步可以借助专业介绍的书籍、资料进行了解。

23. 在了解专业的时候有哪些特别需要注意的？

第一，同名专业不同内涵，因不同高校自身学术特征以及人才培养的不同，即便是同名专业，在学习及就业指向等方面可能都存在一定的差异。所以关于专业内涵，一定要提前做充分的了解，尤其是实行新高考的省份，志愿单位变更为“专业（类）＋院校”，充分了解专业内涵显得尤为重要。

第二，名称接近的专业一定要分清，例如“信息与计算科学”跟“计算机科学与技术”就不仅分属不同的一级学科，甚至于分属于不同的学科门类。

第三，要注意授予学位的区别，如食品科学与工程专业可授学位为工学或农学学士，生物医学工程专业可授学位为工学或理学学士学位，具体专业在不同院校授予的学位有可能是不同的。学位在本科阶段也许不会体现出明显的区别，但是在考研考博或者工作的时候可能产生较大区别。

第四，为跨专业考研提前做好准备，我们比较不提倡跨专业考研，但是学生经过大学阶段的学习之后对自己的人生和职业规划有了更充分的认识也是有可能的，相同一级学科下面的二级学科之间的跨考比较容易。相邻一级学科之间跨考难度也相对小一些。

第五，目标院校目标专业的后续发展也是重要的，如果目标院校所报考专业有硕士点或者博士点的话，一方面可以证明院校专业实力，另一方面在后续考研、保研的时候也是比较方便的。

24. 为什么要分析专业前景？

不同专业可能会有不同的发展前景，无论自然科学领域还是社会科学领域，处于基础地位学科必然会有持续的需求和发展前景，但是一些交叉学科、新兴学科很可能在不久的将来迎来更大的发展或者社会需求减弱而出现的衰减。而一些所谓的热门学科则就业率非常低，冷门专业则往往会有较好的长期发展前景，这些都要在选择和确定专业的时候有充分而理性的分析才行。

通过客观适合度的测评、主观喜好度的选择以及行业发展前景的分析之后，基本上就可以确定考生的专业了。这里需要提示一下的是专业范围既不要太过单一，也不要分散得太过严重。

第二章　志愿填报的“两个准备”

对于就业时间节点的不同预期所必然导致的结果就是在校学习时长的不同。其实我们对比一下“就业形势不好，所以准备读研”跟“我准备读完研究生再工作”就会发现，前者是无规划的无奈之举，后者是有规划的理性行为。但是无论如何，尽可能在高考志愿填报时就考虑好大学本、专科之后的路也许是有必要的。

一、完成本、专科学习后准备直接就业

有一年，一个成绩优异但是略带忧郁气质的考生表示：“老师，我就想读一个费用低一点儿的学校，最好是毕业之后就能就业，赚钱越多越好。”听了考生的这个说法，编者有些诧异，因为很少会有考生说出“赚钱越多越好”这种貌似赤裸裸又比较刺眼的话，考生更多时候是描述理想、梦想、个人成长等因素。细聊之下才知道，这个同学的母亲体弱多病，父亲又在打工的时候摔伤了腰，连生活自理都已经是比较困难的事情。了解这些情况之后，结合考生的身体条件和成绩情况，我为考生推荐了免费师范生计划，这不仅减轻了考生求学过程中的经济压力，还让考生有了工作保障。后来他在服务期内通过自学获得了较大提升并且读完了教育硕士，相信他和他的家庭生活会越来越好的。此类同学属于客观上暂时难以支持继续学习而不得不就业的情况。

当然，准备读完大学本、专科就工作的同学还包含那些经过高强度的基础教育学习（尤其是高三学习）之后已经感到疲惫和厌倦，不愿意再在考研战场上拼杀的同学。此类同学属于主观上倾向于早就业的情况。

1. 因经济条件不得不早就业的

（1）选择低费用、高补助的计划

费用较低、减免费用或者补助、补贴较高的专业可以解决燃眉之急。代表性计划就是公费（免费）师范生、公费医学生、公费农科生等同时具备低收费、高补助和就业保障的计划。这些计划一般门槛较低，没有严格的身份限制，成绩之外的要求也不高，而且工作后也往往具有学历提升的机会，限制性条件多为设置一定的服役履约期限，以及服役履约期内不得报考公务员、全日制研究生等条件，如果不能完成服役期限，要缴纳一定数量的违约金。因为服役期享受正常的薪资待遇和社会保

障，所以历年来毁约考生并不多见。

（2）做好思想准备的同学可以选择军事类院校计划

军校计划比较“省钱”又不仅仅是“省钱”。我们都知道军校的军籍计划是属于花费极低的求学之路，而且求学期间生活也是有保障的。学习完成后的工作也是有保障的，达到转业条件时的待遇和补偿也是比较丰厚的。但是军校军籍计划成绩外要求较高，比如说我们通常所说的政审、体检等，视专业的不同也都在不同程度上高于普通高校专业。

部队工作的特殊性使得此类专业适合那些在价值观上已经准备好献身国防事业的考生填报，近年来连续的军校报考热潮也说明了新时代青年中有很大一部分是非常愿意为军事国防事业做贡献的。

军籍计划一般分为指挥类和非指挥类两大类，指挥类会视情况不同而有不同的体检要求，且往往要求较高。

（3）军校非军籍计划也是热点之一

部分军事类院校的“军民两用”专业有非军籍计划，例如医学类。军校非军籍计划的特殊性在于学生在军校就读，但是身份上跟军校军籍计划学员的最大不同就是不具有军籍。也就是说，考生虽然在军校就读，但是身份并非军人。但因为就读院校为军校，所以在各方面上比普通高校的学生享受的优惠政策还是要多一些的，学员就读的经济压力也会小一些。

另一个不同就是毕业后工作的便利性，一方面可以通过考试进入部队文职工作岗位，另一方面也可以自主择业，从这一点上看军校非军籍学员的就业灵活度和自由度高于军籍学员。

（4）“辛苦专业”也许是不错的选择

农业、林业、畜牧业、渔业、水文水利、地质、矿业、石油等领域的相关产业往往因为工作较为辛苦而普遍遇冷，但是这些专业又都是事关国计民生的基础专业，社会对相关人才是具有持续需求的，所以就业也是比较有保障的。

农、林、牧、渔、水、地、矿、油相关专业往往具有收分低、收费低、补助高等特点，这些特点也使得这些专业比较适合经济压力较大的同学就读。

（5）师范类、学科教育类专业

其实在学科或专业分类的时候并没有“师范类”这一个类别，但是社会通常将学科教育或者指向进入学校进行教学或者辅助教学的专业称为“师范类”，本部分我们借用这个描述。

师范类专业的学费往往都比较低，补助也比较高，就业角度看也是具有持续稳定需求的专业。但是很多考生因为刚刚经历高三艰苦的学习过程，因而对于校园形成了一些不积极的印象，所以在意向专业统计和实际录取结果对比的时候反映出来的特征是意向远低于实际录取的情况。

教育部于2019年9月3日发布消息称“争取地方党委和政府在投入上更多向教师优先倾斜。基本工资调标向义务教育教师倾斜、生均拨款向师范专业倾斜；在编制上优先保障教师需要。盘活事业编制存量，向教师队伍倾斜”。

而师范类利好的信息也已经在就业市场上早有反馈，下图为内蒙古自治区赤峰市某私立高中招聘信息中薪酬部分的截图。

★高中教师招聘待遇

公办教师年薪 20 万元（税后）；公费师范生年薪 15 万元；研究生年薪 13 万元；本科师范生年薪 12 万元。学校提供单身教师公寓，并按国家有关规定缴纳五险一金，享受单位福利待遇。

公办离职教师和公费师范生每三年在原年薪基础上，上调年薪至少 2 万元。所有加入松外教师团队的教师，子女就读本校初中和高中，学费全免。

★报名方法

第一步：网上报名

图 2.1

从上图可以看出，在部分学校招聘教师的时候本科师范生待遇已经非常接近研究生的待遇了，而公费师范生的待遇则已经超过了研究生待遇。所以也特别建议考生们要理性思考自己的未来，不要非常感性地排斥师范相关专业。

2. 非经济原因而主观意愿早就业的

此类考生应在重点阅读本书第一章的基础上，早日明确自己的职业倾向，以就业为导向进行专业选择的同时应分析各专业的发展前景。

（1）拟就读热门非夕阳专业考生

热门非夕阳专业是本、专科毕业后马上就业考生的最佳选择。因为经过 3～4 年的学习时间，当前的热门专业一般不会很迅速地转变为冷门专业。

人工智能围棋机器人 AlphaGo 在围棋领域横扫人类选手使得业内业外人士均或多或少对人工智能产生了一些认识，甚至引发了深刻的社会反思和激烈的讨论。其实，像围棋这样的项目既不是个人工作生活的必需也不是国家社会所必须依赖的，即便被人工智能战胜甚至取代，也不会是人类的悲歌，大不了棋手选择只与人类棋手对战即可。其实 1997 年人工智能就已经在国际象棋上战胜了人类，但是并没有对人类社会生活产生更大影响。

而另一个人工智能案例中三名剑桥法律系学生打造的“人工智能律师”在法务实操中击败了 100 名法律专业学生，法律则是无论个人还是社会都绕不开的。

在人工智能大行其道的当下，选择专业和职业的时候可能不得不考虑人工智能在辅助甚至替代层面对各职业的影响。

（2）冷门持续刚需专业是竞争不太激烈的领域

冷门专业与热门专业比较并不是就业率上的冷，有数据表明冷门专业的就业率并不低于热门专业，因为追逐热门专业的过程中会导致很多人头脑过热而做出非理性选择。如果能够冷静理智地分析自身条件，对大学期间的努力程度和成长空间有理性的预期，冷门专业也许是更好的选择。而且绝大多数冷门专业具有持续、稳定等特性，是比较适合求稳型性格考生的选择。而且冷门专业往往专业性较强，所以对学历需求不会盲目地攀高。

（3）对夕阳产业和“红牌”专业要有足够的认识

如果因为行业问题或者某类职业被取代等原因，其影响将不是个体性的，是通过业内努力也无法弥补的失业因素。例如电报发报员，在 20 世纪 90 年代之前电报发报员一直是一个很重要的工作，而且发送电报的价格按照当时的社会平均收入来说也是非常贵的，但是在现代通讯技术高速发展的趋势下，电报业务已经彻底退出了民用通讯领域。已经、正在或者将要消失的还有：将要被数字化排版取代的活版辅助工和铅字工；被数字化电力信息系统取代的抄表工；被轨道自动化取代的扳道工；民用通讯领域被程控交换机取代的电话接线员；最近一两年因人工智能和物联网应用而正在迅速减少的金融柜台服务人员，通讯系统售、检票工作人员。

而因行业或者职业原因而不得不二次择业、二次就业所付出的时间成本以及精力是不是能够承担就因人而异了，如果学习能力不强、工作适应性不广泛，那就要谨慎考虑当前选择的职业了。

“红牌”专业的特征是就业率低、就业待遇差、就业满意度低，如果没有做好做够了准备，要谨慎选择。

3. 其他利于直接就业的计划类型

与“空军招飞”“海军招飞”类似的“民航招飞”是就业指向明确、就业待遇较好的计划类型，也是直接就业类考生的良好选择。

北京电子科技学院是培养机要通讯人员的比较有特色的院校，就业指向也非常明确，符合条件且急于就业的考生可以重点考虑。

二、有攻读硕士、博士学位或出国深造准备

考虑到现在高职高专和本科毕业的就业压力较大，或者在学术上有更高的追求，于是在志愿填报的时候很多考生做好了长期学习的准备。这里所说的“长期学习”至少是读完本科之后还要完成硕士研究生阶段的学习，有条件的可能还要完成博士阶段的学习。现在越来越多的考生和家长表示：肯定得考研，要不然也找不到什么好工作。有资料表明，硕士研究生报名增长率与经济发展和就业压力刺激具有较强的相关性。当前，我国经济面临转型升级，在转向更高质量的发展模式的同时，经济增速开始放缓，2018 年前三季度我国 GDP 增速 6.7%，2019 年前三季度我国 GDP 增速 6.2%。在新的发展模式下，毕业生对于提升自我竞争力的要求越来越高，考研成了更多毕业生的选择。调查显示，考生在报考研究生时，首要动机为就业压力大，提高就业竞争力，占比 36%；其次是继续深造，提高学术研究能力，占比 21%；第三是为了获得学历、学位证书，占比 17%。2019 年报考硕士研究生的人数已经接近 300 万，报考 2020 年硕士研究生的人数更是高达 341 万。

三、还有一种属于比较盲目的状态

此类情况多是：家长描述为“咋也得考研吧”，考生则描述为“考不考都行”或者“到时候再说吧”。这种情况要么是家长将意识强加于考生身上，而考生要么是不敢反对家长的意见，要么是没有明确的生涯规划意识而拿不定主意。甚至有的家长表示希望能够将“读完本、专科马上就业”和“考研”兼顾。其实倒不是说不能“兼顾”，而是兼顾的结果往往是哪一个方面都无法形成较大优势。

对于有“长期学习”准备和不打算“长期学习”的学生，志愿填报策略是容易设置的，而对于没有明确准备的考生，是很难形成具有足够优势的方案的。

本章小结

其实，无论是准备专、本科毕业之后继续考研持续学习，或者是准备专、本科毕业后就直接走向工作岗位，这都是可以的。但是，最好是在志愿填报的时候就把这个问题考虑清楚。因为只有先明确了方向，然后在这个方向上投入精力和努力，才能在有限的大学时间做出更大的成绩。这个环节中最大的忌讳就是思路不清晰，因为考研更多时候是在向学术路线靠拢，而就业则要注重知识的运用和技术技巧的训练，两者还是有一些不同的。

资料信息

1. 硕士研究生入学考试都考哪些科目?

硕士研究生入学考试由公共课、基础课和专业课三类四门科目组成。公共课为：政治、英语；基础课为数学或专业基础；专业课除法硕、西医综合、教育学、历史学、心理学、计算机、农学等属统考专业课，其他非统考专业课均由各高校自主命题。

2. 考研的时候是选择本校还是其他院校?

考研的时候类似于高考，考生既可以报考本校研究生，也可以报考其他院校的研究生。报考本校研究生因为学术上的亲缘关系容易在专业课上形成更好的成绩表现；跨校考研有助于摆脱学术上“近亲繁殖”影响，更有利于学术创新，而且有机会进入更高的平台进行学习。具体选择的时候还要考虑到自己的学习能力和效率。

3. 如何得知自己拟报考院校的专业有没有硕士点?

可以通过院校官网或者院校招生就业网的硕士生招生计划获取院校硕士点设置情况。也可以通过教育部阳光高考网站进入“研招网”，可以有针对性地查询某区域、某学科的硕士点设置。需要注意的是除了高等院校或招收硕士研究生，部分科研院所也会招收一定数量的研究生。

4. 什么是“推免”?

“推免”是推荐优秀应届本科毕业生免试攻读研究生工作的简称，也可通俗地理解为硕士研究生保送制度。

教育部要求有研究生院的高等学校，保送研究生名额一般按该校应届本科毕业生数的15%左右确定。在教育部下发的《全国普通高等学校推荐优秀应届本科毕业生免试攻读硕士学位研究生工作管理办法（试行）》中，对未设立研究生院的“211工程”高校，要求一般要按应届本科毕业生数的5%左右确定。经教育部确定的人文、理科等人才培养基地的高等学校，按教育部批准的基地班招生人数的50%左右，单独增加推免生名额，由学校统筹安排；对国家发展急需的专业适当增加推免生名额。另外，设有研究生院的高等学校接收该校推免生的人数，不得超过该校推免生总数的65%，其中地处西部省份或军工、矿业、石油、地质、农林等特殊类型的高等学校，上述比例可适当放宽，但不得超过75%。

5. 哪些院校有"推免"资格？

表 2.1　2019 年具有推荐优秀应届本科毕业生免试攻读硕士研究生资格院校名单

院校名称	院校名称	院校名称	院校名称
北京大学	大连交通大学	浙江工商大学	华南师范大学
中国人民大学	大连海事大学	中国美术学院	深圳大学
清华大学	大连工业大学	宁波大学	广州大学
北京交通大学	沈阳建筑大学	安徽大学	五邑大学
北京工业大学	沈阳农业大学	中国科学技术大学	广东工业大学
北京航空航天大学	大连海洋大学	合肥工业大学	广东外语外贸大学
北京理工大学	中国医科大学	安徽工业大学	南方医科大学
北京科技大学	大连医科大学	安徽理工大学	南方科技大学
北方工业大学	辽宁中医药大学	安徽农业大学	广西大学
北京化工大学	沈阳药科大学	安徽医科大学	桂林电子科技大学
北京工商大学	辽宁师范大学	蚌埠医学院	桂林理工大学
北京服装学院	沈阳师范大学	安徽中医药大学	广西医科大学
北京邮电大学	渤海大学	安徽师范大学	广西中医药大学
北京建筑大学	大连外国语大学	安徽财经大学	广西师范大学
中国农业大学	东北财经大学	厦门大学	广西艺术学院
北京林业大学	鲁迅美术学院	华侨大学	海南大学
北京协和医学院	吉林大学	福州大学	海南师范大学
首都医科大学	延边大学	福建农林大学	重庆大学
北京中医药大学	长春理工大学	集美大学	重庆邮电大学
北京师范大学	东北电力大学	福建医科大学	重庆交通大学
首都师范大学	长春工业大学	福建中医药大学	重庆医科大学
北京外国语大学	吉林农业大学	福建师范大学	西南大学
北京语言大学	长春中医药大学	南昌大学	重庆师范大学
中国传媒大学	东北师范大学	华东交通大学	四川外国语大学
中央财经大学	吉林师范大学	南昌航空大学	西南政法大学
对外经济贸易大学	吉林财经大学	江西理工大学	四川大学
首都经济贸易大学	黑龙江大学	江西农业大学	西南交通大学
外交学院	哈尔滨工业大学	江西中医药大学	电子科技大学
中国人民公安大学	哈尔滨理工大学	江西师范大学	西南石油大学
国际关系学院	哈尔滨工程大学	江西财经大学	成都理工大学
北京体育大学	黑龙江科技大学	山东大学	西南科技大学
中央音乐学院	东北石油大学	中国海洋大学	西华大学
中国音乐学院	佳木斯大学	山东科技大学	四川农业大学

续表

院校名称	院校名称	院校名称	院校名称
中央美术学院	黑龙江八一农垦大学	中国石油大学（华东）	西南医科大学
中央戏剧学院	东北农业大学	青岛科技大学	成都中医药大学
北京电影学院	东北林业大学	济南大学	四川师范大学
中央民族大学	哈尔滨医科大学	青岛理工大学	西华师范大学
中国政法大学	黑龙江中医药大学	山东建筑大学	西南财经大学
华北电力大学	哈尔滨师范大学	山东理工大学	成都体育学院
北京信息科技大学	哈尔滨商业大学	山东农业大学	西南民族大学
中国矿业大学（北京）	复旦大学	山东中医药大学	贵州大学
中国石油大学（北京）	同济大学	山东师范大学	贵州医科大学
中国地质大学（北京）	上海交通大学	曲阜师范大学	遵义医学院
中国科学院大学	华东理工大学	聊城大学	贵阳中医学院
中国社会科学院大学	上海理工大学	山东财经大学	贵州师范大学
南开大学	上海海事大学	山东艺术学院	云南大学
天津大学	东华大学	青岛大学	昆明理工大学
天津科技大学	上海海洋大学	华北水利水电大学	云南农业大学
天津工业大学	上海中医药大学	郑州大学	西南林业大学
中国民航大学	华东师范大学	河南理工大学	昆明医科大学
天津理工大学	上海师范大学	河南工业大学	云南师范大学
天津医科大学	上海外国语大学	河南科技大学	云南财经大学
天津中医药大学	上海财经大学	河南农业大学	云南民族大学
天津师范大学	上海对外经贸大学	河南中医药大学	西藏大学
天津外国语大学	华东政法大学	河南大学	西藏民族大学
天津商业大学	上海体育学院	河南师范大学	西北大学
天津财经大学	上海音乐学院	河南财经政法大学	西安交通大学
天津体育学院	上海大学	武汉大学	西北工业大学
河北大学	上海科技大学	华中科技大学	西安理工大学
河北工程大学	南京大学	武汉科技大学	西安电子科技大学
华北电力大学（保定）	苏州大学	长江大学	西安工业大学
河北工业大学	东南大学	武汉工程大学	西安建筑科技大学
华北理工大学	南京航空航天大学	中国地质大学（武汉）	西安科技大学
河北农业大学	南京理工大学	武汉理工大学	西安石油大学
河北医科大学	江苏科技大学	湖北工业大学	陕西科技大学
河北师范大学	中国矿业大学	华中农业大学	西安工程大学
石家庄铁道大学	南京工业大学	湖北中医药大学	长安大学

续表

院校名称	院校名称	院校名称	院校名称
燕山大学	南京邮电大学	华中师范大学	西北农林科技大学
河北经贸大学	河海大学	湖北大学	陕西师范大学
河北中医学院	江南大学	中南财经政法大学	延安大学
山西大学	南京林业大学	武汉体育学院	西安外国语大学
太原科技大学	江苏大学	中南民族大学	西北政法大学
中北大学	南京信息工程大学	三峡大学	西安美术学院
太原理工大学	南通大学	湘潭大学	兰州大学
山西农业大学	南京农业大学	吉首大学	兰州理工大学
山西医科大学	南京医科大学	湖南大学	兰州交通大学
山西师范大学	徐州医科大学	中南大学	甘肃农业大学
山西财经大学	南京中医药大学	湖南科技大学	甘肃中医药大学
山西中医药大学	中国药科大学	长沙理工大学	西北师范大学
内蒙古大学	南京师范大学	湖南农业大学	西北民族大学
内蒙古科技大学	江苏师范大学	中南林业科技大学	青海大学
内蒙古工业大学	南京体育学院	湖南中医药大学	青海师范大学
内蒙古农业大学	南京艺术学院	湖南师范大学	青海民族大学
内蒙古师范大学	扬州大学	南华大学	宁夏大学
辽宁大学	浙江大学	中山大学	宁夏医科大学
大连理工大学	杭州电子科技大学	暨南大学	新疆大学
沈阳工业大学	浙江工业大学	汕头大学	新疆农业大学
沈阳航空航天大学	浙江理工大学	华南理工大学	石河子大学
东北大学	温州医科大学	华南农业大学	新疆医科大学
辽宁科技大学	浙江中医药大学	广东海洋大学	新疆师范大学
辽宁工程技术大学	浙江师范大学	广州医科大学	新疆财经大学
沈阳化工大学	杭州师范大学	广州中医药大学	

6. 最近几年的红牌、黄牌、绿牌专业都有哪些？

对2018年本科毕业生统计的结果表明，绘画、化学、美术学、音乐学、法学、历史学等专业因为就业率低、失业率高、就业待遇差、就业满意度低而成为“红牌专业”；生物科学、生物技术、生物工程、应用心理学、广播电视编导等专业因为就业率较低、就业待遇较差、就业满意度较低而成为“黄牌专业”；而信息安全、软件工程、网络工程、物联网工程、数字媒体技术、通信工程、数字媒体艺术因为市场需求大、就业待遇好、就业满意度高而成为“绿牌专业”。

但是需要注意的是红牌、黄牌、绿牌专业不是一成不变的，是会随着社会的发展而发生变化的。

7. 近年来就业率较高的专业有哪些?

表 2.2 2018 届本科毕业生毕业半年后平均就业率

一级学科代码	学科名	专业代码	专业名	半年就业率/%	半年月收入/元
0809	计算机类	080902	软件工程	96.7	6887
0805	能源动力类	080501	能源与动力工程	95.8	5122
0806	电气类	080601	电气工程及其自动化	95.6	5292
1201	管理科学与工程类	120102	信息管理与信息系统	95.4	5856
1206	物流管理与工程类	120601	物流管理	95.4	4828
1004	公共卫生与预防医学类	100401K	预防医学	95.1	4997
1011	护理学类	101101	护理学	95.1	4755
1201	管理科学与工程类	120103	工程管理	95.1	4869
0809	计算机类	080906	数字媒体技术	94.9	5913
0905	林学类	090502	园林	94.9	4542
0705	地理科学类	070501	地理科学	94.7	4540
1208	电子商务类	120801	电子商务	94.7	5442
0818	交通运输类	081801	交通运输	94.5	5728
0802	机械类	080204	机械电子工程	94.4	5021
1010	医学技术类	101005	康复治疗学	94.3	4986
1202	工商管理类	120204	财务管理	94.2	4604
0705	地理科学类	070503	人文地理与城乡规划	94.1	4485
0807	电子信息类	080703	通信工程	94.1	5893
1202	工商管理类	120202	市场营销	94.1	5325
0401	教育学类	040107	小学教育	94	4287
0809	计算机类	080901	计算机科学与技术	93.9	6442
0809	计算机类	080904K	信息安全	93.9	7027
0810	土木类	081003	给排水科学与工程	93.9	5110
1206	物流管理与工程类	120602	物流工程	93.9	5692
0802	机械类	080207	车辆工程	93.8	5168

以上统计为就业率较高的 25 个专业，未包含人数较少的专业。

8. 近年来收入较高的专业有哪些?

表 2.3 2018 届本科毕业生毕业半年后月收入较高专业

一级学科代码	学科名	专业代码	专业名	半年就业率	月收入
0809	计算机类	080904K	信息安全	93.9	7027
0809	计算机类	080902	软件工程	96.7	6887
0809	计算机类	080903	网络工程	93.5	6656
0807	电子信息类	080706	信息工程	92.9	6488
0809	计算机类	080901	计算机科学与技术	93.9	6442
0809	计算机类	080905	物联网工程	93.6	6411
0502	外国语言文学类	050204	法语	90.9	6166
0807	电子信息类	080702	电子科学与技术	93.4	6030
0701	数学类	070102	信息与计算科学	92.7	6001
0807	电子信息类	080714T	电子信息科学与技术	91.5	5991
0807	电子信息类	080704	微电子科学与工程	91.8	5952
0809	计算机类	080906	数字媒体技术	94.9	5913
0807	电子信息类	080703	通信工程	94.1	5893
0203	金融学类	020302	金融工程	90	5882
1201	管理科学与工程类	120102	信息管理与信息系统	95.4	5856
0808	自动化类	080801	自动化	93.5	5777
0807	电子信息类	080701	电子信息工程	93.1	5777
0804	材料类	080402	材料物理	87.7	5735
0818	交通运输类	081801	交通运输	94.5	5728
0801	力学类	080102	工程力学	90.4	5693
1206	物流管理与工程类	120602	物流工程	93.9	5692
0203	金融学类	020301K	金融学	91.5	5605
0802	机械类	080205	工业设计	90.2	5549
0702	物理学类	070202	应用物理学	86.6	5547
0803	仪器类	080301	测控技术与仪器	90.9	5543
0807	电子信息类	080705	光电信息科学与工程	91	5540
0828	建筑类	082801	建筑学	90.7	5538
1202	工商管理类	120207	审计学	92.3	5497
0502	外国语言文学类	050261	翻译	91.4	5491
0201	经济学类	020101	经济学	90.5	5487

以上为 2018 届本科毕业生毕业半年后收入较高的 30 个专业，部分毕业生人数较少的专业未统计。

9. 什么是免费（公费）师范生？

免费教育师范生是指报考教育部六所直属师范大学（北京师范大学、华东师范大学、东北师范大学、华中师范大学、陕西师范大学、西南大学）之一有条件接受免费师范教育的学生。2013 年新增江西师范大学为免费师范生培养高校。2015 年新增福建师范大学为免费师范生培养高校。

2018 年教育部将“免费师范生”改称为“公费师范生”，履约任教服务期调整为 6 年。

10. 公费师范生可以享受哪些优惠政策？

第一，由中央财政负责安排免费师范生在校期间的学费、住宿费，并发放生活补贴；补助一般为在校期间每月 600 元。即每年发十个月。

第二，在相关省级政府统筹下，由省级教育行政部门落实免费师范生的教师岗位，免费师范生四年毕业以后必须到中小学任教，到中小学任教的每一位免费师范生都有编有岗。

第三，免费师范生在协议规定的服务期内可以在学校之间进行流动，有到教育管理岗位工作的机会。

第四，为免费师范生继续深造提供好的条件保障，免费师范生经考核符合要求的，学校可以录取他们为教育硕士研究生，可以在职学习专业课程。

11. 公费师范生受到哪些约束和限制？

免费师范生入学前要与学校和生源所在地省级教育行政部门签订协议，承诺毕业后从事中小学教育 6 年以上。到城镇学校工作的免费师范毕业生，应先到农村地区学校任教服务 2 年。国家鼓励免费师范毕业生长期从教、终身从教。

（1）不履行协议须交违约金

免费师范毕业生未按协议从事中小学教育工作的，要按规定退还已享受的免费教育费用并缴纳违约金。省级教育行政部门负责履约管理，并建立免费师范生的诚信档案。确有特殊原因不能履行协议的，需报经省级教育行政部门批准。

（2）毕业前不得考脱产研究生

免费师范生毕业前及在协议规定服务期内，一般不得报考脱产研究生。毕业生经考核符合要求的，可录取为教育硕士专业学位研究生，在职学习专业课。

12. 什么是“军校生”？

“军校生”是社会对于包括军校干部学员、生长干部学员（生长军官学员）和士官学员的通俗称谓，在志愿填报时家长和考生所说的“军校生”往往是指军校生长军官学员。

军校生在校学习期间享受免交学费、统一发放学员军装、免交伙食费、公费医疗、入学计算军龄、较高的津贴、每年报销 2 次往返交通费以及军人证件能享受的优惠，毕业后按照“计划分配、按需补充、面向基层、专业对口、合理使用”的原则分配工作。

13. 什么是公费医学生？

公费医学生是部分省份在专、本科层面开展的一种促进医疗事业发展的计划。教学任务一般由省内院校实施，保证考生毕业有编有岗。在校学习期间享受“两免一补”（免除学费、住宿费，每年数千元生活补贴），但是要求考生承诺服务年限，且在培养期和服务期内不得参加脱产学习升学。

14. 什么是“民航招飞”？

“民航招飞”是民航系统招收飞行员的简称。

民航招飞的对象：高中毕业生，年龄 16～20 周岁。本科及以上学历毕业生，本科学历者 25 周岁

（含）以下，硕士研究生学历者27周岁（含）以下，博士研究生学历者29周岁（含）以下。

民航招飞流程：9～10月报名，10～11月面试，11～12月体检初检，次年2～5月背景调查，6月高考，高考后体检复检，7月录取。

（具体流程及时间节点，应以当年招飞简章为准）

民航招飞院校：中国民航大学、中国民用航空飞行学院、北京航空航天大学、南京航空航天大学等。

民航招飞报考条件：身体条件为男性身高170～185cm，女性身高168～180cm，体重符合民航招收飞行员体重指数标准，双眼没有经过任何手术，任何一只眼睛裸眼视力不低于C字视力表0.3，无色盲、色弱、斜视，无较严重的沙眼或倒睫，无传染病，本人及家族成员无精神病史。文化条件为报考飞行技术专业的考生，外语限考英语，按照教育部及民航总局规定的录取分数线录取。政治条件为遵纪守法、作风正派、忠诚老实、成绩优良，有志于为民用航空飞行事业服务，具有高度的责任心、良好的工作态度、服务社会的意识以及团结协作的精神，具有良好的道德修养，品行端正，无不良行为记录。

15. 报考民航飞行员，面试、体检是如何安排的？

民航招收飞行学员，对身体有特殊要求，除参加普通体检外，还需参加民航招飞机构组织的预选初检，含飞行职业心理学检测在内的体检鉴定。

第三章　志愿填报的三个步骤

这里不讨论招生考试部门设置的志愿填报流程，只分析考生和家长编制志愿方案的关键步骤。一般认为志愿填报包含以下三个关键步骤：查找客观上能够填报的，确定主观上想要填报的，判断被录取的可能性。通俗点儿说这三个步骤就是选出来能报的，挑出来想报的，再算一算能不能被录取。

一、明确可以填报哪些计划

1. 先要弄清楚自己的考生类别

高校招生计划长期以来都是分类投放的，以下讨论中未涉及三校生的对口升学和高职单招。

（1）在保留文理分科制度的省份，考生往往被分为文史类、理工类、艺术类、体育类等；而部分高考改革省份因为不再区分文理科，所以只保留普通类、艺术类、体育类等类别。相应类别的考生只能填报对应类别的计划。艺术类、体育类考生在达到要求的情况下也可以以非艺术、体育考生的身份兼报普通文史类、理工类计划，但是普通类、普文、普理考生不能兼报艺术类、体育类计划。普文、普理计划不仅不能兼报，即便是同一所高校文理两类也不能互相调剂。

（2）在长期以来的招生录取工作中的一种习惯是将计划划分批次投放，并分别设置批次控制分数线对考生进行划分。常见的有本科一批、本科二批、本科三批、专科批，只有达到相应批次的最低控制线才具有填报资格。但是近年来的大趋势表明越来越多的省份先是将本科二批和本科三批合并为新的本科二批，后是将本科一批和本科二批合并为本科一批，未来的趋势将会实现本、专科控制线也会取消（山东等省份已经取消本科线，只保留一个最低控制线）。其实高校是没有一批、二批、三批这样的属性的，所谓的批次只是各高校在各省招生录取批次的划分，在本科一批招生的院校水平虽然往往整体较高，但是部分在本科二批招生的院校实力和水平往往存在超过本科一批招生院校的情况。

批次划分的主要原因是在历史上人工纸介质录取的时候为了分散工作压力而进行的一种设置，在如今电子计算机深入普及的时代，高考招生录取工作的无纸化、数字化、远程化已经使得数据的处理工作压力不大了。这也使得本科批次合并甚至本科专科批次的招生录取工作合并成为可能，考生和家长也是时候放弃批次观念了，找到考生适合的专业和院校也就可以了。

（3）随着技术的进步和观念的革新，使得将本科、专科批次合并成为可能。甚至部分省份已经尝试“分段填报、分段录取”，将考生按照分数划分为不同比例的数个“段”，处于高段位的考生先报先录，如果在相应段位未被录取则参与下一段位的报考、录取。这样的分段起到了对较高分数考生的

“保护”作用，也在事实上给“一档多投”提供了可能性。但是“分段填报、分段录取”往往伴随着计划批次合并，所以使得高段位考生可以直接填报包括专科在内的所有计划，因而也存在着较高的分数直接填报较低层次院校专业计划而被录取的可能，这就要求考生和家长要充分分析目标院校的属性、实力。

(4) 需要户籍、学籍特征的三大专项，需要民族或者边防军人子女身份的少数民族预科班、“八协计划”、边防军人子女预科班计划，少年班、综合评价等提前获得资质计划，高水平艺术团、高水平运动队等计划均需先达到计划要求的身份资质方可填报。

实施传统填报模式的省份考生只要弄清自己的文、理类别以及特殊资质即可判断自己可填报的计划，尤其是文、理计划未分列的，一般不会出现混淆。

2. 实施选考制的省份要筛选自己能够填报的计划

(1) 目前已经实施招生录取制度改革的省份，有的是“3＋6 选 3”，有的是“3＋7 选 3”，还有的是“3＋2 选 1＋4 选 2”。前两种往往被概括为“3＋3”，后一种往往被称为“3＋1＋2”，这两种模式中的第一个“3”指的是语文、数学、外语三科，三科满分均为 150 分，以原始分计入高考总成绩；“3＋3”中的第二个“3”指的是选考科目的组成，是从政治、历史、地理、物理、化学、生物六个科目中选择三个与语文、数学、外语三科组成高考科目（“7 选 3”的省份增加技术学科），选考的 3 科按照赋分转换之后计入高考成绩；“3＋1＋2”模式里的“1”往往是在物理学科和历史学科中选择 1 个计入高考成绩，且多以原始分计入，“3＋1＋2”中的“2”是从政治、地理、化学、生物学科中选择两个学科以赋分成绩计入高考成绩。

实行选考制的省份会要求高校提前两年发布各专业（类）选科要求，考生只有在满足高校各专业（类）或院校志愿组选科要求的情况下才具有填报资质，这就要求考生要依据自己的选考科目设置情况对照院校要求来判断自己能够填报哪些计划。

(2) 部分已经实施高考改革的省份的计划投放方式也有所不同。有的省份采用高校专业（类）的方式发布计划，直接将所有计划统一发布，考生直接以专业（类）为志愿单位进行填报；有的省份采取“院校志愿组”的方式投放计划，同一院校选考要求相同的专业做成一个“组”，考生填报的时候以“志愿组”为填报单位，再从组内选择若干个专业作为自己的专业志愿，若所有专业志愿均未满足的情况下还会参考考生是否同意调剂；部分省份会按照选考物理和历史两个类别分别投放计划，而院校专业（类）或者院校志愿组选考要求“物理或历史”的计划将同时在物理、历史两类投放，这就使得填报计划时与以往具有巨大不同。

无论是“志愿组”模式还是“专业类”模式，都要求考生要从数千个甚至数万个计划中筛选出自己可以填报的计划，然后再从中挑选有意向或者有希望录取的计划。

3. 理性对待具有特殊性的计划

(1) 提前批作为招生录取时的一个批次，其中的计划往往并不具备共同的特征，要区别对待。提前批中计划数量较大的是艺术类、体育类计划，先报先录可以保证其如果未被相应计划录取依然可以以普通考生身份参与后续录取；军队、公安、司法、部分普通高校专业、香港中文大学、香港城市大学等也会在提前批投放计划；有些省份的师范类专业、各专项计划、非通用语种、部分院校的实验班、合作办学项目等也会在提前批投放计划。总之，提前批的计划都具有一定的特殊性，要在充分考虑其特殊性的前提下进行填报。

(2) 三大专项计划。三大专项计划分别指的是国家专项、高校专项和地方专项计划。这三个专项计划均对填报者的条件有一定要求，只有达到要求的考生才可以填报，不具备条件的考生无须考虑。

（3）三大招飞计划。“招飞”往往指的是空军招收飞行员、海军招收飞行员以及民航招收飞行员计划，因为其需要考虑的因素比较多，测试环节也比较多，工作周期比较长，所以招飞工作开始的往往也比较早。

（4）强基计划、高水平艺术团、高水平运动队。这三类计划均须经过教育部“阳光高考”信息平台公示无误方可填报，如果未经过资质确定，那么是无须考虑的。

（5）其他特殊计划。与免费师范生类似的免费农学生、免费医学生也都具有一定特殊性；定向招生对考生基本条件也有一定要求；预科班一般分为少数民族预科班和边防军人子女预科班两类；部分院校非通用语种专业会在录取之前进行面试，如果无法通过发音测试则不能录取；“八协计划”则只招收八个省市区的蒙古语授课考生。

总之，考生在填报志愿的时候要受到分数限制，文、理科及选科限制以及具有特殊性计划的资质限制，这都是在填报之前就需要考虑好的，免得出现费尽心思研究却不能填报的情况。

二、明确想要填报哪些专业

“想要填报哪些专业”看似是一个主观决定，但是在很大程度上又受到客观条件的影响。教育部2019年发布的全国普通高等学校名单显示我国有1265所本科院校和1423所专科院校，虽然这些院校并不是完全面对全国各省份招生，但是每个省份有招生计划的本、专科院校也都有千所左右。各院校投放的计划往往是数个到数十个，这就使得考生可以填报的专业将达到成千上万个之多，而究竟选择什么专业也就成了一个大课题。

1. 要尽量选择适合度高的专业

大学开设的各专业因为针对的往往是不同的应用需求，所以在选拔人才的时候对人才素质也有一些差异性要求。考生个人素质与专业要求匹配度较高往往能够比较顺利甚至是比较轻松地完成学业，而个人素质与专业要求匹配度不够高的话则往往比较难以顺利学好相关专业。

现在发达国家的通常做法是较早开设生涯规划，帮助学生尽早了解职业、专业并从而设立自己的专业目标，在目标明确的路上努力的效率也就更高。但是我国目前的情况是考生和家长不大舍得也不大可能拿出时间来了解专业和职业，在志愿填报时候面对成千上万的专业往往是一头雾水，不仅对各个专业了解得不够透彻，对不同院校同名专业的异同往往更是处于信息不对称的弱势一方。这就要求考生和家长必须提前、充分了解内外部相关信息。对内要了解自己，对外要了解专业，通过比对自身素质条件与专业对学生的需求而形成对专业适合度的判断。

而大学专业对于考生一般有哪些方面的要求呢？这不外乎性格、兴趣、能力、价值观几个方面。

性格是既有先天成分也有后天影响的综合特征，但是一旦形成就不太容易改变，如果偶然有改变的也往往是生活中发生巨大变化而形成的。例如软件工程专业对性格开朗与否、外向与否也许不是很看重，即便是程序员、产品经理之间的交流沟通也基本是在技术术语框架之内，对通常的语言沟通要求不高，但是往往都要求相关人员有细致认真的性格。

兴趣是最好的老师，这一点是获得普遍认同的。考生对所学专业是否有兴趣、对今后的对口工作是否有兴趣这是非常重要的。如果感兴趣，那么学习和工作即便辛苦也是苦中作乐、以苦为乐；如果不感兴趣，那就是龙肝凤髓也会食之无味的。大学里因为对专业没有兴趣而丧失学习动力的学生不在少数，所以家长和考生在选择专业的时候就要考虑好这一点。目前我国大学生毕业三年内转换行业的高达43%，除医学类之外均超过20%；2018年大学毕业生对口就业率约为66%，双一流院校毕业生对口就业率约为73%。而不能对口就业而转换行业或考研的数据体现为：转换行业去向前三的是中小学教育、行政/后勤、销售，而考研的情况是跨专业考研的占到了考研总人数的34%，其难度和艰苦可想而知。我们可以通过学科、专业介绍类的书籍或者国家本科教学质量标准对院校专业增强理解，有条件的也可以利用假期去高校考察。

能力可能是大学专业对考生要求最轻的一个部分，因为大学就是传授知识培养能力的地方。但是一个不可否认的事实是高校学科对中学学科是有一些要求的，这个要求不仅体现在学科知识上，还包含思维方式等多方面的要求。高中学科与高校学科的简单对应关系如表3.1

表3.1　高中学科与高校学科的简单对应关系

高中学科	对应高校学科
物理	理论与应用力学、地球物理学、海洋科学类、热能与动力工程、物理学、材料科学、工程力学、机械类、信息与电子科学类、测控技术与仪器、核工程与核技术、航天航空类、武器类
化学	核工程、材料类、化工与制药、生物科学类、化学与应用化学、地质学、林业工程、食品科学与工程、医学技术、公共卫生与预防医学类、能源类
生物	生物工程、生物科学、生物技术、环境科学、医学类、生态学、草业科学、农学、园艺、环境科学类、动物生产类、动物医学、水产类
政治	马克思主义理论类、哲学、法学、经济学、金融学、公共管理类、政治学、历史学、教育学、工商管理、社会学
历史	考古、文博、文物保护、政治学、地理学、汉语言文学、历史学
地理	气象类、地图测绘类、遥感、GIS、水利水电、城市规划、地质勘探、资源管理旅游、酒店管理、地理教育

现在有很多职业测评、专业测评的工具，能够解决考生不了解专业、职业，也没有时间了解专业、职业的问题。

价值观是个体对事物做出是否具有道德价值的判断时所持的内在尺度，但是现状是家长普遍不关注价值观的情况，考生往往也缺乏与家长进行价值观方面沟通的习惯。现在的青年成熟得比较早，价值观也成熟得比较早，所以应该在选择专业的时候就充分考虑到价值观层面的挑战。比如：我们最熟悉的医学专业，没有哪个临床医学的医生会在没有做完手术的时候也能准时下班的，所谓“医者父母心”，没有强大的价值观是难以坚持学习和愉快工作的；我们每个人都看得见的警察，刑警追踪嫌疑人、蹲守等时候，是被蚊叮虫咬也不能退缩的，也不能讲究回避寒暑，面对的可能是迷路的小朋友，也有可能是穷凶极恶的歹徒，没有“人民利益高于一切”的价值观准备，怕是也干不了这一行的。

2. 要尽量选择升学、就业压力不大的专业

从本层次上看，专科生更关注就业，本科生对升学的关注度较高。当然，这也是由于高校培养目标不同而形成的区别。

所以专科层次的考生可以紧盯就业市场风向，因为专科学制一般是3年，就业市场往往不会发生非常巨大的变化。专科层次考生可以在自身适合度较高的情况下选报就业率高和就业待遇好以及社会

紧迫急需的专业进行学习。而对于那些虽然身处专科阶段，但是有意向通过努力升入本科的考生，可以优先考虑那些本科院校里的专科计划，或者修读适合参加升本考试的、基础性较强的专业，而不是修读应用性强的专业。

至于本科层次的考生，当前时代往往处于两难的境地。继续考研要面对繁重的学习压力，必须将大量精力倾注到继续学习中去，甚至要保持与高三基本相当的学习强度；直接就业也会因为竞争者众多而形成很大的竞争，优势就业的可能性不大。所以本科层次的考生如果明确本科毕业就直接就业，可以参照专科生的思路，选择应用指向性强的专业进行学习；如果是考研意识强烈，甚至有“二战”准备的，可以尽量选择基础性学科，这样考研时候口径比较宽并可以进行再次选择专业。

而以考研为目标的本科，如果是高位院校倒还好说，考生学习能力也强，学校资源也好。但是高平台毕竟是少数，中等或者中等偏下分数的本科段考生，如果学习能力不是特别强还是尽量选择本校就有博士、硕士点的学校，可能考起来也比较容易一些。而目标院校的博士点、硕士点信息可以很容易的在院校官网上查询到。

3. 尽量选择未来有发展的专业

随着历史进程的推进和时代的发展，会诞生很多新的专业，也自然而然有一些学科和专业将会逐渐淡出历史舞台；社会上的职业也是一样，在人类社会发展的过程中将会不断出现新的职业，也会不断有原来的职业消失掉。

当考生选择一个专业或者职业并准备用自己最美好岁月进行学习的时候，适当考虑这个专业和职业的发展前景可能是必须做的。我们纵观人类历史可以发现，文明演进的过程是呈现加速态势的。从有记录的人类历史到以蒸汽机为代表的工业革命用了数千年，这次革命也被称为“第一次工业革命”，实现了大规模机械生产代替作坊式手工生产的变化；而以电力和内燃机为标志的第二次工业革命迅速实现了电气化生产；计算机的运用则使得以标准化自动化生产为标志的第三次工业革命惠及人类；而当前我们正在经历第四次工业革命的到来，在以云计算、大数据、物联网和人工智能为代表的时代将实现个性化生产。

人工智能时代的到来，必将颠覆性的改变这个世界，使得专业、职业重新洗牌。

例如我们最熟悉的金融机构，那是我们领取工资或者存储收入的地方，原本是因为很重要而经常去的，现在依然很重要，但是人们往往不怎么去银行了。因为大量业务都能在个人终端上完成了，甚至取现金这种事也往往在银行营业大厅之外单设的提款机上完成，很多城市换取外汇等工作也可以自助操作了。那就使得银行原本比较多的柜员、经理等直接与顾客接触的岗位大大减少了。

例如作为这个社会规则而存在的法学专业，剑桥大学学生设计的人工智能律师已经成功挑战剑桥法学系并获得胜利。国内的人工智能参与医师考试不仅获得了通过，而且碾压了绝大多数自然人考生。我国最近的统计数据表明：绘画、化学、美术学、音乐表演、法学、历史学已经成为就业率低、就业待遇差、失业率高、就业满意度低的“红牌专业”；生物科学、生物技术、生物工程、应用心理学、广播电视编导等传统上在家长和考生心目中比较重要的学科也已经成为“黄牌专业”；反倒是与现代信息技术相关的信息安全、软件工程、网络工程、物联网工程、通信工程、数字媒体技术、数字媒体艺术等专业因为社会需求大、就业率高、就业待遇好、就业满意度高等原因而成为“绿牌专业”。

4. 明确填报哪些院校的专业

按照教育部公布的信息，2019 年我国共有高等院校 2688 所。所以在确定了想要就读的专业之后还要考虑去哪一个学校就读的问题，而院校因为历史传承、学科侧重、管辖归属、所处地域等的不同会造成一些具体差距。这些差距将会在不同程度上影响到考生升学、就业等学业发展，以及将来的职业生涯发展。所以院校的选择也是考生和家长需要做的一个重要操作。

现在的情况是以“天、南、海、北”（北京、上海、南京、天津）为代表的一线、超一线城市，沿海、沿边、区域中心城市，经济文化发达城市院校受到比较热情的追捧；曾经的“985”“211”工程（此两工程已经整合进入其他项目而退出历史舞台）院校、“双一流”院校及学科受到热情的追捧，学校的综合实力、综合排名较高的名校受到狂热的追捧，甚至出现了考生和家长热衷于追逐院校中带有“电子”“科技”等字眼的院校而导致天津科技大学曾在某些省份的最低收分远高于天津大学的情况，并因此产生了“凡带科技高 30”的说法。

高校对于学生的影响是多方面的，但是对一个具体的考生来说最主要考量的因素可以总结为以下几个维度：

第一个维度——综合实力：院校的综合实力是高考志愿策略设置的时候不得不考虑的一个因素，一个更高、更大、更强的院校平台能给学生更多的机会、更宽广的视野、更丰富的机会，但是毫无疑问的是综合实力越强的院校往往也越难考入。

第二个维度——学科实力：任何一所院校都不能涵盖所有学科，任何优秀或者强大的院校也都无法做到所有专业都优秀、都强大。所以当确定了专业方向之后，就是考量各个院校的相同专业的时候，非常有必要考虑目标学科的实力。毕竟，大学只陪伴我们几年，而学科则很有可能是要陪伴我们一生的。教育部、一些研究所和社会机构都会发布一些学科定级和排名，这些排名以及业内人士的经验都可以给我们提供很好的参考。

第三个维度——地域影响：通过分析报考数据可以发现，北京的考生更倾向于填报北京的院校，天津的考生更倾向于选择天津的院校，而上海的考生很多都不愿意离开上海。其实，每一座城市都有与众不同的性格，其产业状况和经济发展方向都对在当地就学的考生有一定影响，甚至能够较强烈地影响到学生的就业。而且不同地区不同城市的消费水平、饮食特色、风土人情都有可能有一定差异，这些往往也是考生需要考虑的因素。

但是，理科、工科、医学、法学、历史学等门类往往是靠自身的知识能力和技术水平开展工作，所以受到地域的影响较小。电子科技大学（成都）、西安电子科技大学、北京邮电大学、杭州电子科技大学还是桂林电子科技大学等几所院校毕业的通讯、电子等相关领域的优秀毕业生，都有一大批进入了华为、中兴这样的企业工作；而优秀的计算机软件或者人工智能软硬件方面的毕业生，无论来自哪个院校，也都是百度、阿里、腾讯等企业的争抢对象。而社会学色彩强烈的经济、金融、管理、语言等方面的毕业生就会受到院校所在地域的经济发展情况的强烈影响。

所以，对于院校选择的时候也要因人而异、因专业而异、因个人规划而异。例如就有很多具有强烈考研欲望的考生在本科阶段选择东北、西北地区工科实力强而收分低的院校完成学业，并制造出考研进入名校的强烈优势。

三、判断被录取的可能性

如果已经清楚了“可以报考”的和“想要报考的”院校、专业，接下来的事情就是考虑院校、地域、气候、消费水平等因素了。院校往往决定着录取的水平层次，地域对于理、工、医、历史、法学、哲学等对知识技术依赖程度高的门类影响不是很强烈，但是对于文学、管理等学科影响则比较明显。

选择院校的思路将在其他部分介绍，本部分仅做技术性分析工作。我们接下来将分别分析常用的几种方法的利弊。

1. 分数法

长期以来有一个说法“分儿分儿，学生的命根儿”，因为在当前我国考试招生过程中分数扮演了最重要的角色，虽然不能说是唯一的依据，但是分数低了真不行。因为很重要，所以大家也都习惯了问：“您家孩子考了多少分啊?”“我们班×××考了×××分”“上×××学校怎么也得×××分吧”。

其实用分数判断能不能被某一个院校某一个专业录取具有直观的优点。重庆大学在河南省理科历年最低录取分数如表3.2。

表3.2 重庆大学在河南省理科历年最低录取分数

年份	2014	2015	2016	2017	2018	2019
最低分	619	609	621	598	626	621

那么2020年需要多少分才能够进入重庆大学呢？620够不够？629够不够？590行不行？

我们可以看到最近6年最低分数是598分，最高分数为626分，分差高达28分，而且这28分还是分布在两个紧密相连的年份里。分数直接比对的方法是欠精准的，因为相邻且不同年份的考生水平一般不会有巨大的差异，但是题目难易度的差异则会使得分数产生较大波动。虽然分数法较为直观且利于理解，但是一般并不建议使用。

2. 线差法

线差法多指院校或者专业录取分数与“分数线”之间的差值。分数线也叫最低录取控制线、批次控制线，常见的有“一本线”“二本线”“三本线”“专科线”等描述。但是近年来随着本科批次合并，大多数省份本科二批与三批合并，导致事实上“三本线”不复存在。而且，现在越来越多的省份将本科一批、本科二批合并为一个本科批次，这就使得“一本线”“二本线”在事实上消失并同时产生了一个“本科线”；已经有省份尝试连本科和专科的分数线区别也取消了，而是将考生分段，采用“分段填报”“分段录取”的模式；较为独特的内蒙古模式，也使得分数线的作用被淡化了许多。

在合并本科批次的省份，一般还会划定一条“特殊招生控制线”，也就是通常所说的“自拦线”，以用作强基计划、综合评价、高水平艺术团、高水平运动队招生参考。因为划分方法类似于以往的“一本线”，所以在运用线差法进行填报的时候也常常被拿来当以前的“一本线”使用。

我们依然以重庆大学在河南省的录取情况为例，来看看“线差法”的情况如表3.3。

表3.3 重庆大学在河南省历年录取分数线差法分析表

年份	2014	2015	2016	2017	2018	2019
最低分	619	609	621	598	626	621
一本线（理）	547	529	523	484	499	502
线差	72	80	98	114	127	119

通过表格我们能够看出来历年分数线的波动比较大，一本线最高年份比最低年份高出了63分，这说明分数线本身就是存在较大波动的，受到题目难易程度、全省考生整体水平、本科一批计划数、提前批计划数等因素的影响。而“线差”最大的年份和最小的年份之差达到了55分，如果用这个差值和线差最小年份做一个比较，波动值也较大，可见线差法的精确度也是存在严重不足的，一般不建

议采用。

3. 位次法

每年高考成绩发布后，各省一般还会发布“一分一档表”“一分一段表”“分段表”或者向考生发布“名次”，有些省份会分段发布，重新排序。“一分一段表”所反映出来的考生位次体现的是考生在本省本科类中所处的相对位置，不受到分数和分数线的影响。

高考招生录取工作的一边是高校提供的“计划”，另一边是希望通过这些计划进入大学的考生。通俗理解就是计划数对应人数的关系，而目前我国招生录取工作的主动权还是在院校手里（优质院校尤其明显）。无论主观愿望多强烈，排名靠前的考生的机会也远远超过排名靠后的考生。也正是因为位次法脱离了分数和分数线的影响，越来越多的考生和家长喜欢使用位次法指导填报工作，甚至有些省份的教育考试院也在官方资料中较易使用位次法指导填报。下面我们依然使用重庆大学在河南省的录取位次情况进行分析。见表 3.4。

表 3.4 重庆大学在河南省历年最低录取位次

年份	2014	2015	2016	2017	2018	2019
最低位	7958	8065	7409	7688	6996	7757

我们可以看到，最近六年数据中录取位次最高的是 2018 年的 6996，录取位次最低的年份为 2015 年的 8065，差值为 1069，约为数值较小（前面两种方法也是用差值比较较小数值，所以虽然位次法数值越小学生越优秀，但是我们依然延续这个方法来查看波动值的影响情况）年份的 15.3%，转换成相应年份分数差约为 27 分。

4. 关于常用方法误差的分析

综合前三种方法可以看出，分数直接对照法最大误差为 28 分，线差法最大误差约为 33 分，位次法最大误差转换为分数之后约为 27 分。对比之下发现线差法误差是最大的，分数法和位次法误差相对较小，但是这个精度又实在让人难以接受。读者如果有时间和精力，可以用更多院校为样本统计分析本省几种方法的差距，以便对具体填报工作产生更好影响。

5. 平均位次法

在理论上位次与计划数之间存在较为直接的联系，本着这个思路进行算法上的修正即可。如果将采样年份院校最低录取位次做一个平均值，能够相对准确地表现采样院校在目标省份考生家长心目中的位置，而这个通过群体选择形成的定位一般不会出现特别巨大的波动。但是绝对的不波动是不可能的，而使用平均法能够有效减轻波动绝对值对报考的影响。接下来我们采用平均位次对照法测算一下误差。见表 3.5。

表 3.5 重庆大学在河南省历年录取分数平均位次法分析表

年份	2014	2015	2016	2017	2018	2019
最低分	619	609	621	598	626	621
最低位	7958	8065	7409	7688	6996	7757
平均位次	7646（可供参照年份平均位次）					参照平均
位次差	312	419	−237	42	−650	111
折算分差	<1	<2	<1	<1	<2	<1

经过表格分析可以发现采样年份最大误差也没有超过 2 分，三分之二的采样年份误差小于 1 分，甚至于有些年份是趋近于 0 分的（因为同一分数内包含人数可能远远大于位次差）。

平均位次法存在的问题 1：看起来误差较小，但是也不是没有缺陷的，如果遇到 2017 年山东大学在河北省招生提档分数过低、2017 年天津大学在黑龙江省理科提档分数过低等情况，平均数据可能会跟着受到较大影响，遇到此类“大小年”的情况，遇到具有明显异常的情况，去除相应年份的数据即可。

平均位次法存在的问题 2：其实位次法之所以依然存在一些不够完美的地方，还有大环境的影响。例如对考生填报影响较为直接的就是计划数的增减，这个增减不仅是目标院校目标专业的增减，还包含提档分数高于目标院校的所有院校、专业的计划数增减。超过考生水平对应高校、专业的计划数有较大增减，这种增减产生的效果会传递到考生志愿填报结果上。如果超过考生水平对应高校、专业计划有较大数量的增加，考生可以适当提高自己的心理预期，填报更高水平的院校、专业；如果超过考生水平对应高校、专业计划有较大数量减少，考生就应该适当降低心理预期以寻求更佳的解决方案。而这种统计完全可以用计算机辅助进行，如果受到技术能力限制，那也只是一个简单的做判断和做加和的处理工作。

平均位次法存在的问题 3：志愿填报人数也是会影响到考生的录取结果的。如果位次超过考生位次的总人数中强基计划、综合评价、保送等不占分省计划升学人数比较多，或者港澳升学、留学等高分考生不填报志愿的，或者高分复课（不同省份复课比例不一致，同一省份不同年份也不一致，新高考改革年份衔接年复课比例将大大减少）的人数都会影响到考生的志愿填报。

6. 基于标定位置的录取百分位法

平均位次法的精度已经比较高了，但是在规避“大小年”、计划数波动、改革年份复课数波动、不占计划升学人数等影响上依然存在不足。而基于标定位置的录取百分位算法可以更好地解决这些问题。但是录取百分位涉及复杂的数据运算理论模型，一般情况下考生和家长很难迅速掌握，所以这里只提供一个思路，有数据处理能力的考生和家长可以自行摸索一下。

要点一：标定位置的选择是一个重要的工作，在设置一本、二本批次的省份，考生可以以一本线为重要参照值；在本科批次合并的省份考生可以以“特殊类型招生参照线”或“高分考生保护线”为主要参照值；高分考生也可以以略低于自己水平但是历史波动性不大的院校、专业作为参照值；高位考生也可以以略低于北京大学、清华大学这种超级名校的（较为稳定的）院校、专业作为参照值向下计算。

要点二：修正值的设置是另一个重要工作，无论是升学、留学、流失、复课，还是目标院校（及高于目标院校）计划数增减，均需要考虑进去。如果某院校或者某专业的计划数大大增加，则进入此校此专业的可能性也会增加，被录取的难度也就会降低。

7. 回归法

前文所述的平均法已经是误差较小的方法了，但是平均法的特征是硬生生抹平高低起伏的数据波动，是容易忽略一所院校在一个省份录取的上升下降趋势的。而院校或专业录取受到多方面因素影响而呈现上升下降趋势则是较为普遍的情况。此时使用回归法能够处理这种变化。

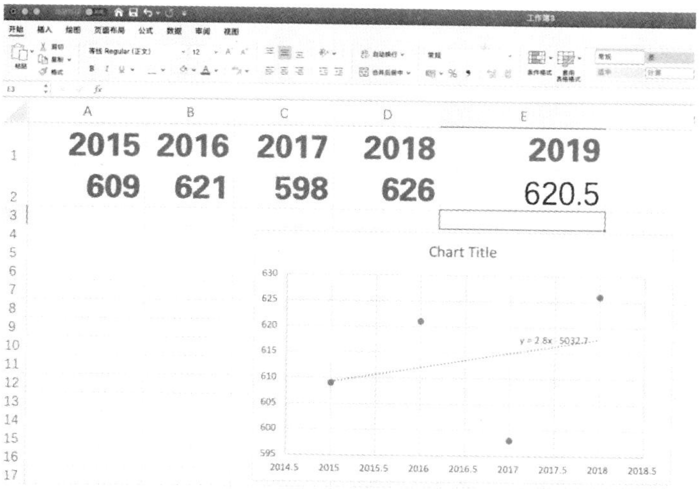

图 3.1

上图为使用线性回归的方法对重庆大学在河南省 2019 年录取分数的预测，我们可以看出差值只有 0.5 分。之所以误差小于平均法，就是因为回归法充分考虑了趋势的影响。

线性回归无须使用专业软件，可以使用电子表格工具简单实现。而回归处理的对象也不仅限于分数，也可以对线差、位次、录取百分位进行处理。但是线性回归仅为一元处理方式，具有数据处理能力的考生和家长还可以考虑进行多阶拟合处理（因为方法较为复杂，本书不进行深入介绍）。

8. 几种方法的使用范围简评

分数法：用分数对照具有简单直观的特点，但是随着考题难易程度、考生整体水平等因素的波动容易造成考生整体性分数波动较大的现象，所以准确性不高。但是在新高考普遍实行之后，因为有部分科目使用的是“赋分”的方法，也就形成了相对比较固定的分数分布。在新高考实施几年之后，分数法的作用将会比较大。再就是在全省最低收分位置，也就是高职高专批较低位置，分数法是简单而直接的。

线差法：线差法因为同时含有分数和分数线两个波动性因素，导致出现误差的可能性或者增大误差的因素更多，所以准确性欠佳。而且在现代计算技术和通信技术的背景下，使得普通批次存在的意义已经逐渐消失，有越来越多的省份合并了本科批次，在可以预见的未来将本专科批次合并为一体也是可能的。分数线的取消已经是大趋势，线差法的“停用”也将是大趋势了。但是，在依然划分普通批次的省份，紧压批次控制线招生的院校或专业往往是同批次院校或专业中被公众认可度不太高的，这样的院校专业收分很难会有迅速而巨大的提升，所以对于这样的院校、专业“线差法”还是具有一定积极意义的。

位次法：很多家长和考生喜欢用位次法判断录取的可能性，认为优质高校、专业录取高位考生，次之的院校录取接下来的考生。这个想法在理论上没有问题，但是志愿填报和录取工作是一个动态博弈过程，不是简单的院校轮流“掐尖录取”，而是存在着考生和院校“双向选择”的过程。也因为“双向选择”的存在，使得历史录取位次会发生波动，也就使得位次法存在较大的误差。理论上“位次法”对于排位较高的考生具有积极的意义，可是也需要考虑“保送”等不占分省计划升学的影响，而这些升学途径的主体生源往往还就是高位考生。

平均位次法：平均位次法是通过对多年历史数据的平均分析，将位次法的波动性影响降低。因为院校、专业在一个省份人民心目中的定位一般不会发生强烈而巨大的波动，位次的波动也是围绕着这种认知的，而平均法是常用的消除波动影响的方法，前文示例中也有体现。但是平均位次法也存在问题，那就是忽略了变化趋势。例如：有一所院校，历史上连续录取位次分别是 1、2、3、4、5 位，那么我们会计算出它的平均值是 3，能不能用 3 这个值来指导第六年的填报呢？应该是不可以的，因为这连续五年的数值都在有规律的变化，这个规律就是线性增加，按照这个规律我们判断出来的结果第六年可能录取的是 6。平均位次法没有充分考虑到变化趋势，而且对历史年份数据依赖过高，造成家长考生计算难度加大。但是为了一个更好的结果，多付出一些努力是值得的。

基于标定位置的录取百分位法：百分位法充分考虑了计划数的波动、不占计划考生的去向影响、历史数据的回归计算，所以精确性大大提高。但是志愿填报和录取工作毕竟是群体性互动产生的数据，依然存在一定的偶然性，这种偶然性是难以预测的，而且对于家长和考生来说，信息量、计算量、计算能力的要求都比较高。

回归法：回归法充分考虑了数据变化趋势，但是对于计算机应用能力偏弱的人士可能不太友好，或者也可以说成是数据处理工作压力很大。

其实，高考录取数据虽然具有一定的规律性，但是也包含着极大的偶然性和不可预测性。医其数据并不一定完美遵照统计学原理产生，所以没有哪一个方法是放之四海而皆准的，考生和家长一定要针对本省情况多试验、多对比，唯如此才能减少分数浪费。

四、填报时需要注意的其他事项

具体填报工作开展过程不仅有自身意愿的体现，还要受到很多其他因素的影响，尤其是政策性因素的影响是非常重要的。因为各省的政策规定都可能存在一些差异而且比较容易获取，所以本书此处仅就具有较大共性和较强烈影响性的政策和规则展开介绍。

1. 普通高校招生考试有哪些形式？

普通高校招生考试主要有统一考试和单独考试两种形式。

统一考试说的是包括全国统一文化考试和普通高校对口招生全省（市、区）统一文化课考试以及对口、艺术、体育专业全省（市、区）统一考试。

单独考试说的是经教育主管部门批准的普通高校单独组织的招生考试。主要包括运动训练、武术与民族体育、少年班、职教师资班、残障等单独招生考试和普通高等职业教育单独招生（亦称高职单招）考试。

2. 普通高考的主要环节有哪些？

普通高考有七个主要环节：报名、思想政治品德考核（俗称“政审”）、体检、考试、志愿填报、录取、入学复查等。

报名：报名是高考的第一个环节，是基础工作，考生只有通过报名才有可能取得考试资格或录取备案资格。招生考试机构通过报名采集考生的基本信息，用于编排考场、建立考生电子档案和录取备案。

思想政治品德考核：高校录取时对考生的政治态度、思想觉悟和道德品质进行全面了解，其考核情况是高校录取的重要依据之一。

体检：通过身体检查，考生可以选择适合自己身体状况的专业，招生高校可以根据本校或本专业的要求，选择符合条件的考生。

考试：检查考生对知识掌握和运用的能力。考试成绩将作为普通高校招生录取的重要依据。

填报志愿：考生通过填报志愿，表达自己的主观意愿。志愿信息是高校录取新生的重要依据。

录取：高校根据本校录取原则和考生志愿情况，择优选拔合格的新生。

入学复查：新生入学报到时各高校将依照《普通高等学校学生管理规定》对新生进行身份复核、体检复查，同时对特殊类型招生录取的新生，高校将组织专家开展入学专业复查和复核，具体情况考生可向有关录取高校咨询。

3. 录取批次是如何划分的？

现在越来越多的省份取消录取批次、减少录取批次或合并一些原有的录取批次。依然保持录取批次的省份，绝大多数情况采用以下划分方式：

本科提前 A、本科提前 B、本一特殊类型批、本科一批、地方专项计划、本二特殊类型批、本科二批、专科提前批、专科批和单招批。

提前特殊类型批：部分对政审、面试、体检、体能等有特殊招生要求的国家专项计划及省、市、区招生委员会批准列入该录取批次的本科专业。

本科提前批 A：使用本科一批控制线录取的军队、公安、小语种、海洋运输、合作办学等本科专业，艺术联考和普通体育的部分本科专业，省级招生委员会批准列入该批次的本科专业。

本科提前批 B：使用本科二批控制线录取的军队、公安、小语种、海洋运输、合作办学等本科专业，艺术联考和普通体育的部分本科专业，未列入提前特殊类型批的国家专项计划本科专业、免费医学定向生本科专业，省级招生委员会批准列入该批次的本科专业。

本一特殊类型批：在本科一批招生院校录取的专项计划、高水平艺术团、高水平运动队、试点学院和定向就业招生等。

本科一批：国家原“211 工程”高校及原全国重点高校和省招生委员会批准列入该批次的文、理科本科专业。

地方专项计划：省属地方重点高校向省教育厅确定的农村地区的专项计划。

本二特殊类型批：在本科二批招生院校录取的高水平运动队和定向就业招生。

本科二批：未列入本科一批录取院校的文史、理工类本科专业，艺术联考、艺术校考和普通体育的部分本科专业，以前的本科三批绝大多数合并进入当前的本科二批，大多数省份不再单独设立本科三批。

专科提前批：公安、司法、海洋运输类等专科专业，艺术联考、艺术校考和普通体育等专科专业，省招生委员会批准进行提前录取的专科专业。

专科批：未列入专科提前批的高职高专类专业。

单招批：分本科专科两个部分，包括保送生、体育单招、高职单招等单独招生的院校和专业。

对口招生分为对口本科批和对口专科批。对口本科批随本科提前 B 录取，对口专科批随专科提前批录取。

少数民族预科班分本一预科班、本二预科班，在相应批次录取后录取。

边防军人子女预科班只招收边防军人子女资格审查合格的考生，在本二批一志愿录取后投档，在本二批二志愿开始前完成录取。

批次划分情况因省而异，而且实施新高考改革的省份变化会更大，会有取消本专科批次，采取分段填报分段录取的情况。具体批次设置情况请以考生所在省份规定为准。

4. 各批各类录取控制分数线是如何划定的?

各省级招生委员会按照国家有关文件规定，根据当年招生计划，全省、市、区考生成绩一分一档表和往年考生复读率、自然流失率等因素，按照略大于招生计划数确定各批各类录取控制分数线。划定录取控制分数线的原则是既要考虑普通高校能够完成招生计划，又要减少上线而自然落选的考生人数。

各省关于分数线的划定思路是有所不同的，在考生人数和计划数之间的比例也不尽相同。很多家长和考生在焦急等待的时候往往热衷于讨论“预测分数线”，实际上自己用历年的分数线和上线人数之间的比例关系是很容易测算出当年的分数线的，误差一般不会超过1、2分。

5. 投档规则是什么?

普通文史、理工和对口类的投档规则为：各省、市、区招生办公室或教育考试院按照院校调档要求，将文化考试成绩达到同批分数线的考生按照总成绩从高分到低分排序，依据所报专业顺序向高校投放考生电子档案。实行新高考的省份，以“专业＋院校”模式进行填报的投档方式与此类似。

而对于分数相同的考生，在“文史类”和“理工类”将会分别按照不同科目的顺序进行投档，也就是通俗所说的“小分”，如果“小分”也完全相同则会采取其他因素的对比，甚至可能比较考生号之类的信息来确定投档顺序。

6. 进档考生存在哪些退档风险?

对于那些已经达到目标院校提档要求且省考试院已经将考生档案向目标高校投送的考生，我们称之为进档考生，也可以描述为被目标院校提取档案的提档考生。提档案不等同于录取，提档之后还会有很多原因形成将考生退回各省、市、区的情况，这种情况被我们称为“退档”。

退档原因往往有以下几类：

(1) 政策性退档

政策性退档指的是某些高校在某些省、市、区的提档比例大于100%，造成部分被提档考生不能够被目标院校录取，而将档案退回的情况。现在越来越多的高校会尽量避免此种退档情况的出现，通过动用机动计划等办法，将进档考生尽可能多地留在院校之内，这样既保证了本院校的录取情况，也减少考生的损失。部分院校会承诺“投档不退档”，但是其前提往往是要求考生要“服从专业调剂”，这一点在具体填报时要详细查询院校的招生章程。

(2) 不服从专业调剂而造成的退档

人人都有向上之心，所以考生在报考时，容易出现全部填报某一院校强势专业或热门专业而不服从专业调剂的情况。这就造成了虽然档案被投到了相关院校，考分也达到甚至超过了院校提档的最低分数，但考生所报专业均为录取分数较高、报考人数较多的专业，最后因考生分数不具备优势又不服从专业调剂，学校在无法满足考生专业要求的情况下，只能将档案退回给各省、市、区。此种原因的退档，是所有退档中占比例比较高的。实行新高考的省份，以及实行“学科（类）＋院校”、“院校＋学科（类）”模式填报的省份，此种情况相对较少。

(3) 进档考生因身体健康状况填报有误而造成的退档

有一些专业对于考生的身体条件有一定的要求，而考生的身体条件不符合相关专业或院校的要求，却又填报了这样的院校，且被院校提档，但是在进行专业安置的时候，发现考生不适合就读这些专业，也容易造成退档。每年都有考生通过体检作弊进入高校，如果相关专业对于身体条件要求比较严格，在入校复查或者专业课学习的时候容易被发现并进行退学处理，这比退档要严重得多。

(4) 进档考生单科成绩达不到专业招生要求

考生总成绩达到了院校的提档线，但是由于某一科目成绩太低，或者与填报专业相关的科目成绩没有达到院校的要求，学校仍然可以不予录取而形成退档。如某高校要求单科成绩均100分以上，而某考生总分达到了甚至于超过了本院校的最低提档线，但是有一门单科成绩低于100分，此时学校也会以单科成绩不合格为理由退档；又如某些高校对于外语类专业、涉外类的专业会提出英语单科成绩不低于120分的要求，而某考生总分达到了学校的录取分数线，但是英语成绩却只有100分，此时学校也可以以单科成绩不合格为由进行退档操作。

(5) 进档考生因思想品德情况填报有误造成退档

有些院校对上一年已录取但未报到的复读生，视为诚信有问题，甚至定义为思想品德问题，导致有些复读生进档之后不能被录取。因为考生在每年志愿填报之前，都会亲自签署《高考诚信承诺书》，其中有一条描述的就是“考生为所填报的志愿及录取结果负责”，这也提示我们在志愿填报的时候，不想学习的专业或者不想去就读的院校我们就不填，这样就可以避免损失。

(6) 进档考生因没有及时进行兵役登记而造成退档或不予录取的情况

按照《中华人民共和国兵役法》的规定，适龄男青年都要进行兵役登记，高校也有权利拒绝录取那些没有兵役登记的考生。兵役登记只限于当年12月底之前年满18周岁的男性公民，当年12月底之前年满17岁的男性公民，可以进行提前兵役登记。兵役登记由考生所在地人武部门组织实施。兵役登记的意义主要在于充分掌握可征兵源的信息，不等于应征入伍，在登记的时候可以选择“登记缓征”。

7. 什么是投档不退档？

传统的平行志愿录取模式，虽然已经大大地提高了考生进入院校的安全性，但是本身依然存在一定的风险，尤其是进档考生存在被退档的风险。为了配合教育部进行平行志愿投档录取模式的改革，也为了有利于学校的招生录取质量，更为了考生的安全，许多高校纷纷承诺投档不退档。但是承诺投档不退档都具有一些前提条件，比如说进档考生的各方面条件都符合录取要求，而且服从专业调剂，在这样的前提下，高校可能会动用机动计划录取这些考生。但是投档不退档不是一个硬性的规定，具体哪些院校投档不退档，还要参照相应高校当前年份的招生章程。

8. 什么是批次录取控制分数线？什么是院校投档线和模拟投档线？

录取控制分数线：在批次录取的省份，批次录取控制分数线（简称批次线或分数线）是根据各省、市、区考生高考成绩水平和国家下达的招生计划，按一定比例确定的录取新生的各批次、各科类最低成绩标准。

各批次、各科类的批次线都会有所不同，科类一般分为文史类、理工类、艺术类和体育类等，文史类和理工类又分为第一批、第二批、专科批等（部分省份已经开始取消批次或者合并批次的工作）。批次录取控制分数线是确定考生录取资格、执行招生政策的一个重要指标。院校一般只能录取所在批次线线上的考生，也就是说只有投档总分达到或超过批次线的考生档案，才有可能被投档到目标高校。部分省、市、区在某些批次录取任务没有完成的情况下或启动征集志愿，征集时可能会降低分数要求，在填报的时候考生和家长要及时关注各省、市、区招生办公室或教育考试院的信息。

文史、理工各批次的批次录取控制线只对文化课总分作出规定，艺术类和体育类专业的录取控制分数线往往还会同时针对文化与专业课两方面的成绩作出规定。

院校投档线（也叫提档线、调档线、进档线）：各省、市、区招生办公室或教育考试院按照各院校的调档要求，根据考生志愿填报情况向招生院校批量投档。也就是说投档工作是各省、市、区的动作，批量投档分数最低的考生成绩即为该院校的投档线。在同批录取的院校中，由于报考人数和考生成绩的不均衡，形成各院校投档分数线有一定的差距，它们的共同点一般是在同批录取控制线分数以上，而其不同点是部分院校由于生源充足、教育资源优秀、教育环境良好、发展空间巨大、平台优势明显，其投档分数线可能高于同批录取控制分数线很多，因此考生成绩虽然超过了批次录取控制分数线，但是由于不能达到所报院校的投档线，电子档案仍然不能够被投出，因而参加不了目标院校的录取。

院校模拟投档线：按照教育部规定，院校模拟投档线是高校在相关省份已公布的本批次计划招生数和提交的投档比例进行模拟投档形成的分数线，仅适用于高水平艺术团和定向招生等录取投档。合并本科批次的省份会单独划定一条“自主招生分数线”来为自主招生等特殊招生类型使用，这个线也基本相当于以往的一本线。

9. 对高校录取结果不满意，可否重新录取？

如果考生对已录取高校的录取结果不满意，是不能够被退档并重新录取的。因为一旦考生被某一批次所填志愿录取后，该批次后面的志愿就自动失效，其电子档案被目标院校提走，其他院校就没有机会再接触到考生的档案。这里给我们的建议就是：不想去就读的院校和专业根本就不要填写，这样就可以避免录取结果不满意的情况出现。

10. 已投档考生是否就一定会被录取？

已经投档给某院校的考生，不一定会被该院校录取。这是因为如果考生的体检、政审、单科成绩等不符合高校的招生录取要求，或不符合相关专业的要求，或者填报专业志愿不妥又不服从调剂，以及在投档考生中因为成绩排名靠后，目标院校提档比例又大于100%的话，都有可能造成退档。

11. “文理兼收”指的是什么？

所谓“文理兼收”，即所设文科专业也招收理科学生，或所设理科专业也招收文科学生的情况。比如中文、经济、法律、工商管理、信息管理等文科专业，都招收部分理科生；电子计算机、医学等理科对应专业，也会招收一定数量的文科生，但是招收的比例都相对较小，具体情况要根据当年招生章程规定而定。文理兼收是高校为了改变生源的知识结构，适应专业文理交叉、边缘学科、横断学科较多的特点而实行的一项改革。“文理兼收”不等于文理兼报，不是说文科生可以填报理科生计划或理科生填报文科生计划，而是必须根据各省、市、区招办或教育考试院公布的各校招生计划分别按专业的文理科招生计划填报。

在实施新高考的省份不存在“文理兼收”问题，但是在部分省份会有同一计划同时向“物理组”和“历史组”投放的情况。

12. 什么是高考录取中的“大小年”现象？

高校招生中，经常会出现一种所谓的“大小年”现象，就是某个或某些学校的报考人数不稳定、起伏较大，某一年填报该校的人数比计划招生数高出较多，或高分考生填报此院校较多，直接结果就是当年的录取分数线会被抬得较高，这样的年份往往被称为“大年”；而由于既往年份录取分数较高、竞争激烈等原因，使得下一年很多考生望而却步，不敢填报此类院校，结果就是参与竞争的人数少，录取分数也就相应降低，这样的年份我们称之为“小年”。“大小年”情况较为偶然，没有明显的规律性，且往往不会出现在教育资源非常优质的优质高校，也不会出现在教育水平相对不高的普通高校，“大小年”情况经常出现在水平较高但又不处于领先位置的高校梯队里。目前看，内蒙古模式因为具有“动态排名、实时查看”的特征，是最不容易出现“大小年”情况的。

13. 什么是高水平艺术团招生？

高水平艺术团指的就是艺术特长生，是指部分高校为了活跃校园文化、推进学校的素质教育、丰富校园文化生活而招收具有艺术特长的考生。考生参加艺术测试合格后，可在高考中享受降分录取的优惠政策。考生被高校录取后进入普通专业学习，并有义务利用课余时间参加文艺排练和演出。

14. 高水平艺术团一般招收哪些类型的考生？

高水平艺术团一般招收具有声乐、器乐、舞蹈、戏剧、书法、绘画等艺术特长的考生。符合普通高等学校年度招生工作规定确定的报考条件，具有音乐、舞蹈、戏剧、书法、绘画等艺术特长的考生，如具备下列条件之一即可以参加高水平艺术团的报名：

（1）在高级中等教育阶段参加市级文艺调演比赛个人项目获得二等奖（含）以上、省级（含）以上文艺调演比赛个人项目获得三等奖（含）以上。

（2）在高级中等教育阶段参加市级（含）以上美术、书法作品展览。

（3）具有较高艺术才能，符合高校开展艺术活动需要。

15. 目前有哪些院校有高水平艺术团招生资格？

经教育部批准：清华大学、北京大学、中国人民大学、北京交通大学、北京航空航天大学、北京理工大学、北京师范大学、中国政法大学、北京科技大学、北京化工大学、北京邮电大学、中国农业大学、北京林业大学、北京中医药大学、中国地质大学（北京）、中国地质大学（武汉）、对外经济贸易大学、南开大学、天津大学、大连理工大学、吉林大学、哈尔滨工业大学、复旦大学、同济大学、上海交通大学、上海财经大学、华东师范大学、东华大学、南京大学、东南大学、南京航空航天大学、南京理工大学、河海大学、南京农业大学、中国药科大学、浙江大学、厦门大学、山东大学、武汉大学、华中科技大学、华中农业大学、湖南大学、中南大学、中山大学、华南理工大学、重庆大学、四川大学、西南交通大学、电子科技大学、西安交通大学、西北工业大学、西北农林科技大学、长安大学等53所普通高校具有招收高水平艺术团的资格。

16. 报考高水平艺术团需要怎样提前准备？

根据各高校学生艺术团的需求，各高校普遍招收：声乐类、器乐类、舞蹈类项目，只有清华大学、北京化工大学等为数不多的高校招收书法、绘画类项目。很多有书法、绘画特长的考生参加高水平艺术团招生省级测试并合格，但招生高校和招生人数却很有限，导致竞争异常激烈。在此特别提醒：有书画特长的考生，更要提前关注高校是否招收该项目再决定是否报名，以免做无用功浪费时间。另外，高校每年招收的项目也可能存在变化，比如去年招收小提琴，今年也许就不招了，这一点也是要加以注意的。此外，各高校的招生项目是不同的，同一高校不同项目的招生人数差距可能也会很大，因此考生一定要先查阅目标高校的招生章程，看看自己的特长能否与目标高校当年的招生情况相对应。在各高校招生章程公布之前，考生如果仍有疑问可以直接咨询目标高校的招生办公室。

17. 高水平艺术团报考流程是怎样的？

（1）高考报名：考生在当地规定的时间内参加高考报名。

（2）了解专业测试信息：所有报考高水平艺术团的考生须到拟报考高校的网站或高校的招生办了解测试的时间、地点和方法。

（3）高水平艺术团报名：考生需关注各省、市、区及各高校发布的招生办法和招生章程，考生按照招生高校规定的时间、地点等要求自行向拟报考高校报名。

（4）测试名单公示：一般在每年的 1 月底前，各招生高校对准予参加测试的各省考生名单会进行公示。

（5）参加测试：在公示名单中的考生，自行按照有关高校规定的时间地点参加测试。测试合格的考生名单将集中在“阳光高考”平台上公示。

（6）签订协议：测试合格的考生要与学校签订协议，录取时按照协议享受相应的优惠。

（7）入选考生名单公示：在每年的 3 月 15 日前，有关高校将测试入选考生名单报各省、市、区招办或教育考试院以及教育部学生司审核、公示。

（8）考生参加高考，并填报拟报考高校的志愿：考生必须参加全国统一考试。填报志愿时，一般要选择签订协议的高校作为第一志愿（或根据各省、市、区招办、教育考试院或高校的要求，在相应的批次志愿栏内填报）。

特别提示：报考高水平艺术团的考生，须经教育部阳光高考信息平台公示无误后方可填报。

18. 高水平艺术团的录取政策是怎样的？

专业测试达到合格等级，高考文化分数在所报科类同批次省、市、区录取最低控制分数线以上、相关高校投档线下 20 分（但不得低于学校同批次录取控制分数线），省、市、区招办或教育考试院根据其所报考科类及高考志愿向相关高校投档，由目标高校决定是否录取。

专业测试达到优秀等级，高考文化分数达到所报考科类同批次省、市、区录取最低控制分数线以上（但不得低于本科第一批次录取控制分数线），省、市、区招办或教育考试院根据其所报考科类、高考志愿及招生高校的书面申请向相关高校投档，由高校决定是否录取。

19. 什么是艺术类考生？

艺术类考生是指报考艺术类院校、艺术类专业或普通高校艺术专业的考生。这类考生与其他考生的不同在于除了要参加高考外，还必须参加所报考学校或者本省、市、区组织的专业考试，该类考生必须是专业考试合格，且高考成绩达到院校的录取分数线才能够被录取。我们常说的表演、美术、音乐等都属于艺术类考生的报考专业。

20. 高校艺术类录取规则有哪些？

艺术类录取规则通常有以下几种：

（1）在文化考试成绩上线的基础上，按照专业考试成绩，从高到低排序，择优录取。

（2）在专业课考试成绩合格的基础上，按照文化考试成绩，从高到低排序，择优录取。

（3）在文化考试成绩上线和专业考试成绩合格的基础上，将两种成绩直接相加计算成综合分，再从高到低排序，择优录取。

（4）在文化考试成绩上线和专业考试成绩合格的基础上，将两种成绩相加形成综合分数时，专业课成绩的占比大于文化课成绩。

（5）在文化考试成绩上线和专业考试成绩合格的基础上，将两种成绩相加形成综合分数时，文化课成绩所占比重大于专业课成绩。

21. 艺术类、体育类考生可以兼报普文普理类志愿吗？

艺术类、体育类考生可以兼报普文、普理类院校志愿。按照录取顺序，艺术体育类院校专业安排在提前批次进行，因此艺术体育类考生可以兼报除本科类范围之外的文史类或理工类普通志愿。录取时艺术体育类院校或专业优先录取，文史类或理工类院校志愿后录取，前者不影响后者。兼报制度提高了考生被录取的概率。

22. 在填报艺术类志愿时需要注意哪些问题？

填报艺术类志愿时要注意以下几点：

（1）考生必须专业课分数上线文化课分数也上线，也就是考生必须双上线才有资格参加录取。

（2）要特别关注所报院校的录取规则。比如说分数折算方法，要按照折算方法和自身条件设置最合理策略。

（3）要注意联考成绩的使用范围。

（4）报考自行组织专业加试的院校，必须取得所报院校的专业合格证。属于联考专业的，联考成绩还必须达到当地联考专业合格控制分数线。

（5）除了联考专业外，还有部分专业各地没有组织联考，那么就由招生院校组织专业测试，考生只要获得了院校发放的专业合格证就可以填报。

（6）要注意自己所要填报的院校及专业在本省、市、区的哪一个批次里以及填报的时间节点。

23. 高水平艺术团与艺术类考生的区别有哪些？

第一，招生目的不同。

艺术类考生是高等艺术院校或普通高校为培养艺术专业人才，通过高考招收的艺术考生。而高水平艺术团是高校为活跃校园氛围、提升学生艺术素质、素养水平，通过高考招收有艺术特长的考生。

第二，报考的专业不同。

艺术类考生报考的是艺术院校或普通高校中的艺术类专业，这些专业主要包括音乐学、作曲与作曲技术理论、音乐表演、绘画、雕塑、美术学、艺术设计学、艺术设计、舞蹈学、舞蹈编导、戏剧学、表演、导演、戏剧影视文学、戏剧影视美术设计、摄影、录音艺术、动画、播音与主持艺术、广播电视编导等等，属于艺术学学科门类，学生本科毕业授予艺术学学士学位。高水平艺术团是报考的普通高校普通本科专业，比如法学、经济学、工商管理、计算机、数学等专业，根据不同的学科门类学生本科毕业授予相应的学士学位，其中绝大多数不是艺术学士学位。

第三，招生人数不同。

普通高校艺术类专业招生人数大于高水平艺术团的招生人数。近年来艺术类专业的招生报考持续升温，各地报考艺术类的考生人数持续增长。全国艺术类专业报考人数已经超过100万，每年被录取的艺术考生也达到了20万人以上，而高水平艺术团招生人数不能超过本校本科招生计划总数的1%，招生人数是很少的。

第四，招生政策不同。

艺术类考生须获得省联考合格证方可填报相关艺术院校专业志愿。报考省联考未涉及专业的考生须获得校考合格证后方能填报相关艺术类专业。报考高水平艺术团的考生，需符合普通高校报名的基本条件和各项要求，具有一定的艺术特长，要参加全国普通高校统一招生考试。

24. 目前独立设置本科艺术院校的学校有哪些？

目前有31所独立设置本科艺术院校的学校：中央戏剧学院、中央美术学院、中央音乐学院、中国音乐学院、北京电影学院、北京舞蹈学院、中国戏曲学院、天津音乐学院、天津美术学院、鲁迅美术学院、沈阳音乐学院、吉林艺术学院、上海音乐学院、上海戏剧学院、南京艺术学院、中国美术学院、景德镇陶瓷大学、山东艺术学院、山东工艺美术学院、湖北美术学院、武汉音乐学院、广州美术学院、星海音乐学院、广西艺术学院、四川美术学院、四川音乐学院、云南艺术学院、西安美术学院、西安音乐学院、新疆艺术学院、中国人民解放军艺术学院。

教育部批准参照31所独立设置院校的15所高校为：清华大学、中国传媒大学、中央民族大学、东华大学、江南大学、北京服装学院、北京印刷学院（仅限艺术设计本科专业）、天津工业大学、上海视觉艺术学院、苏州大学（仅限艺术设计本科专业）、浙江传媒学院（仅限播音与主持专业、广播电视编导、摄影、录音艺术等四个本科专业）、浙江理工大学（仅限艺术设计本科专业）、内蒙古大学（仅限音乐表演、表演、音乐学等三个本科专业）、武汉设计工程学院"成龙影视传媒学院"（仅限表演、播音与主持艺术、戏剧影视美术设计等三个本科专业）、浙江音乐学院（仅限音乐学、音乐表演、作曲与作曲技术理论、舞蹈表演和舞蹈学等五个本科专业）等15所院校有关艺术类本科专业参照独立设置本科艺术院校艺术类本科专业招生办法执行。

25. 什么是高水平运动员？

高水平运动员又称体育特长生，是指经过教育部批准的招生高校，根据本校高水平运动队项目的建设需要，推进素质教育，从参加全国普通高校统一招生考试的学生中特招有体育项目特长，且又符合高等学校年度招生工作规定的学生，另外还招收具有高级中等教育毕业同等学力，获得国家一级运动员含以上证书者，或近三年在全国或国际集体项目比赛中获得前八名的主力队员。

26. 报考高水平运动队的条件是什么？

报考高水平运动队的考生，应符合高考报名规定的报名条件，年龄不超过22周岁，且具备以下条件之一：

报考高水平运动队，应是高级中等教育学校毕业，获得国家二级运动员（含）以上的证书，且高中阶段在省级含以上比赛中获得集体项目前六名的主力队员，或个人项目前三名者；或是具有高级中等教育毕业同等学力，获得国家一级运动员（含）以上证书者，或近三年内在全国或国际集体项目比赛中获得前八名的主力队员。还须参加招生院校组织的高水平运动员专项测试，合格后方可报考。文化课考试，参加全国统考（具有试点高校单独招生资格的一级及以上运动员，须参加国家体育总局、省教育考试院统一组织的运动训练、武术与民族传统体育专业单独招生文化课考试），入学后进入非体育专业学习。

27. 报考高水平运动队有哪些步骤？

高水平运动队报名步骤如下：

（1）高考报名：

在各地规定的时间，学生参加高考报名，同时持运动员等级证书、注册证、秩序册、成绩册、获奖证书等材料的原件及相应的复印件进行报考资格申报，并填写当地《××××年高水平运动队报考资格审查表》。

（2）资格审查：

考生所在中学初审后报市、县区招办，由市、县区招办审核汇总后，报省级招生办公室。

（3）测试名单公示：

在当年2月底前，省级招办对准予参加测试的本省考试名单进行集中公示。

（4）了解相关测试信息：

在公示名单中的考生，需到拟报考高校的网站（或向测试高校招生办公室）了解测试时间、地点和具体办法。

（5）向拟报考高校报名：

考生按拟报考高校规定的时间、方式直接向高校报名。

（6）参加测试：

考生自行按照测试高校规定的时间到有关高校测试，各高校报到、测试时间一般会在各高校网站公布。

（7）入选考生名单公示：

每年 4 月 10 日前，有关高校将测试入选考生名单报省级招办和教育部学生司审核、公示。

（8）学生参加高考或文化单考，并填报所报考高校的志愿：

有关高校于 4 月 15 日前将文化单考考生（相当于一级运动员及以上等级的考生）信息报省级招办审核、公示后办理录取手续。

28. 高水平运动队招生如何填报志愿？

报考高水平运动队的考生，须经教育部“阳光高考”信息平台公示无误后方可填报。该计划依据学校所在批次，分别列在本一特殊类型批和本二特殊类型批，不按规定填报的志愿将视为无效志愿。院校拟录取的一级及以上运动员，高考前由招生院校将名单报省教育考试院办理录取手续，已经录取的不用再填报高考志愿。

29. 招收高水平运动队的院校及项目都有哪些？

（柔道、棋牌、攀岩、摔跤等四个项目建设的学校，除个别承担有国家队建设任务的学校外，将在 2019 年停止该四个项目招生，鼓励其向足球等校园开展较为普及的项目调整；承担定向越野、龙舟建设项目的学校，要在两年内向足球等国家重点发展项目、校园普及性较强和增强体质效果较好的项目进行调整；各院校除足球冰雪项目外，原则上不再增加。）

表 3.6 内容仅供参考，招生院校及所含项目请考生及时向各招生院校进行了解。

表 3.6 有资格招收高水平运动队的院校及项目

学校名称	教育部批准招生项目
北京大学	田径、篮球、足球、乒乓球、羽毛球、健美操、游泳
中国人民大学	田径、篮球、排球、足球、网球、武术
清华大学	田径、篮球、排球、游泳、射击、健美操、击剑、足球
北京交通大学	田径、篮球、排球、羽毛球、跆拳道
北京科技大学	田径、篮球、足球、羽毛球、跆拳道
中国石油大学（北京）	田径、羽毛球、游泳
北京邮电大学	乒乓球、武术
华北电力大学	田径、篮球
北京化工大学	篮球、网球、健美操
中国农业大学	田径、足球、橄榄球
北京林业大学	田径、足球
北京中医药大学	武术、健美操、女子足球
北京师范大学	田径、篮球、足球、排球、健美操
北京外国语大学	游泳
对外经济贸易大学	篮球
中央财经大学	室内排球、沙滩排球

续表

学校名称	教育部批准招生项目
中国政法大学	排球、乒乓球、羽毛球、足球
中央民族大学	网球、排球、足球
北京理工大学	田径、足球、武术
北京航空航天大学	田径、排球、足球、羽毛球
北京联合大学	足球、健美操
北京工业大学	篮球、足球、排球、游泳、羽毛球
北方工业大学	棒球、垒球
首都师范大学	健美操、定向越野
首都经济贸易大学	篮球、游泳
北京石油化工学院	田径
中国地质大学（北京）	田径、攀岩、跆拳道
南开大学	田径、排球、棋牌
天津大学	田径、篮球、游泳
中国民航大学	篮球、柔道
天津工业大学	田径、排球、游泳、健美操、龙舟
天津科技大学	乒乓球、健美操、龙舟
天津理工大学	排球、武术、跆拳道、柔道
天津医科大学	游泳、龙舟
天津师范大学	田径、足球、龙舟、棋牌
天津外国语大学	网球、击剑、龙舟
天津财经大学	田径、篮球、定向越野
天津商业大学	游泳
天津城建大学	足球
燕山大学	排球
河北工程大学	田径、篮球、健美操
河北农业大学	田径、排球
河北师范大学	足球、排球、健美操
河北地质大学	足球、攀岩
河北传媒学院	足球、健美操
山西大学	田径、篮球、健美操、足球
太原理工大学	田径、篮球、足球
中北大学	排球、跆拳道、足球
大同大学	田径
山西医科大学	健美操

续表

学校名称	教育部批准招生项目
山西师范大学	田径、篮球、健美操、足球
山西财经大学	田径、篮球、足球
太原师范学院	游泳、足球
内蒙古大学	足球、田径
内蒙古科技大学	田径、篮球、排球、足球
内蒙古科技大学包头医学院	排球、足球
内蒙古工业大学	排球、足球
内蒙古农业大学	田径、篮球、足球
内蒙古师范大学	田径、足球、摔跤、柔道
呼伦贝尔学院	冰雪
大连理工大学	田径、篮球
东北大学	田径、篮球、羽毛球、冰雪
辽宁大学	篮球
大连大学	田径、游泳
沈阳理工大学	足球
沈阳工业大学	足球
沈阳建筑大学	游泳、网球
沈阳师范大学	乒乓球、武术
辽宁石油化工大学	羽毛球、击剑
大连交通大学	乒乓球
沈阳化工大学	排球、网球
辽宁师范大学	田径
东北财经大学	田径、篮球、足球
大连艺术学院	田径、健美操
吉林大学	田径、篮球、排球、足球、乒乓球
东北师范大学	田径、篮球
延边大学	足球、跆拳道
北华大学	龙舟、冰雪、足球
吉林农业大学	篮球、跆拳道、定向越野、足球
东北电力大学	龙舟、冰雪、足球、田径
吉林化工学院	足球
长春工程学院	篮球、足球
长春师范大学	排球、足球、冰雪
东北林业大学	田径、篮球、游泳、武术、冰雪

续表

学校名称	教育部批准招生项目
哈尔滨工业大学	田径、游泳、乒乓球、冰雪、篮球
哈尔滨工程大学	田径、篮球、排球、乒乓球、冰雪
黑龙江大学	田径、乒乓球、射击、足球
齐齐哈尔大学	田径、冰雪
哈尔滨理工大学	游泳、乒乓球、健美操、冰雪
东北石油大学	田径
东北农业大学	田径、足球
哈尔滨师范大学	田径、武术、健美操、冰雪、足球
哈尔滨商业大学	篮球、游泳、网球
复旦大学	田径、排球、游泳、武术、射击、足球
同济大学	田径、足球、游泳、羽毛球、手球、健美操
上海交通大学	田径、篮球、游泳、乒乓球、网球、羽毛球、赛艇
华东理工大学	田径、篮球、乒乓球、网球、武术、足球
东华大学	田径、足球、手球、射击
华东师范大学	田径、篮球、排球
上海外国语大学	棒球、棋牌、排球
上海财经大学	游泳、网球、棋牌
上海大学	田径、排球、网球、武术、足球
上海理工大学	田径、足球
上海海事大学	游泳、武术、龙舟、足球
上海工程技术大学	足球、篮球
上海海洋大学	田径
上海中医药大学	排球、武术
华东政法大学	棒球、垒球、足球
上海立信会计金融学院	击剑
上海电力学院	手球、击剑
南京大学	田径、篮球、排球、足球
东南大学	田径、排球、游泳、乒乓球、射击、羽毛球
中国矿业大学（徐州）	田径、篮球、游泳、网球、足球
河海大学	足球、健美操、乒乓球
江南大学	棒球、足球
南京农业大学	排球、武术、网球、足球
中国药科大学	排球、健美操
南京理工大学	田径、篮球、足球

续表

学校名称	教育部批准招生项目
南京航空航天大学	田径、篮球、足球、乒乓球
苏州大学	田径、游泳、篮球、足球
扬州大学	田径、乒乓球、武术、篮球
江苏大学	排球、足球
南京邮电大学	篮球、足球
南京工业大学	田径、乒乓球、棒球、垒球
南京师范大学	田径、网球、足球
江苏师范大学	田径、足球
南京财经大学	田径、篮球、羽毛球
南通大学	田径、击剑、乒乓球
南京信息工程大学	排球、乒乓球、跆拳道
苏州科技大学	羽毛球
浙江大学	田径、篮球、网球、排球、足球
宁波大学	篮球、足球、乒乓球
浙江工业大学	田径、定向越野、足球
浙江理工大学	田径、篮球
浙江中医药大学	武术
浙江师范大学	田径、篮球
浙江工商大学	篮球、游泳
浙江财经大学	游泳、乒乓球、足球
合肥工业大学	篮球、手球、足球
中国科学技术大学	羽毛球
安徽大学	羽毛球、篮球
安徽工业大学	田径、篮球、橄榄球
安徽工程大学	武术
安徽师范大学	田径、武术、足球
安徽建筑大学	乒乓球、击剑
合肥学院	击剑
厦门大学	足球、篮球、棒球、武术、健美操
华侨大学	田径、篮球、足球、游泳、羽毛球
集美大学	田径、游泳、武术、足球
福州大学	游泳、篮球、足球
福建师范大学	田径、篮球、游泳、排球、足球
厦门理工学院	篮球、健美操

续表

学校名称	教育部批准招生项目
南昌大学	田径、篮球、排球、足球、网球
华东交通大学	田径、篮球、网球、武术、足球
南昌航空大学	羽毛球
江西师范大学	田径、足球、健美操、篮球
江西财经大学	网球
井冈山大学	篮球、足球
江西科技师范大学	健美操
赣南师范大学	田径
山东大学	田径、排球、篮球、足球、游泳
中国海洋大学	田径、排球
青岛大学	田径、足球、健美操
山东科技大学	篮球、田径
山东理工大学	田径、篮球、足球
聊城大学	田径
青岛科技大学	足球、橄榄球
济南大学	足球、网球
山东农业大学	田径、篮球、武术
山东中医药大学	乒乓球、武术
山东师范大学	田径、排球、乒乓球、健美操、足球
鲁东大学	田径、篮球
曲阜师范大学	田径、足球
山东财经大学	排球、足球、乒乓球
齐鲁工业大学	足球
中国石油大学（华东）	田径、篮球、排球、乒乓球、网球
青岛理工大学	足球
郑州大学	田径、篮球、乒乓球、网球、足球
河南大学	田径、篮球、武术、网球、足球
河南理工大学	篮球、武术、乒乓球、足球
河南师范大学	排球、足球
河南财经政法大学	田径、武术、健美操、足球
武汉大学	田径、排球、乒乓球、羽毛球、足球
中南财经政法大学	田径、篮球、足球、乒乓球
华中科技大学	田径、篮球、乒乓球、足球、武术
武汉理工大学	田径、篮球、网球、武术、跆拳道

续表

学校名称	教育部批准招生项目
中国地质大学（武汉）	田径、游泳、羽毛球、攀岩、篮球
华中农业大学	羽毛球、田径
华中师范大学	田径、羽毛球、健美操、篮球、游泳
湖北中医药大学	武术、足球
湖北大学	田径、足球、武术、乒乓球
三峡大学	武术、足球、篮球
武汉科技大学	田径、篮球、足球
湖北工业大学	篮球、乒乓球
武汉工程大学	健美操
武汉轻工大学	篮球、足球、羽毛球
湖北经济学院	田径、排球
中南大学	田径、篮球、排球、射击、足球
湖南大学	田径、篮球、足球
湘潭大学	田径、篮球、羽毛球
长沙理工大学	田径、足球
南华大学	排球
湖南工业大学	田径、篮球、足球
湖南农业大学	足球
湖南师范大学	田径、篮球、排球、乒乓球、足球
湘南学院	篮球、足球
湖南人文科技学院	足球
中南林业科技大学	田径、排球
国防科学技术大学	田径、篮球、足球
中山大学	田径、排球、游泳、击剑、足球
华南理工大学	田径、篮球、游泳、乒乓球、足球
暨南大学	田径、游泳、羽毛球、网球、武术
深圳大学	乒乓球、定向越野
广东工业大学	篮球、足球、乒乓球、网球
华南农业大学	羽毛球、足球、跆拳道
华南师范大学	田径、游泳、乒乓球、羽毛球、武术
广州大学	篮球、足球
韩山师范学院	田径、足球
广东财经大学	田径、游泳
汕头大学	篮球

续表

学校名称	教育部批准招生项目
广西大学	篮球、游泳、乒乓球、羽毛球、健美操
桂林电子科技大学	网球
广西师范大学	田径、篮球、足球
广西民族大学	足球、龙舟
广西中医药大学	羽毛球、武术
广西师范学院	田径、篮球
海南大学	田径、篮球、排球、足球
海南师范大学	田径、篮球、排球、足球
海南热带海洋学院	排球
重庆大学	田径、篮球、网球、足球
西南大学	足球、游泳、网球
重庆邮电大学	乒乓球
重庆师范大学	田径、篮球
重庆工商大学	排球
西南政法大学	田径、排球
重庆科技学院	女子足球
重庆文理学院	篮球
四川大学	田径、排球、足球、游泳、网球
西南交通大学	田径、篮球、排球、健美操
电子科技大学	田径、篮球、足球、游泳、网球
西南财经大学	篮球、健美操、网球、足球
四川师范大学	篮球、定向越野、足球
西华大学	健美操、跆拳道、乒乓球
成都中医药大学	武术
西华师范大学	射击
西南石油大学	网球
成都学院	足球
贵州大学	田径、篮球、乒乓球、足球
贵州师范大学	足球
云南大学	田径、足球
云南农业大学	篮球、足球、武术
昆明理工大学	排球、足球、网球
云南师范大学	游泳、网球、足球、排球
云南财经大学	篮球、网球、足球

续表

学校名称	教育部批准招生项目
西安交通大学	田径、篮球、足球、游泳、乒乓球
长安大学	足球、游泳、健美操
西安电子科技大学	游泳、健美操
西北农林科技大学	网球
陕西师范大学	田径、足球
西北工业大学	田径、篮球、排球、乒乓球、羽毛球
西安理工大学	田径、游泳
西安建筑科技大学	田径、足球、网球、健美操
西安工业大学	篮球、足球、田径
西安邮电大学	田径
西安财经学院	足球
兰州大学	田径、排球、武术、足球
西北民族大学	田径、足球、武术
兰州交通大学	田径、乒乓球
甘肃政法学院	足球
西北师范大学	田径、足球、健美操
青海师范大学	田径、篮球
青海民族大学	篮球
北方民族大学	武术
宁夏大学	田径、篮球、足球
新疆大学	田径、篮球、足球
石河子大学	跆拳道、足球、篮球
新疆农业大学	排球
新疆师范大学	田径、足球、乒乓球、健美操
新疆财经大学	田径、篮球、足球

具体院校具体年份招收哪些项目应以院校当年发布的信息为准。

30. 体育类考生填报志愿要注意哪些问题？

报考体育类专业的考生填报志愿，一般要注意以下问题：

（1）填报体育专业志愿的考生，必须参加全省、市、区组织的体育素质测试，填报各地体育学院和独立学院体育专业的考生，必须参加当地体育学院单独组织的体育素质测试。

（2）同时参加了全省统一组织的体育素质测试和各地体育学院单独组织的体育测试的考生，既可以填报当地体育学院和独立学院的体育专业，也可以填报其他院校体育专业。

（3）没有参加体育素质测试的考生填报体育类专业志愿为无效志愿。

（4）各招生院校对考生身高、体育素质和文化课成绩有不同要求，考生应在了解所报院校的具体规定后再进行志愿填报。

31. 普通体育招生、高水平运动队招生、体育单招有什么区别?

(1) 报考科类不同:

高水平运动队是普通高校为了活跃校园生活、提高体育竞技水平，并满足大学生运动会的组队需要招收的具有体育方面特长的考生。因此他们的报考科类为文史类或理工类，录取到校后就读于相应的专业，在学习本专业的同时，利用业余时间参加学校的体育训练;普通体育类考生的报考科类为体育类，录取到高校后，就读于体育教育、警察体育和社会体育等体育类专业;体育单招生录取到高校后从事体育专业(运动训练专业和武术与民族传统体育专业)的学习。

(2) 报考条件不同:

报考高水平运动队对考生的年龄和取得运动员等级、证书的级别以及体育比赛的等级和获奖名次都有要求;体育类的报考条件为符合普通高校招生报考条件，具有一定体育专长者均可报名;报考体育单招的主要是在役和退役的优秀运动员，以及具备运动训练、武术与民族传统体育项目二级(含)以上运动技术等级资格的后备人才。

(3) 专业考试内容、时间和形式不同:

高水平运动队着重考查体育专项能力;体育类考生须参加全省、市、区统一组织的体育专业考试，文化课考试参加全国统考;报考体育单招的考生须参加招生院校单独组织的专业测试，参加省、市、区考试机构组织的文化考试。

32. 高水平运动队招生如何录取?

高等院校结合本校发展定位和人才培养要求，提出运动队录取考生高考文化成绩最低要求方案，一般不低于生源省份本科第二批次录取控制分数线;对于少数体育测试成绩特别突出的考生，高校可适度降低文化成绩录取要求，但不得低于当前省份本科第二批次录取控制分数线的65%，高校公示的此类考生人数，不得超过学校当年高水平运动队招生计划总数的30%。录取前，院校依据该校测试合格，并经教育部“阳光高考”信息平台公示的名单提出拟录取申请，省、市、区招办或教育考试院按院校申请进行复核，并根据考生志愿和教育部规定投档，由院校审核录取。

高水平运动队学生要接受所在院系和运动队双重管理，既要按本专业培养方案完成专业学习任务，也要认真履行参加训练和比赛的义务。

33. 什么是军事院校?

军事院校是军队所属的以培养军事人才为主要任务的学历教育院校和非学历教育院校的统称，包括综合型院校、指挥院校、工程技术院校、军事医学院校、士官学校等院校。其中指挥类院校又分为高级指挥院校、中级指挥院校、初级指挥院校。军事院校是培养军事人才的主要场所，对于国防和军队建设具有十分重要的作用。需要注意的是，只有部分军事类院校面向高中生招生。

34. 报考军事、公安类院校应注意什么?

军事、公安类院校在招生中往往对考生的年龄有一定的限制。军事、公安类院校对考生的身体健康状况要求比普通院校严格，考生务必了解清楚院校在招生章程中的各项规定。

军事、公安类院校往往会在提前批次录取。招生院校会通知填报军事、公安类院校的考生进行军事体检、体能测试、面试、政审等。如果年龄、身高、体检等基本条件不符合军校要求，即使填报了相关志愿也没有资格参加军检面试，只有通过军检面试的考生，才可能按高考成绩进行录取。也就是说，高考成绩在军事、公安类院校录取中的影响比重不如普通院校那么大。

35. 填报军事、公安院校志愿后，是否还可以填报其他院校志愿？

填报军事、公安院校志愿的考生，可以填报除以上类别外的同批次或其他批次院校专业志愿。政审、军检合格的考生，如果同一批次兼报了普通院校专业志愿，则普通院校专业志愿失效；如果已经被军事、公安类院校录取，则后续志愿失效。军事院校也有一些会安排在非提前批投放计划、所投放计划往往为军校非军籍计划。

36. 如何填报军队院校志愿？

军队院校的一志愿安排在高考成绩公布之前，实行估分填报的方式。二志愿随相应批次的志愿征集同时进行，本科提前 A 使用本科一批录取控制线，本科提前 B 使用本科二批录取控制线。取消本科一批、二批控制线或采用分段填报分段录取的省份具体请参照本省规定。军事院校的非军籍计划，往往与普通高校计划一并填报。

37. 军事院校如何投档、录取？

军事院校录取时分本科提前批 A、B 两个批次，每批先发军事院校的一志愿考生再发普通院校一志愿考生，同时提交院校录取。每批次先按一志愿发档、录取。一志愿生源不足时，省、市、区招办、教育考试院公布缺额计划，组织二志愿征集。二志愿录取时，先发军事院校二志愿考生再发其他院校二志愿考生，同时提交院校录取。没有通过军校体检、政审的考生，不能参加军事院校二志愿征集计划的填报。

38. 军队院校的指挥类专业和非指挥类专业有什么区别？

军队院校招生主要分为指挥类专业和非指挥类专业：指挥类专业培养各级各类指挥军官；非指挥类专业培养各级各类技术军官。填报志愿时，指挥类合格考生可以报指挥类专业或非指挥类专业志愿，非指挥类合格考生只能填报非指挥类专业志愿。

39. 报考军队院校的考生怎样进行政治考核？

报考军事类院校的政治考核由各县级人武部门会同本校招生考试机构、考生户口所在地公安部门、考生所在中学具体组织实施，政治考核结论分为合格和不合格两种。具体标准以当年文件规定为准。

40. 报考军事、公安类院校面试、体检、体能测试是如何安排的？

达到军事、公安类院校投档分数后，考生还要参加面试。面试的主要内容有：观察考生的外貌、体型、气质，并考查报考动机；检验考生的反应能力、心理素质、语言表达能力、逻辑思维能力、理解能力，审查考生是否符合所报专业的需求。面试通常采取目测、口令调整和语言交流等方式进行。

面试、体检工作由省军区招生工作办公室统一组织，各省、市、区招办、教育考试院配合。

省教育考试院和省军区招生办公室根据考生报考志愿和报考基本条件，区分院校文理科、男女生，按照各院校招生计划数的一定比例，确定参加面试、体检对象。各省、市、区设立一个或多个面试站、体检站，分别由所在地区分区（警备区）和设站所在地招生办公室负责组织实施。军事院校和公安现役按照《军队院校招收学员体格检查标准》执行。

公安院校会组织体能测试，部分军事院校在部分省份有体能测试要求。

《军队院校招收学员体格检查标准》

第一章　总则

第一条　根据《应征公民体格检查标准》，制定本标准。

第二条　军队、武警部队院校招收士兵学员、普通中学高中毕业生学员和从地方招收研究生学员，普通高等学校招收、选拔国防生，以及军队接收普通高等学校毕业生的体格检查，适用于本标准。

第二章　外科项目

第三条　男性身高162cm以上，女性身高160cm以上，合格。

其中：

（一）装甲专业：身高162～178cm；

（二）水面舰艇、潜艇专业：男性身高162～182cm，女性身高160～182cm；

（三）潜水专业：身高168～185cm；

（四）空降专业：身高168cm以上；

（五）特种作战专业：男性身高170cm以上（体格条件优秀的165cm以上），女性身高165cm以上。

第四条　体重符合下列条件的，合格：

（一）男性：体重不超过标准体重（标准体重kg＝身高cm－110）的30％、不低于标准体重的15％。其中，音乐学专业体重不超过标准体重的35％。

（二）女性：体重不超过标准体重的20％、不低于标准体重的15％。其中，舞蹈学专业体重不低于标准体重的20％。

第五条　颅脑外伤、颅脑畸形、颅脑手术史、脑外伤后综合征，不合格。

第六条　颈部运动功能受限，斜颈，Ⅲ度以上单纯性甲状腺肿，不合格。

第七条　乳腺肿瘤，重度男性乳房发育征，重度女性乳腺增生，不合格。

第八条　骨、关节、滑囊疾病或者损伤及其后遗症，骨、关节畸形，脊柱侧弯，胸廓畸形，习惯性脱臼，颈、胸、腰椎和严重四肢骨折史，腰椎间盘突出，强直性脊柱炎，影响肢体功能的腱鞘疾病，不合格。

下列情况合格：

（一）四肢单纯性骨折，治愈1年后，X片显示骨折线消失，复位良好，无功能障碍及后遗症（空降专业除外）；

（二）关节弹响排除骨关节疾病或者损伤，不影响正常功能的；

（三）大骨节病仅指、趾关节稍粗大，无自觉症状，无功能障碍（指挥专业除外）；

（四）轻度胸廓畸形（指挥、潜艇、潜水、空降专业除外）。

第九条　肘关节过伸超过15度，肘关节外翻超过20度，或者虽未超过前述规定但是存在功能障碍，不合格。

第十条　两下肢不等长超过2cm，膝内翻股骨内髁间距离和膝外翻胫骨内踝间距离超过7cm（空降专业超过4cm），或者虽未超过前述规定但是步态异常，不合格。

第十一条　手指、足趾残缺或者畸形，足底弓完全消失的扁平足症，重度皲裂症，不合格。

第十二条　恶性肿瘤，面颈部长径超过1cm的良性肿瘤、囊肿，其他部位长径超过3cm的良性肿瘤、囊肿，或者虽未超出前述规定但是影响功能和训练的，不合格。

第十三条　瘢痕体质，面颈部长径超过3cm或者影响功能的瘢痕，其他部位影响功能的瘢痕，不合格。

第十四条　面颈部文身，着军队制式体能训练服其他裸露部位长径超过3cm的文身，其他部位长径超过10cm的文身，男性文眉、文眼线、文唇，女性文唇，不合格（文身图案和内容由政审把关）。

第十五条　脉管炎，动脉瘤，重度下肢静脉曲张、精索静脉曲张，不合格。

其中，中度下肢静脉曲张、精索静脉曲张，指挥专业不合格。

第十六条　胸、腹腔手术史，疝，脱肛，肛瘘，肛旁脓肿，重度陈旧性肛裂，环状痔，混合痔，不合格。

下列情况合格：

（一）阑尾炎手术后半年以上，无后遗症；

（二）腹股沟疝、股疝手术后1年以上，无后遗症；

（三）2个以下且长径均在0.8cm以下的混合痔。

第十七条　泌尿生殖系统疾病或者损伤及其后遗症，生殖器官畸形或者发育不全，单睾，隐睾，不合格。

下列情况合格：

（一）无自觉症状的非交通性精索鞘膜积液，不大于健侧睾丸（空降专业除外）；

（二）无自觉症状的睾丸鞘膜积液，包括睾丸在内不大于健侧睾丸1倍（空降专业除外）；

（三）交通性鞘膜积液，手术后1年以上无复发，无后遗症；

（四）无压痛、无自觉症状的精索、副睾小结节，数量在2个以下且长径均在0.5cm以下；

（五）包茎、包皮过长（空降专业除外）；

（六）轻度急性包皮炎、阴囊炎；

（七）隐睾经手术下降至阴囊的。

第十八条　重度腋臭，不合格。轻度腋臭，装甲、潜艇及潜水专业不合格。

第十九条　头癣，泛发性体癣，疥疮，慢性泛发性湿疹，慢性荨麻疹，泛发性神经性皮炎，银屑病，面颈部长径超过1cm的血管痣、色素痣、胎痣和白癜风，其他传染性或者难以治愈的皮肤病，不合格。多发性毛囊炎，皮肤对刺激物过敏或者有接触性皮炎史，手足部位近3年连续发生冻疮，潜艇、潜水专业不合格。

下列情况合格：

（一）单发局限性神经性皮炎不超过2处，每处长径在3cm以下；

（二）股癣，手（足）癣，甲（指、趾）癣，花斑癣；

（三）白癜风，身体其他部位不超过2处，每处长径在3cm以下。

第二十条　淋病，梅毒（含梅毒抗体阳性），软下疳，性病性淋巴肉芽肿，非淋菌性尿道炎，尖锐湿疣，生殖器疱疹，以及其他性传播疾病，不合格。

第三章　内科项目

第二十一条　血压在下列范围，合格：

（一）收缩压≥90mmHg，＜140mmHg；

（二）舒张压≥60mmHg，＜90mmHg。

第二十二条　心率在下列范围，合格：

（一）心率60～100次/分；

（二）心率50～59次/分或者101～110次/分，经检查系生理性（潜艇、潜水、空降专业除外）。

第二十三条　高血压病，器质性心脏病，血管疾病，右位心脏，不合格。

但是听诊发现心律不齐、心脏收缩期杂音，经检查系生理性的，合格（潜艇、潜水、空降专业除外）。

第二十四条　慢性支气管炎，支气管扩张，支气管哮喘，肺大泡，气胸及气胸史，以及其他呼吸系统慢性疾病，不合格。

第二十五条　严重慢性胃、肠疾病，肝脏、胆囊、脾脏、胰腺疾病，内脏下垂，腹部包块，不合格。

下列情况合格：

（一）仰卧位，平静呼吸，在右锁骨中线肋缘下触及肝脏不超过 1.5cm，剑突下不超过 3cm，质软，边薄，平滑，无触痛、叩击痛，肝上界在正常范围，左肋缘下未触及脾脏，无贫血，营养状况良好；

（二）既往因患疟疾、血吸虫病、黑热病引起的脾脏肿大，现无自觉症状，无贫血，营养状况良好。

第二十六条　泌尿、血液、内分泌系统疾病，代谢性疾病，免疫性疾病，不合格。

第二十七条　艾滋病，病毒性肝炎，结核，流行性出血热，细菌性和阿米巴性痢疾，黑热病，伤寒、副伤寒，布鲁氏菌病，钩端螺旋体病，血吸虫病，疟疾，丝虫病，以及其他传染病，不合格。

下列情况合格：

（一）急性病毒性肝炎治愈后 2 年以上未再复发，无症状和体征，实验室检查正常；

（二）原发性肺结核、继发性肺结核、结核性胸膜炎，肾结核，腹膜结核，临床治愈后 3 年无复发（水面舰艇、潜艇、潜水专业除外）；

（三）细菌性痢疾治愈 1 年以上；

（四）疟疾、黑热病、血吸虫病、阿米巴性痢疾、钩端螺旋体病、流行性出血热、伤寒、副伤寒，布鲁氏菌病，治愈 2 年以上，无后遗症；

（五）丝虫病治愈半年以上，无后遗症。

第二十八条　癫痫，以及其他神经系统疾病及后遗症，不合格。

第二十九条　精神分裂症，转换性障碍，分离性障碍，抑郁症，躁狂症，精神活性物质滥用和依赖，人格障碍，应激障碍，睡眠障碍，进食障碍，精神发育迟滞，遗尿症，以及其他精神类疾病，不合格。

第三十条　影响语言正常表达的口吃，不合格。

第三十一条　对食物、药物和其他物质严重过敏的，不合格。

第四章　耳鼻喉科项目

第三十二条　双侧耳语听力均低于 5m，不合格。

一侧耳语达到 5m、另侧不低于 3m，除潜艇专业以外的其他专业合格。

第三十三条　明显耳廓畸形，外耳道闭锁，反复发炎的耳前瘘管，耳廓及外耳道湿疹，耳霉菌病，不合格。

但是轻度耳廓及外耳道湿疹，轻度耳霉菌病，除水面舰艇、潜艇、潜水专业外合格。

第三十四条　鼓膜穿孔、严重内陷，化脓性中耳炎，乳突炎，以及其他难以治愈的耳病，不合格。

鼓膜中度以上内陷，鼓膜瘢痕或者钙化斑超过鼓膜的 1/3，咽鼓管通气功能、耳气压功能及鼓膜活动不良，咽鼓管咽口或者周围淋巴样组织增生，潜艇、潜水、空降专业不合格。

第三十五条　眩晕病，不合格。

第三十六条　鼻中隔穿孔，鼻畸形，重度肥厚性鼻炎，萎缩性鼻炎，重度鼻粘膜糜烂，鼻息肉，中鼻甲息肉样变，以及其他难以治愈的慢性鼻病，不合格。严重变应性鼻炎，肥厚性鼻炎，慢性鼻窦炎，严重鼻中隔偏曲，潜艇、潜水、空降专业不合格。

但是不影响副鼻窦引流的中鼻甲肥大，中鼻道有少量粘液脓性分泌物，轻度萎缩性鼻炎，除潜艇、潜水、空降专业外合格。

第三十七条　嗅觉丧失的，不合格。

嗅觉迟钝，除防化、医疗、油料专业外，其他专业合格。

第三十八条　影响吞咽、发音功能的难以治愈的咽、喉疾病，严重阻塞性睡眠呼吸暂停综合征，不合格。

第五章　眼科项目

第三十九条　裸眼视力低于 4.5，不合格。

任何一眼裸眼视力低于 4.9，需进行矫正视力检查，任何一眼矫正视力低于 4.9 或矫正度数超过 600 度，不合格。

屈光不正经准分子激光手术后半年以上且无并发症，任何一眼裸眼视力达到 4.9，眼底检查正常，除指挥、装甲、测绘、雷达、水面舰艇、潜艇、潜水、空降、特种作战专业外合格。

其中：

（一）指挥、装甲、测绘、雷达、水面舰艇、潜艇专业，任何一眼裸眼视力不低于 4.9；

（二）潜水、空降、特种作战专业，任何一眼裸眼视力不低于 5.0。

第四十条　色弱、色盲，不合格。

能够识别红、绿、黄、蓝、紫各单色者，除指挥、水面舰艇、潜艇、空降、装甲、测绘、雷达专业外合格。

第四十一条　影响眼功能的眼睑、睑缘、结膜、泪器疾病，不合格。

第四十二条　眼球突出，眼球震颤，眼肌疾病，运动障碍，显性斜视，不合格。

15 度以内的共同性内、外斜视，除指挥、装甲、测绘、水面舰艇、潜艇、潜水、空降、雷达专业外合格。

第四十三条　角膜、巩膜、虹膜睫状体疾病，瞳孔变形、运动障碍，不合格。

但是不影响视功能的角膜云翳，角膜缘外非进行性翼状胬肉，除指挥专业外合格。

第四十四条　晶状体、玻璃体、脉络膜、视网膜、视神经疾病，青光眼，不合格。

下列情况合格：

（一）先天性少数散在的晶状体小混浊点，不影响视功能的；

（二）短小的玻璃体动脉残遗，少数丝、点状玻璃体混浊，无症状的；

第六章　口腔科项目

第四十五条　深度龋齿超过 3 个，缺齿超过 2 个（经正畸治疗拔除、牙列整齐的除外），全口义齿及复杂的可摘局部义齿，重度牙周炎，颞颌关节疾病，唇、腭裂及唇裂术后明显瘢痕，影响咀嚼及发音功能的口腔疾病，不合格。

但是经治疗、修复后功能良好的龋齿、缺齿，合格。

第四十六条　中度以上氟斑牙及牙釉质发育不全，切牙、尖牙、双尖牙明显缺损或缺失，超殆超过 0.5cm，开殆超过 0.3cm，上下颌牙咬合到对颌牙龈的深覆殆，反殆，牙列不齐，重度牙龈炎，中度牙周炎，潜艇、潜水专业不合格。

下列情况潜艇、潜水专业合格：

（一）上下颌左右尖牙、双尖牙咬合相距0.3cm以内；

（二）切牙缺失1个，经固定义齿修复后功能良好，或牙列无间隙，替代牙功能良好；

（三）不影响咬合的个别切牙牙列不齐或重叠；

（四）不影响咬合的个别切牙轻度反殆，无其他体征；

（五）错殆畸形经正畸治疗后功能良好。

第四十七条　慢性腮腺炎、腮腺囊肿，口腔肿瘤，口颌面部明显畸形，不合格。

第七章　妇科项目

第四十八条　闭经，严重痛经，子宫不规则出血，功能性子宫出血，子宫内膜异位症，不合格。

第四十九条　内外生殖器畸形或者缺陷，不合格。

第五十条　急、慢性盆腔炎，盆腔肿物，不合格。

第五十一条　霉菌性阴道炎、滴虫性阴道炎，不合格。

第五十二条　妊娠，不合格。

第八章　辅助检查项目

第五十三条　血细胞分析结果在下列范围，合格：

（一）血红蛋白，男性130～175g/L，女性115～150g/L；

（二）红细胞计数，男性4.3～5.8×1012/L，女性3.8～5.1×1012/L；

（三）白细胞计数，3.5～9.5×109/L；

（四）中性粒细胞百分数，40%～75%；

（五）淋巴细胞百分数，20%～50%；

（六）血小板计数，125～350×109/L。

血常规检查结果要结合临床及地区差异作出正确结论。血红蛋白、红细胞计数、白细胞计数、中性粒细胞百分数、淋巴细胞百分数、血小板计数稍高或者稍低，根据所在地区人体正常值范围，在排除器质性病变的前提下，不作单项淘汰。

第五十四条　血生化分析结果在下列范围，合格：

（一）血清丙氨酸氨基转移酶：男性9～50U/L，女性7～40U/L；

血清丙氨酸氨基转移酶，男性>50 U/L、≤60 U/L，女性>40 U/L、≤50 U/L，应当结合临床物理检查，在排除疾病的情况下，视为合格，但是须从严掌握。

（二）血清肌酐：

酶法：男性59～104umol/L，女性45～84umol/L；

苦味酸速率法：男性62～115umol/L，女性53～97umol/L；

苦味酸去蛋白终点法：男性44～133umol/L，女性70～106umol/L；

（三）血清尿素：2.9～8.2mmol/L；

（四）空腹血糖：3.9～6.1mmol/L。

第五十五条　乙型肝炎表面抗原检测阳性，艾滋病病毒（HIV1+2）抗体检测阳性，血清梅毒螺旋体抗体检测阳性，不合格。

第五十六条　尿常规检查结果在下列范围，合格：

（一）尿蛋白：阴性至微量；

（二）尿酮体：阴性；

（三）尿糖：阴性；

（四）胆红素：阴性；

（五）尿胆元：0.1～1.0Eμ/dl（弱阳性）。

第五十七条　尿液离心沉淀标本镜检结果在下列范围，合格：

（一）红细胞：男性0～偶见/高倍镜，女性0～3/高倍镜，女性不超过6个/高倍镜应结合外阴检查排除疾病；

（二）白细胞：男性0～3/高倍镜，女性0～5/高倍镜，不超过6个/高倍镜应结合外生殖器或者外阴检查排除疾病；

（三）管型：无或者偶见透明管型，无其他管型。

第五十八条　尿液毒品检测阳性，不合格。

第五十九条　尿液妊娠试验阴性，合格。

尿液妊娠试验阳性，但是血清妊娠试验阴性，合格。

第六十条　大便常规检查结果在下列范围，合格。

（一）外观：黄软；

（二）镜检：红、白细胞各0～2/高倍镜，无钩虫、鞭虫、绦虫、血吸虫、肝吸虫、姜片虫卵及肠道原虫。

大便常规检查，在地方性寄生虫病和血吸虫病流行地区为必检项目，其他地区根据需要进行检查。

第六十一条　胸部X射线检查结果在下列范围内，合格：

（一）胸部X射线检查未见异常；

（二）孤立散在的钙化点（直径不超过0.5cm），双肺野不超过3个，密度高，边缘清晰，周围无浸润现象；（水面舰艇、潜艇专业除外）

（三）肺纹理轻度增强（无呼吸道病史，无自觉症状）。

第六十二条　心电图检查结果在下列范围内，合格：

（一）正常心电图；

（二）大致正常心电图：

1. 窦性心律，心率50～59次/分，或者101～110次/分，结合临床；

2. 窦性心律不齐，经吸屏气后改善或者消失；

3. P波电轴左偏（P波在Ⅰ、aVL直立且电压较高，Ⅱ低平或者正负双相，Ⅲ、aVF正负双相或者浅倒，aVR负正双相或者浅倒）；

4. 单纯的QRS电轴偏移在－30度至＋120度，或者超过上述偏移度数且心脏彩超未见异常的；

5. 单纯逆钟向或者顺钟向转位；

6. 左心室高电压（无高血压，心脏听诊无病理性杂音，胸片无心脏增大）；

7. 心律较慢时以R波为主导联J点抬高，ST段呈凹面向上型抬高小于0.1mV；

8. 以R波为主导联ST段呈缺血型压低小于等于0.05mV（aVL、Ⅲ可压低0.1mV）或者呈近似水平型压低小于0.08mV，或者呈上斜型压低小于0.1mV；

9. T波在Ⅱ直立，电压大于1/10 R波，aVF低平，Ⅲ倒置；

10. TV1、V2 大于 TV5、V6（TV5、V6 大于 1/10 R 波）；

11. 窦房结内游走性心律；

12. V1、V2 导联出现高 R 波，但是肢体导联 QRS 波电压无变化，QRS 电轴无明显右偏，右胸导联无 ST－T 改变，临床无引起右室肥大的病因；

13. 室上嵴型 QRS 波（V1 呈 rsr’型，r＞r’，I、V5 导联无 s 波或者 s 波在正常范围内）；

14. 偶发早搏；

15. 不完全性右束支传导阻滞，无其他可疑的阳性病史、症状和体征；

16. U 波明显，但是未高于 T 波，无其他可疑的阳性病史、症状和体征。

出现前款第二项第 4、5、6 条目的心电图表现，应当让受检者作原地蹲起 20 次，复查心电图无明显异常病理改变的，视为大致正常心电图。

第六十三条　腹部超声检查发现恶性征象、病理性脾肿大、胰腺病变、肝肾弥漫性实质损害、肾盂积水、结石、内脏反位、单肾以及其他病变和异常的，不合格。

下列情况合格（第四至十条，潜艇、潜水、空降专业除外）：

（一）肝、胆、胰、脾、双肾未见明显异常；

（二）轻、中度脂肪肝且肝功能正常；

（三）胆囊息肉样病变，数量 3 个以下且长径均在 0.5cm 以下；

（四）肝肾囊肿和血管瘤单脏器数量 3 个以下且长径均在 1cm 以下；

（五）单发肝肾囊肿和血管瘤长径 3cm 以下；

（六）肝、脾内钙化灶数量 3 个以下且长径均在 1cm 以下，或者肝内串珠样钙化灶性质稳定、不影响肝功能的；

（七）双肾实质钙化灶，3 个以下且长径 1cm 以下；

（八）双肾错构瘤数量 2 个以下且长径均在 1cm 以下；

（九）肾盂宽不超过 1.5cm，输尿管不增宽；

（十）脾脏长径 10cm 以下，厚度 4.5cm 以下；脾脏长径超过 10cm 或者厚径超过 4.5cm，但是脾面积测量（0.8×长径×厚径）38cm^2 以下，排除器质性病变。

第六十四条　妇科超声检查发现子宫肌瘤、附件区不明性质包块，以及其他病变和异常的，不合格。

下列情况合格：

（一）子宫、卵巢大小形态未见明显异常；

（二）不伴其他异常的盆腔积液深度不超过 2cm；

（三）单发附件区、卵巢囊肿长径小于 3cm。

第六十五条　心脏超声检查发现心脏、瓣膜、血管疾病或者异常，不合格。

但是心脏瓣膜结构正常，有少量生理性反流，长度不超过 5 cm，容积不超过 5ml 的，合格。

第九章　职业基本适应性检测项目

第六十六条　采用军队院校招收学员职业基本适应性检测专用软件及结构访谈对报考军队院校的考生进行职业基本适应性检测。有下列情况之一者，不合格：

（一）军校报考动机测验计算机测验任一题做否定回答，且结构访谈三项中任一项评分为 2 分或累计大于等于 2 分。

（二）健康人格计算机测验六个特质量表和效度量表中任一项大于等于 70 分，且七项健康人格结构访谈中任一项评分为2分或累计大于等于2分。

（三）职业人格计算机测验“情绪稳定性”“尽责性”“自律性”三项特质量表中任何一项小于等于25分，或“怀疑性”“忧虑性”“紧张性”三项特质量表中任何一项大于等于75分，且六项职业人格特征结构访谈中任一项评为2分或累计大于等于2分。

第十章　附则

第六十七条　军队、武警部队院校招收干部学员的体格检查标准，参照本标准执行。

第六十八条　本标准自2017年1月1日起施行。2006年4月4日原总参谋部、总政治部、总后勤部发布的《军队院校招收学员体格检查标准》同时废止。

41. 什么是“空军招飞”？

“空军招飞”也就是中国人民解放军空军招收飞行员计划的通俗说法。

空军招飞流程：9月至10月报名；10月至11月初选；12月至次年5月复选；6月至7月定选。

空军招飞对象：普通高中应、往届毕业生，男性，年龄不小于17周岁、不大于20周岁；军校应届本科毕业生，男性，年龄不超过24周岁。

空军招飞报考条件：身体条件为身高在164～185cm之间，体重不低于标准体重的80%、不高于标准体重的130%（标准体重kg＝身高cm－110）。裸眼视力C字表0.8以上，未做过视力矫正手术，无色盲、色弱、斜视等；政治条件为热爱祖国、热爱人民、热爱中国共产党、热爱人民军队，符合招飞政治考核条件，本人自愿，家长（或监护人）支持；心理品质条件为对飞行有较强烈的兴趣和愿望，思维敏锐、反应灵活、动作协调、学习能力强、性格开朗、情绪稳定、有敢为精神。普通中学高中毕业生报名参加招飞，须品学兼优，高考成绩达到本省、市、区统招一本线以上。

空军飞行学员待遇：空军飞行学员享受现役军官待遇的同时，还按照有关规定，享受飞行人员特有的待遇。

空军飞行学员取得学籍后，从开学之日起计算军龄，父母享受军属待遇，学习期间，一切费用由国家提供；飞行学员在校学习期间的第二年安排探亲假；飞行学员毕业后任飞行军官，授予空军中尉军衔，享受优厚的工资待遇；根据个人飞行技能，享受飞行等级补助金和飞行小时补助金，飞行人员的行政职务，根据飞行年限，一般均可由连职逐级升至师级。

飞行人员有较高的伙食标准，学员在校学习期间享受学员津贴，毕业后按任命的职务级别、军衔，发给相应的工资；飞行人员每年可以享受身体健康疗养一个月；飞行人员结婚后，配偶可随军，随军后优先安排住房和工作，没有随军的，每年安排探亲休假一次；单身的飞行员住飞行员公寓，房间设备齐全；飞行人员的子女参加地方高考、中考，符合空军院校招生条件的，优先录入空军院校学习。

空军飞行学员培养模式：高中生飞行学员入空军航空大学后，实行三个月考察期，合格者取得学籍、军籍。具体采取两种培养模式：军事高等教育模式和“3＋1”军地联合培养模式。

军事高等教育模式为：飞行学员在空军航空大学和飞行学院培养四年，主要进行本科基础教育和教练机飞行训练。其间除享受军校学员的待遇外，还享受飞行津贴、空勤伙食、特种装具等待遇。达到培训要求的获得大学本科学历和学士学位，定为副连职军官，授予空军中尉军衔。如因身体或技术原因不适合继续学习飞行的，转入其他军队院校学习航空管制、航空兵参谋等地面本科专业，总学制四年。

“3＋1”军地联合培养模式为：飞行学员在北京大学、清华大学、北京航空航天大学学习3年，在空军航空大学学习1年。联合培养飞行学员，注册空军航空大学和地方高校“双学籍”，学历为本科。在地方高校学习期间，享受军队院校飞行学员相关待遇。毕业考核合格的，颁发空军航空大学和地方高校同时具印的大学本科毕业证书，并按规定分别授予相应学士学位。

42. 什么是“海军招飞”?

“海军招飞”也就是中国人民解放军海军招收飞行员计划的通俗说法。

海军招飞的流程：9月自愿报名，9月至12月初检预选，次年1月至5月全面检测，6月至7月定选录取。

海军招飞对象：普通高中应、往届毕业生，男性，年龄不小于17周岁、不大于19周岁；具有海军开招地区学校学籍和开招地区户籍。

海军招飞报考条件：身体条件为身高165～185cm，体型匀称；体重在52kg以上，未满18周岁者体重在50kg以上；无文身；血压值不超过138/88mmHg，脉压差不低于30mmHg；脉搏56－100次/分钟；C字视力表双眼裸眼远视力不低于0.8，无色盲、色弱、未做过视力矫正手术；听力、嗅觉正常；无口吃。政治条件为热爱祖国、热爱中国共产党、热爱人民军队，思想进步、忠诚老实、品德优良、遵纪守法、历史清白，现实表现良好，不怕吃苦、意志坚强、志愿献身军队飞行事业。考生家庭成员及关系密切的近亲属拥护党的路线、方针、政策，思想进步、历史清楚、无重大问题。本人自愿报考且态度坚定，家长（监护人）支持。心理品质条件为求知欲强、学习刻苦，自学能力、记忆能力和理解能力强，遵守纪律，自制力强，处事果断，独立完成任务能力强，性格开朗，乐观向上，情绪稳定，团队意识强，反应敏捷，动作灵活，身体协调，模仿能力强。文化条件为高考成绩能够达到本省一本线左右，外语限考英语，数学英语单科成绩不能过低，高考成绩优异者可推荐至北京大学、清华大学、北京航空航天大学进行军地“双学籍”联合培养。

海军飞行学员待遇：飞行学员入校三个月后，取得学籍和军籍，父母享受军属待遇，在校期间费用全免，且实行供给制，统一发放被装和津贴费，享受水果费和较高的伙食标准。

第4学年结束后，取得本科学历及工科学位，享受副连职军官待遇，第五年完成高教机训练科目的颁发任职培训合格证书授予第二学位（军事学学位），并晋升职务。飞行学员毕业后统一分配到海军航空兵部队服役之后逐级晋升，优秀者有机会成长为将军。飞行员享受飞行专业津贴，每年安排带薪休假和疗养，婚后配偶即可随军，优先安排工作和分配住房，符合条件的可特招入伍，子女参加高考，符合海军院校招生条件的优先录取。

海军飞行学员培养模式：

3＋2模式：海军飞行学员目前为5年制全日制教育，按“3＋2”模式培养，前3年在海军航空大学完成大学基础课程、航空理论和军政基础等教育训练内容，4、5学年在航空大学飞行训练基地完成初教机、高教机飞行训练。

联合培养（双学籍）模式：海军从每年招收录取的普通高中毕业生飞行学员中选拔部分高考成绩优异、体验飞行合格、符合普通高等学校录取要求的学员，送入相关地方普通高等学校学习，同时注册军队院校、地方普通高校学籍（简称“双学籍”）。地方普通高等学校负责文化基础知识及相关理论教育，海军航空大学负责飞行专业理论及实践教育，时间分配由军队院校与相关普通高等学校根据教学需求制定，学制4年，学历本科。教学训练和管理等工作，由军队院校与普通高等学校共同负责。学员毕业考核合格的，颁发军队院校和普通高等学校同时具印的毕业证书，按规定授予相应学位，分配到海军部队从事飞行工作。学员在地方高校学习期间，享受军队院校飞行专业学员相关待遇。

43. 什么是“民航招飞”?

“民航招飞”是民航系统招收飞行员的简称。

民航招飞的对象：高中毕业生，年龄16～20周岁。本科及以上学历毕业生，本科学历者25周岁（含）以下，硕士研究生学历者27周岁（含）以下，博士研究生学历者29周岁（含）以下。

民航招飞流程：9～10月报名，10～11月面试，11～12月体检初检，次年2～5月背景调查，6月高考，高考后体检复检，7月录取。

（具体流程及时间节点，应以当年招飞简章为准）

民航招飞院校：中国民航大学、中国民用航空飞行学院、北京航空航天大学、南京航空航天大学等。

民航招飞报考条件：身体条件为男性身高170～185cm，女性身高168～180cm，体重符合民航招收飞行员体重指数标准，双眼没有经过任何手术，任何一只眼睛裸眼视力不低于C字视力表0.3，无色盲、色弱、斜视，无较严重的沙眼或倒睫，无传染病，本人及家族成员无精神病史。文化条件为报考飞行技术专业的考生，外语限考英语，按照教育部及民航总局规定的录取分数线录取。政治条件为遵纪守法、作风正派、忠诚老实、成绩优良，有志于为民用航空飞行事业服务，具有高度的责任心、良好的工作态度、服务社会的意识以及团结协作的精神，具有良好的道德修养，品行端正，无不良行为记录。

44. 报考军队飞行学员，面试、体检是如何安排的?

军队招收飞行学员，对身体的要求更加严格，除参加普通体检外，还需参加招飞机构组织的初选、复选、定选三个阶段的选拔。

初选主要包括宣传动员、个人报名、学校推荐、身体初步检查。

复选是在招飞选拔中心设置的检测站进行，主要包括体格检查、心理选拔、文化摸底测试和政治考核。

定选在空军招飞局检测基地进行，主要包括体格检查、心理选拔和审批录取。

45. 报考民航飞行员，面试、体检是如何安排的?

民航招收飞行学员，对身体有特殊要求，除参加普通体检外，还需参加民航招飞机构组织的预选初检，含飞行职业心理学检测在内的体检鉴定。

46. 什么是航海类专业？这些专业有什么要求?

航海类专业是指从事海上或水上作业技术的专业，如轮机工程、海洋技术、海洋船舶驾驶、海洋渔业科学与技术等。航海类专业，除特别注明外，一般只招男生，航海技术专业与海洋船舶驾驶专业要求考生的裸眼视力在5.0（含）以上，轮机工程专业要求裸眼视力在4.8（含）以上，航海技术专业要求报考考生身体健康、五官端正、口齿清楚、肝功正常、无色盲色弱，身高男165cm、女155cm以上。

航海类专业在上线生源不足时，可降线到批次线下不超过20分录取。

47. 如何报考司法类院校?

报考中央司法警官学院等院校在本科提前批录取的专业，需要进行政审、面试及体能测试。中国政法大学、西南政法大学、中南财经政法大学、西北政法大学等院校在提前批（本科或专科）录取的专业，不要求提前进行政审、面试和体能测试，录取时以考生高考政审和体检信息为准，入学后由学校进行新生入学复查。

48. 报考公安院校的条件是什么？

中国人民公安大学、中国刑事警察学院、南京森林警察学院、铁道警察学院（此四所院校简称公安普通高等院校）、中国人民武装警察部队学院（已更名为中国人民警察大学）、中国人民武装警察部队海警学院（此两所院校简称公安现役院校）招生，经各省公安厅面试、体能测试、体检、政审合格的考生可以填报，报考条件为：

（1）拥护中华人民共和国宪法，坚持四项基本原则，热爱祖国，热爱人民，遵纪守法，勤奋学习，品行端正，志愿献身公安事业。

（2）身体健康，符合从事相关公安工作所要求的条件。

（3）报考公安普通高等院校的考生应为应、往届高中毕业生，未婚，年龄不超过22周岁，外语专业不超过20周岁。

（4）报考中国人民武装警察部队学院的考生应为未婚、年龄不超过20周岁的应届毕业生，政治面貌为党员、团员；边防管理、边防指挥专业招收文史类和理工类考生，其中边防管理专业限英、日、俄语种，边防指挥专业限英语语种。

（5）报考公安海警学院的考生应为未婚、年龄不超过20周岁的应届高中毕业生，政治面貌为党员、团员。本科理工类包括航海技术、武器发射工程、轮机工程、电子科学与技术、电子信息工程、通信工程、管理科学等专业，文史类设置治安学、法学专业。

49. 报考公安院校（专业）的考生怎样进行政审？

志愿报考公安普通高等院校、公安现役院校，且面试、体检或体能测试合格的考生，在规定时间内到县级公安机关领取政审表进行政审。政审工作由考生户口所在地公安机关负责，政审结论分为“合格”和“不合格”。未参加政审、政审不合格或逾期未上报政审表的考生不予录取，也不能参加征集志愿的录取。

考生有下列情形之一的，为政审不合格：

（1）曾受过刑事处罚、劳动教养、少年管教，或者近五年曾受过治安处罚的。

（2）有违法犯罪嫌疑，正在被政法机关侦查、控制的。

（3）曾受过开除学籍、团籍或党籍纪律处分，或者近三年曾受过记过以上纪律处分的。

（4）参加过“法轮功”等邪教组织和其他非法组织，或带有黑社会性质组织的。

（5）有过吸毒史的。

（6）直系亲属和关系密切的旁系亲属中有被判处死刑，或因危害国家安全罪被判刑，或者因其他犯罪正在服刑的。

（7）直系亲属和关系密切的旁系亲属中有正在被政法机关侦查、控制的犯罪嫌疑人，或者有“法轮功”等邪教和其他非法组织的骨干分子或顽固不化、坚持错误立场的。

（8）其他不宜录取的情形。

50. 报考北京电子科技学院需要注意什么？

北京电子科技学院是一所为全国各级党政机关培养信息安全和办公自动化专门人才的普通高等学校，隶属于中共中央办公厅，具有一定的特殊性。

招生对象：考生应符合高考报名条件，一般为应届普通高中毕业生，身体健康，未婚，年龄不超过20周岁。

报考条件：考生应为中共党员（含预备党员）或共青团员；父母、兄弟姐妹以及与本人关系密切的其他主要社会关系，具有中华人民共和国国籍、爱国守法、拥护中国共产党、拥护社会主义、无重大政治历史问题；父母、兄弟姐妹未在境外工作（不含公派出境）、生活、定居，未在境外驻华机构工作；本人和家庭成员没有练习“法轮功”和其他邪教的行为；考生身体条件，除执行教育部等相关部门联合印发的《普通高等学校招生体检工作指导意见》外，还需符合：无明显视功能损害眼病，双眼矫正视力不低于 0.8（标准对数视力 4.9）；高考外语语种为英语。

录取规则：北京电子科技学院为提前批录取院校，要求进行政审、面试；优先录取第一志愿考生；高考成绩要求达到当地本科第一批录取最低控制分数线以上，依据各省、市、区招生计划由省、市、区委办公厅有关部门通知考生参加政审、面试；根据高考成绩、政审、面试、培养单位要求等条件综合择优录取，其中男生比例不少于 50%；对于预留计划，由学院综合各省、市、区生源质量及对人才的需求情况调剂使用。

有意报考北京电子科技学院的考生，须经省市委机要局政审、体检。一般在填报志愿后，由当地机要部门组织进行政审。招生中的具体事宜，由考生所在省、市、区委办公厅有关部门负责，北京市考生由学院负责。考生在高考结束后，填报高考志愿前，应向生源所在地的市委机要局咨询。

51. 什么是公费师范生?

公费师范生也就是原来的免费师范生。公费师范生在校学习期间免学费，免缴住宿费，学校补助一定数量的生活费，公费师范生毕业后到协议确定的地方中小学任教，保证有编有岗，允许向管理岗流动，有机会被推荐为教育硕士，但是不得报考全日制研究生。

自 2007 年起，国家决定在教育部直属的北京师范大学、华东师范大学、东北师范大学、华中师范大学、陕西师范大学和西南大学六所大学，实行师范生免费教育。择优选拔热爱教育事业，有志于长期从教，终身从教的优秀高中毕业生进行培养。2013 年新增省部共建师范院校江西师范大学为免费师范生培养高校。2015 年新增省部共建师范院校、福建省重点建设高水平大学福建师范大学为公费师范生培养高校。

各省、市、区省属大学也有一定数量的公费师范生计划。

特别提醒：公费师范生在享受优惠政策的同时，也要承担一定的义务和责任。公费师范生须按要求和生源所在地省级教育行政部门签订协议，承诺毕业后从事中小学教育六年以上。到城镇学校工作的公费师范毕业生，应先到农村义务教育学校任教服务两年。公费师范毕业生未按协议从事工作的，要按规定退还已享受的免费教育费用并缴纳违约金。具体事宜请向录取院校咨询。

52. 公费师范生享受哪些优惠政策?

第一，由财政负责安排公费师范生在校期间的学费、住宿费，并发放生活补贴；生活补贴一般为在校期间每月 400 元，每年发放十个月，标准现已提升为每月 600 元。

第二，在相关省级政府统筹下，由省级教育行政部门落实公费师范生的教师岗位，公费师范生四年毕业后，必须到中小学任教，到中小学任教的每一位公费师范生，都有编有岗。

第三，公费师范生在协议规定的服务期内，可以在学校之间进行流动，有到教育管理岗位工作的机会。

第四，为公费师范生继续深造提供好的条件保障，公费师范生经考核符合要求的，学校可以录取他们为教育硕士研究生，可以在职学习专业课程。

53. 报考公费师范生需要特别注意哪些问题?

（1）工作限制：

公费师范生入学前要与学校和生源所在地省级教育行政部门签订协议，承诺毕业后从事中小学教育6年以上，到城镇学校工作的公费师范生，应先到农村地区学校任教服务2年，国家鼓励公费师范生长期从教、终身从教。

（2）不履行协议须缴纳违约金：

公费师范毕业生未按协议从事中小学教育工作的，要按照规定退还已享受的免费教育费用并缴纳违约金。省级教育行政部门负责履约管理，并建立公费师范生诚信档案。确有特殊原因不能履行协议的，须报省级教育行政部门批准。

（3）毕业前不得考脱产研究生：

公费师范生毕业前及在协议规定服务期内，一般不得报考脱产研究生。毕业生经考核符合要求的，可录取为教育硕士专业学位研究生，在职学习专业课程。

（4）填报志愿时需注意：

需要注意公费师范生计划所投放的批次。

54. 什么是强基计划？

基础学科招生改革试点，也称强基计划，是教育部开展的招生改革工作，主要是为了选拔培养有志于服务国家重大战略需求且综合素质优秀或基础学科拔尖的学生。

招生办法：

在保证公平公正的前提下，探索建立多维度考核评价考生的招生模式。高校根据有关拔尖创新人才培养需要，制定强基计划的招生和培养方案。高校依据考生的高考成绩，按在各省（区、市）强基计划招生名额的一定倍数确定参加高校考核的考生名单。考生参加统一高考和高校考核后，高校将考生高考成绩、高校综合考核结果及综合素质评价情况等按比例合成考生综合成绩（其中高考成绩所占比例不得低于85％），根据考生填报志愿，按综合成绩由高到低顺序录取。

对于极少数在相关学科领域具有突出才能和表现的考生，有关高校可制定破格入围高校考核的条件和破格录取的办法、标准，并提前向社会公布。考生参加统一高考后，由高校组织相关学科领域专家对考生进行严格考核，达到录取标准的，经高校招生工作领导小组审定，报生源所在地省级高校招生委员会核准后予以破格录取。破格录取考生的高考成绩原则上不得低于各省（区、市）本科一批录取最低控制分数线（合并录取批次省份应单独划定相应分数线）。

培养模式：

招生高校对通过强基计划录取的学生制定单独人才培养方案和激励机制，增强学生的荣誉感和使命感。对通过强基计划录取的学生单独编班，配备一流的师资，提供一流的学习条件，创造一流的学术环境与氛围，实行导师制、小班化等培养模式。畅通成长发展通道，对学业优秀的学生，高校可在免试推荐研究生、直博、公派留学、奖学金等方面予以优先安排。硕博阶段既可在本学科深造，也可学科交叉培养。

招生规模：

起步阶段，在部分一流大学建设高校范围内遴选高校开展试点。相关高校可向教育部申请并提交相关专业的招生和人才培养一体化方案。组织专家综合考虑高校的办学定位、人才培养质量、科研项目及平台建设情况、招生和人才培养方案等因素，按照“一校一策”的原则，研究确定强基计划招生高校、专业和规模。

最近年份政策变动较大，而且属于一个需要长期准备才能实现的项目，要紧密关注政策变化。

55. 哪些高校和专业对考生有特殊要求？

普通高校招生，除文史理工两大类以外，还有一些高校或专业，在录取时对考生的思想政治品德、身体健康状况、专业特长等方面有特殊要求，例如外语专业、体育专业、艺术专业、军事类院校（含公安现役）、公安院校、司法院校、北京电子科技学院等。这里简单介绍报考上述特殊院校及专业的基本要求，在本书的后续章节中还有更详细的介绍。

报考外语专业和有外语口试要求专业的，必须参加全省统一组织的外语口语测试。

报考体育专业的，必须参加体育专业考试。包括体育教育和社会体育指导与管理专业、体育单招、少数民族传统体育项目。

报考高水平运动队的，必须是国家二级及以上运动员，且参加由招生高校组织的专项测试。

报考艺术专业的，必须参加艺术专业考试。可授予艺术学学士学位的非艺术类专业，如学校有要求，也须参加相应的专业测试。

报考高水平艺术团的，必须参加招生高校组织的专项测试。

报考招生蒙古语考生专业的，应具有一定的蒙语基础，必须参加蒙语语文考试。

报考军事院校，必须参加政审、面试和军检。

报考飞行学员，必须是本着自愿的原则，符合飞行员体检要求和心理选拔测评要求，并进行相应的政审。

报考公安、司法院校或专业，应按要求参加公安或司法院校联合组织的政审、体检或体能测试。

报考北京电子科技学院的，应在报考前联络当地机要部门进行咨询。

56. 什么是“定向就业招生”？

为了帮助边远贫困地区、少数民族地区和工作环境比较艰苦的行业培养人才，委托培养单位与普通高校签订协议，高校拿出部分计划进行“定向就业招生”。考生填报的定向志愿，即视为愿意到定向单位就业。

常见的定向生有：乡镇医疗卫生机构培养的农村订单定向免费医学生；为艰苦行业培养的定向生，如人防工程、钢铁行业、核工业、航空工业培养的定向生；民族班招生等。

57. 什么是国家专项计划、高校专项计划和地方专项计划？

国家专项计划、高校专项计划和地方专项计划，都是为了增加农村学生上重点高校的人数而提出的措施。

国家专项计划，是面向农村贫困地区定向招生专项计划的简称。是指农村贫困地区定向招生计划，由中央部门高校和地方“211 工程”高校为主的本科一批招生学校承担，面向所有集中连片特殊贫困县、国家级扶贫开发重点县以及重点高校录取比例相对较低的省区。拥有指定区域内连续三年以上户籍、其父母或法定监护人具有当地户籍、考生本人在当地高中拥有连续三年学籍并实际就读的方可申报国家专项计划资格，经公示生效后，拥有填报资格。具体实施区域，以各省、市、区政策为准。

地方专项计划是省属重点高校定向招收本省实施区域的农村学生的简称。具体实施情况与国家专项计划类似，但是要求和覆盖范围会略有不同。

高校专项计划是教育部直属高校和其他高校单独招收农村学生专项计划的简称。是指农村学生单独招生专项计划，由教育部直属高校和其他自主招生试点高校承担，参照原自主招生办法，主要招收边远、贫困、民族等地区县（含县级市）以下高中勤奋好学、成绩优良的农村学生。具体条件和报考方式参照各省、市、区政策。

58. 什么是订单定向免费医学生？

订单定向免费医学生，是高校与基层医疗卫生机构达成合作协议，按培养要求培养医务人员。免费医学生，在校学习期间免除学费、住宿费，并补助生活费。若考生入学后不能正常毕业，要按规定退还已享受的减免教育费用。订单定向免费医学生在获取录取通知书之前，须与培养高校和当地县级卫生行政部门签署定向就业协议，承诺毕业后到有关基层医疗卫生机构服务六年。具体事宜请向录取院校咨询。

59. 什么是预科班招生？

预科班招生分为两类：

第一类为少数民族预科班：只招收少数民族考生。

第二类为边防军人子女预科班：只招收通过边防军人子女资格审查的考生。

60. 有哪些可授予艺术学学士学位的非艺术类专业？

艺术教育、服装设计与工程、风景园林、文化产业管理等四个专业，为可授予艺术学学士学位的非艺术学门类专业。

61. 志愿填报时如何对待优惠加分政策？

根据国家规定，对于同时符合多项国家加分条件的考生，取最高一项分值，作为考生投档附加分，不累计加分。

优惠加分使用范围，院校录取时是否照顾，按各院校的招生章程执行。由于部分院校不承认，或部分承认优惠加分政策，因此享有优惠加分政策的考生有可能因实际文化分数较低而被院校退档，请考生在填报志愿前，务必要认真阅读有关院校招生章程或向院校咨询。

如：河北省农村独生子女加分，仅在向河北省内高校投档时有效，目标院校录取时是否承认此优惠政策，以院校的规定为准。

62. 高校录取规则是什么？

教育部规定，高校和省级招办应按照“学校负责、招办监督”的原则，实施新生录取工作。各招生院校依据国家有关招生政策、规定，确定本校录取规则，并通过学校的招生章程或其他方式向社会公布。其主要内容包括：调档比例、专业安排办法、身体要求、外语语种要求、单科成绩要求等。在统考成绩达到同批录取控制分数线的考生中，高校确定调阅考生档案的比例。省市区教育考试院在国家允许的投档比例范围内按高校提出的比例和相关工作规程向其投放考生电子档案，招生院校在省教育考试院投放的考生电子档案范围内，按事先公布的录取规则择优录取。

录取规则一般有以下三种形式：

专业志愿优先：是指在报考院校的考生中，首先考虑的是考生的专业志愿。这种录取规则充分尊重了考生的专业选择。

专业分数优先：投档到该校的所有学生，从高分到低分依次进行专业投档。

专业分数级差：考生的前后两个专业之间设定一个分数级差，这种方式在一定程度上兼顾了学生的分数和志愿，但在实际录取过程中，向考生解释比较困难，所以采用这种录取方式的院校较少。

63. 有关优先录取的规定有哪些？

（1）平时荣获二等功或战时荣获三等功以上奖励的军人子女、1～4级伤残军人子女、因公牺牲军人子女、驻国家确定的三类以上艰苦边远地区和西藏自治区及解放军总部划定的二类以上岛屿工作累计满20年的军人子女、在国家规定的四类以上艰苦边远地区或者解放军总部划定的特类岛屿工作累计满 10 年的军人子女、在飞或停飞不满一年或达到飞行最高年限的空勤军人的子女、从事舰艇工作满 20 年的军人的子女、在航天和涉核岗位工作 15 年的军人子女，参加高考并达到有关高校投档线的，应予以优先录取。

（2）退出部队现役的考生，在与其他考生同等条件下优先录取。

（3）残疾人民警察、因公牺牲人民警察子女、1～4 级残疾人民警察的子女报考高校，在与其他考生同等条件下优先录取。

（4）散居在汉族地区的少数民族考生，在与汉族考生同等条件下优先录取。

64. 残疾考生报考普通高校录取有什么规定？

各高校开设专业不同，考生将来所从事的职业不同，对身体状况的要求也有所不同。因此，国家有关部门对考生特别是残疾考生报考各类专业的身体状况，进行了一些限定。残疾考生根据自己的身体状况，对照《普通高等学校招生体检工作指导意见》和院校招生章程，选择适合自身身体状况的专业。对肢体残疾、生活能够自理、不影响所报专业学习且考试成绩达到要求的考生，高校不能仅因其残疾而不予录取。

65. 单独招收残障考生的院校有哪些？

近年来经教育部批准，招收残障考生的院校有：北京联合大学、天津理工大学、天津职业技术师范大学、长春大学、郑州工程技术学院、长沙职业技术学院、贵州盛华职业学院、河南推拿职业学院、滨州医学院、南京特殊教育师范学院、西安美术学院、郑州师范学院、中国青年政治学院、乐山师范学院等高校。具体招生事宜，考生可向招生院校咨询，或查阅院校招生章程。

66. 香港、澳门的高校如何在内地招生？

目前，在内地招生的 21 所港澳高校有两种招生方式：一种是香港中文大学和香港城市大学 2 所高校采用的统招方式，另一种是香港大学等 13 所香港高校和澳门大学等 6 所澳门高校采用的独立招生方式。

香港中文大学、香港城市大学采用内地高校统一招生方式，即由省招生办统一公布招生计划、统一安排考生填报志愿、统一实行远程网上录取。两所高校参加提前批次录取。考生在填报这两所高校中的任何一所时，还可填报其他本科第一批次的内地高校，即使在提前批次未被录取，仍有机会在本科第一批次录取时进入其他的内地高校。

香港大学、香港科技大学、香港理工大学、香港浸会大学、岭南大学、香港教育大学、香港树仁大学、香港公开大学、香港演艺学院、珠海学院、香港恒生大学、东华学院和香港高等教育科技学院等 13 所高校采用独立招生方式，招生计划不分到省。考生须参加高考，并按照港校的要求报名，参加学校单独组织的笔试和面试，由学校根据考生高考成绩和其他要求录取新生。凡被香港 13 所独立招生院校录取的考生，不再参加内地高校远程网上统一录取。

澳门大学、澳门科技大学、澳门理工学院、澳门旅游学院、澳门镜湖护理学院和澳门城市大学等 6 所高校也采用独立招生方式，招生计划不分省，全国统一招生。高中毕业或相当于高中毕业文化程度的应届高考生均可报考以上高校，考生必须参加高考。各校具体招生情况可登录澳门高等教育辅助办公室网站查询。

67. 内地考生如何报考港澳高校？

（1）报名申请：

除统招院校外，考生须在院校规定时间内，登录院校网站进行报名申请，按照院校的要求填写有关考生信息、邮寄相关证明材料，同时缴纳报名费。

（2）分数要求：

考生必须参加当年普通高校全国统一招生考试，高考分数一般情况下须达到生源所在省本科一批录取控制分数线（少数院校只需达到本科批录取控制分数线，详情可直接咨询招生高校），由各高校参照申请或内地高考成绩择优录取。

（3）学费及生活费用：

各校学费、各地区生活费用均有所不同，具体可向有关院校详细咨询。

（4）录取规则：

考生报考香港（非统招计划）的任何一所高校，均不会与内地高校产生冲突，若考生未被录取，仍可参加内地高校的录取，但是已被香港任何一所高校录取的考生，将不能被其他香港高校或内地高校录取；澳门高校与内地高校间可重复录取，被录取的考生可自由选择报到院校。

68. 考生在网上填报志愿的时候有哪些注意事项？

（1）考生应在规定的时间内填报志愿，尤其在征集志愿时，更应密切关注时间消息。

（2）考生要认真查看招生计划中的备注说明和招生章程，避免填报自身条件、单科分数与院校要求不符的专业。

（3）志愿填报应由考生自己操作，不要让他人代劳。

（4）应注意保护密码，防止密码泄露后他人篡改考生志愿。

（5）多名考生使用一台计算机进行志愿填报，或使用公共计算机进行志愿填报时，每位考生填报志愿后一定要安全退出。

（6）为提高效率，避免网络堵塞造成的影响，考生在网上填报前，应在纸上先填好草表。

（7）考生应尽早上网填报志愿，避免因网络、供电等原因而影响志愿填报，填报后可多次修改。部分省份有填报截止时间点和修改截止时间点两个时间节点，考生应充分注意。

（8）请在修改志愿后，及时进行确认，确保修改有效。

（9）退档考生、滑档考生及线下边缘考生，应及时注意征集志愿信息。

69. 考生如何申请助学贷款？

国家助学贷款是由政府主导，财政贴息、财政和高校共同给予银行一定风险补偿金，银行、教育行政部门与高校共同操作的，帮助高校家庭经济困难学生支付在校学习期间所需的学费和住宿费的银行贷款。国家助学贷款是信用贷款，学生不需要办理贷款担保或抵押，但需要承诺按期还款，并承担相关法律责任。国家助学贷款的资助对象是我国普通高校中家庭经济困难的全日制本科生、第二学士学位生和研究生。学生接到录取通知书后，可向学校咨询具体办理国家助学贷款的相关事宜。

申请生源地贷款的，应与当地教育主管部门下设资助办公室联系咨询。

本章小结

其实高考志愿填报工作的步骤既不烦琐也不困难，理性分解任务并对各步骤分配合适的精力即可。不在不能报、不想报的计划上浪费时间和精力，在院校、专业信息收集和对比上多用精力，在录取可能性测算上多用时间，最后自然能够获得较好的录取结果。

资料信息

1. 个人中长期职业规划有哪些影响？

随着全社会文明的进步以及各行业各工种对知识要求的不断提高，人们的学校教育时间也在不断被拉长。1998 年全国本科生录取数量约为五十七万，而 2014 年硕士研究生录取数量就已经突破六十万，十五六年的时间硕士研究生就追平甚至反超了当年的本科生招生。那么在当前报考高校的这些考生本科或者硕士研究生毕业的时候时间又过去 4～7 年（如果读博士的话就需要更长的学习时间），与 2014 年比较则是过去了 9～12 年，那时候毕业生的规模和就业行情会变成什么样呢？这肯定不能以当前或以前的就业情况来对照，而是要用更长远的目光来分析。

本、专科毕业之后直接参与工作，还是经过继续学习提升能力和学历之后再工作就成了一个必须思考的问题。如果有攻读硕士或者博士学位的准备，那么就业节点将会在 7～10 年（假设能够顺利考上硕士、博士研究生）或者更久之后。当前选择基础学科还是应用学科、是选择当前的热门学科还是选择具有边缘性或者交叉性的发展型学科就是一个问题了。

也就是说要在当前就考虑好以后的路，这样做出的选择才是合理的，所以说个人中长期发展规划对于高考志愿填报策略设置是非常重要的。

2. 高校究竟能给一个学生什么？

知识：高校是产生知识、存储知识、传递知识的地方。学生在大学阶段自然能够学习到很多知识，培养锻炼出很多在职业生涯中用得上的能力。

方法：学生在学习的过程中，也会自然而然地掌握新的学习方法以及获取新知识的方法和途径。而且与高中不同的是，他们将进行自主学习、自我管理，在大学阶段，真正成为一个具有自学成长能力的学习型人才。

眼界：好高骛远、眼高手低这样的词往往是具有贬义的，见过更高更远的世界，才能够树立更高更远的目标。大学不仅仅是知识的海洋，更能够给学生眼界和方向。

动力：高校，尤其是优秀的高校，不仅仅是优质教育资源的集合体，更是优秀学生的集合体，俗语有言“蓬生麻中不扶而直，白沙在涅与之俱黑”。良好的竞争和合作环境，必然为学生的进步提供更强大的动力和支持。

资源：高校中有着丰富的学习资源和广阔的发展空间，不仅在求学阶段能给学生良好的支撑，即便是职业开始之后，也会持续获得学术、科技、人脉等方面的资源支持，母校、同学、老师都将是以后发展的助力者。比如说俞敏洪在创业和发展过程中从同学处得到了很大支撑。

3. 什么是顺序志愿？

顺序志愿也称梯度志愿，是我国高等院校招生过程中长期使用的志愿方式。顺序遵循“志愿优先、遵循分数”的基本原则。投档时会将同一批次上线考生档案向其第一志愿院校投出，院校返回投档结果（录取、退档、未提档）后，将所有未录取考生档案向其二志愿院校投出。以此类推，直至所有志愿投档完毕后进入下一批次投档工作。在一个批次的录取过程中，所有学校只能同步录取同一顺序志愿的考生；院校只有在前顺序志愿考生录取不满时才会在后续顺序志愿录取考生。

目前绝大多数省份仅在提前批等具有特殊性的批次中使用顺序志愿，或仅在某些特殊类型院校或计划招生中使用顺序志愿。

4. 顺序志愿策略设置需要注意哪些因素？

顺序志愿填报时第一志愿非常重要。第一志愿设置过低自然会被顺序录取而形成“高分低就”现象；第一志愿设置过高无法被录取，就会进入第二志愿录取，但考生第二志愿填报的院校也许在一志愿的时候就已经完成招生任务了，造成考生第二志愿落空；假设考生第二志愿院校尚未完成招生计划，也极有可能已经部分录取了第一志愿低分考生，造成考生“高分低就”的现象。所以第一志愿院校要预留充分的分数，保证能够被顺利录取。

第二志愿要谨慎对待目标院校历史分数（或位次）数据，因为第二志愿目标院校的历史录取较低分可能源于其第一志愿，所以分数参照意义不大。

生源良好的院校基本不用使用第二志愿招生，所以考生在填报第二志愿院校时要拉开充分的梯度，将院校招生历史上第一志愿生源不足的院校填写为第二志愿比较稳妥的，而不能按照自己的心理预期将（比第一志愿院校）“略差一些”的院校填写为第二志愿，或者说应该将比第一志愿“差很多”的院校填在第二志愿才是安全的。

5. 什么是平行志愿？

平行志愿是目前我国大部分省份所采取的主要投档录取方式，在新老高考模式下均有普遍使用。

所谓平行志愿就是在每个批次录取中，考生可填报若干个平行但有先后顺序的院校志愿，然后按照“分数优先，遵循志愿”的原则进行投档录取。各录取批次分别设 A、B、C、D、E 等若干所院校志愿（3～10 所），每所院校志愿中设置多个专业志愿（4～6 个）和一个专业服从调剂志愿。平行志愿对于整体考生按照分数由高到低排队，先检索高分考生志愿，按照考生所填院校次序，逐一进行检索，只要目标院校尚有空余招生计划，即将考生档案向目标院校投出。投档后由目标院校决定是否录取该考生，考生不会因第一所或前几所院校未能投出档案，而影响同批次其他院校的录取机会。

需要注意的是：目标院校提取考生档案之后，如果未予录取，会将考生档案退回，被退档的考生不能参加同批次后续其他院校的投档工作，也就是每一位考生在同一个批次档案只能投出一次。

6. 平行志愿有哪些特点？

第一，平行志愿可以降低考生填报志愿的风险。

平行志愿依据“分数优先，遵循志愿”的原则进行投档，考生平行志愿中的几所院校都有投档录取的可能性，这就降低了考生填报志愿的风险，提高了投档率。

第二，平行志愿大大提高了高分考生的投档率及录取率，在很大程度上保护了高分考生。

第三，提高了考生填报志愿的自由度及录取后的满意度，因为在平行志愿中，考生所填报的院校数目相对较多，考生的选择性和自由度更大。

第四，促进了高考招生公平与高等教育公平。

通过平行志愿，可以减少考生高分低就现象的出现，使得高分考生更容易进入优质高校、享受更优质的教育环境和教育资源。

第五，提高了被录取考生的入学报到率，减小高校招生工作压力。

平行志愿提高了高分考生的投档立即录取率，很大程度上保护了高分考生，还提高了考生填报志愿的自由度及被录取后的满意度，因此新生入学报到率得以提高，同时减少了高分考生因不满已录取结果而复读的现象，高校也能更容易完成招生计划。

第六，可以减少录取时的“大小年”现象。

顺序志愿填报时，因为第一志愿特别重要，考生在志愿填报时往往不敢冒进，而选择更保守的方案，保守的考生过于扎堆，容易造成优质院校生源不足或生源质量下降的小年情况。

7. 平行志愿是不是增加了投档次数?

平行志愿增加了考生的投档、录取机会，但并没有增加考生的投档次数。平行志愿只是逐个检索、一档一投，也就是当检索顺序到达考生的排位时，计算机系统依据考生平行志愿所填报的院校的自然顺序逐个检索，如果考生满足A院校的投档条件时则将档案投给A院校，此时即便考生的条件能够达到后续院校的投档要求，也不会向后续院校投出考生档案。如果考生不满足A院校投档条件，计算机系统会继续检索，直至检索到达到满足条件的院校时将考生档案投出，如果所有院校检索完毕，考生条件均不符合，则考生档案在本批次无法投出（这种情况也俗称“滑档”）。

在考生档案投出后，如不能达到目标院校录取条件，目标院校会将档案退回（此操作俗称“退档”），计算机系统不会对退档考生的其他院校进行检索，也就是说，平行志愿并不会增加投档次数。

8. 平行志愿可以多次投档吗?

平行志愿的基本原则是“分数优先，遵循志愿”，另一个特征是“一生一档，一批一投”，在同一批次内，同一考生档案不会多次投出。

9. 同时满足多所院校要求，会向最优秀的院校投档吗?

平行志愿是指同一批次内考生所填报的多所院校都属于本批次，这也是平行二字的含义。但是在向具体院校投档检索时，是要依据考生所填写的多所院校的顺序进行的，先检索填在前面的院校，后检索填在后面的院校，不会做出具有倾向性的投档。所以在平行志愿设置时，应注意各院校间的梯度。

10. 平行志愿有风险吗?

平行志愿虽然大大提高了考生的投档概率和录取概率，但依然存在风险。对于由于心理预期过高等因素造成的滑档、退档考生来说平行志愿的风险反而更大，因为同批次再也没有机会了，只能进入征集志愿，或下一批次志愿参与录取，而此时大多数院校可能都已经完成招生计划了，考生只能进入水平更低的院校就读。

11. 平行志愿为什么存在退档风险?

假设考生分数能够达到目标院校的提档线，但是体检结果、单科成绩以及口试成绩等不能达到目标专业要求，则有可能导致退档。部分院校提档比例大于100%，也容易造成低分进档考生因分数不足而被退档。

其实，在平行志愿的规则下高考志愿填报最大的风险来自于考生和家长超出理性的高预期和高心理定位。

12. 平行志愿如何降低退档风险?

适当降低心理预期，填报把握较大的院校；避免将所有专业均设置为目标院校热门专业的情况；谨慎选择是否服从专业调剂，服从专业调剂能够提高录取的概率以及安全性。

13. 平行志愿如何降低滑档风险?

滑档风险大部分是由于考生心理预期过高而造成的，适当调整心理预期，将同批次内各所院校志愿进行高低搭配，形成一定梯度，可以在一定程度上避免滑档；还有一部分考生会因数据使用不当而造成滑档，例如同批次计划总数或目标院校计划数的增减都应该在历史数据的使用和参照时进行一些调整，如果计算不好或调整方向有误，均有可能造成滑档。

14. 平行志愿填报时必须服从专业调剂吗?

填报志愿时是否服从专业调剂是一个需要谨慎考虑的问题。

如果考生对专业的保障度要求较高，就不要服从调剂，因为调剂的专业往往是目标院校生源较差的专业，这样的专业一般实力也不会特别强。但是不服从调剂，会增加退档的风险，考生应做好复读或进入下一批次录取的准备。

如果考生的专业接受度比较高，尽量填写服从调剂，这样可以提高录取的概率。

其实，专业调剂的情况一般都出现在考生以较低分数进入某所院校后，此时对于考生来说，只要能够顺利录取也就行了。

15. 平行志愿遇到分数相同的考生是如何投档和录取的?

平行志愿投档时，同科类考生分数相同的会按照语文、数学、外语单科成绩依次比对，优先投出高分考生的档案；如各单科成绩均相同，会按照事先约定的其他科目顺序或科目组合顺序进行投档。具体排序规则可能存在因省而异的情况，所以要密切关注考生所在省份的规定。

目标院校录取考生时，会按照考生章程的比对顺序或具体学科对基础知识的要求进行单科成绩比对。

16. 什么是征集志愿?

在相应批次未完成招生计划的院校，会经招办同意后向社会公布学校招生计划余额，重新征集考生志愿，允许未被录取的考生重新填报志愿，这被称为征集志愿。征集志愿可以帮助考生实现被提档和录取的要求，也可以帮助院校实现完成招生计划。征集志愿降低了考生填报志愿的风险，扩大了考生的选择范围，降低了考生填报志愿的难度，有效提高了录取比例。

17. 为什么有的院校会使用征集志愿?

院校一般在计划缺额的时候，才会使用征集志愿，院校公布的计划缺额分为三类情况：

第一类是院校正式投档时，生源不足，导致计划缺额。

第二类是院校投档时生源充足，但部分考生因不服从专业调剂、身体条件不符合所报专业的要求、单科分数过低等原因退档而形成缺额。

第三类是院校生源充足，但后期追加了招生计划。

18. 哪些考生可以参加征集志愿的填报?

参加征集志愿填报的考生，必须满足以下两个条件：

第一个条件是考生未被录取，已经被录取的考生，无论对录取结果是否满意，都不能填报征集志愿。

第二个条件就是考生的分数达到一定要求。一般情况下是要达到当前批次的控制线，但是，个别省份个别批次征集志愿的时候，也有降线录取的可能，请各位考生及时关注所在省份的政策和信息。

19. 考生填报征集志愿时要注意哪些问题?

（1）注意时间和地点以及填报方式。各省、市、区招办或教育考试院都会在网站上公布相应批次征集志愿的填报时间和填报方式，需要进行征集志愿填报的考生要及时关注相关信息。

（2）注意查看征集志愿计划信息。

（3）注意自身条件和特殊招生要求。征集计划中有部分专业是属于对身体要求较为特殊的，一定要仔细对照，避免填写出无效志愿。

（4）专业选择的余地较小。征集计划中，院校和专业数目都相对较少，考生一定要充分考虑相关专业的匹配度，如果对专业要求过高，应谨慎填报。

（5）要对照原始招生计划，查看招生院校及专业的详细信息。部分省份征集计划中的专业描述往往比较简单，比如有的省份不标注学费信息等，考生要对照原始计划详细查询。

20. 征集志愿与补录有什么区别？

征集志愿是按照院校招生计划数，使用计划余额招生。补录是开学后，在校生人数没有达到招生计划时进行的补充录取。征集计划和补录的目的都是为了完成高校招生计划，但是部分省份不涉及补录，考生一定要研究自己当前所在省份的政策，以免错过录取的机会。

21. 征集志愿是如何投档录取的？

一般情况下，征集志愿投档录取规则与第一志愿的投档录取规则相同。征集志愿录取时，线上生源不足时，有降分投档的可能。

22. 填报平行志愿时有什么技巧？

（1）院校间高低搭配。教学质量高、生源好的院校，往往分数要求比较高，同时也更容易成为考生心仪的高校，但是填报时风险也相对较大，如果考生将批次内所有院校，均设置为风险较大、分数要求较高的院校，则录取机会会相应减小。所以考生在划定院校时，一定要形成高低搭配的组合。一般要包含“有希望”“有把握”和“没问题”三大类，这三大类也就是通常所说的“冲、稳、保”组合，这三个梯度可以不同时保留，但是“有把握”（稳）和“没问题”（保）至少要每类留一所院校才是安全的。

（2）院校间顺序设置要合理。将难度大、要求高的院校填写在前面，将要求低、安全性高的院校填写在后面才是合理的顺序。如果某一批次中将要求最低的院校填在第一位置上则会被顺利录取（但是浪费分数），而将要求高的更优质的院校填写在后面就没有意义了。这种院校“倒挂”的情况是浪费时间、浪费精力的做法。

（3）专业志愿，尽可能服从调剂。虽然服从调剂很有可能将考生调至其主观上不易接受的专业，但是能够提高录取机会，降低退档风险。在“专业（类）＋院校”报考模式的省份，可以不用考虑这一点。

（4）院校内各专业志愿尽量做到冷热门搭配。虽然考生去冷门专业就读的兴趣和意向不会很高，但是有考虑有选择总比院校调剂的结果更理想一些。

（5）加强对院校招生章程的学习。院校招生章程中会详细规定录取规则、单科成绩要求、身体健康状况特殊要求和其他附加要求以及成绩折算方法等，部分院校和专业还会对诸如外语种类、性别比例提出要求。所以一定要详细研读招生章程，减少对录取结果的不利影响。

23. 什么是“志愿单位”？

使用传统高考招生录取规则的省份，志愿单位为“院校”，也就是考生填报的是“院校”，被院校提档后由院校按照既定规则安排考生志愿（含调剂）、录取或退档。使用新模式录取的省份志愿单位为“院校＋专业（类）”“专业（类）＋院校”，考生的志愿指向的是某院校的某专业（类），能够更好地保证考生的专业需求，而且无须进行专业调剂。或者“院校志愿组”模式下与传统模式类似。

24. 什么是“分段表”“一分一段表”“一分一档表”？

每年发布高考分数之后，各省级考试院会发布“分段表”“一分一段表”“一分一档表”，名称虽然有可能不同，但是作用和含义基本一致，都是表示考生在全省同科类考生中所处的位置。考生对照此表格可以查找到自己的位次、同分数人数、在全省同科类考生中所处的位置。通过位置信息的分析，能更准确反映出考生的竞争力，比直接对照分数更有效。

25. 什么是“计划数”?

“计划”指的是各高校向各省、市、区投放的招生指标。在志愿填报的时候“计划数”经常有“×××大学今年的计划数有所增加”“今年一本计划数有所减少”等描述。院校计划数、批次计划数、目标地区总计划数等数据的统计分析对考生志愿填报策略的设置都是有积极的参考价值的。计划数是每年都会有调整的，有无新设招生院校、院校有无增招专业、有无停招专业、有无批次调整等都是志愿填报策略设置时应该进行对比的因素。

26. 什么是优惠加分政策?

优惠加分是按照政策规定为考生增加的分数。需要注意的是近年来在逐步减少加分项的同时也在缩减加分幅度，加分一般分为国家加分和省加分，国家加分一般可以在省内外院校投档时有效，省内加分往往仅在向省内院校投档时有效。

关于优惠加分政策需要注意两个问题，一是当考生同时满足多项加分条件时，各省有取最高分生效的，也有规定累计值不得超过一定数额的；另一个是加分仅在投档时使用，目标院校录取时是否承认此加分由学校按照相关规定执行。

每年都有加分投档被院校提档，而院校按照实考分录取的时候因为丧失分数优势而造成录取结果不理想的情况出现。也就是指如果考生满足加分条件，还要参考目标院校的招生章程，以免因院校不承认加分而造成志愿填报失败的情况出现。

27. 什么是热门专业和冷门专业?

热门专业往往指的是社会需求大、就业好、待遇好、考生普遍热衷关注的专业；冷门专业往往指的是社会需求量不大、就业不是很好、待遇不高、考生关注度较低或者工作比较艰苦的专业。

热门专业往往还具有开设院校多、招生数量多、毕业生规模大等特征，最终的就业率尤其是对口就业率可能并不高，甚至前几年金融热的时候对口就业率仅为三分之一左右，而大热的计算机工程专业的完全对口率甚至低于15%。其实纵观最近二十多年的形势，热门专业的就业率是长期偏低的，考生和家长要谨慎对待。不考虑专业适合度的追逐热门专业的行为是不理性的。

冷门专业往往具有开设院校少、招生数量少、毕业生规模小、就业指向性强、对口就业率高等特征。虽然往往起薪比较低，但是如果从长期看，具有不错的发展前景。

28. 志愿填报最大的敌人是什么?

家长总有“望子成龙”“望女成凤”的美好愿望，绝大多数考生也有上进心，这都是很好的。但是也往往因为考生和家长对美好未来的预期很丰满，而没能充分意识到竞争的残酷和激烈。

编者曾经在石家庄接待过一个家长，当时距离高考还有差不多两个月的时间，孩子模拟考试大约能考在540～550分左右。家长问：“老师，您觉得我们孩子今年报西南交通大学怎么样?”其实，用模拟分数直接对照历史分数筛选院校基本是没什么意义的，而且即便参照西南交通大学的历史数据，其上一年录取分数最低的专业平均值也要差不多580～590分左右，于是编者对家长说：“这两个月，孩子使劲儿努力努力还是有希望的。”家长非常高兴地表示：“对呀，这不还有两个月呢嘛，孩子咋还不提高个五、六十分。”其实，按照经验看，在最后两个月提高五、六十分虽然也有前例，但是已经是较为罕见的情况了。而接下来家长的话更是让编者吃惊：“老师，你觉得我们要是报茅以升学院的自动化、交通运输和车辆工程这几个专业咋样?”编者甚是吃惊，只能回答：“这几个专业是西南交通大学的王牌专业，在国内有很强的竞争力，是非常值得考虑的。”可是反观这几个专业上一年的分数，平均录取分数都超过了 615 分，最高分已经超过 620 分了。

我们分析一下上面的例子可以发现：考生的实力与目标院校之间的差距大约在 40～50 分左右，而距离目标专业的差距可能会 60～80 分，从教学规律上看，考生实力能稳定在四月份的水平上或略有提高就已经不错了，可能有部分考生的实力还会比四月份的成绩低一些，提高幅度能够高达 80 分的考生绝对算得上是凤毛麟角了，甚至高三复读生用一年的时间平均提高水平也仅仅是 40～50 分左右。那么此考生填报西南交通大学有什么风险吗？其实编者认为这倒没有什么风险，只是相当于浪费了一个院校名额而已，但是如此偏高的心理预期，会导致整体志愿被带得偏高，调剂风险和退档、滑档风险就大得多了。

29. 志愿填报中还有哪些潜在的对手？

有共同目标的人可能是朋友也可能是敌人，在高考志愿填报阶段更是如此，原来是一起学习一起进步的好同学、好朋友，在报考阶段则成了最直接的竞争对手。分析各省一分一档表可以发现，文史类和理工类整体趋势比较接近，都是基本成正态分布，高分考生和低分考生都比较少，而中间分数的人数是非常多的。在部分考生人数较多的省份，某些分数段位里分数相等的考生能够多达上千人，在此区间的考生是竞争最惨烈的。因为，即便是三分五分的差距也会容纳几千人，在产生最终录取结果时院校层次、专业水平的差距也可能非常巨大。

高考志愿填报不是一个人的事情，而是以省为单位以科类做区分的一个庞大复杂的不透明博弈体系，在这个体系中掌握的信息越多、定位越精准，则胜算越大。

30. 最直接威胁来自于谁？

在传统模式的志愿填报中，低分考生对高分考生的影响几乎是不存在的，因为在当前的投档录取思想里，还是尽量保护高分考生的。已经实施新高考报考的部分省份，则大大增加了对高分考生的保护力度，采用计划不分批次考生分段填报的模式，并且实行“先报先录”的政策，但是在高低分段融合的填报时段内则很可能出现“高分低就”和“低分逆袭”的案例。

高分考生对相对低分的考生可能会有一些影响，但是从数据分布上看，以 700 分考生、590 分考生、500 分考生为例：700 分考生对 590 分考生、500 分考生的影响是极其轻微的，无论其选择什么样的学校或专业，甚至通过强基计划不占分省计划进入高校或者是通过港澳招生、留学等出路求学，因为这样分数的考生是极少数的，对低位考生的影响淹没在数万、数十万甚至更多的考生数据里，其影响几乎可以忽略不计；但是，580～600 分左右考生选择的倾向性则会严重影响 590 分考生的录取结果，因为在中高等水平的省份，这样 20 分的段位内可能有数千甚至数万名考生，用统计方法可以测算出其选择院校、专业的倾向性，这种基数较大的统计将具有使用价值，从统计结果出发，设置避重就轻、减少竞争压力的策略，更有助于考生获得良好的录取结果；如果以 590 分为例的 580～600 分的考生整体选择倾向性比较分散，竞争不激烈，就不会形成大量考生集中在少量学校的竞争中而导致更多考生被挤压至低位学校，也就是对 500 分考生影响较小，反之则会挤压 500 分考生的选择空间。所以，科学统计分析本省本科类考生历年的选择倾向，有助于帮助考生在当前年份制定理性的策略。

最直接威胁你的不是远高于你分数的考生，也不是远低于你分数的考生，而是那些实力与你相近的考生。找到对手、分析对手、战胜对手才是正确的思路。

31. “非名校不去”“一门心思奔名校”可取吗？

编者经常会遇到一些超高分数的考生，其排名在省内具有较大优势，部分考生甚至会做出“非名校不去”的决定，只填写一两所名校的少数几个专业，然后放弃其他机会。其实“名校”“强校”往往在软件、硬件方面都具有非常大的优势，是更好的成长和发展平台，能考入“名校”当然是一种非常理想的结果。但是也需要注意到，这种非常极端的选择也容易因名校计划数少、同段位考生扎堆填报等情况而造成失败。

其实名校也无法做到每一个专业都强大，非名校也很有可能在某些学科上具有很强的实力，无论分数高低，都要尽量做到高低搭配来提升安全性，任何过于极端的想法和做法都是有可能会伤害到考生的。

32. 各院校发布的招生章程上都有哪些信息？

各高校发布的招生章程一般会包括如下信息：校名全称、校址（分校、校区均需注明）、本学层次（本科、专科或高职）、办学类型（公办、民办、独立学院等）、招生人数、外语语种要求、性别比例、体检要求、录取规则（分数清、专业清、分数级差）、单科成绩要求、艺体生成绩折算方法、提档比例、收费标准、证书类型、联系电话和其他必要信息。

招生章程是最直接、最全面、最权威地获取院校招生录取要求的途径和渠道，考生千万不要忽视对于招生章程的阅读和分析，因为招生章程中的某些信息会影响到志愿填报的成功与失败。

例如：浙江省 2017 年就有一位考生以 646 分的高分被同济大学浙江学院录取，同济大学浙江学院并非同济大学，而是一个独立学院，目前在我国优质教育资源主要还集中在公立院校，虽然各独立学院、民办高校也在积极进步，但是暂时还有很大的可进步空间。这位考生分明是没有详细研读目标院校的招生章程，否则也不会闹这么大乌龙了。其实他的分数是可以去武汉大学、中央财经大学、哈尔滨工业大学等院校的。

33. 志愿扎堆有什么风险？

与顺序志愿相比，平行志愿增加了对考生的保护力度，新高考省份更是通过大大增加志愿数来保护考生。但是无论是传统志愿填报省份还是新高考省份，每年都存在因志愿扎堆形成录取结果不理想的情况。这里所说的志愿扎堆不是说不同考生密集填报相同院校（这个情况也无法有效控制），而是说某考生的志愿之间没有拉开有效梯度，最终选定的院校专业基本处于能上 A 也就能上 B、C、D、E，如果上不去 A，那么 B、C、D、E 也基本没有希望的情况，结果就是不能被志愿内院校录取而滑档。

34. 院校录取规则有多重要？

院校录取规则对于考生的录取结果有很重要的影响。

对于“分数清”录取的院校，校内各专业可以采取按照自己的主观喜好排序的方式，因为“分数清”的规则是将提档考生按照分数排序，具体处理某一考生专业志愿时会从前向后检索，直到满足考生专业要求为止，若所有专业志愿均无法满足，则会转入调剂步骤，待完成所有有志愿考生的专业需求之后再统一处理专业服从调剂的考生，若所有专业均无法满足且不服从专业调剂的话则会做退档处理。

对于“志愿清”录取规则的院校，则需要在考虑自己主观意愿的基础上充分考虑目标院校各专业的实力、热度、或者录取排位情况。如果在分数优势巨大（其实这是考生和家长不希望的）的情况下，可以参照分数清进行排序；如果分数优势不大，而又将高分专业排列在低分专业之后则是没有意义的，因为如果低分专业能够录取考生，则无须再进行后续专业的检索，如果低分专业都无法录取该考生，那么被考生填写在后面的志愿自然也不会录取考生。

至于“分数级差”的录取规则，多由一些生源好、质量佳的院校采用，这样的院校竞争比较激烈，最高分和最低分的区间一般也压缩得很紧密，因第一志愿未能满足而被“减分排队”与其他考生竞争的考生将会大大丧失分数优势，甚至有可能会将优势转化为劣势。

当今，考生和家长的职业规划意识已经开始觉醒，志愿填报知识也在逐渐丰富，形势已经从原来的“分数之争”进入了“政策”“策略”等全方位的竞争，在这样的情况下，对政策分析得越透彻、对规则把握得越到位，将具有越大的优势。

35. 为什么专业搭配上要“冷热结合”？

在传统志愿填报规则的省份，志愿单位是“院校”，也就是考生档案先进入高校再安置专业。其结果就是如果考生的第一志愿专业无法得到满足，考生就必须进入其他专业就读，如果考生将所有专业志愿均设置为热门专业，则容易因竞争较大、分数优势不足而不能被录取到心仪的专业，甚至于出现退档的可能。正确的做法是在专业搭配上“冷热结合”，理性分析冷门专业或者竞争较小的专业的发展前景，挑选与自己职业规划相符的形成专业上的搭配，这样既可以提高录取概率、降低退档风险，还能避免因调剂而进入完全没有心理准备的专业。

36. 为什么专业搭配上要“高低结合”？

新高考省份因为志愿单位变化为“专业（类）＋院校”，考生报考时直接指向的是一个个具体专业而不是传统模式里的“先院校再专业”，这样能够非常好地满足考生的专业需求。但是不同院校的相同专业，既有实力上的差距，又有分数上的区别，还有具体倾向性和应用指向性的区别，在志愿填报时无法逾越的问题就是收分高低的不同。所以新高考省份的考生一定要注意高低搭配，千万不要把眼睛紧盯在高位院校、名校的专业上，要充分考虑那些专业实力较强的收分低的非名校，那也是很好的选择。结合专业实力排名将专业志愿配置为高低结合的组合模式，高位冲击平台好的院校，低位保证实力强的专业，这样会对将来的发展形成积极影响。

37. 什么是专业内涵？

现在的普遍情况是家长和考生对院校、专业的了解既不全面也不准确，很多考生和家长甚至只看专业的名字就做了决定。其实，不同院校的同名专业之间可能有较大的差距，学习的课程、就业的方向等差异度都可能非常巨大。

例如材料学：北京科技大学的材料学优势集中在金属材料上，而无机非金属材料则不是其擅长的领域；华东理工大学的材料学优势则集中在无机非金属材料和高分子材料方面。

甚至有高校毕业生说：我当初报考自动化专业是准备向汽车高铁方向进军的，后来才知道我们学校的自动化是在矿山机械方面比较擅长。

可见，充分了解专业内涵，对考生的长期发展是具有非常积极的作用和价值的，志愿填报的时候也必须考虑到这一点才可以。

38. 报考志愿，谁说的算？

曾有人戏言“只要没有战争和大规模自然灾害，高考是社会普遍关注的事件”，其实这个说法并不夸张，我们中华民族是一个特别重视教育的民族，尤其在子女教育方面，家长是毫不吝惜自己的金钱、精力和情感的。但是高考志愿填报是一个庞大复杂的系统工程，需要考虑的因素不仅多而且杂。

我国现状是高中生很难拿出大量的时间来做出完整的职业生涯规划，甚至连拿出时间研究专业和院校都是一种奢望。志愿填报工作会深刻影响孩子的一生，所以学校既没有义务为学生代劳，也承担不起失败带来的责任和压力。于是志愿填报工作就顺理成章落在了家长身上。

很多家长忽略孩子的素质、潜力、价值观等因素，而是用自己有限的社会经验对所知不多的专业进行判断后替孩子确定专业；更有甚者是不允许孩子填报父母所学的专业，因为他们觉得自己后悔了；还有家长会把孩子的命运作为自己人生的“补丁”，让孩子完成家长未竟的心愿。甚至我们经常看见这样的孩子，志愿方向想学医、还想当老师、又想学计算机，还有当会计的需求，细问之下才知道这里参照了父亲、母亲、爷爷、奶奶、表哥的意见，却恰好没有考生自己的意见在里面。

可以说，父母或者他人代劳的做法都是欠缺理性的，家长可以成为信息的收集者和参考意见的提供者，但是绝不能成为“代劳者”，要把决定权还给考生。

39. 如何处理恋爱问题？

现在孩子心理成熟得都比较早，在高中阶段谈恋爱也是比较常见的现象。编者曾在小范围内统计过，高中同班同学恋爱并最终结婚差不多能达到 3～4 对/班级，同校恋爱并结婚的会更多一些，这个数据也能证明高中生之间谈恋爱的普遍性。于是有一定数量的考生会考虑两个人填报同一所学校、同一个城市或者相邻城市高校的情况，这种选择可以说是人之常情。但是如果两人成绩差距大而又坚持要去同一所院校就读，则难免会出现其中一个为了照顾另一个而委曲求全、高分低就的情况。其实中国有句古话“两情若是久长时，又岂在朝朝暮暮”，如果连距离的考验也无法通过的感情，最终走向婚姻的可能性也不会太大。

40. 什么是全日制高校？

全日制说的是一种全天候脱产教育学习的体制，是“全日制教育”的简称。一般是通过统一招生考试、保送、特招等方式进入高校就读而获得学历的一种教育模式。学校一般会在学生报到的一两个月之内为学生注册电子学籍，学生可通过学信网查询到自己的学籍信息。全日制教育学习期间必须转接档案，一般还会转接户口关系、党团关系等。

参加全日制教育学习的学生，其主要任务为在高校学习相关知识，培养相关能力，所享受的教育资源往往较好，其在全日制教育期间获得的学历和学位的社会认可度往往更高一些。

41. 什么是非全日制？

非全日制指的是非全日制学历教育，学员在完成本职工作的同时，通过网络学习、自学等方式完成学业，每年参加一定时长的集中学习和考试。

通过正规的非全日制教育获得的学历和证书也同样被认可，享受与全日制教育学历和证书相同的待遇。但是非全日制学历和证书的社会认可度往往并没有全日制学历和证书高。本书讨论的主要是全日制教育。

42. 什么是公办大学？

公办大学的内涵与公立大学、公办院校、公立院校相同。指的是由国家组建的大学，国家提供建设资金。我国目前的情况是公办大学整体质量较好，因为公办大学组建历史悠久、文化底蕴浓厚、有较好的学风、学校策略相对稳定，而且因为是国家全额拨款，所以学费往往不是很高，学生在校期间也会享受到一定数额的助学金、奖学金。

43. 什么是民办院校？

民办院校主要指国家机构以外的社会组织或者个人，根据《中华人民共和国民办教育促进法》的规定，利用非国家财政性经费，面向社会依法举办的学校或其他教育机构，一般为本、专科层次，也有部分民办院校开展研究生教育。民办院校因为得到的国家资金支持往往比较少，所以学费一般会比较高，一般每年会高达数万元，甚至有部分民办院校每年学费会高达十数万元。虽然民办院校与公办院校具有相同的法律地位，国家也承认其证书，但是在社会认可度上并不高。有部分民办院校办学条件较好、教学质量较高，但是整体上看民办院校的学术和发展条件与公立院校还有一定差距。

考生在选报民办院校的时候一定要对院校办学条件、就业发展情况和学费等有充分的心理准备。

44. 什么是独立学院？

独立学院，是指实施本科以上学历教育的普通高等学校，与国家机构以外的社会组织或者个人合作，根据教育部《独立学院设置与管理办法》，利用非国家财政性经费举办的实施本科学历教育的高等学校。

独立学院按照产生方式可分为“内生型”和“外生型”。

“内生型”的独立学院是指以普通公办高校作为举办主体，主要依托母体学校的教育资源来实施办学的独立学院，在师资和设施设备上存在一定的共享关系。

“外生型”是指以社会企业或个人为出资主体，通过借用普通公办高校校名等办学资源来举办的独立学院，在师资等软硬件上基本处于完全独立的状态。

如果仅能在独立学院中选择的话，内生型独立学院因为资源更好，往往是考生更优先的选择。

根据合办方的不同，可以将独立学院分为三类：第一类是常见的公有民办，私企出资；第二类是高校与政府合作办学；第三类是大学独立办学。从这个角度上看，第二、第三类往往是考生更优先的选择。

独立学院究其本质还是民办性质，是独立在母体高校之外，独立校园、独立招生、独立收费、独立教学、独立颁发证书、独立的法人资格，独立学院设置的专业往往是社会急需且需求量较大的专业。

独立学院颁发的证书往往带有母体高校的名字或者印章，但是又会在颜色、内容上有所区别。再次提示考生，因独立学院名称中常带有母体院校的字样，需要将其与母体院校进行区分，以免出现误报事件（2017 年浙江某考生以极高分数填报了某一独立学院且被录取）。而且当前正在将独立学院剥离为民办高校的过程中，填报时要进行分析和判断。

45. 什么是试点学院？

试点学院是按照《教育部关于推进试点学院改革的指导意见》设立的创新人才培养试点学院的简称。其目的是招收并培养有浓厚学习兴趣、强烈创新意识的人才。

试点学院从根本上说就是立足国情、放眼世界，真正按现代高等教育规律来办学的一种改革。试点学院在招生考试、专业设置、教师评聘、岗位薪酬、经费管理、内部运行机制等方面能够享受教改的特殊政策。

《教育部关于推进试点学院改革的指导意见》提出的 24 项支持性政策措施：

一、改革学生招录与选拔方式

1. 允许试点学院自主研究确定本科生招生计划。

2. 允许试点学院率先探索在统一高考基础上的综合评价录取模式，实行高考成绩、高中阶段学习成绩或高中学业水平考试成绩、综合素质评价及高校自行测试结果相结合的招生录取办法。

3. 试点学院招生录取工作可安排在所在省份本科第一批次录取开始前进行。

4. 适度增加学校推免名额和直博生名额。

5. 支持试点学院纳入博士研究生招生改革试点范围。

6. 在学校总规模内对试点学院研究生招生计划实施单列管理。

7. 学校可以自行决定试点学院个别学生在院内转入转出。

二、改革人才培养模式

1. 支持试点学院实行导师制、小班教学。

2. 支持试点学院探索全面学分制。

3. 支持试点学院扩大国际合作，探索授予联合学位与双学位。

4. 国家建设高水平大学公派研究生项目、优秀本科生国际交流项目等支持试点学院选派优秀学生出国留学，提高试点学院在校生具有海外学习经历的比例。

5. 统筹自筹经费、科研经费、助学贷款、社会捐助等多渠道资金，建立健全研究生多元奖助体系。

6. 研究生实行个性化培养，允许试点学院选择一定数量的学生，经考核后择优实行硕博连读。

7. 建立退出机制，开通分流通道，允许试点学院将符合条件的直博生分流转为硕士生培养。

三、改革教师遴选、考核与评价制度

1. 扩大试点学院遴选教师的自主权，提高聘用岗位要求，培养和引进具有国际先进水平的优秀教师和研究团队。

2. 鼓励试点学院实行聘用制，探索年薪制。

3. 完善岗位管理和聘用办法以及薪酬待遇标准，建立灵活多样的用人机制。

4. 支持试点学院探索更加符合高等教育特点和人才引进规律的薪酬制度。

5. 支持试点学院探索实施人员流转退出机制。对现有在编人员强化聘期管理，实行“能上能下”“非聘即转”；对新聘人员加强目标考核，实行“非聘即走”“非升即走”。

6. 采取经费补助、项目资助等方式，支持试点学院教师国内外访学、开展合作研究。

7. 国家公派高级研究学者、访问学者（含博士后研究）项目在同等条件下给予试点学院重点支持，青年骨干教师出国研修项目适当增加试点学院所在学校选派计划。

四、完善学院内部治理结构

1. 支持试点学院改革院长选拔任用制度，试行教授委员会选举提名院长的办法。

2. 支持试点学院赋予学术委员会学科建设、学术评价、学术发展中的审议权，在学术成果评价等方面的评定权。

3. 落实和扩大试点学院教学、科研和管理自主权，支持试点学院依照学院章程自主确定发展规划并组织实施，自主配置各类资源，自主确定内部收入分配，自主设置和调整学科专业。

46. 目前我国有哪些试点学院?

目前首批共有 17 个教育部试点学院，分别为：

清华大学理学院

北京大学物理学院

上海交通大学机械与动力工程学院

中山大学管理学院

华中科技大学光学与电子信息学院

北京师范大学教育学部

天津大学精密仪器与光电子工程学院

同济大学土木工程学院

南开大学泰达学院

上海大学钱伟长学院

苏州大学纳米科学技术学院

中国科学技术大学物理学院

浙江大学基础医学院

四川大学生命科学学院

北京航空航天大学能源与动力工程学院

北京交通大学经济管理学院

苏州大学纳米科学技术学院

黑龙江大学中俄学院

试点学院因为在名称结构上看起来与独立学院非常相似，但是却具有巨大的不同，又因为能够享受到前文提到的各种政策，往往会成为各高校较热门或者最热门的填报选择。

47. 什么是荣誉学院？

荣誉学院是一些高水平院校为致力于创新教育和精英教育、为国家培养各个领域的领军人才而设置的经营学院，一般秉承博雅教育精神，先开展通识教育，然后再进行分专业教育，本硕、本硕博连读机会非常多，免试推荐研究生和直博机会也比较多。

各校荣誉学院基本都是集合本校最优资源、选拔最优学员、进行重点培养，因各校规定不同，进入荣誉学院的方式也各不相同，有的院校采取入校后选拔的方式挑选学员，也有的学校会在招生时就发布荣誉学院计划。可以说荣誉学院是顶尖院校集中顶尖资源对学生开展顶尖教育的地方，也是考生在志愿填报时竞争最激烈的争抢对象。

荣誉学院举例：北京大学元培学院、清华大学新雅书院、复旦大学复旦学院、浙江大学竺可桢学院、上海交通大学致远学院、哈尔滨工业大学英才学院、西安交通大学钱学森学院。

48. 什么是中外合作办学？

中外合作办学通常是指外国教育机构同中国教育机构在中国境内依据《中华人民共和国中外合作办学条例》合作举办的以中国公民为主要招生对象的教育机构。分为学历型教育和非学历型教育，本书着重介绍学历型合作办学。

中外合作办学本科段纳入国家普通高等学校招生计划；硕士段教育，参加高校组织的考试，学生修完全部课程符合毕业条件后，可获外方高校的硕士学位证书和中方高校的结业证书（还有一种中外合作办学硕士项目是双学位，颁发外方高校硕士学位证书，同时还可以申请国内高校的硕士学位证书）；博士段教育，毕业后颁发外方高校的博士学位证。

中外合作办学分为合作办学项目和合作办学机构两大类：

中外合作办学机构拥有独立的办学主体，在招生时具有单独的招生代码，但是学费比较昂贵，每年一般会接近十万或者十数万元，如：宁波诺丁汉大学、温州肯恩大学、西交利物浦大学等。

中外合作办学项目一般依附于国内高校，在招生时有的省份会给予单独的招生代码，有的省份与非中外合作办学使用相同的学校代码，仅在专业备注中进行简单标注，合作办学在各省招生批次也各不相同，而且名称上有直接使用专业名的，也有叫“校区”“分校”的，所以进行志愿填报时需要认真区分。合作办学项目具有一定公益性质，所以学费一般远高于非合作办学专业，但是往往没有合作办学机构的学费高，合作办学项目一般只接受有志愿考生，合作办学非合作办学使用相同院校代码进行招生时，一般不会将无志愿考生调剂到合作办学项目专业。

中外合作办学主要实行“2＋2”分段培养模式，学生先在国内学习两年，后两年可以自主选择在国内院校学习或者到国外的合作办学院校进行学习。也有一些合作办学项目采用的是“3＋1”或者“4＋0”模式或者其他模式。

合作办学项目举例：

北京工商大学，食品科学与工程类，学费 50000 元/年［与爱尔兰考克大学联合培养，国外学习期间参照合作大学标准缴纳学费］

电子科技大学（沙河校区），电子信息类，学费 60000 元/年［含电子信息工程］

北京师范大学珠海分校，计算机科学与技术（2+2 中外联合培养双学位），学费 24000 元/年［英语单科成绩需达到 100 分（150 分制）］

中外合作办学具有强烈的特殊性，在招生计划中往往无法详细标注，需要在填报前详细阅读目标院校的《招生章程》，有必要时还应直接与院校沟通做更详细的了解。

49. 什么是“卓越工程师教育培养计划”？

“卓越工程师教育培养计划”（简称“卓越计划”）是国家教育部贯彻落实《国家中长期教育改革和发展规划纲要（2010—2020 年）》和《国家中长期人才发展规划纲要（2010—2020 年）》的重大改革项目，也是促进我国由工程教育大国迈向工程教育强国的重大举措，旨在培养造就一大批创新能力强、适应经济社会发展需要的高质量各类型工程技术人才，为国家走新型工业化发展道路、建设创新型国家和人才强国战略服务，对促进高等教育面向社会需求培养人才，全面提高工程教育人才培养质量具有十分重要的示范和引导。

“卓越计划”由教育部牵头，中国工程院、住建部共同参与，在本科、研究生、博士三个层面开展，具有“行业企业深度参与培养过程；学校按通用标准和行业标准培养工程人才；强化培养学生的工程能力和创新能力”的特征，在就业发展方面具有明显优势。具体名单见表 3.7、表 3.8、表 3.9。

表 3.7　第一批“卓越工程师教育培养计划”高校名单

学校名称	学校名称	学校名称
清华大学	北京交通大学	北京科技大学
北京邮电大学	华北电力大学	北京化工大学
北京理工大学	北京航空航天大学	北京工业大学
哈尔滨工程大学	哈尔滨工业大学	黑龙江工程学院
天津大学	燕山大学	北京石油化工学院
太原理工大学	大连理工大学	吉林大学
同济大学	上海交通大学	华东理工大学
东华大学	上海大学	上海工程技术大学
上海电力学院	东南大学	河海大学
江南大学	江苏大学	南京工业大学
南京工程学院	浙江大学	浙江工业大学
浙江科技学院	宁波工程学院	合肥工业大学
合肥学院	福州大学	福建工程学院
南昌大学	山东大学	中国石油大学（华东）
山东理工大学	郑州大学	华中科技大学
武汉理工大学	中南大学	湖南大学
湖南工程学院	华南理工大学	汕头大学

续表

学校名称	学校名称	学校名称
东莞理工学院	四川大学	西南交通大学
成都信息工程大学	西安交通大学	长安大学
西安电子科技大学	西北工业大学	西安理工大学
西安建筑科技大学		

表 3.8　第二批“卓越工程师教育培养计划”高校名单

学校名称	学校名称	学校名称
中国石油大学（北京）	中国地质大学（北京）	北京信息科技大学
北京服装学院	北京印刷学院	北京建筑大学
北方工业大学	中国民航大学	天津工业大学
天津科技大学	天津理工大学	华北科技学院
防灾科技学院	河北工业大学	华北理工大学
河北科技大学	石家庄铁道大学	中北大学
内蒙古科技大学	内蒙古工业大学	东北大学
大连海事大学	沈阳大学	沈阳理工大学
辽宁工程技术大学	沈阳工业大学	沈阳建筑大学
辽宁石油化工大学	大连交通大学	沈阳化工大学
辽宁科技大学	大连工业大学	沈阳航空航天大学
长春理工大学	长春工业大学	东北电力大学
长春工程学院	吉林化工学院	东北林业大学
哈尔滨理工大学	东北石油大学	上海理工大学
上海海事大学	上海第二工业大学	上海应用技术大学
上海电机学院	南京大学	南京航空航天大学
南京理工大学	中国矿业大学	中国药科大学
苏州大学	扬州大学	江苏科技大学
南京邮电大学	南京信息工程大学	徐州工程学院
淮阴工学院	常州工学院	盐城工学院
苏州科技学院	常熟理工学院	杭州电子科技大学
浙江理工大学	温州大学	中国计量学院
中国科学技术大学	安徽理工大学	安徽工业大学
安徽建筑大学	安徽科技学院	厦门理工学院
江西理工大学	华东交通大学	东华理工大学
南昌航空大学	景德镇陶瓷学院	南昌工程学院
中国海洋大学	青岛大学	山东科技大学
烟台大学	青岛科技大学	青岛理工大学

续表

学校名称	学校名称	学校名称
济南大学	山东建筑大学	河南科技大学
河南理工大学	河南工业大学	华北水利水电大学
郑州轻工业大学	南阳理工学院	武汉大学
中国地质大学（武汉）	长江大学	三峡大学
武汉科技大学	湖北工业大学	武汉工程大学
武汉纺织大学	湖北汽车工业学院	国防科学技术大学
湖南科技大学	长沙理工大学	南华大学
湖南工学院	广东工业大学	广东石油化工学院
广西大学	宁夏大学	青海大学
海南大学	桂林电子科技大学	桂林理工大学
西南科技大学	电子科技大学	成都理工大学
重庆大学	四川轻化工大学	成都大学
重庆科技学院	重庆交通大学	重庆邮电大学
西安科技大学	贵州大学	昆明理工大学
西安工业大学	西安石油大学	西安工程大学
兰州理工大学	陕西科技大学	西安邮电大学
兰州交通大学		

表 3.9　第三批“卓越工程师教育培养计划”高校名单

学校名称	学校名称	学校名称
河北大学	河北农业大学	新疆工程学院
金陵科技学院	厦门大学	集美大学
三明学院	华中农业大学	中国民用航空飞行学院
云南大学	云南农业大学	西南林业大学
新疆大学	新疆农业大学	石河子大学

50. 什么是“卓越工程师教育培养计划 2.0”?

卓越工程师教育培养计划 2.0，是“卓越工程师教育培养计划”的升级版，即新工科建设，主要是指教育部实施的新工科研究与实践项目计划。是为应对新一轮科技革命和产业变革的挑战，主动服务国家创新驱动发展和“一带一路”“中国制造 2025”“互联网＋”等重大战略实施，加快工程教育改革创新，培养造就一大批多样化、创新型卓越工程科技人才，支撑产业转型升级等实施的新工科项目。目前有三百多所院校参与其中，共有 612 个项目为首批“新工科”研究与实践项目。

51. 什么是“卓越医生教育培养计划”?

“卓越医生教育培养计划”简称“卓越医生计划”，是为贯彻落实《国家中长期教育改革和发展规划纲要（2010－2020 年）》《中共中央、国务院关于深化医药卫生体制改革的意见》，加快推进临床医学教育综合改革，经研究，教育部、卫生部共同组织实施的以适应医药卫生体制改革的总体要求，探索建立“5＋3”（五年医学院校本科教育加三年住院医师规范化培训）临床医学人才培养模式，培养一大批高水平医师；适应国家医学创新和国际竞争对高水平医学人才的要求，深化长学制临床医学教育改革，培养一批高层次、国际化的医学拔尖创新人才；适应农村医疗卫生服务需求，深化面向基层的全科医生人才培养模式改革，培养大批农村基层实用型全科医生为目标的专门计划。

“卓越医生计划”第一批试点高校 125 所，改革试点项目 178 项，其中拔尖创新医学人才培养模式改革试点项目 26 项，五年制临床医学人才培养模式改革试点项目 72 项，农村订单定向免费医学教育人才培养模式改革试点项目 39 项，“3+2”三年制专科临床医学教育人才培养模式改革试点项目 41 项。具体内容见下表。

表 3.10　第一批卓越医生教育培养计划项目试点高校名单

所在省份	高校名称	承担项目名称
北京市	北京大学	拔尖创新医学人才培养模式改革试点
	清华大学	拔尖创新医学人才培养模式改革试点
	北京协和医学院	拔尖创新医学人才培养模式改革试点
	首都医科大学	拔尖创新医学人才培养模式改革试点
		五年制临床医学人才培养模式改革试点
		“3+2”三年制专科临床医学教育人才培养模式改革试点
天津市	天津医科大学	拔尖创新医学人才培养模式改革试点
		五年制临床医学人才培养模式改革试点
	天津医学高等专科学校	“3+2”三年制专科临床医学教育人才培养模式改革试点
河北省	河北医科大学	五年制临床医学人才培养模式改革试点
		农村订单定向免费医学教育人才培养模式改革试点
	华北理工大学	五年制临床医学人才培养模式改革试点
	承德医学院	农村订单定向免费医学教育人才培养模式改革试点
	沧州医学高等专科学校	“3+2”三年制专科临床医学教育人才培养模式改革试点
	邢台医学高等专科学校	“3+2”三年制专科临床医学教育人才培养模式改革试点
山西省	山西医科大学	五年制临床医学人才培养模式改革试点
		农村订单定向免费医学教育人才培养模式改革试点
	内蒙古科技大学	“3+2”三年制专科临床医学教育人才培养模式改革试点
	长治医学院	五年制临床医学人才培养模式改革试点
	山西大同大学	“3+2”三年制专科临床医学教育人才培养模式改革试点
内蒙古自治区	内蒙古医科大学	五年制临床医学人才培养模式改革试点
		“3+2”三年制专科临床医学教育人才培养模式改革试点
	内蒙古科技大学	农村订单定向免费医学教育人才培养模式改革试点
辽宁省	中国医科大学	拔尖创新医学人才培养模式改革试点
		五年制临床医学人才培养模式改革试点
	大连医科大学	五年制临床医学人才培养模式改革试点
	辽东学院	“3+2”三年制专科临床医学教育人才培养模式改革试点

续表

所在省份	高校名称	承担项目名称
吉林省	吉林大学	拔尖创新医学人才培养模式改革试点
		五年制临床医学人才培养模式改革试点
	北华大学	五年制临床医学人才培养模式改革试点
		农村订单定向免费医学教育人才培养模式改革试点
	延边大学	五年制临床医学人才培养模式改革试点
		农村订单定向免费医学教育人才培养模式改革试点
	长春医学高等专科学校	“3＋2”三年制专科临床医学教育人才培养模式改革试点
黑龙江省	哈尔滨医科大学	拔尖创新医学人才培养模式改革试点
		五年制临床医学人才培养模式改革试点
	佳木斯大学	五年制临床医学人才培养模式改革试点
	齐齐哈尔医学院	五年制临床医学人才培养模式改革试点
		农村订单定向免费医学教育人才培养模式改革试点
	牡丹江医学院	农村订单定向免费医学教育人才培养模式改革试点
	大庆医学高等专科学校	“3＋2”三年制专科临床医学教育人才培养模式改革试点
	大兴安岭职业学院	“3＋2”三年制专科临床医学教育人才培养模式改革试点
上海市	复旦大学	拔尖创新医学人才培养模式改革试点
		五年制临床医学人才培养模式改革试点
	上海交通大学	拔尖创新医学人才培养模式改革试点
		五年制临床医学人才培养模式改革试点
	同济大学	拔尖创新医学人才培养模式改革试点
		五年制临床医学人才培养模式改革试点
	第二军医大学	拔尖创新医学人才培养模式改革试点
		五年制临床医学人才培养模式改革试点
	上海医药高等专科学校	“3＋2”三年制专科临床医学教育人才培养模式改革试点
江苏省	南京大学	拔尖创新医学人才培养模式改革试点
	东南大学	拔尖创新医学人才培养模式改革试点
		五年制临床医学人才培养模式改革试点
	南京医科大学	五年制临床医学人才培养模式改革试点
	苏州大学	五年制临床医学人才培养模式改革试点
	徐州医科大学	五年制临床医学人才培养模式改革试点
		农村订单定向免费医学教育人才培养模式改革试点
		“3＋2”三年制专科临床医学教育人才培养模式改革试点
	南通大学	农村订单定向免费医学教育人才培养模式改革试点

续表

所在省份	高校名称	承担项目名称
浙江省	浙江大学	拔尖创新医学人才培养模式改革试点
		五年制临床医学人才培养模式改革试点
	温州医科大学	五年制临床医学人才培养模式改革试点
		农村订单定向免费医学教育人才培养模式改革试点
	宁波大学	五年制临床医学人才培养模式改革试点
	湖州师范学院	农村订单定向免费医学教育人才培养模式改革试点
	杭州医学院	“3＋2”三年制专科临床医学教育人才培养模式改革试点
	金华职业技术学院	“3＋2”三年制专科临床医学教育人才培养模式改革试点
安徽省	安徽医科大学	五年制临床医学人才培养模式改革试点
		农村订单定向免费医学教育人才培养模式改革试点
	蚌埠医学院	五年制临床医学人才培养模式改革试点
		农村订单定向免费医学教育人才培养模式改革试点
	安徽医学高等专科学校	“3＋2”三年制专科临床医学教育人才培养模式改革试点
	安庆医药高等专科学校	“3＋2”三年制专科临床医学教育人才培养模式改革试点
福建省	厦门大学	拔尖创新医学人才培养模式改革试点
		五年制临床医学人才培养模式改革试点
	福建医科大学	五年制临床医学人才培养模式改革试点
	莆田学院	农村订单定向免费医学教育人才培养模式改革试点
	泉州医学高等专科学校	“3＋2”三年制专科临床医学教育人才培养模式改革试点
	漳州卫生职业学院	“3＋2”三年制专科临床医学教育人才培养模式改革试点
江西省	南昌大学	五年制临床医学人才培养模式改革试点
	宜春学院	五年制临床医学人才培养模式改革试点
	赣南医学院	农村订单定向免费医学教育人才培养模式改革试点
		“3＋2”三年制专科临床医学教育人才培养模式改革试点
	井冈山大学	农村订单定向免费医学教育人才培养模式改革试点
	九江学院	农村订单定向免费医学教育人才培养模式改革试点
	江西医学院上饶分院	“3＋2”三年制专科临床医学教育人才培养模式改革试点
山东省	山东大学	拔尖创新医学人才培养模式改革试点
		五年制临床医学人才培养模式改革试点
	泰山医学院	五年制临床医学人才培养模式改革试点
	潍坊医学院	五年制临床医学人才培养模式改革试点
	青岛大学	五年制临床医学人才培养模式改革试点
	济宁医学院	“3＋2”三年制专科临床医学教育人才培养模式改革试点
	山东医学高等专科学校	“3＋2”三年制专科临床医学教育人才培养模式改革试点

续表

所在省份	高校名称	承担项目名称
河南省	郑州大学	五年制临床医学人才培养模式改革试点
	新乡医学院	五年制临床医学人才培养模式改革试点
	河南大学	农村订单定向免费医学教育人才培养模式改革试点
	河南科技大学	农村订单定向免费医学教育人才培养模式改革试点
	漯河医学高等专科学校	“3＋2”三年制专科临床医学教育人才培养模式改革试点
湖北省	华中科技大学	拔尖创新医学人才培养模式改革试点
		五年制临床医学人才培养模式改革试点
	武汉大学	拔尖创新医学人才培养模式改革试点
		五年制临床医学人才培养模式改革试点
	长江大学	五年制临床医学人才培养模式改革试点
	湖北医药学院	五年制临床医学人才培养模式改革试点
		农村订单定向免费医学教育人才培养模式改革试点
	湖北科技学院	农村订单定向免费医学教育人才培养模式改革试点
	湖北职业技术学院	“3＋2”三年制专科临床医学教育人才培养模式改革试点
	襄阳职业技术学院	“3＋2”三年制专科临床医学教育人才培养模式改革试点
湖南省	中南大学	拔尖创新医学人才培养模式改革试点
		五年制临床医学人才培养模式改革试点
	南华大学	五年制临床医学人才培养模式改革试点
		农村订单定向免费医学教育人才培养模式改革试点
	湖南师范大学	五年制临床医学人才培养模式改革试点
	吉首大学	农村订单定向免费医学教育人才培养模式改革试点
	邵阳学院	“3＋2”三年制专科临床医学教育人才培养模式改革试点
	湖南医药学院	“3＋2”三年制专科临床医学教育人才培养模式改革试点
广东省	中山大学	拔尖创新医学人才培养模式改革试点
		五年制临床医学人才培养模式改革试点
	暨南大学	五年制临床医学人才培养模式改革试点
	南方医科大学	拔尖创新医学人才培养模式改革试点
		五年制临床医学人才培养模式改革试点
	汕头大学	五年制临床医学人才培养模式改革试点
	广州医学院	五年制临床医学人才培养模式改革试点
广西壮族自治区	广西医科大学	五年制临床医学人才培养模式改革试点
		农村订单定向免费医学教育人才培养模式改革试点
	桂林医学院	五年制临床医学人才培养模式改革试点
	右江民族医学院	农村订单定向免费医学教育人才培养模式改革试点
	广西科技大学	“3＋2”三年制专科临床医学教育人才培养模式改革试点

续表

所在省份	高校名称	承担项目名称
海南省	海南医学院	五年制临床医学人才培养模式改革试点
		农村订单定向免费医学教育人才培养模式改革试点
		“3＋2”三年制专科临床医学教育人才培养模式改革试点
重庆市	第三军医大学	拔尖创新医学人才培养模式改革试点
		五年制临床医学人才培养模式改革试点
	重庆医科大学	五年制临床医学人才培养模式改革试点
		农村订单定向免费医学教育人才培养模式改革试点
	重庆三峡医药高等专科学校	“3＋2”三年制专科临床医学教育人才培养模式改革试点
	重庆医药高等专科学校	“3＋2”三年制专科临床医学教育人才培养模式改革试点
四川省	四川大学	拔尖创新医学人才培养模式改革试点
		五年制临床医学人才培养模式改革试点
	西南医科大学	五年制临床医学人才培养模式改革试点
		农村订单定向免费医学教育人才培养模式改革试点
	川北医学院	五年制临床医学人才培养模式改革试点
		农村订单定向免费医学教育人才培养模式改革试点
	成都医学院	农村订单定向免费医学教育人才培养模式改革试点
	四川中医药高等专科学校	“3＋2”三年制专科临床医学教育人才培养模式改革试点
	雅安职业技术学院	“3＋2”三年制专科临床医学教育人才培养模式改革试点
贵州省	贵州医科大学	五年制临床医学人才培养模式改革试点
		农村订单定向免费医学教育人才培养模式改革试点
	遵义医学院	五年制临床医学人才培养模式改革试点
		农村订单定向免费医学教育人才培养模式改革试点
	黔东南民族职业技术学院	“3＋2”三年制专科临床医学教育人才培养模式改革试点
	黔南民族医学高等专科学校	“3＋2”三年制专科临床医学教育人才培养模式改革试点
云南省	昆明医科大学	五年制临床医学人才培养模式改革试点
		农村订单定向免费医学教育人才培养模式改革试点
	大理大学	五年制临床医学人才培养模式改革试点
	曲靖医学高等专科学校	“3＋2”三年制专科临床医学教育人才培养模式改革试点
西藏自治区	西藏大学	五年制临床医学人才培养模式改革试点
	西藏民族学院	农村订单定向免费医学教育人才培养模式改革试点

续表

所在省份	高校名称	承担项目名称
陕西省	西安交通大学	拔尖创新医学人才培养模式改革试点
		五年制临床医学人才培养模式改革试点
	第四军医大学	拔尖创新医学人才培养模式改革试点
		五年制临床医学人才培养模式改革试点
	延安大学	五年制临床医学人才培养模式改革试点
	西安医学院	五年制临床医学人才培养模式改革试点
陕西省	西安医学院	农村订单定向免费医学教育人才培养模式改革试点
	西安医学高等专科学校	“3+2”三年制专科临床医学教育人才培养模式改革试点
甘肃省	兰州大学	五年制临床医学人才培养模式改革试点
		农村订单定向免费医学教育人才培养模式改革试点
青海省	青海大学	五年制临床医学人才培养模式改革试点
	青海卫生职业技术学院	“3+2”三年制专科临床医学教育人才培养模式改革试点
宁夏回族自治区	宁夏医科大学	五年制临床医学人才培养模式改革试点
		农村订单定向免费医学教育人才培养模式改革试点
		“3+2”三年制专科临床医学教育人才培养模式改革试点
新疆维吾尔自治区	新疆医科大学	五年制临床医学人才培养模式改革试点
		农村订单定向免费医学教育人才培养模式改革试点
		“3+2”三年制专科临床医学教育人才培养模式改革试点
新疆生产建设兵团	石河子大学	五年制临床医学人才培养模式改革试点

52. 什么是“111 计划”？

“111 计划”旨在推进中国高等学校建设世界一流大学和一流学科的进程。该项目由教育部、国家外国专家局联合实施，瞄准国际学科发展前沿，围绕国家目标，以国家重点学科为基础，从世界范围排名前 100 位的著名大学及研究机构的优势学科队伍中，引进、会聚 1000 余名优秀人才，形成高水平的研究队伍，建设 100 个左右世界一流的学科创新引智基地。“111 计划”引智基地的建设周期为 5 年，2006、2007、2008、2011 年分别启动了三期计划，2013 年后每年都有计划。那些有志于进行大学阶段长期学习尤其是有读博士准备的考生，详细检索计划内各院校的引智项目将对将来的学习和发展起到一定帮助。

53. 什么是“珠峰计划”？

“基础学科拔尖学生培养试验计划”在民间被简称为“珠峰计划”，该计划是国家为回应“钱学森之问”而推出的一项人才培养计划，旨在培养中国自己的学术大师，由教育部联合中组部、财政部于 2009 年启动。

该计划有北京大学、清华大学、中国科学技术大学、浙江大学、上海交通大学、西安交通大学、吉林大学、山东大学、南开大学、复旦大学、哈尔滨工业大学、南京大学、四川大学、兰州大学、中国科学院大学等高校入选。

54. 什么是“长江学者”？

长江学者是对“长江学者奖励计划”特聘教授、讲座教授的一种学术性、荣誉性称谓。

"长江学者奖励计划"是教育部为提高中国高校学术地位、振兴中国高等教育，从 1998 年共同设立的专项高层次人才计划，是高等学校高层次人才队伍建设的引领性工程。

长江学者分为特聘教授和讲座教授，2015 年新增了青年长江学者项目，2018 年印发新的《"长江学者奖励计划"管理办法》标志着长江学者计划进入了新阶段。

55. 什么是"两院院士"?

有一些学校在师资描述中会有"本校有院士××人"之类的介绍，通俗所说的"院士"多指中国科学院院士或中国工程院院士。中国科学院院士，是中华人民共和国设立的科学技术方面的最高学术称号，为终身荣誉。中国工程院院士，是中国工程科学技术方面的最高学术称号，为终身荣誉。目前在世的两院院士也仅有一千六百人左右，其主要从事科研工作，即便是身在各高校的院士也多是以科研为主，但是也有部分院士会参与到教学甚至本科教学之中。

其实，是否能够获得院士的直接指导并不是最重要的，重要的是院士的研究方向或者说所在的学科一定是其所在院校实力最强的学科，选报这样的学科将非常适合考生的长期发展。

56. 什么是"杰青基金获得者"?

"杰青基金获得者"是对国家杰出青年科学基金获得者的简称，杰青基金是中国为促进青年科学和技术人才的成长，鼓励海外学者回国工作，加速培养造就一批进入世界科技前沿的优秀学术带头人而特别设立的科学基金。每年约 160 人，每期为 4 年。

一所院校里有杰青基金获得者的学科，往往是院校重点建设的学科，考生在选择的时候可以重点考虑这样的学科。

57. 什么是"全国重点大学"?

全国重点大学也叫全国重点高等学校，指的是国家重点建设的一批高等院校。1954 年确定 6 所，1959 年确定 16 所，后来逐渐增加至一百余所。在 20 世纪 90 年代全国高校体制改革后，"全国重点大学"这一称呼已经很少使用了，而且部分院校因历次改革的原因拆分重组、撤销合并等已经较难判断了。但是这些重点大学都是较早开展重点建设的高校，往往具有历史悠久、实力强劲的特征。考生在选择院校的时候可以参照此院校是否属于全国重点大学，有些高校因为组建（或合并）时间较晚，没能进入重点大学行列，但是依然实力不俗。下表供参考。

表 3.11 重点大学列表

学校名称	学校名称	学校名称
北京大学	西安电子科技大学	北京林业大学
清华大学	华东理工大学	长安大学
浙江大学	南京师范大学	内蒙古大学
上海交通大学	中国海洋大学	河北大学
武汉大学	南京农业大学	山西大学
复旦大学	南京航空航天大学	华北电力大学
南京大学	陕西师范大学	北京中医药大学
吉林大学	北京科技大学	中国地质大学（北京）
中山大学	西北大学	安徽大学
华中科技大学	上海大学	中南财经政法大学

续表

学校名称	学校名称	学校名称
四川大学	南京理工大学	海南大学
山东大学	北京工业大学	黑龙江大学
哈尔滨工业大学	江南大学	太原理工大学
西安交通大学	哈尔滨工程大学	中国传媒大学
中国科学技术大学	湖南师范大学	辽宁大学
东南大学	河海大学	西南财经大学
南开大学	云南大学	对外经济贸易大学
中南大学	浙江工业大学	西北师范大学
中国人民大学	北京邮电大学	贵州大学
北京师范大学	中国政法大学	东北农业大学
厦门大学	燕山大学	河北工业大学
同济大学	西北农林科技大学	延边大学
大连理工大学	北京语言大学	北京外国语大学
天津大学	中央财经大学	上海外国语大学
华东师范大学	华南师范大学	新疆大学
北京航空航天大学	北京化工大学	中国药科大学
华南理工大学	中央民族大学	大连海事大学
北京理工大学	暨南大学	东北林业大学
中国农业大学	河南大学	石河子大学
西北工业大学	合肥工业大学	南京信息工程大学
重庆大学	南昌大学	西南政法大学
湖南大学	东华大学	中央音乐学院
兰州大学	上海财经大学	温州医科大学
北京交通大学	中国矿业大学（徐州）	四川农业大学
电子科技大学	广西大学	北京体育大学
西南交通大学	湘潭大学	辽宁工程技术大学
武汉理工大学	华南农业大学	沈阳农业大学
东北大学	中国矿业大学（北京）	青海大学
华中师范大学	福州大学	陕西科技大学
东北师范大学	天津医科大学	宁夏大学
苏州大学	中国石油大学（北京）	中央美术学院
西南大学	中国石油大学（华东）	东北石油大学
郑州大学	中国地质大学（武汉）	江西农业大学
华中农业大学	宁波大学	中央戏剧学院
西藏大学	国际关系学院	山西农业大学

58. 什么是“211 工程”院校？

“211 工程”，即面向 21 世纪、重点建设 100 所左右的高等学校和一批重点学科的建设工程，于

1995 年 11 月经国务院批准后正式启动。“211 工程”是新中国成立以来由国家立项在高等教育领域进行的规模最大、层次最高的重点建设工作，是中国政府实施“科教兴国”战略的重大举措、中华民族面对世纪之交的中国国内外形势而作出的发展高等教育的重大决策。“211 工程”院校往往都是综合实力较强或者在某些学科领域有特长的院校，需要注意的是，现在“211 工程”实际已经并入“双一流”之中了，院校是否曾经是“211 工程”建设高校的重要性实际是在下降的。

1995 年 12 月，第一批入选“211 工程”的大学共 15 所：

北京大学、清华大学、北京理工大学、北京航空航天大学、中国农业大学、复旦大学、上海交通大学、西安交通大学、哈尔滨工业大学、中国科学技术大学、南开大学、天津大学、南京大学、浙江大学、西北工业大学。

1996 年 12 月，首批增加 12 所，总数变为 27 所：

中国人民大学、北京师范大学、大连理工大学、吉林大学、哈尔滨工程大学、同济大学、东南大学、武汉大学、华中科技大学、中南大学、国防科技大学、中山大学。

1997 年 12 月，第二批 68 所：

中国石油大学、北京中医药大学、北京邮电大学、北京林业大学、北京科技大学、北京交通大学、北京化工大学、北京外国语大学、对外经济贸易大学、中央音乐学院、北京工业大学、中央民族大学、天津医科大学、河北工业大学、太原理工大学、内蒙古大学、东北大学、辽宁大学、大连海事大学、东北师范大学、延边大学、东北农业大学、华东师范大学、华东理工大学、东华大学、上海财经大学、上海外国语大学、上海大学、上海医科大学、第二军医大学、中国矿业大学、中国药科大学、南京农业大学、江南大学、河海大学、南京航空航天大学、南京理工大学、南京师范大学、苏州大学、南昌大学、安徽大学、厦门大学、福州大学、山东大学、中国海洋大学、郑州大学、中国地质大学、武汉理工大学、湖南大学、湖南师范大学、华南理工大学、暨南大学、华南师范大学、广西大学、重庆大学、四川大学、电子科技大学、西南交通大学、西南财经大学、四川农业大学、云南大学、兰州大学、西安电子科技大学、长安大学、西北大学、第四军医大学、新疆大学、中国传媒大学。

2005 年，第三批 12 所：

西南大学、中国政法大学、中央财经大学、华北电力大学、东北林业大学、合肥工业大学、华中农业大学、华中师范大学、中南财经政法大学、贵州大学、西北农林科技大学、北京体育大学。

2005 年末，第四批 1 所：

陕西师范大学。

2008 年，第五批 5 所：

宁夏大学、海南大学、青海大学、石河子大学、西藏大学。

59. 什么是“985 工程”？

1998 年 5 月 4 日，时任国家主席江泽民在庆祝北京大学建校 100 周年大会上，代表中国共产党和中华人民共和国中央人民政府向全社会宣告：“为了实现现代化，我国要有若干所具有世界先进水平的一流大学。”1999 年，国务院批转教育部《面向 21 世纪教育振兴行动计划》。因为这个计划是在 1998 年 5 月提出的，所以也被简称为“985”工程。“985”工程建设院校均为实力较强的高校，是高分考生重点考虑的填报院校。需要注意：一是有些势力强劲的院校并没有纳入“985”工程建设之中，如协和医科大学和建校较晚的中国科学院大学；二是“985”工程已经实际并入了“双一流”建设项目。具体名单见下表。

表 3.12 “985 工程”院校名单

学校名称	学校名称	学校名称
北京大学	武汉大学	中山大学
清华大学	华中科技大学	华南理工大学
中国科学技术大学	吉林大学	兰州大学
南京大学	厦门大学	西北工业大学
复旦大学	山东大学	东北大学
上海交通大学	中国海洋大学	同济大学
西安交通大学	湖南大学	北京师范大学
浙江大学	中南大学	中国人民大学
哈尔滨工业大学	大连理工大学	中国农业大学
北京理工大学	北京航空航天大学	国防科学技术大学
南开大学	重庆大学	中央民族大学
天津大学	四川大学	华东师范大学
东南大学	电子科技大学	西北农林科技大学

60. 什么是“双一流”?

世界一流大学和一流学科建设，简称“双一流”，建设世界一流大学和一流学科，是党中央、国务院作出的重大战略决策，亦是中国高等教育领域继“211 工程”“985 工程”之后的又一国家战略，有利于提升中国高等教育综合实力和国际竞争力，为实现“两个一百年”奋斗目标和中华民族伟大复兴的中国梦提供有力支撑。

“211 工程”“985 工程”及“优势学科创新平台”等重点建设项目，已经统一纳入世界一流大学和一流学科建设之中。教育部、财政部、国家发展改革委联合发布通知，正式确认公布世界一流大学和一流学科建设高校及建设学科名单，首批双一流建设高校共计 137 所，其中世界一流大学建设高校 42 所（A 类 36 所，B 类 6 所），世界一流学科建设高校 95 所；双一流建设学科共计 465 个。考生在选报院校的时候要注意“双一流”建设是以学科为主导的，所以要强化学科意识。

需要注意的是，“双一流”建设是动态管理的。具体见下表。

表 3.13 世界一流大学建设高校 A 类

学校名称	学校名称	学校名称	学校名称	学校名称
北京大学	清华大学	中国人民大学	北京航空航天大学	北京理工大学
中央民族大学	南开大学	天津大学	中国农业大学	北京师范大学
大连理工大学	同济大学	吉林大学	哈尔滨工业大学	复旦大学
上海交通大学	华东师范大学	南京大学	东南大学	浙江大学
山东大学	中国科学技术大学	厦门大学	武汉大学	华中科技大学
中南大学	中国海洋大学	中山大学	华南理工大学	四川大学
电子科技大学	西安交通大学	西北工业大学	兰州大学	重庆大学
国防科技大学				

表 3.14 世界一流大学建设 B 类

学校名称	学校名称	学校名称	学校名称	学校名称
东北大学	郑州大学	云南大学	西北农林科技大学	湖南大学
新疆大学				

需要注意的是，中国科学院大学虽然没有进入实际一流大学名单，但是在实际建设上相当于享受世界一流大学建设的待遇，甚至更好的待遇。

民间按照 42 所双一流院校的实力和建设目标将其分为五档：

第一档：北京大学、清华大学、浙江大学、复旦大学。这 4 所高校的目标都比较一致，均为 2050 年整体水平进入顶尖世界一流大学行列。

第二档：上海交通大学、哈尔滨工业大学、中国科学技术大学、西安交通大学、南京大学和中国人民大学。这 6 所高校被称为第一档 5 所高校近似梯队上的“替补”。

与第一档高校目标是整体水平处于世界顶尖大学行列不同，第二档高校在 2050 年的目标都有自己独特的描述，都是要有自己的特色，而并非整体实力都要突出。

第三档：华中科技大学、武汉大学、东南大学、兰州大学、南开大学、同济大学、北京航空航天大学、四川大学、中山大学和北京师范大学。

这 10 所高校的目标都是 2050 年进入世界一流大学前列。

第四档：山东大学、重庆大学、厦门大学、中南大学、北京理工大学、天津大学、华南理工大学、电子科技大学、华东师范大学、中国农业大学。

其目标多为在 2050 年整体实力进入世界一流大学行列。

第五档：大连理工大学、吉林大学、西北工业大学、湖南大学、中央民族大学、中国海洋大学、东北大学、西北农林科技大学、郑州大学、云南大学、新疆大学和国防科技大学。

“第五档”高校属于当前重点高校里实力比较弱的群体，在提建设目标的时候这些高校也比较谨慎。对于这些高校来说，维持当前的发展趋势是其首要任务。下表为“双一流”建设学科。

表 3.15 “双一流”建设学科

学校	学科
北京大学	哲学、理论经济学、应用经济学、法学、政治学、社会学、马克思主义理论、心理学、中国语言文学、外国语言文学、考古学、中国史、世界史、数学、物理学、化学、地理学、地球物理学、地质学、生物学、生态学、统计学、力学、材料科学与工程、电子科学与技术、控制科学与工程、计算机科学与技术、环境科学与工程、软件工程、基础医学、临床医学、口腔医学、公共卫生与预防医学、药学、护理学、艺术学理论、现代语言学、语言学、机械及航空航天和制造工程、商业与管理、社会政策与管理
清华大学	法学、政治学、马克思主义理论、数学、物理学、化学、生物学、力学、机械工程、仪器科学与技术、材料科学与工程、动力工程及工程热物理、电气工程、信息与通信工程、控制科学与工程、计算机科学与技术、建筑学、土木工程、水利工程、化学工程与技术、核科学与技术、环境科学与工程、生物医学工程、城乡规划学、风景园林学、软件工程、管理科学与工程、工商管理、公共管理、设计学、会计与金融、经济学和计量经济学、统计学与运筹学、现代语言学

续表

学校	学科
中国人民大学	哲学、理论经济学、应用经济学、法学、政治学、社会学、马克思主义理论、新闻传播学、中国史、统计学、工商管理、农林经济管理、公共管理、图书情报与档案管理
北京交通大学	系统科学
北京工业大学	土木工程（自定）
北京航空航天大学	力学、仪器科学与技术、材料科学与工程、控制科学与工程、计算机科学与技术、航空宇航科学与技术、软件工程
北京理工大学	材料科学与工程、控制科学与工程、兵器科学与技术
北京科技大学	科学技术史、材料科学与工程、冶金工程、矿业工程
北京化工大学	化学工程与技术（自定）
北京邮电大学	信息与通信工程、计算机科学与技术
中国农业大学	生物学、农业工程、食品科学与工程、作物学、农业资源与环境、植物保护、畜牧学、兽医学、草学
北京林业大学	风景园林学、林学
北京协和医学院	生物学、生物医学工程、临床医学、药学
北京中医药大学	中医学、中西医结合、中药学
北京师范大学	教育学、心理学、中国语言文学、中国史、数学、地理学、系统科学、生态学、环境科学与工程、戏剧与影视学、语言学
首都师范大学	数学
北京外国语大学	外国语言文学
中国传媒大学	新闻传播学、戏剧与影视学
中央财经大学	应用经济学
对外经济贸易大学	应用经济学（自定）
外交学院	政治学（自定）
中国人民公安大学	公安学（自定）
北京体育大学	体育学
中央音乐学院	音乐与舞蹈学
中国音乐学院	音乐与舞蹈学（自定）
中央美术学院	美术学、设计学
中央戏剧学院	戏剧与影视学
中央民族大学	民族学
中国政法大学	法学
南开大学	世界史、数学、化学、统计学、材料科学与工程
天津大学	化学、材料科学与工程、化学工程与技术、管理科学与工程
天津工业大学	纺织科学与工程

续表

学校	学科
天津医科大学	临床医学（自定）
天津中医药大学	中药学
华北电力大学	电气工程（自定）
河北工业大学	电气工程（自定）
太原理工大学	化学工程与技术（自定）
内蒙古大学	生物学（自定）
辽宁大学	应用经济学（自定）
大连理工大学	化学、工程
东北大学	控制科学与工程
大连海事大学	交通运输工程（自定）
吉林大学	考古学、数学、物理学、化学、材料科学与工程
延边大学	外国语言文学（自定）
东北师范大学	马克思主义理论、世界史、数学、化学、统计学、材料科学与工程
哈尔滨工业大学	力学、机械工程、材料科学与工程、控制科学与工程、计算机科学与技术、土木工程、环境科学与工程
哈尔滨工程大学	船舶与海洋工程
东北农业大学	畜牧学（自定）
东北林业大学	林业工程、林学
复旦大学	哲学、政治学、中国语言文学、中国史、数学、物理学、化学、生物学、生态学、材料科学与工程、环境科学与工程、基础医学、临床医学、中西医结合、药学、机械及航空航天和制造工程、现代语言学
同济大学	建筑学、土木工程、测绘科学与技术、环境科学与工程、城乡规划学、风景园林学、艺术与设计
上海交通大学	数学、化学、生物学、机械工程、材料科学与工程、信息与通信工程、控制科学与工程、计算机科学与技术、土木工程、化学工程与技术、船舶与海洋工程、基础医学、临床医学、口腔医学、药学、电子电气工程、商业与管理
华东理工大学	化学、材料科学与工程、化学工程与技术
东华大学	纺织科学与工程
上海海洋大学	水产
上海中医药大学	中医学、中药学
华东师范大学	教育学、生态学、统计学
上海外国语大学	外国语言文学
上海财经大学	统计学
上海体育学院	体育学

续表

学校	学科
上海音乐学院	音乐与舞蹈学
上海大学	机械工程（自定）
南京大学	哲学、中国语言文学、外国语言文学、物理学、化学、天文学、大气科学、地质学、生物学、材料科学与工程、计算机科学与技术、化学工程与技术、矿业工程、环境科学与工程、图书情报与档案管理
苏州大学	材料科学与工程（自定）
东南大学	材料科学与工程、电子科学与技术、信息与通信工程、控制科学与工程、计算机科学与技术、建筑学、土木工程、交通运输工程、生物医学工程、风景园林学、艺术学理论
南京航空航天大学	力学
南京理工大学	兵器科学与技术
中国矿业大学	安全科学与工程、矿业工程
南京邮电大学	电子科学与技术
河海大学	水利工程、环境科学与工程
江南大学	轻工技术与工程、食品科学与工程
南京林业大学	林业工程
南京信息工程大学	大气科学
南京农业大学	作物学、农业资源与环境
南京中医药大学	中药学
中国药科大学	中药学
南京师范大学	地理学
浙江大学	化学、生物学、生态学、机械工程、光学工程、材料科学与工程、电气工程、控制科学与工程、计算机科学与技术、农业工程、环境科学与工程、软件工程、园艺学、植物保护、基础医学、药学、管理科学与工程、农林经济管理
中国美术学院	美术学
安徽大学	材料科学与工程（自定）
中国科学技术大学	数学、物理学、化学、天文学、地球物理学、生物学、科学技术史、材料科学与工程、计算机科学与技术、核科学与技术、安全科学与工程
合肥工业大学	管理科学与工程（自定）
厦门大学	化学、海洋科学、生物学、生态学、统计学
福州大学	化学（自定）
南昌大学	材料科学与工程
山东大学	数学、化学
中国海洋大学	海洋科学、水产
中国石油大学（华东）	石油与天然气工程、地质资源与地质工程

续表

学校	学科
郑州大学	临床医学（自定）、材料科学与工程（自定）、化学（自定）
河南大学	生物学
武汉大学	理论经济学、法学、马克思主义理论、化学、地球物理学、生物学、测绘科学与技术、矿业工程、口腔医学、图书情报与档案管理
华中科技大学	机械工程、光学工程、材料科学与工程、动力工程及工程热物理、电气工程、计算机科学与技术、基础医学、公共卫生与预防医学
中国地质大学（武汉）	地质学、地质资源与地质工程
武汉理工大学	材料科学与工程
华中农业大学	生物学、园艺学、畜牧学、兽医学、农林经济管理
华中师范大学	政治学、中国语言文学
中南财经政法大学	法学（自定）
湖南大学	化学、机械工程
中南大学	数学、材料科学与工程、冶金工程、矿业工程
湖南师范大学	外国语言文学（自定）
中山大学	哲学、数学、化学、生物学、生态学、材料科学与工程、电子科学与技术、基础医学、临床医学、药学、工商管理
暨南大学	药学（自定）
华南理工大学	化学、材料科学与工程、轻工技术与工程、农学
广州中医药大学	中医学
华南师范大学	物理学
海南大学	作物学（自定）
广西大学	土木工程（自定）
四川大学	数学、化学、材料科学与工程、基础医学、口腔医学、护理学
重庆大学	机械工程（自定）、电气工程（自定）、土木工程（自定）
西南交通大学	交通运输工程
电子科技大学	电子科学与技术、信息与通信工程
西南石油大学	石油与天然气工程
成都理工大学	地质学
四川农业大学	作物学（自定）
成都中医药大学	中药学
西南大学	生物学
西南财经大学	应用经济学（自定）
贵州大学	植物保护（自定）
云南大学	民族学、生态学

续表

学校	学科
西藏大学	生态学（自定）
西北大学	地质学
西安交通大学	力学、机械工程、材料科学与工程、动力工程及工程热物理、电气工程、信息与通信工程、管理科学与工程、工商管理
西北工业大学	机械工程、材料科学与工程
西安电子科技大学	信息与通信工程、计算机科学与技术
长安大学	交通运输工程（自定）
西北农林科技大学	农学
陕西师范大学	中国语言文学（自定）
兰州大学	化学、大气科学、生态学、草学
青海大学	生态学（自定）
宁夏大学	化学工程与技术（自定）
新疆大学	马克思主义理论（自定）、化学（自定）、计算机科学与技术（自定）
石河子大学	化学工程与技术（自定）
中国矿业大学（北京）	安全科学与工程、矿业工程
中国石油大学（北京）	石油与天然气工程、地质资源与地质工程
中国地质大学（北京）	地质学、地质资源与地质工程
宁波大学	力学
中国科学院大学	化学、材料科学与工程
国防科技大学	信息与通信工程、计算机科学与技术、航空宇航科学与技术、软件工程、管理科学与工程
第二军医大学	基础医学
第四军医大学	临床医学（自定）

61. 什么是“小 985”？

“985 工程优势学科创新平台”，简称“985 平台”，又被民间称为“小 985”，是国务院在高等教育系统实施的国家工程之一。“985 平台”工程由教育部和财政部共同负责，目前有 33 所顶尖行业特色型大学列入这个项目之中。小 985 高校均为 211 工程建设学校，但不属于 985 建设工程院校。985 工程优势学科创新平台相当于一类 985 工程科技创新平台，它的建设方式采用于 985 工程比较接近的方式，在资金和预算上有非常大的倾斜。

考生在选择“小 985”院校的时候需要注意此建设项目是指向学科的。具体见下表。

表 3.16 “985 工程优势学科创新平台”涉及的院校

类别	高校名称	985 工程优势学科创新平台名称
国防类	哈尔滨工程大学	现代舰船与深海工程优势学科创新平台
	南京理工大学	现代攻防与先进装备技术优势学科创新平台
	南京航空航天大学	航空飞行器设计制造与飞行安全优势学科创新平台

续表

类别	高校名称	985 工程优势学科创新平台名称
信息类	西安电子科技大学	先进军事综合电子信息系统优势学科创新平台
		先进雷达技术优势学科创新平台
	北京邮电大学	社交网络分析与网络信息传播优势学科创新平台
	中国传媒大学	数字媒体技术优势学科创新平台
材料类	北京科技大学	新材料与冶金工程优势学科创新平台
	武汉理工大学	绿色建材与新材料优势学科创新平台
交通类	北京交通大学	轨道交通安全优势学科创新平台
	西南交通大学	国家轨道交通工程优势学科创新平台
	长安大学	公路建设与交通运营保障科学与技术优势学科创新平台
化工类	华东理工大学	煤的清洁高效利用与石油化工关键技术优势学科创新平台
	北京化工大学	绿色化工与材料优势学科创新平台
资源类	中国矿业大学	煤炭资源安全开采与洁净利用优势学科创新平台
	中国地质大学	地球系统过程与矿产资源平台
	中国石油大学	油气资源勘探开发与转化优势学科创新平台
	华北电力大学	电力科学与工程优势学科创新平台
	河海大学	全球水循环与国家水安全优势学科创新平台
汽车类	合肥工业大学	节能环保汽车及其制造装备技术优势学科创新平台
轻工类	江南大学	食品精深加工与安全控制优势学科创新平台
财经类	中央财经大学	经济学与公共政策优势学科创新平台
	上海财经大学	经济学优势学科创新平台
	中南财经政法大学	经、法、管学科融通创新与我国社会建设优势学科创新平台
	西南财经大学	金融学科群与中国金融创新发展优势学科创新平台
农林类	北京林业大学	应对全球化的森林生态系统恢复重建与可持续经营优势学科创新平台
	东北林业大学	森林资源可持续经营与高效利用优势学科创新平台
	华中农业大学	农业生物遗传改良和生长发育调控优势学科创新平台
	南京农业大学	高效农业与食物安全优势学科创新平台
	西南大学	现代农业科学优势学科创新平台
人文类	暨南大学	华侨华人研究优势学科创新平台
政法类	中国政法大学	法治建设与人才培养优势学科创新平台
医药类	中国药科大学	新药发现理论与技术优势学科创新平台
	北京中医药大学	中医药优势学科创新平台

62. 什么是“小 211 工程”?

“中西部高校基础能力建设工程”被民间称为“小 211 工程”，需要注意的是，这并不是一个标准称谓。该工程由发改委和教育部组织实施，重点扶持一批有特色、高水平的地方普通本科高校加快发展，主要目标是为了提高本科教学质量，夯实办学基础，改善办学条件，提高学校本科教学基础能力，着重解决中西部高校基础能力设施和办学条件滞后的问题。

也就是说，“小 211 工程”是重点针对中西部地区的本科层次的教育提升工程。工程分两期实施，具体见下表（表格中为两期工程院校，因此有部分重复）。实力不强、竞争力不高的考生，可以优先选择此类院校。

表 3.17　中西部高校基础能力建设工程院校名单

学校名称	学校名称	学校名称	学校名称
河北大学	河北师范大学	燕山大学	河北农业大学
河北医科大学	河北工业大学	山西师范大学	山西财经大学
山西大学	中北大学	内蒙古师范大学	东北农业大学
内蒙古农业大学	内蒙古医科大学	哈尔滨医科大学	长春理工大学
哈尔滨商业大学	黑龙江大学	长春中医药大学	沈阳农业大学
哈尔滨理工大学	吉林农业大学	辽宁工业大学	安徽医科大学
延边大学	辽宁工程技术大学	安徽工业大学	江西师范大学
东北电力大学	安徽理工大学	江西财经大学	河南理工大学
大连医科大学	安徽师范大学	河南农业大学	武汉工程大学
沈阳建筑大学	江西农业大学	河南中医药大学	长沙理工大学
安徽农业大学	华北水利水电大学	武汉科技大学	广西中医药大学
安徽财经大学	河南工业大学	湖南农业大学	西南石油大学
南昌大学	湖北工业大学	广西医科大学	贵州理工学院
河南大学	长江大学	成都信息工程大学	云南大学
河南师范大学	湖南师范大学	贵州师范学院	西安理工大学
湖北大学	吉首大学	昆明医科大学	兰州交通大学
武汉纺织大学	广西师范大学	重庆医科大学	新疆艺术学院
中南林业科技大学	西华大学	西安科技大学	新疆农业大学
湘潭大学	四川理工学院	兰州理工大学	青海民族大学
广西民族大学	贵州医科大学	新疆师范大学	塔里木大学
海南大学	云南师范大学	宁夏大学	西藏大学
四川师范大学	重庆工商大学	青海大学	西北大学
成都理工大学	西藏民族大学	新疆大学	西安建筑科技大学
贵州师范大学	陕西科技大学	喀什大学	西北师范大学
昆明理工大学	甘肃农业大学	石河子大学	重庆邮电大学
河南科技大学	新乡医学院	郑州航空工业管理学院	河北工业大学
沈阳化工大学	河北师范大学	河北农业大学	景德镇陶瓷大学
太原科技大学	燕山大学	石家庄铁道大学	广西艺术学院
河北大学	华东交通大学	东华理工大学	南华大学
河北工程大学	桂林电子科技大学	桂林理工大学	湖北经济学院

续表

学校名称	学校名称	学校名称	学校名称
江西理工大学	湘潭大学	吉首大学	成都理工大学
广西师范学院	长沙理工大学	内蒙古民族大学	武汉科技大学
湖南师范大学	内蒙古工业大学	四川理工学院	重庆交通大学
湖南科技大学	西南科技大学	三峡大学	遵义医学院
内蒙古科技大学	湖北工业大学	佳木斯大学	安庆师范大学
宁夏医科大学	西南政法大学	哈尔滨师范大学	西南林业大学
海南师范大学	黑龙江八一农垦大学		

63. 什么是“C9 联盟”?

“C9 联盟”也就是九校联盟，是中国首个顶尖大学间的高校联盟，成立于 2009 年。联盟成员是国家首批“985 工程”重点建设的九所一流大学，包括：北京大学、清华大学、复旦大学、上海交通大学、南京大学、浙江大学、中国科学技术大学、哈尔滨工业大学、西安交通大学等九所高校。“C9 联盟”的宗旨是在人才培养、科学研究等领域加强合作交流、优势互补。联盟成立之后开展了多项实质性活动，如：互派交换生召开研讨会、开展暑期夏令营等。“C9 联盟”是目前各高校联盟中实际工作开展较好的联盟之一。

这里需要提到的一点就是，从 2014 年底开始，中国科学院大学也参与“C9 联盟”活动，也就是说，在实质上 C9 联盟院校共有 10 所。其具体合作模式为实施本科生交流和研究生联合培养，联合举办系列暑期学校，联合开展教材建设教学与教改研究，建立人才培养对口部门定期交流机制，进行相互间的交流学习和借鉴，联合开展青年教师教学能力和青年导师队伍培训工作，有专门的网站。

毫无疑问，“C9 联盟”成员院校的优势学科是高分考生的首选。

64. 什么是“卓越大学联盟”?

卓越大学联盟是由九所工业和信息化部和教育部直属的世界一流大学建设高校组成的高校联盟，包括北京理工大学、重庆大学、大连理工大学、东南大学、哈尔滨工业大学、华南理工大学、天津大学、同济大学、西北工业大学等九所学校，简称“E9”，这个“E”就是英文 excellent 的意思。卓越联盟也就是卓越人才培养合作高校联盟，是在卓越人才培养合作框架协议的指导下，本着追求卓越、协同创新的原则进行合作的联盟。

这九所院校是国内九所具有理工特色的顶尖重点综合性大学。学生可以在自主报名、自由选择学校的基础上以国内游学的形式在卓越大学联盟各高校之间进行交流学习。最开始使用的是双边互换模式，现已逐步实现“进一门入九校”，也就是说，联盟高校内任何一所高校就读的学生都可以同时享受到九校的优质教育资源。联盟校间在教学、科研领域都有深入协作，对考生而言，这九校之间有研究生招生合作服务平台，所以在考研的时候有较为明显的优势。

“E9”联盟是致力于在工科方向有深入和长期学习准备的考生非常理想的选择。

65. 什么是“长安联盟”?

长安联盟是在 2017 年由陕西师范大学、西北大学、西安外国语大学、西北政法大学、西安邮电大学联合成立的陕西高校联盟，因为学校都在西安市内，而且刚好都是 616 路公交车所经过的学校，所以又被各校学生戏称为“616 联盟”。

这五所高校的学生可以任选一所大学跨校选修学分、攻读辅修专业，同时，五所高校的各类教学资源和教师资源均可实现开放共享。因为这五所学校的学科特色和特长都各有不同，所以对于联盟内的学生来说，具有丰富视野、提高实力的巨大优势。尤其是几所院校在收分层次上有较为明显的差别，那些低分进入联盟校的考生将有机会拿到高分联盟校的辅修学位，这无疑对以后的考研学习或者就业发展都有很大的帮助。

66. 什么是“长三角高校合作联盟”?

长三角高校合作联盟成立于2005年，联盟内院校包括复旦大学、上海交通大学、华东师范大学、同济大学、南京大学、东南大学、浙江大学和中国科学技术大学等八所“985工程”“双一流”院校，因为都地处中国东部，所以也简称“E8”。

长三角高校合作联盟的高校间学分互认，实施交换生计划和暑期班计划，可以为考生和学生提供很好的发展空间和平台。这个联盟的特征是，水平高，集中在较小的地域范围内，交换生和暑期班也更容易实现，是高水平考生在进行院校选择时可以重点考虑的院校联盟。

67. 什么是“七校联合办学”?

“七校联合办学”也就是武汉七校联盟，是由武汉大学、华中科技大学、华中师范大学、武汉理工大学、中国地质大学、华中农业大学和中南财经政法大学等七所优质高校根据资源共享、优势互补、平等互利、相互促进的原则从1999年开始联合办学的。

联盟校学生可以跨校、跨学科辅修第二学位。武汉七校联盟是中国持续时间最长、实质参与高校最多、合作范围最广、受益学生最多的一个联合办学模式。这种能进一所大学就可以同时享受七所优质大学教育资源的模式，对于学生的发展是具有巨大的优势和吸引力的，尤其是七所院校的学科特长各不相同，更是形成了院校间优势互补，对学生则有助于以更高的起点、更高的水平形成更强大的综合竞争力。而且七校联盟对于湖北大学、武汉科技大学等省属高校想加入的意向表示了较为明确的不同意的意见，因为如果加入这些省属高校并进行合作办学的话，可能会因为学生基础参差不齐影响到教学效果。所以说，这样的联盟和联盟内的高校对于考生来说，应该是一种非常好的优质资源和机会。

随着学位管理政策的收紧，七校联盟的跨校辅修政策也有所变化，看重这个资源的考生应充分注意。

68. 什么是“北京学院路地区高校教学共同体”?

北京的学院路是高校比较集中的区域，而且学院路周边也聚集了很多科研单位，可以说这是全国高等教育和科研资源最为密集的地区之一。而且学院路上很多高校都已经撤销了围墙，隐然成为一个大学共同体了。学院路及学院路周边的高校众多、学科门类齐全、层次丰富，学校又都离得比较近，所以说具备了开展合作办学的基本条件。

学院路地区高校教学共同体的跨校选修课面向共同体所有的学生开设，课程全部安排在双休日，各个院校学分互认。尤其是对于共同体内较为低位的院校的学生，将有机会享受到更高水平的和更好的教育资源。

成员高校有北京航空航天大学、北京大学医学部、北京师范大学、北京邮电大学、中国农业大学、北京体育大学、北京科技大学、北京交通大学、中国地质大学（北京）、中国矿业大学（北京）、北京林业大学、北京语言大学、对外经济贸易大学、华北电力大学、北京信息科技大学、北京电影学院、首都体育学院、中国音乐学院、北京城市学院、北京联合大学。

69. 什么是“京港大学联盟”?

京港大学联盟是2018年4月由北京大学和香港科技大学牵头成立，两地多家高校参与的、在教育部和香港特别行政区教育局的促进下成立的一个联盟组织。

京港大学联盟以汇集京港精英大学、实现互利共赢为宗旨，致力于进一步深化联盟大学在人才培养和科学研究领域的交流合作，提升两地的合作层次和水平。联盟高校包括北京大学、中国人民大学、清华大学、北京师范大学、北京航空航天大学、北京外国语大学、北京理工大学、中国科学院大学、北京工业大学、首都师范大学、首都医科大学、首都经济贸易大学和香港大学、香港中文大学、香港科技大学、香港城市大学、香港理工大学、香港浸会大学、岭南大学、香港教育大学。

有机会进入在京的联盟大学，必将大大增加以后到香港高校交流学习的机会，是有志于拓展国际视野、提升综合实力考生的上好选择。

70. 什么是“沪港大学联盟”?

沪港大学联盟是教育部、香港特区、上海市政府和中央政府驻港联络办支持下成立的由复旦大学、上海交通大学和香港大学共同牵头的，共有上海八所大学和香港八所大学结成的联盟。

联盟的宗旨是，加强两地高校联系，进一步深化合作。联盟成员共有复旦大学、上海交通大学、同济大学、华东师范大学、上海大学、上海理工大学、上海师范大学、华东政法大学和香港大学、香港科技大学、香港理工大学、香港教育大学、香港中文大学、岭南大学、香港浸会大学、香港城市大学。

沪港大学联盟自2018年底成立，有效深化了两地大学在教学科研科技成果转化、学生交流等方面的合作，学生进入相应的大学之后也一定会对以后的发展形成良好影响。

71. 什么是“中欧精英大学联盟”?

中欧精英大学联盟是欧盟资助的、由9所中国大学和11所欧盟大学共同组成的大学联盟。交流领域主要包括农业科学、建筑学、城市和区域规划、工程、技术、数学、信息、自然科学等领域。

成员单位包括清华大学、浙江大学、同济大学、北京航空航天大学、上海交通大学、西安交通大学、西南交通大学、中国海洋大学、西北工业大学和巴黎中央理工大学、里昂中央理工大学、南特中央理工大学、里尔中央理工大学、马赛中央理工大学、马德里理工大学、瑞典皇家工学院、米兰理工大学、法国高等电力学院、慕尼黑工业大学、布鲁塞尔自由大学。

中欧精英大学联盟水平高、层次高、起点高，是致力于在理学、工学、农学（浙江大学农学很强）深入学习和发展的考生可以做重点参照的。

72. 什么是“立格联盟”?

“立格联盟”即全国政法大学“立格联盟”的简称，由英文legal音译而来，选用“立格”二字，还有建立规矩、建立规格、建设制度、树立标准的意思。

成员学校分别是：中国政法大学、西南政法大学、华东政法大学、中南财经政法大学、西北政法大学、甘肃政法学院、上海政法学院、山东政法学院、河南财经政法大学。“立格联盟”的宗旨就是要为中国的“立格”做出贡献，即一如既往地为依法治国、建设社会主义法治国家而担当重任，努力奋斗。

值得注意的是，在当前的国内就业环境中，不同学科的校友资源在就业及后续发展中所体现出来的作用是不一样的，而政法类的校友关系对考生的后续发展可能具有比较积极的意义。所以，立志于在政法领域发展的考生可以考虑选报联盟内高校的相关专业。

73. 什么是“北京高科大学联盟”?

北京高科大学联盟是由12个高水平大学组成的联盟，成员单位包括北京化工大学、燕山大学、西安电子科技大学、北京交通大学、北京科技大学、北京林业大学、北京邮电大学、华北电力大学、哈尔滨工程大学、中国地质大学（北京）、中国矿业大学（北京）、中国石油大学（北京）。

联盟院校的共同特征是综合实力不强，但是都是各自领域内实力超强的院校。如果说综合强校是全能选手，很多高科大学联盟成员都是单项冠军级选手，至少都有在某一领域超过十大名校的实力，基本都是各自行业领域的领头羊。联盟将围绕国家重大战略需求和重大科学问题，发挥不同类型行业特色型大学在基础研究、前沿技术研究和示范性集成应用方面的特色和优势，为持续提高中国自主创新能力，以及促进国民经济社会发展提供强有力的支撑和引领作用。

联盟的主要作用是在科研领域展开合作，看起来离本科教育比较远，但是当前三两年的高中生，上四五年大学，再上个两三年研究生，这基本上就是接近十年，到时候考博可能跟现在考研一样普遍，这个联盟的意义就大了，考生在专业方面有较为明确定位的话，可以重点考虑联盟内院校。

74. 什么是“全国九所地方综合性大学协作会（SC9）”?

全国九所地方综合性大学协作会成员有山西大学、云南大学、内蒙古大学、辽宁大学、西北大学、苏州大学、郑州大学、南昌大学、新疆大学九所院校。也称“地方C9”，简称“SC9”，历史悠久、互相协作、共谋发展。SC9基本都是独霸一方的区域内强校，也都各自拥有一些实力不俗的学科，而且基本都处于自强不息、奋力发展的状态中，值得那些分数优势不大的考生重点考虑。

75. 什么是“中西部‘一省一校’国家重点建设大学联盟”?

中西部“一省一校”国家重点建设大学联盟简称为“中西部一省一校联盟”，也称Z14，联盟的高校有河北大学、山西大学、内蒙古大学、南昌大学、郑州大学、广西大学、海南大学、贵州大学、云南大学、西藏大学、青海大学、宁夏大学、新疆大学、石河子大学14所高校。

联盟中的院校都是为各地方经济社会发展提供有支持的领域内影响力较大的院校，这些院校分别获得一定程度上的政策、资金、人才支持。是分数优势不明显的考生可以重点考虑的院校，但是要注意这些院校的就业往往具有一定地域性特征。

76. 什么是“上海市西南片高校联合办学”?

上海市西南片高校联合办学主要是因为地理上比较接近的优势而形成的实体教学机构，机构内院校有上海交通大学、东华大学、华东师范大学、华东理工大学、上海戏剧学院、上海音乐学院、上海应用技术学院、上海商学院、上海师范大学、上海大学、上海中医药大学、华东政法大学、上海工程技术大学、上海立信会计学院、上海电机学院、上海政法学院、上海建桥学院、上海对外经贸大学、上海第二工业大学。

上海市的西南片高校联合办学机构成立的时间比较早，是1994年旨在发挥各成员高校在教学、科研等各种办学条件，实施资源共享、优势互补、拓宽办学途径、提高办学水平的目的下组建的。联合办学机构内开设了本科生跨校辅修专业学士学位、跨校第二专业研究生、跨校选课、各校实验设备共享等等措施。

因为联合办学机构内的院校层次丰富、各校学科特长方向众多，对于考生尤其是低分考生，虽然进入的是低位院校，但是有机会享受到高位院校的优质教育资源，甚至有机会跨校拿到辅修学位，这可以说是一个非常巨大的福利。上海市西南片高校联合办学机构有专门的网站，可以满足学生选课、查询等需求。

77. 什么是“上海市东北片高校合作办学机构”？

上海市东北片高校合作办学机构主要由地理位置相对比较接近的高校组成，其主要成员有复旦大学、上海海事大学、同济大学、上海海洋大学、上海财经大学、上海电力学院、上海外国语大学、上海体育学院、上海理工大学、上海杉达学院、上海外国语大学贤达经济人文学院、上海第二工业大学、华东政法大学、上海对外贸易大学和上海海关学院。

这些高校的优秀学生可以选修其他学校开设的跨校选修课专业，经过考核合格，可以获得其他学校颁发的跨校辅修专业证书。

因为联合办学机构内的院校层次丰富、各校学科特长方向众多，对于考生尤其是低分考生，虽然进入的是低位院校，但是有机会享受到高位院校的优质教育资源，甚至有机会跨校拿到辅修学位，这可以说是一个非常巨大的福利。上海市东北片高校联合办学机构有专门的网站，可以满足学生选课、查询等需求。

78. 什么是“汉江流域大学联盟”？

汉江流域大学联盟是 2015 年成立的，由陕西、河南、湖北三省的十一所高校组建的区域联盟。联盟内的各院校之间的教师可以互聘，可以跨校授课，以此来实现优质教育资源的共享，各校学生可以互相交流听课，而且实现了学分互认。

对学生来说汉江流域大学联盟具有较强的实际意义。都说读万卷书不如行万里路，学生在多个学校之间进行学习，对于学生视野的开阔、实力的提升都是有巨大帮助的。联盟学校包括安康学院、郧阳师范高等专科学校、湖北工程学院、湖北文理学院、湖北汽车工业学院、湖北医药学院、荆楚理工学院、南阳理工学院、南阳师范学院、陕西理工大学和商洛学院。联盟内各校是中等分数考生可以重点考虑的。

79. 什么是“重庆市大学联盟”？

重庆市大学联盟由地处全国九大中心城市之一、西部大开发的桥头堡重庆直辖市辖区内的重庆大学、西南大学、中国人民解放军陆军军医大学、西南政法大学、重庆医科大学、四川外语大学、重庆邮电大学七所高校联合发起并成立。

联盟高校依据自愿、平等、合作、发展的原则创建大学联盟，旨在促进成员高校之间建立互惠、互利的合作关系，充分发挥和利用联盟成员学校的特色和优质办学资源，开展互补性合作，提升各联盟成员的教育质量、办学水平与社会声誉，推动联盟成员的可持续发展，对考生中长期发展会产生较为积极的影响，考生在志愿填报的时候可以重点考虑联盟内院校。

80. 什么是“中俄工科大学联盟”？

中俄工科大学联盟是由哈尔滨工业大学和莫斯科国立鲍曼技术大学共同发起的，是中俄两国精英工科大学的一个联盟。目前中方正式成员高校 25 所，观察员院校 4 所和俄方正式成员高校 29 所，观察员高校 5 所。

联盟组建的意义是加强两国重点工科大学的合作、培养高素质人才、推进中俄人才交流与技术合作、促进两国创新经济的共同发展。中俄工科大学联盟交流平台，主要包括中国青年创新创业大赛平台、国际学术交流平台、精英人才培养平台、中俄青年人文交流平台、高端联合科研平台、校企科技产业平台等相对高端的平台项目。中方的成员校是哈尔滨工业大学、哈尔滨工程大学、北京航空航天大学、浙江大学、北京理工大学、重庆大学、大连理工大学、东南大学、华中科技大学、吉林大学、南京航空航天大学、南京理工大学、天津大学、同济大学、西安交通大学、西北工业大学、香港科技大学、华南理工大学、香港城市大学、香港理工大学、澳门大学、山东大学、上海交通大学、中国石油大学（华东）、北京科技大学。

联盟内中方院校，尤其是大陆方面的院校都是在工科方面具有突出特长的院校，而俄方院校也都是有着深厚学术背景的，能够进入联盟内院校学习将会获得更多国际交流的机会，对于学生中长期发展具有较大帮助，考生在志愿填报的时候可以重点考虑联盟内院校。

81. 什么是“中俄新闻教育高校联盟”？

中俄新闻教育高校联盟是2016年成立的，联盟的主旨是在联合培养国际化传媒人才，围绕着理念创新、内容创新、机制体制建设、专业人才培养等课题，以求在教育理念、教育模式以及人才培养规模上做深入的研究和探讨。

中国方面的成员高校有中国人民大学、北京大学、清华大学、复旦大学、南京大学、浙江大学、武汉大学、厦门大学、中国传媒大学、北京外国语大学、上海外国语大学、黑龙江大学、新疆大学、暨南大学、重庆大学、郑州大学、华中科技大学、四川外国语大学、新疆财经大学、香港浸会大学、澳门大学。俄方共有14所成员高校。

由于历史原因和地缘优势，中俄双方在新闻传播领域有着较为悠久和良好的合作关系，在当前世界媒体资讯竞争愈发激烈、媒体融合愈发深入的时期，新闻传播专业更要求具有国际视野和国际敏感度。有志于在相关学科学习的考生，可以重点关注联盟内院校。

82. 什么是“中俄文化高校联盟”？

中俄文化高校联盟由北京语言大学和欧亚国际协会牵头，邀请北京舞蹈学院、河南师范大学、大连外国语大学、郑州大学、中央美术学院、中国音乐学院7所院校发起成立。

中俄总理第二十次定期会晤中，签署了《中华人民共和国教育部与俄罗斯联邦文化部在文化领域开展教育和科学合作的谅解备忘录》，其中明确“双方支持建立中俄文化高校联盟，积极推进教育合作”，为两国在语言、文化、艺术等领域的国际化人才培养、学术合作、联合办学等方面展开合作搭建了重要平台，对于促进两国人文交流具有重要意义。

考生可以在志愿填报的时候重点考虑联盟内院校与语言文化相关的学科。

83. 什么是“中俄交通大学联盟”？

中俄交通大学联盟旨在落实国家“一带一路”以及高铁“走出去”等重大战略，推动中俄两国高校在交通领域的交流与合作，提高我国高等教育的国际影响力和国际化水平，中方联盟主席学校为北京交通大学，俄方联盟主席学校为圣彼得堡国立交通大学。联盟互派交流生数量已达上千人次。

联盟成员中方高校为：西安交通大学、华东交通大学、北京交通大学、西南交通大学、吉林大学、中南大学、西北工业大学、大连理工大学、长安大学、南京航空航天大学、北京工业大学、武汉理工大学、中原工学院、中国人民公安大学、上海海事大学、华北水利水电大学、大连海事大学、许昌学院、大连交通大学、哈尔滨工程大学、南京理工大学、河海大学、长沙理工大学、南昌航空大学、重庆交通大学、中国民航大学、兰州交通大学、石家庄铁路职业技术学院、包头铁道职业技术学院、吉林铁道职业技术学院、南京铁道职业技术学院、郑州铁路职业技术学院、湖南铁路科技职业技术学院、柳州铁道职业技术学院、云南交通职业技术学院、西安铁路职业技术学院、陕西铁路工程职业技术学院、广州铁路职业技术学院、河北轨道运输职业技术学院、北京信息职业技术学院。

联盟内院校均为在交通运输领域中有一定特色的院校，又因为层次搭配丰富，可以满足专业方向清晰明确的考生的需求。

84. 什么是“中俄艺术高校联盟”？

中俄艺术高校联盟由吉林艺术学院和俄罗斯圣彼得堡国立里姆斯基—科萨科夫音乐学院共同牵头成立。共有8所中俄艺术院校作为联盟首批成员，确定了联盟协议、联盟运行规则及联盟开展活动方式，首批联盟成员单位包括：吉林艺术学院、南京艺术学院、山东艺术学院、广西艺术学院、云南艺术学院、俄罗斯圣彼得堡国立里姆斯基—科萨科夫音乐学院、圣彼得堡国立施季里茨工艺美术学院、莫斯科国立苏里科夫美术学院。2015年内蒙古艺术学院、新疆艺术学院加入联盟，联盟内成员单位共有10所院校。

艺术类考生进入这些院校学习有助于开阔视野，并有一定机会与俄方院校进行交换、交流，对于艺术类考生，很多时候视野比实力更重要，所以在选择的时候可以倾向这些院校。

85. 什么是“中俄经济类大学联盟”？

中俄经济类大学联盟是由中国对外经济贸易大学与俄罗斯圣彼得堡国立经济大学共同牵头，与一批专业特色相近的中国和俄罗斯优秀大学共同建立的非营利的非政府机构，是我国“中俄人文合作委员会”框架下高等教育领域有效交流平台。

联盟内的中方院校为：对外经济贸易大学、哈尔滨商业大学、广东外语外贸大学、上海对外经贸大学、国际关系学院、吉林财经大学、山东财经大学、上海财经大学、首都经济贸易大学、西南财经大学、新疆财经大学、中央财经大学、内蒙古财经大学、中南财经政法大学等。

联盟的成立将为两国在经济、人文、教育等领域进一步深化交流与合作带来新的契机。双方将携手培养既精通专业知识，又精通外语的复合型高端人才，以满足中俄经贸关系日益深入发展对人才的需求。所以，进入联盟校学习将会获得就业上的巨大优势，致力于经济类学习的考生可以重点考虑联盟院校，尤其是联盟内院校层次丰富，可以满足不同段位考生的需求。

86. 什么是“中俄综合性大学联盟”？

中俄综合性大学联盟，是为进一步发挥中俄两国综合性大学在中国“一带一路”倡议和俄罗斯《欧亚经济联盟》战略中的重要作用，由中国教育部支持、北京大学和莫斯科国立大学共同发起成立的大学联盟。

联盟包含北京大学、清华大学、复旦大学等40所中方高校和莫斯科国立大学、太平洋国立大学、乌拉尔联邦大学等20所俄方高校。联盟内院校水平高、实力强，对考生的中长期发展具有积极影响。

87. 什么是“中俄教育类高校联盟”？

中俄教育类高校联盟是由6所中国教育类高校和6所俄罗斯教育类高校在2014年成立的联盟。联盟属于一个专业性高校联盟，为两国教育领域的教师、学生和青年提供了一个官方交流平台。

中方的6所高校分别是北京师范大学、华东师范大学、东北师范大学、华中师范大学、陕西师范大学和西南师范大学（现西南大学）。有志于在教育领域发展的考生可以重点考虑联盟内的中方高校。

以上“中俄”高校联盟在出国留学等方面具有较大优势，去俄罗斯留学消费不高、难度不大，是很多考生的选择。尤其在理科、工科、艺术等方面具有较为明显的优势。

88. 什么是“六大师范”？

教育部直属的6所师范大学分别是：北京师范大学、华东师范大学、东北师范大学、华中师范大学、陕西师范大学和西南大学。

都说“民族的希望在教育，教育的希望在教师”，那么这6所直属于教育部的师范大学，肯定会有更好的发展，而且在教育界内部就业的时候，这6所学校的身份是具有明显优势的。教育部直属

“六大师范”在民间还被称为“师大六姐妹”。这6所院校在就业上有较为明显的优势。

89. 什么是“九大师范”？

“211”和“双一流”工程中有9所师范院校，因此其也被合称为“九大师范”，它们是：北京师范大学、东北师范大学、陕西师范大学、华中师范大学、华东师范大学、西南大学、南京师范大学、湖南师范大学和华南师范大学。

90. 什么是“国防七校”？

国防七校也称国防七子，是工信部直属7所高校的合称。分别是：北京航空航天大学、北京理工大学、哈尔滨工业大学、西北工业大学、哈尔滨工程大学、南京航空航天大学和南京理工大学。因为工信部的特殊原因，这7所学校都在理工科方面有独到之处，尤其是在工科方面兴趣较大的考生可以在志愿填报时重点考虑此类院校。

91. 什么是“兵工七子”？

兵工七子指的是原国家兵器工业部下属的7所院校，分别是北京理工大学、南京理工大学、中北大学、长春理工大学、沈阳理工大学、西安工业大学和重庆理工大学。

因为当年兵工七子是负责士官教育和国防安全科研及教学工作的，所以在理工科方向上都有着很强的实力。虽然兵器工业部几经调整已经不使用原来的名称了，但是兵工七子的影响力和实力依然强大。在2018年3月中国兵器科学研究院与兵工七子成立了一个B8协同创新联盟。这里也给了我们一个很好的提示，就是院校的脉系传承和学术基因对学校的实力、发展等是存在着较为明显的影响的。

92. 什么是“军工六校”？

军工六校是指在中国人民解放军军事工程学院（哈军工），分散形成的6所军工院校，分别是：中国人民解放军国防科技大学、哈尔滨工程大学、南京理工大学、中国人民解放军陆军装甲兵学院、中国人民解放军陆军工程大学、中国人民解放军陆军防化学院。

中国人民解放军军事工程学院（哈军工）曾经是大军区级编制，实力和规模远远超过清华大学，其教学计划经毛主席审定后实施，曾是保密单位，对外只有编号没有名称。在发展变迁中不仅形成了以上6所院校，部分力量还进入了西北工业大学、空军工程大学、海军工程大学等院校。

而哈尔滨工程大学因保有中国人民解放军军事工程学院（哈军工）51%的力量，所以说既有“军”时候流传下来的低调，也有“工”方面流传下来的强大，近年来受到东北经济发展较慢的影响，在招生分数上与实力严重不匹配，是有意在工科方面发展的考生可以重点考虑的院校。

93. 什么是“电信六子”？

电信六子说的是原邮电部直属的6所大学，主要优势都是集中在用计算机等现代化技术手段进行电子信息的控制和信息处理传输的学科上，毫无疑问这样的学科在当今社会是最具发展潜力，也最具发展前景的。电信六子都在领域内有较大的影响力，毕业生的就业发展也都比较好。

这6所学校分别是北京邮电大学、电子科技大学、西安电子科技大学、桂林电子科技大学、杭州电子科技大学、北京信息科技大学。这6所学校的优势学科和主干学科方向都比较一致，但是层次和水平上还是略有差距的，基本能够满足学科方向明确的各层次考生的需求。

94. 什么是“两电一邮”？

电信六子的实力和水平略有差距，其中电子科技大学、西安电子科技大学和北京邮电大学实力较为突出，又被合称为“两电一邮”。

95. 什么是“五院四系”?

“五院四系”是对5所政法类院校以及4所高校法律系的简称，这几所高校的法律学科在中国法学界具有非常重要的地位，对中国的法治发展和政治建设也有重大的影响。

五院四系分别指的是中国政法大学、中南财经政法大学、西南政法大学、华东政法大学、西北政法大学和北京大学法学院、中国人民大学法学院、武汉大学法学院以及吉林大学法学院。立志于在政法系统或者法学领域发展的考生，要充分认识法学的特殊性，在院校选择的时候不仅要考虑院校相关学科的实力，还要充分考虑校友关系在人生职业发展中的重要性。

96. 什么是“电气二龙”?

“电气二龙”说的是武汉水利水电大学和华北电力大学，武汉水利水电大学合并进入了武汉大学，所以现在的“电气二龙”指的便是武汉大学和华北电力大学。

华北电力大学的特殊性在于它不仅是教育部直属高校，还是七家特大型电力央企联合共建的高校，这七个共建央企是国家电网公司、中国南方电网有限责任公司、中国华能集团公司、中国大唐集团公司、中国华电集团公司、中国国电集团公司和中国电力投资集团公司。华电校友资源和就业资源在电力能源方面具有得天独厚的优势，输出的党政高官、企业重要领导非常多，也因此被称为电力系统的“黄埔军校”。

二龙中的另一个就是武汉水利水电大学，因为并入了武汉大学，所以相关学科实力大增，武水跟华电都是血统纯正的电力部直属院校，后来院校归属调整之后才调出来，但是其实力和系统内的影响力依然十分强大。

因为电力系统的特殊性，企业非常看重学生的毕业院校，所以这两个学校的毕业生进入电力系统特别容易，就业率也非常高，而且待遇和后续发展也比较好，适合那些想在电力领域长期发展的考生重点考虑。

97. 什么是“电气五虎”?

民间在传统上有一个说法叫电气四虎，分别是清华大学、西安交通大学、华中科技大学和浙江大学。其实这个说法对重庆大学较不公平，因为我国拥有电气工程一级学科国家重点学科的院校只有5所，分别是清华大学、西安交通大学、华中科技大学、浙江大学和重庆大学，而且这几个学校的电气工程还都是世界一流学科建设学科，因此也就有电气五虎之说。

还有人觉得清华大学电气工程科学实力太强了，应该让清华当电气领头羊，然后后面四个院校合称电气四虎也就完美了。其实，这些名头怎么描述不重要，重要的是这5所院校的电气工程确实非常优秀和突出。加上电力企业都有比较传统的招录人才的习惯，当然这也跟电力系统庞大，需要人才具有很好接续性有关。所以分数较高的考生如果致力于去电力系统发展的话，考虑电气二龙五虎还是很有必要的。

当然，我国电力系统有其一定的特殊性，所以高校方面也有一定的特殊性。除了电力二龙五虎之外还有一些“地头蛇”型的电气强校，在当地影响力较大，如：哈尔滨工业大学、天津大学、东南大学、山东大学、湖南大学、西南交通大学、河北工业大学、东北电力大学、四川大学、三峡大学之类的，考虑这些院校的时候要充分考虑其就业的地域性特征。

98. 什么是“八大工学院”?

1952年院系调整后，诞生了“七大行政区，八大工学院”，分别是：东北区2所：东北工学院，大连工学院；华北区1所：北京工业学院；华东区1所：南京工学院；华中区1所：华中工学院；西北区 1 所：西北工学院；西南区 1 所：成都工学院；华南区 1 所：华南工学院。

八大工学院陆续进行了改名：北京工业学院（现北京理工大学）、大连工学院（现大连理工大学）、南京工学院（现东南大学）、成都工学院（后改为成都科技大学，现已合并为四川大学）、东北工学院（现东北大学）、华中工学院（后改为华中理工大学，现已合并为华中科技大学）、华南工学院（现华南理工大学）、西北工学院（现西北工业大学）。

99. 什么是“四大工学院”？

八大工学院中，北京工业学院和西北工学院属于国防类，东北工学院属于冶金部，成都工学院属于中科院，其余四所工学院：南京工学院、华南工学院、华中工学院和大连工学院直属于教育部，是教育部直属的“四大工学院”。

南京工学院也就是现在的东南大学，1952 年以南京大学工学院为主体，在并入金陵大学等学校的有关系科的基础上建立起来的，后来又有南京铁道医学院、南京交通高等专科学校、南京地质学校并入，发展至今已经成为坐拥 11 个世界一流学科建设学科的世界一流大学 A 类建设的副部级建制高校，是低调而强大的存在。有电子科学与技术、信息与通信工程、建筑学、交通运输工程、生物医学工程等五个一级学科国家重点学科。在教育部第四轮学科评估中有五个学科获得 A＋级。目前东南大学属于实力强悍但是收分低调的高性价比院校。

华南工学院也就是现在的华南理工大学，是以中山大学工学院、华南联合大学理工学院、岭南大学理工学院相关科系和广东工业专科学校为基础，调入湖南大学、武昌中华大学、武汉交通学院、南昌大学、广西大学等 5 所院校部分工科系及专业组建而成的，学校有材料科学与工程、轻工技术与工程两个一级学科国家重点学科，有通信与信息工程、化学工程、食品工程 3 个二级学科国家重点学科，还有机械制造及其自动化和建筑设计及其理论两个国家重点培育学科。华南理工大学地处岭南，一枝独秀实力不凡，是一所非常有个性的院校，比如其建筑学自成一派叫岭南建筑学派，很有特点。

华中工学院有上海德文医学堂（也就是同济）和湖北工艺学堂两个源流，2000 年华中理工大学、同济医科大学、武汉城市建设学院合并而成的中央直管副部级高校，有机械工程、光学工程、材料科学与工程、动力工程及工程热物理、电气工程、控制科学与工程、生物医学工程等 7 个一级学科国家重点学科，二级学科国家重点学科则有 15 个之多，还有 7 个国家重点培育学科，是学科数量众多、水平较高的院校。

大连工学院发展至今已经成为大连理工大学，发展迅猛。1949 年从海外和香港招募大量专家学者，成为新中国成立之初就实力极强的一所大学，一级学科国家重点学科有力学、水利工程、化学工程与技术、管理科学与工程，二级学科国家重点学科有计算数学、等离子体物理、机械制造及自动化、结构工程、船舶与海洋结构物设计制造、环境工程，还有两个国家重点培育学科是动力机械及工程、技术经济及管理。

这四大工学院有一个共同特征，那就是实力都很强，但并不是强在综合实力上，而是强在工科上（华中科技大学有些特殊）；另一个特征是在区域内影响力巨大，但是区域外知名度与其实力不匹配，是那种适合跨区域报考的院校，例如南方考生填报大连理工大学、北方考生填报华南理工大学都是较好的策略。

100. 什么是“机械四小龙”？

“机械四小龙”指的是吉林工业大学、湖南大学、合肥工业大学及燕山大学，因为这四所院校曾直属于原机械工业部，所以合称“机械四小龙”。

吉林工业大学在院校合并时并入了吉林大学，成为吉林大学的一部分，跟吉林大学的车辆工程学科搭配形成强势学科组合，借助产业周边和产业内的影响力，学术发展和毕业生就业都非常好。但是因为东北地区这些年经济发展迟缓等原因，吉林大学机械类专业收分并不高，是那些有长期学习打算且比较理性的考生较好的选择。

湖南大学在考生中的声望普遍不低，造成分数较高的实际情况。当然，其机械工程虽然比吉林大学、燕山大学略逊一些，但是比同为四小龙的合肥工业大学要略强一些。

合肥工业大学属于老牌名校，但是在新时代发展速度不够快，在“机械四小龙”中表现得有些滞后。其机械类虽然不如另外三条龙，但是也能跟东南大学、南京理工、山东大学、西南交大、西北工业大学接近，而且是国防科工局共建院校，且由于地域优势和产业优势，在汽车生产制造方向有较强的影响力，就业优势较为明显。

“机械四小龙”里最委屈的是燕山大学，虽然流淌着哈工大的血脉、书写着位于工业重镇齐齐哈尔的哈尔滨工业大学重型机械学院作为机械部直属全国重点大学的光辉历史。但是，南迁之后坐落在秦皇岛，既不曾是“985”也不曾进入“211”，昔日的光辉和现今的实力一起被掩盖在了海浪和朝霞之下了。但是燕山大学的机械工程是一级学科国家重点学科，拥有机械工程一级学科国家重点学科的学校仅有清华大学、西安交通大学、北京航空航天大学、北京理工大学、吉林大学、哈尔滨工业大学、上海交通大学、浙江大学、华中科技大学、湖南大学、中南大学、重庆大学、西南交通大学等十三四所院校，而燕大的机械工程基本能排在全国前十附近的位置上，但是录取时候的分数却远远低于这个定位。而且燕山大学是国防科工局共建高校，算是机械类里面性价比最高的选择了，可以作为理性考生的重点考虑对象。

最近几年以电子信息为基础、以计算机处理为手段的人工智能方向火起来了，但是大家要注意的就是哪怕到了2075年的《流浪地球》所描述的科技时代，人工智能已经十分发达了，也是离不开基础制造业的。机械工程是现代工业甚至以后人工智能时代必不可少的支撑。趁着现在基础制造业相关专业稍微冷却的时机进去学习七到十年，必将获得更好的职业发展。

101. 什么是“建筑老八校”“建筑新四军”“建筑新八校”？

“建筑老八校”指的是清华大学、东南大学、同济大学、天津大学、华南理工大学、哈尔滨工业大学、重庆大学、西安建筑科技大学8所重点开展建筑学教育和研究的院校；“建筑新四军”指的是分布在东南西北几个方向上的南京大学、浙江大学、湖南大学、沈阳建筑大学几所新兴的建筑学领域的“后起之秀”；“建筑新四军”又和大连理工大学、上海交通大学、华中科技大学、深圳大学合成“建筑新八校”。

建筑学因为跟人类社会生活及文明进步密切相关，所以是持久不衰的热门学科。无论是古代杜甫“安得广厦千万间”、近代孙中山先生提出的“居者有其屋”、还是当代我们党和国家领导人习近平提出的“让全体人民住有所居”，都是在强调居所及居住环境的重要性。那么承担人居设计和人居环境设计的建筑学专业当然有持续的社会需求；建筑学专业还承载着城市规划设计的任务，城市是人类文明进步的标志，不断改进的城市也使得社会对建筑学有持续的社会需求；建筑遗产保护和风景园林，一个从历史角度对建筑学提出需求，一个从人民对美好生活的需求角度对建筑学提出需求。

上海交通大学在建筑设备研究、古建筑保护、城市规划（城乡结合）方面具有一定优势，其建筑学性价比并不高。

深圳大学在充分考虑交通和人口流动的城市规划设计方面、亚热带建筑技术研究方面有一定优势，其建筑学性价比不高。

湖南大学建筑学专业注重产教融合，虽然性价比不高，但是就业情况不错。

南京大学建筑系在1952年院系调整的时候进入东南大学，南京大学在2000年恢复建筑学学科，2010年成立建筑与城市规划学院。教师团队较为年轻化，一般都有国内优势背景和国际视野。所以南京大学建筑学虽然成立较晚，但是发展势头非常强劲，且在解决城市问题（公共空间、商业、微气候、城市灾害）、功能性（空间和理性、保温、防水）材料运用上有独到之处，并且能够做到理念先进、贯彻有力，在解决不可逆转的城市化进程中的问题方面走在比较靠前的位置上。

沈阳建筑大学是国家发改委、住房和城乡建设部与辽宁省省部共建单位，政策优势明显，其建筑学是国家级特色专业建设点，尤其在张伶伶团队加入后进步很快，大有赶超老八校的趋势。沈阳建筑大学在高层建筑抗震、智能建筑设计、寒地微气候风景园林、城镇生态设计等领域内有突出表现，属于建筑学专业性价比最高的院校。

大连理工大学建筑学学风开放，注重国际交流、以建筑学为龙头，侧重工程技术与人文艺术的结合，在海岸建筑设计方面较为突出。

西安建筑科技大学前身为东北大学建筑系和苏南工业专科学校。1928年梁思成、林徽因应张学良邀请创建了东北大学建筑系，是国内第一批建筑学专业，中华民族发展至此首次有了建筑学。西安建筑科技大学是建筑学、城乡规划学、风景园林学“三博通”院校，且拥有这三个方向的博士后流动站，同时拥有研究所。学风扎实稳健、业内口碑良好，学科全面，实力均衡，近年来在西部生态脆弱地区人居环境、弱势群体人居环境、文化遗产保护等针对“西部大开发”需求的领域有突出贡献。但是因为地处西北，收分不高，是建筑学学科意愿明显而分数优势不大考生的上佳之选。

重庆大学建筑学学科历史悠久，凭借“985”“211”平台优势得到良好发展，硬件设施完备而先进，学生综合素质较高，在山地建筑学、西部建筑学理论研究方面比较突出，而且非常注重产教融合，就业质量较高。

华中科技大学成立建筑系的时候使用了清华大学的一部分资源，后期不断引进一些优秀的建筑学专家助力。其建筑学学术氛围比较开放自由、专业视角比较开阔、基础教育比较扎实、设计思路比较前卫，值得看重长期发展的考生重点考虑。

浙江大学的建筑学是从土木工程系分离出来建设而成的，生源质量非常高，学科特色体现为实践性强、偏工程实现，在海洋建筑设计、水利建筑设计、软弱土环境建筑设计等方面实力比较突出。因为保研、出国交流机会相对较多，是看好浙大较高平台效应考生可以适当考虑的学科，但是建筑学专业意向明显的考生报考浙大则是一种性价比较低的做法。

哈尔滨工业大学建筑学历史悠久，建筑学学科使用的教室现在已经被定为文物，而且是具有俄罗斯风情的折中主义风格建筑。哈尔滨工业大学建筑学特点为大空间、大跨度公共建筑设计、寒冷地区城市公共环境设计，寒冷气地区规划设计方面实力较为突出。

华南理工大学建筑学历史悠久、实力强劲、特色鲜明，已经发展为岭南建筑学派。华南理工大学的建筑学思想开放、视角灵活、注重整体性和特色风格的统一，现由中科院院士带队，师资力量强大、资金雄厚，发展前景很好。学科特色体现为实力较强、综合全面，在岭南园林设计、亚热带建筑科学方面有非常突出的实力，而且旅游建筑设计方面也比较领先。

同济大学建筑学专业新中国成立之初就集合了多所强校的建筑学相关科系，是“三博全”（建筑学、城乡规划学、风景园林学）院校，有四位驻院院士，师资力量强大，学风扎实、生源良好、学术氛围比较民主、创新意识强烈、学术眼光开放、注重实践及社会需求，虽然在各省收分均不低，但是如果能进入同济大学建筑系就读，发展前景必然是更看好的。

天津大学建筑学学科现有院士带队、历史积淀深厚、学风扎实、教师严谨负责、学生发展较好，实力可以排到我国建筑学学科前四之内。尤其是南方省份的考生，选报天津大学建筑系是性价比较高的选择。

东南大学建筑学院现有驻校院士 4 人，学风扎实、眼界高阔，与联合国教科文组织、瑞士皇家工学院等均有合作项目。东南大学软硬件实力都非常突出，堪称历史悠久、底蕴丰富、成绩斐然。东南大学建筑学拥有中国建筑学领域“大国教师”的称号，在地域性建筑创作和城市设计、冬冷夏热地区建筑技术集成、数字技术应用领域成绩突出。

清华大学的建筑学学科同样实力很强，也是顶尖级分数考生角逐的对象。

102. 什么是“外语九大名校”？

外语九大名校分别指的是：北京外国语大学、上海外国语大学、北京语言大学、北京第二外国语学院、广东外语外贸大学、四川外国语大学、西安外国语大学、天津外国语大学、大连外国语大学。

随着全球一体化进程的不断推进，以及中国国际影响力的迅速提升，各行业各领域对于外语人才的需求都非常旺盛。其实，当前对外语的重要性已经有非常充分的认识，能够在生活中流利使用外语的人也越来越多，这些人当然是分布在各个行业各个领域的，也就是现在流行的外语＋专业。那么如果只是学习语言，不会形成太明显的优势。所以，要么语言＋专业，要么把语言学到很好才行。

而这外语九大名校都是水平较高的外语类专业特色明显的院校。

北京外国语大学的外国语言文学类是第四轮学科评估中的 A＋级的专业，位列全国榜首，学校的特征是水平高、学科全、就业好。

上海外国语大学，英语、俄语、阿拉伯语和西欧语种群都非常优秀，外国语言文学与北京外国语大学、北京大学一起位列前三，实力不俗。

北京语言大学具有一定特殊性，其主要任务是对来华留学生进行中文和中国文化教育，所以外语语种很多，实用水平也很高，而且学校有“小联合国”之称，对学生开阔视野、增加机会有很大帮助。

北京第二外国语学院有 26 个语种专业，而且学校在语言与旅游管理、企业管理、国际贸易、翻译等结合方面有明显优势，当然分数不太高、对于分数优势不明显的考生也是一个优势。

广东外语外贸大学携地利优势，在这几个院校中是最灵活，也是对就业市场响应最积极的院校，当然就业优势也是最明显的。

四川外国语大学开设 16 个外语语种，在“一带一路”建设和东南亚经济合作的背景下已经是西南地区的桥头堡了，有深厚的历史积淀和学术积累，在区域语种学习和就业上有传统优势。

西安外国语大学是新中国建立的最早的四所外国语大学，历史悠久、实力强劲，而且属于我国西北地区唯一一所主要外语语种齐全的高校，是长安联盟成员，这个优势将在语言＋专业方向形成强大的竞争力，尤其是俄语专业，实力不俗。

天津外国语大学后发实力明显，借助京津冀一体化建设的优势，最近几年实力迅速蹿升、语种明显增加，在部分南方省份收分不高，所以性价比极高。

103. 什么是“两财一贸”？

“两财一贸”是民间对财经类三大名校的合称，指的是中央财经大学、上海财经大学和对外经济贸易大学。这三所大学在财经领域资源好，实力强，水平高，影响力大，学习就业发展都非常好，是毫无疑问的王者。

中央财经大学拥有应用经济学、会计学等国家重点学科，而且应用经济学是世界一流学科建设学科。

上海财经大学的财政学、会计学、经济思想史、金融学等学科是国家重点学科或重点培育学科，统计学是世界一流学科建设学科。

对外经济贸易大学的国际经济与贸易、国际法是国家重点学科，应用经济学是世界一流学科建设学科。

这几所院校在领域内都是非常强大的存在，学习、发展、就业资源都是非常好的，能进其中任何一所去学习财经相关专业，都是非常棒的。但要注意的是，这种专业性极强的院校，如果读的不是主干专业，那么可能就不是很理性的选择了。

104. 什么是“五财一贸”?

“五财一贸”是中央财经大学、上海财经大学、西南财经大学、中南财经政法大学、东北财经大学、对外经济贸易大学的民间合称。

西南财经大学的政治经济学、统计学、会计学、金融学是国家重点学科，应用经济学是世界一流学科建设学科，在考公务员方面有较为明显的优势。

中南财经政法大学的会计学、财政学、金融学、民商法、经济史是国家重点学科或重点培育学科，在商法结合上具有得天独厚的优势。

东北财经大学是“四非大学”，非“211”、非“985”、非“双一流”、非教育部直属，但是拥有着财经界“无冕之王”的称号，业内影响力非常强大，财政学、产业经济学、会计学、数量经济学是国家重点学科或重点培育学科。

105. 什么是“六星财大”和“后起之秀”?

“五财一贸”也合称“六星财大”。

其实财经类院校中还有一个后起之秀且一枝独秀的江西财经大学，其实力不俗，地位上升明显。江西财经大学的应用经济学、统计学都是非常好的，工商管理、理论经济学和法学也都不错，而且专业很多，方向性更明确，算是有实力、有特色、有潜力的院校，是最近几年财经类中高分考生适合选择的一所高性价比学校。当前江西财经大学还没有被考生充分认识到其作用和地位，是分数优势不大又热衷于财经类专业考生可以选择的高性价比院校。

106. 什么是“金融四校”?

“金融四校”指的是曾直属于中国人民银行的四所院校，分别是西南财经学院、陕西财经学院、北京金融学院和湖南财经学院。陕西财经学院已经并入西安交通大学，北京金融学院并入了对外经济贸易大学，湖南财经学院并入湖南大学了。也就是现在西南财经大学、西安交通大学、对外经济贸易大学以及湖南大学延续了“金融四校”的称谓。考虑到金融类专业对校友资源和人脉的依赖，进入这四所院校学习相关专业可能对考生的长期发展是比较有利的。

107. 什么是“国贸三星”?

“国贸三星”是民间对对外经济贸易大学、广东外语外贸大学和上海对外经济贸易大学三所国际贸易学科特色突出院校的一个合称。

三校各具地域优势：对外经济贸易大学在首都北京，广东外语外贸大学携地域优势和经济产业优势处于对外经济贸易桥头堡地位，而上海对外经济贸易大学则依托上海的经济地位以及其在国际贸易中的特殊地位发展出独具特色的办学和就业特点。三校在办学视野国际化、办学指向国际化和就业发展国际化方面总体优势非常明显，而且这三所院校间存在同类型高低搭配的关系，能够满足专业意向明确考生的院校间搭配组合的需求。

108. 什么是“统计四大天王”？

经济、金融类专业曾经炙手可热，然而很多人忽略了统计的意义和价值，实际上统计分析是当前无论自然科学还是社会科学都普遍需要的基础学科。在金融、经济范围内统计学科指向比较一致、就业发展特征比较接近、水平也相对较高的4所院校被合称为“统计四大天王”，它们是中国人民大学、厦门大学、浙江工商大学（原杭州商学院）、天津财经大学（原天津财经学院）。

中国人民大学作为一个以人文社会科学为主的综合性研究型全国重点大学，其统计学更是在教育部第四轮学科评估中以A+的身份列为全国第一，是毫无疑问的第一名。

厦门大学的统计学在教育部第四轮学科评估中位列A级评价，实力超群，影响力巨大。

浙江工商大学携地利优势，统计学发展很好，就业也很好，在教育部第四轮学科评估中，统计学进入A类学科，是全国财经类大学进入学科前10%的学科之一。

天津财经大学是新中国最早建立的财经大学之一，其统计学是国家重点学科。统计学国家重点学科一共有两所院校，天津财经是其中之一。加之地理优势和京津冀一体化推进优势，学校影响力最近几年迅速提高，尤其在南方省份，天津财经大学的统计学是性价比极高的选择。

109. 什么是“医学界军校四大精英”？

“医学界军校四大精英”是民间对第一军医大学（现南方医科大学）、第二军医大学（上海）、第三军医大学（重庆）、第四军医大学（西安）的一种通俗称谓。

第一军医大成立于黑龙江省，后来几经迁转变迁坐落广州，2004年移交地方并更名为南方医科大学。学校现有3个国家重点学科、2个国家重点（培育）学科、5个国家中医药管理局重点学科，临床医学、药理学与毒理学、生物学与生物化学、神经科学与行为学、分子生物学与遗传学进入ESI前1%。改制15年，人们渐渐淡忘了其强大的实力，仅在广东以及周边省份影响力较大，在北方各省收分明显低于其实力，是性价比较高的医学专业考生的良好选择对象。

第二军医大学也就是位于上海的中国人民解放军海军军医大学，对外称第二军医大学，基础医学和药学为一级学科国家重点学科，基础医学为世界一流学科建设学科，护理学更是位列教育部第四轮学科评估A+级评价。第二军医大招收非军籍学员，学校水平高、补助高、就业灵活，可考取军队文职，也可到地方就业。

第三军医大学也就是位于重庆的中国人民解放军陆军军医大学，对外称第三军医大学，学校有17个国家重点学科和重点培育学科，在临床医学、医学检验、病理检验、预防医学、法医学、高原军事医学学科具有鲜明特色，拥有我军第一个国家重点实验室“创伤、烧伤与复合伤研究国家重点实验室”，临床医学、药理学与毒理学、神经系统学与行为学、生物学与生物化学、免疫学5个学科领域进入国际ESI前1%，招收非军籍本科生。

第四军医大学就是地处西安的中国人民解放军空军军医大学，对外称第四军医大学，是第五军医大学和第四军医大学合并而成，学校有国家重点学科15个，其中基础医学为一级学科国家重点学科，另有国家重点（培育）学科4个。第四军医大学的消化和细胞生物学位居全国第一，口腔医学和四川大学、北京大学并列A+级评价。第四军医大学在部分省份招收非军籍学员。

110. 什么是“医学界地方四大精英”？

“医学界地方四大精英”是民间对华中科技大学、中山大学、四川大学和中南大学的一种合称。

华中科技大学的医学院其实就是原来的同济大学医学院，而同济大学就是以德国宝隆医生在上海建的中外合作医院起步的，后来医学院几经变迁进入新的华中科技大学，其公共卫生与预防医学、医学工程、临床、公共管理都是教育部第四轮学科评估的 A 级专业，公共卫生与预防医学以及生物医学工程都是 A+级，基础医学和药学也都是 B+专业。

中山大学医学院就是原来的中山医科大学，其基础医学、临床医学和药学三大学科都是非常强的，堪称岭南第一医学院，实力强、影响力大，但是在北方部分省份收分不足以匹配其实力。

四川大学医学院源于华西医科大学，前身就是 1910 年建立的华西协和大学，当时中国“北协和、南湘雅、东齐鲁、西华西”四大医学院是举世皆知的学校。四川大学口腔医学专业是最知名的。

中南大学的医学院就是前面提过的湘雅医学院，其临床医学为教育部第四轮学科评估的 A－级专业，护理学位 A+级专业，基础医学和药学这几大方向也都是非常优秀的。

111. 什么是“医学界八大金刚”？

医学界军地四大精英又合称为“医学界八大金刚”，这些称谓虽然都是民间合称，但是也从侧面反映出了各院校在领域内的实力和影响力。

112. 什么是“医学界南北双雄”？

在医学领域内，定位高于“医学界八大金刚”的还有一个说法叫“医学界南北双雄”，分别说的是北京大学和复旦大学。

北京大学医学部是原来的北京医科大学，现在以“北京大学医学部”为名称使用单独代码进行招生。北京医科大学的前身是我国最早的六所全国重点大学之一——北京医学院，创建于 1912 年，是中国政府教育部依靠中国自己的力量开办的第一所专门传授西方医学的国立学校。1985 年学校更名为北京医科大学，在 2000 年的高校合并中，北京医科大学正式与北京大学合并，形成现在的北京大学医学部。现在北京大学医学部设有 5 个学院、10 个本科专业，拥有 3 个一级学科国家重点学科，12 个二级学科国家重点学科，有 88 个博士学位授权点，93 个硕士学位授权点，9 个博士后流动站。北京大学医学部的整体实力比现在的很多医科大学要强大的多。作为南北医学双雄之一的北部代表，不管是在合并前还是合并后，都非常优秀的医学院校。北京大学医学部也是北方医学类院校的代表。

复旦大学上海医学院前身是上海医科大学，学校始建于 1927 年，原为国立中央大学医学院，是中国创办的第一所国立大学医学院。1932 年，国立中央大学医学院独立为国立上海医学院，经过多次内迁辗转，后又迁回上海，于 1952 年更名为上海第一医学院。1985 年学校更名为上海医科大学，是首批 211 工程院校之一。在 2000 年高校合并中，上海医科大学和复旦大学合并组建成为新的复旦大学。复旦大学上海医学院有 3 个一级学科国家重点学科，12 个二级学科国家重点学科，有博士、硕士学位授予权的一级学科 9 个，设有 8 个博士后科研流动站。在教育部第四轮学科评估中，学院的基础医学、临床医学均为 A 级，还有三个学科 A－级。复旦大学上海医学院师资力量雄厚。

南北双雄一个在政治、文化中心，一个在经济实力很强的经济中心，可以说是各擅胜场。

这里有一个问题，就是两所院校的医学学科实力都很强大，为什么还要分一个南北双雄的身份呢？那是因为医学是最直接为人类健康服务的学科，南、北方常见病、多发病以及生活环境等还是有一定差异的，所以在研究方向上也会有侧重，还有就是医学界的就业也有地域倾向的，也是要讲校友资源的。

113. 什么是“医学霸主”?

医学霸主是民间对“中国协和医科大学”的一种称谓，中国协和医科大学也就是现在的北京协和医学院，是在1917年由美国洛克菲勒基金会捐资创办的，是我国最早设有八年制临床医学专业和护理本科教育的医学院校，被誉为“中国医学殿堂”。学校历经多次更名，于2007年正式复名为北京协和医学院。

学校是与中国医学科学院院校一体，是中国国家级医学科学学术中心和综合性科学研究机构。而且在2006年与清华大学合作开展办学，清华大学医学部也就成了北京协和医学院的第二名称，不过这并不是说北京协和医学院被清华大学合并了，只是一种合作关系而已。不过也因此部分进入“211”和“985”工程平台建设行列，从这方面说北京协和医学院与清华大学关系密不可分。学校是国家卫健委直属全国重点大学，而且和中国医学科学院实行院校一体管理，可见其层次之高。而且学校在校生中研究生占比超过80%，学校的生物学、生物医学工程、临床医学、药学入选了世界一流学科建设学科。在国内，学校也是医学界最顶尖的学府，录取分数线也是非常高的。

不管是过去还是现在，说北京协和医学院是医学霸主也确实无可厚非，如果致力于学医并能够进入北京协和医学院的话，那将是非常完美的选择。

114. 什么是医学界的“地头蛇”?

前面的医学界军地四大精英、南北双雄和医学霸主毫无疑问是立志学医的考生最佳的选择，但是其分数也往往高到令人望而却步的地步。

其实除了上面11所院校外，各省（直辖市、自治区）还分布着为数众多的地头蛇级别的医学院校。医学院或者说医学类专业的数量还是比较多的，各省基本上都有一个在省内实力突出的医学院，而且往往在省内就业具有较大优势，堪称各省医学界的“地头蛇”。除此之外一般还会有一两个水平略低但是收分也不至于过高的医学院，再就是各地级市卫校变身的医学院或者独立办学或者存身于跟某些师范学院合并起来的院校里，如果考生学习医学的意向很强烈，这些院校也是可以充分考虑的。

115. 什么是“南北双药”?

药和医自古密切相关，因为医学对病患或基于预防保健为目的的操作里有很大一部分工作要依赖药物才能开展实施。药学领域名气最大而且合称“南北双药”的两所院校分别指的是中国药科大学和沈阳药科大学。

沈阳药科校本部固然是在沈阳，但是现在很大一部分办学、科研力量迁到了辽宁本溪，而本溪市号称是“中国药都”。沈阳药科大学借助本溪受到政策支持和产业集中的影响，获得了更为迅速的发展和更为明显的进步。其实，药学这种极具发展潜力和极具经济价值的专业，跟产业紧密结合不仅对学术发展有帮助，对于将科学技术迅速转变成生产力也有巨大帮助。沈阳药科的药剂学是国家重点学科，药理学与毒理学、化学、临床医学三个学科入选ESI全球前1%。药学相关学科完备，产学研体系完整，系统内就业优势明显，就业前景非常好。沈阳药科大学的药学学科实力很强，甚至仅次于北京协和医学院和中国药科大学，堪与北京大学的药学学科相比肩，特色明显、实力突出，但属于综合实力不强的院校，适合专业意向明确而强烈的非学霸选手考虑。

中国药科大学基本是沈阳药科大学的加强版或者说升级版，特征、特色方向高度一致，就是整体实力更强一些。中国药科大学的药学跟北京协和医学院并列教育部第四轮学科评估的A+级别评价。

中国药科大学和沈阳药科大学因为原来同是国家药品管理局国家药品监督管理局所属院校，所以合称“南北双药”。其实药学领域里还有一个广东药科大学，特征、特色基本也跟沈阳药科较为一致，基本就是沈阳药科的实力缩减版，当然在大多数省份收分是要低一些的，就业也以南方药企为主。其实这样已经形成了中国药科、沈阳药科、广州药科的高中低搭配，这里面实力最强的当然是中国药科，性价比最高的是沈阳药科。但是药科是一个一边连着医学一边连着生物化工的学科，所以大量医学院校、有医学院的综合大学、传统化工生物强项的院校有很多都开设药学、制药工程之类的专业。比如医学霸主协和，药学就不比中国药科差，北京大学、浙江大学的药学学科实力也处于跟沈阳药科大学不相上下的位置，复旦大学、上海交通大学、山东大学、中山大学、四川大学的药学学科实力虽然不如中国药科大学，但是也都不俗，不过这些学校的分数可都不低，所以他们的药学性价比就不高了。其他如化工强校华东理工大学和独具特色的中国海洋大学的药学，也都各具特色、实力不俗。药学或者说医药学里性价比很高的还有哈尔滨医科大学，比南开大学、吉林大学、郑州大学都更具优势，但是收分不高。

116. 什么是“中医药届各路诸侯”？

医药学类里面还有相对独立的一个支系，那就是中医药学院（通俗的说法也包含了蒙医、藏医等传统医药学），除了北京中医药大学一枝独秀非常强大之外。其他省份基本上是每省一个中（蒙、藏）医药院校的配置，而且绝大多数已经改名中医药大学。新疆中医药学院并入了新疆医科大学，青海藏医学院并入了青海大学，内蒙古蒙医学院现在是内蒙古民族大学蒙医药学院。河北中医药学院几经分分合合现在仍以“学院”为名。

中医药的“各路诸侯”里有一个被考生们严重低估的院校，那就是实力超级强的黑龙江中医药大学，其中医学仅次于北京中医药大学、上海中医药大学和南京中医药大学，而中药学则与上海中医药大学并列教育部第四轮学科评估 A＋级评价，加上学校在考生心中的地位受到东北地区经济发展放缓的影响，可算是中医药类院校中性价比极高的选择。

117. 什么是“九大美术学院”？

“九大美术学院”是民间对九所美术方面实力较强高校的通俗称谓，指的分别是中央美术学院、中国美术学院、清华大学、四川美术学院、广州美术学院、西安美术学院、天津美术学院、鲁迅美术学院、湖北美术学院。

中央美术学院的油画、中国画、版画、美术学、动画、平面、雕塑、建筑学方面的实力都很强；中国美术学院的中国画、书法、油画、版画、雕塑、媒体设计、综合绘画、环艺、平面、服装、建筑学（美术类）、美术学、动画都有着不俗的表现；清华大学美术学院在环艺（国内第一）、工业、平面、服装、动画、油画、中国画、雕塑方面有着较强的实力；四川美术学院的学科优势集中在油画、版画、中国画、水彩、雕塑、平面等方向；广州美术学院的油画、水彩、平面、环艺、建筑学（美术类）、服装等学科实力较为突出；西安美术学院的优势学科是中国画（花鸟）、油画、雕塑、美术学、建筑学（美术类）和动画；天津美术学院在工笔中国画方面遥遥领先，版画、油画实力也都很强；鲁迅美术学院写实画法、油画实力超群，雕塑、版画也都比较强；湖北美术学院在版画、水彩方面有着不俗的实力。

118. 什么是“九大音乐学院”？

“九大音乐学院”是民间对国内 9 个较为著名的高等音乐学院的合称，其分别是中国音乐学院、中央音乐学院、上海音乐学院、天津音乐学院、星海音乐学院、沈阳音乐学院、四川音乐学院、西安音乐学院、武汉音乐学院。其中中国音乐学院、中央音乐学院、上海音乐学院声誉更高，但是各音乐学院因为有其难以量化比较的特殊性，所以不能笼统地排名。

中国音乐学院、中央音乐学院、上海音乐学院，这 3 所学校被认为是培养中国真正音乐人才的主力军，是中国音乐的最高学府。每年的国家大型专业比赛，获奖的选手也基本多出自于这 3 所学校。这 3 所音乐学院师资力量不分伯仲，这 3 所学校的教师，许多都是中国最著名的音乐教育家，都是行业里最著名的音乐人。这 3 所学校都具有艺术硕士授予权；是具有高校教师在职攻读硕士学位和同等学力申请硕士学位培养资格的学校；拥有国内最先进的教学设备；是与国际接轨最密切的音乐学院。这 3 所学校的综合实力并没有较大差别，只是在教学理念上、办学特色上，以及学院对某项专业的重视程度上略有不同。这 3 所学校并没有什么明确的排名，如果分开来细说的话，单拿出某项专业之间相互比较，程度上略有一定的高低，比如中央音乐学院的钢琴系相对突出，中国音乐学院的民族声乐相对突出，上海音乐学院的作曲相对突出。

119. 什么是“华东五校”?

“华东五校”是民间对处于华东地区的复旦大学、上海交通大学、南京大学、浙江大学和中国科学技术大学的一个合称。因为华东五校都是中央直管副部级高校，是首批“211 工程”和“985 工程”重点建设高校，又同属于“双一流”世界一流大学 A 类建设高校，在实力上一般被认为是仅次于北京大学、清华大学的高校。五所院校并没有在“华东五校”框架之内的合作项目，但是这是民间对五所院校实力的一种描述和认可。

120. 什么是“华东五人”“航开济”和“中坚九校”?

目前在高考录取分数方面，北京大学、清华大学毫无疑问地排在最前面，基本是把高分考生尽数收纳的掐尖式录取。在北京大学、清华大学之后录取分数较高的是华东五校和中国人民大学，清北无望的高分考生往往会按照“5＋1”校特色进行选择，这 6 所院校也就形成了录取分数上的第二集团，这个第二集团也被民间称为“华东五人”。而仅从录取分数上看，接下来就到了“航开济”和“中坚九校”了。“航开济”分别指的是北京航空航天大学、南开大学和同济大学。而中坚九校指的则是武汉大学、天津大学、华中科技大学、中山大学、西安交通大学、哈尔滨工业大学、厦门大学、东南大学和北京理工大学，这九所院校中既有武汉大学、中山大学这种综合强校，也有哈尔滨工业大学这种工科强劲的院校。中坚九校不是一个标准称呼，也不是一个联盟，更没有严格的组织关系，而是民间按照高考录取分数总结出来的一个说法，所以在某些省份“中坚九校”还曾经包括北京邮电大学。最近在“沾上电子涨 30”的背景下，电子科技大学也有挤入中坚九校的态势。

121. 为什么要比录取分数?

高考录取分数无法直接关联一所院校实力的强弱，因为考生选择院校的时候会带有主观倾向性，而当前省份的高考整体水平和考生的主观倾向性会在客观上推高或者拉低院校在某省的录取分数。但毫无疑问的是，这种推高或者拉低是会影响到考生进入某一所院校的可能性的。

比较分数的一个重要原因就是，当考生以“院校”作为目标的时候，分数是衡量考生是否能够被录取的重要条件，甚至可以说成是“分数够高谈院校是理想，分数不够谈院校是梦想”。至于新高考模式下的志愿填报，虽然志愿单位变为“专业（类）＋院校”，而且重点指向是“专业”，但是依然无法绕开院校平台的影响。

122. 为什么要比较院校的综合实力?

我国教育部开展的大学学科实力评估结果会以等级和分数两种形式进行呈现。综合型大学因为学科众多，往往得分较高。而优秀的综合型大学的得分难免就会在所有大学中处于更高的位置上，于是容易造成一种“优秀的大学综合排名高”的结果。综合实力强是高平台、高起点、高水准大学的共同特征，在少数考试中往往也具备更高的分数要求。所以，这样的大学适合那些专业兴趣广泛、学科适应能力较强的考生填报。

123. 为什么要比较院士的数量？

院士数量的多少，往往与院校实力强弱之间有一定关系。尤其是综合实力并不是很强的特色研究型大学，这样的院校往往不会有很多院士，但是院士研究方向上的学科一定是这所学校较为强大的学科，在填报的时候可以重点考虑这样的学科以及与其相关的学科。

124. 为什么要比较硕士点、博士点、博士后流动站？

如果一所院校拥有某一级学科博士点，则自然拥有其下属二级学科的博士授予权；如果一所院校拥有某一级学科硕士点，则自然拥有其下属二级学科的硕士授予权。院校在拥有博士点的学科方向上一定具有较强的实力，而一些综合实力不强的甚至没有博士点的院校，其优势学科往往集中在具有硕士点的学科方向上。所以那些专业意愿较为明确而强烈的非高分考生在选择院校时可以重点考虑硕士点、博士点的分布，而院校硕士点、博士点的设置可以通过院校网站上研究生招生计划中查看。

博士后流动站往往设置在院校重点发展方向上，往往能够体现院校的实力和资源投放情况，也是值得考生重点考虑的。

125. 为什么要比较院校的重点学科数量和方向？

一级学科国家重点学科的建设要突出综合优势和整体水平，促进学科交叉、融合和新兴学科的生长。二级学科国家重点学科（也称国家重点学科）的建设要突出特色和优势，在重点方向上取得突破。如果院校拥有一级学科国家重点学科则此重点学科下设的二级学科也是重点学科，重点学科的数量往往也能够体现一所院校的综合实力；而综合实力并不强的院校，也可能因为拥有某些一级学科国家重点学科而成为某些领域中影响力突出的院校，这也是考生在填报的时候可以重点考虑的因素。

表 3.18 一级学科国家重点学科目录（2007）

学科名称	学校名称	学科名称	学校名称
哲学	北京大学	信息与通信工程	清华大学，北京协和医学院—清华大学医学部
	中国人民大学		北京交通大学
	复旦大学		北京理工大学
理论经济学	北京大学		北京邮电大学
	中国人民大学		东南大学
	南开大学		电子科技大学
	复旦大学		西安电子科技大学
	厦门大学		国防科学技术大学
	武汉大学	控制科学与工程	清华大学，北京协和医学院—清华大学医学部

续表

学科名称	学校名称
应用经济学	中国人民大学
	中央财经大学
	南开大学
	厦门大学
法学	北京大学
	中国人民大学
	中国政法大学
政治学	北京大学
社会学	北京大学
	中国人民大学
马克思主义理论	中国人民大学
教育学	北京师范大学
	华东师范大学
心理学	北京师范大学
体育学	北京体育大学
中国语言文学	北京大学
	北京师范大学
	复旦大学
	南京大学
	四川大学
新闻传播学	中国人民大学
	复旦大学
历史学	北京大学
	南开大学
数学	北京大学
	清华大学，北京协和医学院—清华大学医学部
	北京师范大学
	南开大学
	吉林大学
	复旦大学
	南京大学
	浙江大学
	中国科学技术大学
	山东大学
	四川大学
控制科学与工程	北京航空航天大学
	东北大学
	哈尔滨工业大学
	上海交通大学
	浙江大学
	华中科技大学
	西安交通大学
	国防科学技术大学
计算机科学与技术	北京大学
	清华大学，北京协和医学院—清华大学医学部
	北京航空航天大学
	哈尔滨工业大学
	上海交通大学
	南京大学
	国防科学技术大学
建筑学	清华大学，北京协和医学院—清华大学医学部
	天津大学
	同济大学
	东南大学
土木工程	清华大学，北京协和医学院—清华大学医学部
	哈尔滨工业大学
	同济大学
	浙江大学
	湖南大学
	中南大学
水利工程	清华大学，北京协和医学院—清华大学医学部
	天津大学
	大连理工大学
	河海大学
	武汉大学
	西安理工大学
测绘科学与技术	武汉大学
	解放军信息工程大学
化学工程与技术	清华大学，北京协和医学院—清华大学医学部
	北京化工大学

续表

学科名称	学校名称
物理学	北京大学
	清华大学，北京协和医学院—清华大学医学部
	复旦大学
	南京大学
	中国科学技术大学
化学	北京大学
	南开大学
	吉林大学
	复旦大学
	南京大学
	浙江大学
	中国科学技术大学
	厦门大学
天文学	南京大学
地理学	北京大学
	北京师范大学
	华东师范大学
大气科学	北京大学
海洋科学	厦门大学
	中国海洋大学
地球物理学	中国科学技术大学
地质学	南京大学
	中国地质大学
	西北大学
生物学	北京大学
	北京协和医学院—清华大学医学部，清华大学
	复旦大学
	南京大学
	中国科学技术大学
	武汉大学
	中山大学
科学技术史	北京科技大学
	中国科学技术大学

学科名称	学校名称
化学工程与技术	天津大学
	大连理工大学
	华东理工大学
	南京工业大学
地质资源与地质工程	吉林大学
	中国地质大学
	成都理工大学
矿业工程	北京科技大学
	中国矿业大学
	中南大学
石油与天然气工程	大庆石油学院
	西南石油大学
	中国石油大学
纺织科学与工程	东华大学
轻工技术与工程	华南理工大学
交通运输工程	北京交通大学
	同济大学
	东南大学
	中南大学
	西南交通大学
	长安大学
船舶与海洋工程	哈尔滨工程大学
	上海交通大学
	武汉理工大学
航空宇航科学与技术	北京航空航天大学
	南京航空航天大学
	西北工业大学
兵器科学与技术	北京理工大学
	南京理工大学
	军械工程学院
核科学与技术	清华大学，北京协和医学院—清华大学医学部
	中国科学技术大学
农业工程	中国农业大学

续表

学科名称	学校名称	学科名称	学校名称
力学	北京大学	林业工程	东北林业大学
	清华大学，北京协和医学院—清华大学医学部		南京林业大学
	北京航空航天大学	生物医学工程	清华大学，北京协和医学院—清华大学医学部
	大连理工大学		上海交通大学
	哈尔滨工业大学		东南大学
	上海交通大学		浙江大学
	南京航空航天大学		华中科技大学
	中国科学技术大学		四川大学
机械工程	清华大学，北京协和医学院—清华大学医学部		重庆大学
	北京航空航天大学		西安交通大学
	北京理工大学	食品科学与工程	江南大学
	吉林大学	作物学	中国农业大学
	哈尔滨工业大学		南京农业大学
	燕山大学		河南农业大学
	上海交通大学		华中农业大学
	浙江大学	园艺学	浙江大学
	华中科技大学	农业资源利用	中国农业大学
	湖南大学		南京农业大学
	中南大学		浙江大学
	重庆大学	植物保护	中国农业大学
	西南交通大学		南京农业大学
	西安交通大学		浙江大学
光学工程	清华大学，北京协和医学院—清华大学医学部	畜牧学	中国农业大学
	北京理工大学	兽医学	中国农业大学
	南开大学		南京农业大学
	天津大学	林学	北京林业大学
	长春理工大学		东北林业大学
	南京理工大学	水产	中国海洋大学
	浙江大学	基础医学	复旦大学
	华中科技大学		第二军医大学
	国防科学技术大学		第四军医大学
仪器科学与技术	北京航空航天大学	口腔医学	北京大学
	天津大学		四川大学
	哈尔滨工业大学	中医学	北京中医药大学

续表

学科名称	学校名称
材料科学与工程	清华大学，北京协和医学院—清华大学医学部
	北京航空航天大学
	北京科技大学
	天津大学
	东北大学
	哈尔滨工业大学
	上海交通大学
	浙江大学
	山东大学
	华中科技大学
	武汉理工大学
	中南大学
	华南理工大学
	四川大学
	西安交通大学
	西北工业大学
冶金工程	北京科技大学
	东北大学
动力工程及工程热物理	清华大学，北京协和医学院—清华大学医学部
	哈尔滨工业大学
	上海交通大学
	浙江大学
	华中科技大学
	西安交通大学
电气工程	清华大学，北京协和医学院—清华大学医学部
	浙江大学
	华中科技大学
	重庆大学
	西安交通大学

学科名称	学校名称
中医学	广州中医药大学
中西医结合	复旦大学
药学	北京大学
	北京协和医学院—清华大学医学部，清华大学
	中国药科大学
	第二军医大学
中药学	北京中医药大学
	黑龙江中医药大学
	上海中医药大学
	南京中医药大学
	成都中医药大学
管理科学与工程	清华大学，北京协和医学院—清华大学医学部
	北京航空航天大学
	天津大学
	大连理工大学
	哈尔滨工业大学
	上海交通大学
	浙江大学
	合肥工业大学
	中南大学
	西安交通大学
	国防科学技术大学
工商管理	中国人民大学
	清华大学，北京协和医学院—清华大学医学部
	厦门大学
	中山大学
	西安交通大学
图书馆、情报与档案管理	武汉大学

续表

学科名称	学校名称	学科名称	学校名称
电子科学与技术	北京大学		
	清华大学，北京协和医学院—清华大学医学部		
	北京邮电大学		
	复旦大学		
	东南大学		
	电子科技大学		
	西安电子科技大学		

126. 为什么要比较国家重点实验室？

国家重点实验室是国家组织高水平基础研究和应用基础研究、聚集和培养优秀科学家、开展高层次学术交流的重要基地，国家重点实验室的依托单位以中科院各研究所、重点大学为主体。如果一所大学拥有国家重点实验室，那么实验室所对应方向的学科一定是实力非常强劲的，尤其是那些有考研、考博等长期学习准备的考生，这一点更是非常重要的。具体见下表。

表 3.19　国家重点实验室列表（依托高校）

国家重点实验室（依托单位）	行政主管部门	宏观管理部门
天然药物及仿生药物国家重点实验室（北京大学）	教育部	科技部
蛋白质工程和植物基因工程国家重点实验室（北京大学）	教育部	科技部
稀土材料化学及应用国家重点实验室（北京大学）	教育部	科技部
核物理与核技术国家重点实验室（北京大学）	教育部	科技部
人工微结构和介观物理国家重点实验室（北京大学）	教育部	科技部
湍流与复杂系统国家重点实验室（北京大学）	教育部	科技部
区域光纤通信网与新型光通信系统国家重点实验室（北京大学、上海交通大学）	教育部	科技部
家蚕基因组学国家重点实验室（西南大学）	教育部	科技部
化工资源有效利用国家重点实验室（北京化工大学）	教育部	科技部
有机无机复合材料国家重点实验室（北京化工大学）	教育部	科技部
轨道交通控制与安全国家重点实验室（北京交通大学）	教育部	科技部
新金属材料国家重点实验室（北京科技大学）	教育部	科技部
钢铁冶金新技术国家重点实验室（北京科技大学）	教育部	科技部
认知神经科学与学习国家重点实验室（北京师范大学）	教育部	科技部
地表过程与资源生态国家重点实验室（北京师范大学）	教育部	科技部
网络与交换技术国家重点实验室（北京邮电大学）	教育部	科技部
信息光子学与光通信国家重点实验室（北京邮电大学）		
精细化工国家重点实验室（大连理工大学）	教育部	科技部
工业装备结构分析国家重点实验室（大连理工大学）	教育部	科技部

续表

国家重点实验室（依托单位）	行政主管部门	宏观管理部门
海岸和近海工程国家重点实验室（大连理工大学）	教育部	科技部
电子薄膜与集成器件国家重点实验室（电子科技大学）	教育部	科技部
旱区作物逆境生物学国家重点实验室（西北农林科技大学）	教育部	科技部
轧制技术及连轧自动化国家重点实验室（东北大学）	教育部	科技部
流程工业综合自动化国家重点实验室（东北大学）	教育部	科技部
纤维材料改性国家重点实验室（东华大学）	教育部	科技部
毫米波国家重点实验室（东南大学）	教育部	科技部
生物电子学国家重点实验室（东南大学）	教育部	科技部
移动通信国家重点实验室（东南大学）	教育部	科技部
医学神经生物学国家重点实验室（复旦大学）	教育部	科技部
遗传工程国家重点实验室（复旦大学）	教育部	科技部
专用集成电路与系统国家重点实验室（复旦大学）	教育部	科技部
应用表面物理国家重点实验室（复旦大学）	教育部	科技部
化学生物传感与计量学国家重点实验室（湖南大学）	教育部	科技部
汽车车身先进设计制造国家重点实验室（湖南大学）	教育部	科技部
生物反应器工程国家重点实验室（华东理工大学）	教育部	科技部
亚热带建筑科学国家重点实验室（华南理工大学）	教育部	科技部
发光材料与器件国家重点实验室（华南理工大学）	教育部	科技部
制浆造纸工程国家重点实验室（华南理工大学）	教育部	科技部
煤燃烧国家重点实验室（华中科技大学）	教育部	科技部
数字制造装备与技术国家重点实验室（华中科技大学）	教育部	科技部
材料成形与模具技术国家重点实验室（华中科技大学）	教育部	科技部
激光技术国家重点实验室（华中科技大学）	教育部	科技部
农业微生物学国家重点实验室（华中农业大学）	教育部	科技部
作物遗传改良国家重点实验室（华中农业大学）	教育部	科技部
理论化学计算国家重点实验室（吉林大学）	教育部	科技部
无机合成与制备化学国家重点实验室（吉林大学）	教育部	科技部
超分子结构与材料国家重点实验室（吉林大学）	教育部	科技部
汽车动态模拟国家重点实验室（吉林大学）	教育部	科技部
超硬材料国家重点实验室（吉林大学）	教育部	科技部
功能有机分子化学国家重点实验室（兰州大学）	教育部	科技部
医药生物技术国家重点实验室（南京大学）	教育部	科技部
现代配位化学国家重点实验室（南京大学）	教育部	科技部
计算机软件新技术国家重点实验室（南京大学）	教育部	科技部

续表

国家重点实验室（依托单位）	行政主管部门	宏观管理部门
内生金属矿床成矿机制研究国家重点实验室（南京大学）	教育部	科技部
固体微结构物理国家重点实验室（南京大学）	教育部	科技部
作物遗传与种质创新国家重点实验室（南京农业大学）	教育部	科技部
元素有机化学国家重点实验室（南开大学）	教育部	科技部
药物化学生物学国家重点实验室（南开大学）	教育部	科技部
摩擦学国家重点实验室（清华大学）	教育部	科技部
汽车安全与节能国家重点实验室（清华大学）	教育部	科技部
水沙科学与水利水电工程国家重点实验室（清华大学）	教育部	科技部
新型陶瓷与精细工艺国家重点实验室（清华大学）	教育部	科技部
电力系统及大型发电设备安全控制和仿真国家重点实验室（清华大学）	教育部	科技部
微波与数字通信技术国家重点实验室（清华大学）	教育部	科技部
智能技术与系统国家重点实验室（清华大学）	教育部	科技部
晶体材料国家重点实验室（山东大学）	教育部	科技部
微生物技术国家重点实验室（山东大学）	教育部	科技部
医学基因组学国家重点实验室（上海交通大学）	教育部	科技部
海洋工程国家重点实验室（上海交通大学）	教育部	科技部
机械系统与振动国家重点实验室（上海交通大学）	教育部	科技部
金属基复合材料国家重点实验室（上海交通大学）	教育部	科技部
口腔疾病研究国家重点实验室（四川大学）	教育部	科技部
生物治疗国家重点实验室（四川大学）	教育部	科技部
高分子材料工程国家重点实验室（四川大学）	教育部	科技部
水力学与山区河流开发保护国家重点实验室（四川大学）	教育部	科技部
内燃机燃烧学国家重点实验室（天津大学）	教育部	科技部
精密测试技术及仪器国家重点实验室（清华大学、天津大学）	教育部	科技部
海洋地质国家重点实验室（同济大学）	教育部	科技部
污染控制与资源化研究国家重点实验室（南京大学、同济大学）	教育部	科技部
水资源与水电工程科学国家重点实验室（武汉大学）	教育部	科技部
软件工程国家重点实验室（武汉大学）	教育部	科技部
测绘遥感信息工程国家重点实验室（武汉大学）	教育部	科技部
材料复合新技术国家重点实验室（武汉理工大学）	教育部	科技部
硅酸盐建筑材料国家重点实验室（武汉理工大学）	教育部	科技部
综合业务网理论及关键技术国家重点实验室（西安电子科技大学）	教育部	科技部
机械制造系统工程国家重点实验室（西安交通大学）	教育部	科技部
金属材料强度国家重点实验室（西安交通大学）	教育部	科技部

续表

国家重点实验室（依托单位）	行政主管部门	宏观管理部门
电力设备电气绝缘国家重点实验室（西安交通大学）	教育部	科技部
动力工程多相流国家重点实验室（西安交通大学）	教育部	科技部
牵引动力国家重点实验室（西南交通大学）	教育部	科技部
固体表面物理化学国家重点实验室（厦门大学）	教育部	科技部
近海海洋环境科学国家重点实验室（厦门大学）	教育部	科技部
传染病诊治国家重点实验室（浙江大学）	教育部	科技部
硅材料国家重点实验室（浙江大学）	教育部	科技部
流体传动及控制国家重点实验室（浙江大学）	教育部	科技部
能源清洁利用国家重点实验室（浙江大学）	教育部	科技部
工业控制技术国家重点实验室（浙江大学）	教育部	科技部
计算机辅助设计与图形学国家重点实验室（浙江大学）	教育部	科技部
现代光学仪器国家重点实验室（浙江大学）	教育部	科技部
化学工程联合国家重点实验室（天津大学、清华大学、华东理工大学、浙江大学）	教育部	科技部
地质过程与矿产资源国家重点实验室（中国地质大学）	教育部	科技部
深部岩土力学与地下工程国家重点实验室（中国矿业大学）	教育部	科技部
煤炭资源与安全开采国家重点实验室（中国矿业大学）	教育部	科技部
农业生物技术国家重点实验室（中国农业大学、香港中文大学）	教育部	科技部
植物生理学与生物化学国家重点实验室（中国农业大学）	教育部	科技部
油气资源与探测国家重点实验室（中国石油大学）	教育部	科技部
粉末冶金国家重点实验室（中南大学）	教育部	科技部
华南肿瘤学国家重点实验室（中山大学）	教育部	科技部
眼科学国家重点实验室（中山大学）	教育部	科技部
有害生物控制与资源利用国家重点实验室（中山大学）	教育部	科技部
光电材料与技术国家重点实验室（中山大学）	教育部	科技部
机械传动国家重点实验室（重庆大学）	教育部	科技部
煤矿灾害动力学与控制国家重点实验室（重庆大学）	教育部	科技部
输配电装备及系统安全与新技术国家重点实验室（重庆大学）	教育部	科技部
软件开发环境国家重点实验室（北京航空航天大学）	工信部	科技部
虚拟现实技术与系统国家重点实验室（北京航空航天大学）	工信部	科技部
爆炸科学与技术国家重点实验室（北京理工大学）	工信部	科技部
机器人技术与系统国家重点实验室（哈尔滨工业大学）	工信部	科技部
现代焊接生产技术国家重点实验室（哈尔滨工业大学）	工信部	科技部
城市水资源与水环境国家重点实验室（哈尔滨工业大学）	工信部	科技部
凝固技术国家重点实验室（西北工业大学）	工信部	科技部

续表

国家重点实验室（依托单位）	行政主管部门	宏观管理部门
材料化学工程国家重点实验室（南京工业大学）	江苏省	科技部
食品科学与技术国家重点实验室（江南大学、南昌大学）	教育部江西省	科技部
水稻生物学国家重点实验室（中国水稻研究所、浙江大学）	教育部农业部	科技部
水文水资源与水利工程科学国家重点实验室（河海大学、南京水利科学研究院）	教育部水利部	科技部
集成光电子学国家重点实验室（清华大学、吉林大学、中国科学院半导体研究所）	教育部中科院	科技部
环境模拟与污染控制国家重点实验室（清华大学、中国科学院生态环境研究中心、北京大学、北京师范大学）	教育部中科院	科技部
病毒学国家重点实验室（武汉大学、中国科学院武汉病毒研究所）	教育部中科院	科技部
分子动态与稳态结构国家重点实验室（中国科学院化学研究所、北京大学）	教育部中科院	科技部
遥感科学国家重点实验室（中国科学院遥感应用研究所、北京师范大学）	教育部中科院	科技部
火灾科学国家重点实验室（中国科学技术大学）	中科院	科技部
中药质量研究国家重点实验室（澳门大学、澳门科技大学）	澳门	科技部
模拟与混合信号超大规模集成电路国家重点实验室（澳门大学）	澳门	科技部
海洋污染国家重点实验室（香港城市大学、香港浸会大学、香港中文大学、香港理工大学、香港科技大学、香港大学）	香港	科技部
生物地质与环境地质国家重点实验室为［中国地质大学（武汉）］	教育部	科技部
亚稳材料制备技术与科学国家重点实验室（燕山大学）	河北省	科技部
量子光学与光量子器件国家重点实验室（山西大学）	山西省	科技部
作物生物学国家重点实验室（山东农业大学）	山东省	科技部
地质灾害防治与地质环境保护国家重点实验室（成都理工大学）	四川省	科技部
油气藏地质及开发工程国家重点实验室（成都理工大学、西南石油大学）	四川省	科技部
大陆动力学国家重点实验室（西北大学）	陕西省	科技部
呼吸疾病国家重点实验室（广州医学院）	广东省	科技部
医学免疫学国家重点实验室（中国人民解放军第二军医大学）	总政治部	科技部
创伤、烧伤与复合伤研究国家重点实验室（中国人民解放军第三军医大学）	总政治部	科技部
肿瘤生物学国家重点实验室（中国人民解放军第四军医大学）	总政治部	科技部
热带作物生物技术国家重点实验室（中国热带农业科学院）	农业部	科技部
动物营养学国家重点实验室（中国农业科学院畜牧研究所、中国农业大学）	农业部教育部	科技部
半导体超晶格国家重点实验室（中国科学院半导体研究所）	中科院	科技部
应用光学国家重点实验室（中国科学院长春光学精密机械与物理研究所）	中科院	科技部
稀土资源利用国家重点实验室（中国科学院长春应用化学研究所）	中科院	科技部
电分析化学国家重点实验室（中国科学院长春应用化学研究所）	中科院	科技部
催化基础国家重点实验室（中国科学院大连化学物理研究所）	中科院	科技部
大气边界层物理和大气化学国家重点实验室（中国科学院大气物理研究所）	中科院	科技部

续表

国家重点实验室（依托单位）	行政主管部门	宏观管理部门
大气科学和地球流体力学数值模拟国家重点实验室（中国科学院大气物理研究所）	中科院	科技部
资源与环境信息系统国家重点实验室（中国科学院地理科学与资源研究所）	中科院	科技部
环境地球化学国家重点实验室（中国科学院地球化学研究所）	中科院	科技部
矿床地球化学国家重点实验室（中国科学院地球化学研究所）	中科院	科技部
黄土与第四纪地质国家重点实验室（中国科学院地球环境研究所）	中科院	科技部
岩石圈演化国家重点实验室（中国科学院地质与地球物理研究所）	中科院	科技部
生物膜与膜生物工程国家重点实验室（中国科学院动物研究所）	中科院	科技部
计划生育生殖生物学国家重点实验室（中国科学院动物研究所）	中科院	科技部
农业虫害鼠害综合治理研究国家重点实验室（中国科学院动物研究所）	中科院	科技部
结构化学国家重点实验室（中国科学院福建物质结构研究所）	中科院	科技部
微细加工光学技术国家重点实验室（中国科学院光电技术研究所）	中科院	科技部
有机地球化学国家重点实验室（中国科学院广州地球化学研究所）	中科院	科技部
生化工程国家重点实验室（中国科学院过程工程研究所）	中科院	科技部
多相复杂系统国家重点实验室（中国科学院过程工程研究所）	中科院	科技部
冻土工程国家重点实验室（中国科学院寒区旱区环境与工程研究所）	中科院	科技部
冰冻圈科学国家重点实验室（中国科学院寒区旱区环境与工程研究所）	中科院	科技部
分子反应动力学国家重点实验室（中国科学院大连化学物理研究所、中国科学院化学研究所）	中科院	科技部
高分子物理与化学国家重点实验室（中国科学院化学研究所、中国科学院长春应用化学研究所）	中科院	科技部
金属腐蚀与防护国家重点实验室（中国科学院金属研究所）	中科院	科技部
空间天气学国家重点实验室（中国科学院空间科学与应用研究中心）	中科院	科技部
遗传资源与进化国家重点实验室（中国科学院昆明动物研究所）	中科院	科技部
植物化学与西部植物资源持续利用国家重点实验室（中国科学院昆明植物研究所）	中科院	科技部
羰基合成与选择氧化国家重点实验室（中国科学院兰州化学物理研究所）	中科院	科技部
固体润滑国家重点实验室（中国科学院兰州化学物理研究所）	中科院	科技部
非线性力学国家重点实验室（中国科学院力学研究所）	中科院	科技部
湖泊与环境国家重点实验室（中国科学院南京地理与湖泊研究所）	中科院	科技部
现代古生物学和地层学国家重点实验室（中国科学院南京地质古生物研究所）	中科院	科技部
土壤与农业可持续发展国家重点实验室（中国科学院南京土壤研究所）	中科院	科技部
计算机科学国家重点实验室（中国科学院软件研究所）	中科院	科技部
煤转化国家重点实验室（中国科学院山西煤炭化学研究所）	中科院	科技部
强场激光物理国家重点实验室（中国科学院上海光学精密机械研究所）	中科院	科技部
高性能陶瓷和超微结构国家重点实验室（中国科学院上海硅酸盐研究所）	中科院	科技部

续表

国家重点实验室（依托单位）	行政主管部门	宏观管理部门
红外物理国家重点实验室（中国科学院上海技术物理研究所）	中科院	科技部
分子生物学国家重点实验室（中国科学院上海生命科学研究院）	中科院	科技部
神经科学国家重点实验室（中国科学院上海生命科学研究院）	中科院	科技部
植物分子遗传国家重点实验室（中国科学院上海生命科学研究院）	中科院	科技部
信息功能材料国家重点实验室（中国科学院上海微系统与信息技术研究所）	中科院	科技部
新药研究国家重点实验室（中国科学院上海药物研究所）	中科院	科技部
金属有机化学国家重点实验室（中国科学院上海有机化学研究所）	中科院	科技部
生命有机化学国家重点实验室（中国科学院上海有机化学研究所）	中科院	科技部
机器人学国家重点实验室（中国科学院沈阳自动化研究所）	中科院	科技部
城市和区域生态国家重点实验室（中国科学院生态环境研究中心）	中科院	科技部
环境化学与生态毒理学国家重点实验室（中国科学院生态环境研究中心）	中科院	科技部
脑与认知科学国家重点实验室（中国科学院生物物理研究所）	中科院	科技部
生物大分子国家重点实验室（中国科学院生物物理研究所）	中科院	科技部
声场与声信息国家重点实验室（中国科学院声学研究所）	中科院	科技部
科学与工程计算国家重点实验室（中国科学院数学与系统科学研究院）	中科院	科技部
黄土高原土壤侵蚀与旱地农业国家重点实验室（中国科学院、水利部水土保持研究所）	中科院	科技部
淡水生态与生物技术国家重点实验室（中国科学院水生生物研究所）	中科院	科技部
微生物资源前期开发国家重点实验室（中国科学院微生物研究所）	中科院	科技部
波谱与原子分子物理国家重点实验室（中国科学院武汉物理与数学研究所）	中科院	科技部
岩土力学与工程国家重点实验室（中国科学院武汉岩土力学研究所）	中科院	科技部
表面物理国家重点实验室（中国科学院物理研究所）	中科院	科技部
超导国家重点实验室（中国科学院物理研究所）	中科院	科技部
磁学国家重点实验室（中国科学院物理研究所）	中科院	科技部
瞬态光学与光子技术国家重点实验室（中国科学院西安光学精密机械研究所）	中科院	科技部
植物细胞与染色体工程国家重点实验室（中国科学院遗传与发育生物学研究所）	中科院	科技部
植物基因组学国家重点实验室（中国科学院微生物研究所、中国科学院遗传与发育生物学研究所）	中科院	科技部
系统与进化植物学国家重点实验室（中国科学院植物研究所）	中科院	科技部
植被与环境变化国家重点实验室（中国科学院植物研究所）	中科院	科技部
模式识别国家重点实验室（中国科学院自动化研究所）	中科院	科技部
石油化工催化材料与反应工程国家重点实验室（中国石油化工股份有限公司石油化工科学研究院）	国资委	科技部
金属挤压与锻造装备技术国家重点实验室（中国重型机械研究院有限公司）	国资委	科技部

续表

国家重点实验室（依托单位）	行政主管部门	宏观管理部门
新农药创制与开发国家重点实验室（沈阳化工研究院）	国资委	科技部
机车和动车组牵引与控制国家重点实验室（中国铁道科学研究院、中国南车股份有限公司、中国北车股份有限公司）	国资委	科技部
提高石油采收率国家重点实验室（中国石油勘探开发研究院）	国资委	科技部
土壤植物机器系统技术国家重点实验室（中国农业机械化科学研究院）	国资委	科技部
建筑安全与环境国家重点实验室（中国建筑科学研究院）	国资委	科技部
生物源纤维制造技术国家重点实验室（中国纺织科学研究院）	国资委	科技部
工业产品环境适应性国家重点实验室（中国电器科学研究院）	国资委	科技部
汽车 NVH 及安全控制国家重点实验室（中国汽车工程研究院有限公司、重庆长安汽车股份有限公司）	国资委	科技部
绿色建筑材料国家重点实验室（中国建筑材料科学研究总院）	国资委	科技部
电网安全与节能国家重点实验室（中国电力科学研究院）	国资委	科技部
特种纤维复合材料国家重点实验室（中材科技股份有限公司）	国资委	科技部
桥梁工程结构动力学国家重点实验室（重庆交通科研设计院）	国资委	科技部
混合流程工业自动化系统及装备技术国家重点实验室（冶金自动化研究设计院）	国资委	科技部
工业排放气综合利用国家重点实验室（西南化工研究设计院）	国资委	科技部
光纤通信技术和网络国家重点实验室（武汉邮电科学研究院）	国资委	科技部
创新药物与制药工艺国家重点实验室（上海医药工业研究院）	国资委	科技部
煤矿安全技术国家重点实验室（煤炭科学研究总院沈阳研究院）	国资委	科技部
先进成形技术与装备国家重点实验室（机械科学研究总院）	国资委	科技部
先进钢铁流程及材料国家重点实验室（钢铁研究总院）	国资委	科技部
无线移动通信国家重点实验室（电信科学技术研究院）	国资委	科技部
深海矿产资源开发利用技术国家重点实验室（长沙矿冶研究院）	国资委	科技部
矿物加工科学与技术国家重点实验室（北京矿冶研究总院）	国资委	科技部
化学品安全控制国家重点实验室（中国石油化工股份有限公司青岛安全工程研究院）	国资委	科技部
高速铁路轨道技术国家重点实验室（铁道科学研究院）	国资委	科技部
建设机械关键技术国家重点实验室（长沙建设机械科学研究院）	国资委	科技部
金属多孔材料国家重点实验室（西北有色金属研究院）	国资委	科技部
分子肿瘤学国家重点实验室（中国医学科学院肿瘤医院肿瘤研究所）	卫生部	科技部
医学分子生物学国家重点实验室（中国医学科学院基础医学研究所）	卫生部	科技部
实验血液学国家重点实验室（中国医学科学院血液学研究所）	卫生部	科技部
病毒基因工程国家重点实验室（中国预防医学科学院病毒学研究所）	卫生部	科技部
传染病预防控制国家重点实验室（中国疾病预防控制中心）	卫生部	科技部

续表

国家重点实验室（依托单位）	行政主管部门	宏观管理部门
癌基因及相关基因国家重点实验室（上海市肿瘤研究所）	卫生部	科技部
植物病虫害生物学国家重点实验室（中国农业科学院植物保护研究所）	农业部	科技部
棉花生物学国家重点实验室（中国农业科学院棉花研究所、河南大学）	农业部	科技部
家畜疫病病原生物学国家重点实验室（中国农业科学院兰州兽医研究所）	农业部	科技部
兽医生物技术国家重点实验室（中国农业科学院哈尔滨兽医研究所）	农业部	科技部
激光与物质相互作用国家重点实验室（西北核技术研究所、中国科学院长春光学精密机械与物理研究所）	总装备部 中科院	科技部
宇航动力学国家重点实验室（中国西安卫星测控中心）	总装备部	科技部
空气动力学国家重点实验室（中国空气动力研究与发展中心）	总装备部	科技部
航天医学基础与应用国家重点实验室（中国航天员科研训练中心）	总装备部	科技部
病原微生物生物安全国家重点实验室（中国人民解放军军事医学科学院）	总后卫生部	科技部
蛋白质组学国家重点实验室（中国人民解放军军事医学科学院）	总后勤部	科技部
灾害天气国家重点实验室（中国气象科学研究院）	中国气象局	科技部
地震动力学国家重点实验室（中国地震局地质研究所）	中国地震局	科技部
卫星海洋环境动力学国家重点实验室（国家海洋局第二海洋研究所）	国家海洋局	科技部

表 3.20　首批国家重点实验室在 1992 年—1998 年转为国防科技重点实验室名单

无人机特种技术国家重点实验室	西北工业大学
雷达信号处理国家重点实验室	西安电子科技大学
精密热加工国家重点实验室	哈尔滨工业大学
航空发动机气热动力国家重点实验室	北京航空航天大学
并行与分布处理国家重点实验室	国防科学技术大学
水声技术国家重点实验室	哈尔滨工程大学

表 3.21　省部共建国家重点实验室名单

省部共建国家重点实验室（依托单位）	所处地区	主管部门
省部共建环境友好能源材料国家重点实验室（西南科技大学）	四川省	科技部
省部共建核资源与环境国家重点实验室（东华理工大学）	江西省	科技部
省部共建高品质特殊钢冶金与制备国家重点实验室（上海大学）	上海市	科技部
省部共建有色金属先进加工与再利用国家重点实验室（兰州理工大学）	甘肃省	科技部
省部共建耐火材料与冶金国家重点实验室（武汉科技大学）	湖北省	科技部
省部共建复杂有色金属资源清洁利用国家重点实验室（昆明理工大学）	云南省	科技部
省部共建茶树生物学与资源利用国家重点实验室（安徽农业大学）	安徽省	科技部
省部共建分离膜与膜过程国家重点实验室（天津工业大学）	天津市	科技部
省部共建药用植物功效与利用国家重点实验室（贵州医科大学）	贵州省	科技部
省部共建中亚高发病成因与防治国家重点实验室（新疆医科大学）	新疆维吾尔自治区	科技部

续表

省部共建国家重点实验室（依托单位）	所处地区	主管部门
省部共建生物催化与酶工程国家重点实验室（湖北大学）	湖北省	科技部
省部共建放射医学与辐射防护国家重点实验室（苏州大学）	江苏省	科技部
省部共建生物多糖纤维成形与生态纺织国家重点实验室（青岛大学）	山东省	科技部
省部共建草原家畜生殖调控与繁育国家重点实验室（内蒙古大学）	内蒙古自治区	科技部
省部共建西部绿色建筑国家重点实验室（西安建筑科技大学）	陕西省	科技部
省部共建云南生物资源保护与利用国家重点实验室（云南大学、云南农业大学）	云南省	科技部

127. 为什么要比较学校的历史传承？

我国高校经过几次大的调整和改名合并等操作，很多时候已经难以从名字上看出学校的“前世今生”，关于其学科实力的判断有些时候就变得比较困难了。而教育又是一件跟长期积累、积淀具有一定关系的事，所以从院校的历史传承上是能够看出其优势学科之所在。

例如：河南理工大学，从名字上看是位于河南省一个理工类特色明显的大学。但是我们查询一下它的历史就可以知道，其前身为1909年建立的焦作路矿学堂，后与北洋工学院、东北工学院等组建了西北工学院（西北大学），新中国成立后改名中国矿业学院（发展为现在的两所中国矿业大学），其主体外迁，留在焦作的部分合并焦作煤矿学校，后几经改名，在2004年定名河南理工大学，现为河南省与国家安监局共建院校。简单了解一下院校历史就能够得知学校的优势学科可能是集中在矿业方面，事实是河南理工大学的安全科学与工程学科几乎能够跻身全国前十；矿业工程则是进入全国前八；测绘科学与工程学科也能接近全国前十的水平，而且明显超过北京建筑大学、北京师范大学、东南大学、东北大学和中国石油大学。也就是说，建校百余年，河南理工大学的优势学科依然集中在矿业相关领域，那么其就业发展优势可能也具有较为明显的倾向性，这在报考之前就需要做好充分的考虑。

128. 要不要考虑院校所在城市？

在志愿填报的时候，很多家长和考生会考虑院校所在城市这一因素。其实是否要考虑院校所在城市的影响长期以来都没有定论，有人认为城市很重要，也有人认为城市并不重要。其实这个问题可以“一分为三”地进行考虑：一种情况是考生所要学习的学科与产业环境关系不密切的理科、工科、医学、法学、农学、哲学、教育学、历史学等学科，其知识的学习主要在学校等固定场所（理工科的实习时间、医学农学的观摩实践、教育学的实习等往往都有相对固定的场所）和较为封闭的知识体系内完成，这样的学科基本不依赖城市的经济、产业、文化环境的影响；另一种是经济学、文学、管理学、艺术学等学科内有很多具有开放性实践特征的学科，这些学科则会明显受到院校所在城市经济、文化、地理环境的影响，经济、管理等学科受到这种影响可能还比较强烈；还有一种情况是，地质学、生态学、农学、天文学、地质学、考古学、勘探测绘等学科，学科本身有大量的校外学习、实习、实践的需求，但是学校长期以来有完整的校外学习体系，基本也不受所在城市影响，或者说受到城市的影响并不大。

其实家长和考生在选择院校所在城市的时候更多关注的是诸如气候条件、消费水平、交通便利程度、就业便利程度、风土人情、饮食特征等非学术性因素。但是“万众一心”的挤“天南海北”（天津、南京、上海、北京）或者沿海经济发达城市则必然会造成这些区域院校分数虚高的情况，是否有必要拿出艰苦学习考出来的分数去追逐热点城市是值得商榷的。尤其是那些致力于长期学习，有考研考博打算的考生，去东北、西北、西南地区的一些实力较强的学校进行本科学习可能对后续发展是有更积极的影响的。

129. 校友关系是否应该在志愿填报时进行考虑?

当前的志愿填报工作当然是以进入高等院校学习为目的的，但是长期考虑的最终指向则是就业。而有些学科在就业方面具有比较强烈的校友关系的影响，例如：各省党政系统内人数最多的一般都是本省内大学毕业的，在日常工作中和生活交流中，校友之间往往具有更好的匹配度，交流可能也比较顺畅；电力等封闭性较强的系统，因其特殊性，使得在招录新人的时候也会有明显的倾向性，因为同一所院校培养出来的人才具有更为一致的思路，工作衔接也更顺畅一些；临床医学等工作也会因患者的区域性特征而使得医疗行业拥有校友优势比较明显的特点；建筑学等地域色彩明显的学科，虽然不具有极强的校友关系属性，但是区域特性表现的可能较为明显，我们较难想象岭南建筑学派培养出来的人才如何在黑龙江和内蒙古等寒冷地区充分发挥其学术优势，同样在哈尔滨工业大学建筑学院出来的考生，虽然在寒区建筑设计领域会有比较突出的优势，但是这种优势如果在江南地区就业怕是也难以发挥了；政法类院校和专业的校友资源可能也会影响到就业以及就业后的发展情况。所以建议考生在具有充分就业预期的情况下考虑是否需要衡量校友优势的作用。

130. 为什么要认真辨析院校名称和院校关系?

“顾名思义”在任何领域都是大忌，例如：2017 年浙江省一位分数为 646 的考生就填报了“同济大学浙江学院”，而同年这个分数距离北京大学的提档线仅有 53 分，其分数是可以被北京航空航天大学、武汉大学、东南大学、中央财经大学、中山大学、南开大学等院校提档的。毫无疑问，考生或家长存在着将“同济大学浙江学院”这一独立学院当成“同济大学”进行填报的问题，因为当年同济大学的提档线为 648 分，考生实力还是比较接近同济大学的。这个案例提示那些合并本科批次的省份一定要特别注意独立学院和某些名称接近院校之间的区分。

另一个极端是的案例是，2017 年天津大学在黑龙江的录取遭遇了“滑铁卢”式溃败，最低录取分数为 459 分，仅处于一本线上 4 分，这个分数产生在“工程力学”专业（能源与动力工程 460，水利水电工程 462，工业工程 487），天津大学的力学学科是能够进入全国前八的优势学科，并不是生冷偏僻或者艰苦的专业。天津大学最低 459 的录取分数甚至比“天津科技大学”还低了四五十分，这可能是和现在与“科技”“电子”沾边的分数就高有关，但是天津大学作为中国最早的现代大学，作为老牌“985”院校，作为世界一流大学建设高校很有可能是因为名字比较“土”而吃了大亏。当然，这也反映出来了考生家长对院校的不了解。

131. 院校的共建单位重要吗?

高校的共建关系从建设支持层面看，有共建单位的影响力、政策和资金扶持等方面的支持，这会在一定程度上影响到院校的发展。但是，从考生的角度看，共建关系能够比较直接地体现院校的学科实力和影响力较大的领域。

省级政府与教育部共建地方高校及签约时间：

河南省郑州大学（2004 年 2 月 27 日）

河南省河南大学（2008 年 10 月 17 日）

新疆维吾尔自治区新疆大学（2004 年 3 月 11 日）

云南省云南大学（2004 年 3 月 11 日）

广西壮族自治区广西大学（2004 年 3 月 18 日）
内蒙古自治区内蒙古大学（2004 年 5 月 14 日）
新疆生产建设兵团石河子大学（2004 年 5 月 25 日）
西藏自治区西藏大学（2004 年 9 月 20 日）
青海省青海大学（2004 年 12 月 5 日）
江西省南昌大学（2004 年 12 月 15 日）
江西省井冈山大学（2007 年 10 月 28 日）
贵州省贵州大学（2004 年 12 月 23 日）
山西省山西大学（2004 年 12 月 24 日）
宁夏回族自治区宁夏大学（2005 年 4 月 22 日）
陕西省延安大学（2005 年 6 月 9 日）
陕西省西北大学（2009 年 3 月 22 日）
河北省河北大学（2005 年 11 月 10 日）
湖南省湘潭大学（2005 年 12 月 17 日）
吉林省延边大学（2005 年 12 月 25 日）
海南省海南大学（2007 年 12 月 24 日）
甘肃省西北师范大学（2009 年 3 月 16 日）
浙江省浙江工业大学（2009 年 6 月 8 日）
天津市天津职业技术师范大学（2012 年 3 月）
广东省汕头大学（2012 年 6 月 29 日）
重庆市西南政法大学（2012 年 10 月）
浙江省宁波大学（2012 年 9 月）
福建省福州大学（2012 年 10 月，原 211 工程大学）
江西省江西师范大学（2012 年 10 月）
福建省福建师范大学（2012 年 11 月）
黑龙江省黑龙江大学（2012 年 11 月 28 日）
上海市上海大学（2013 年 4 月 18 日，原 211 工程大学）
湖北省湖北大学（2013 年 7 月 18 日）
安徽省安徽大学（2013 年 8 月 3 日，原 211 工程大学）
四川省西南科技大学（2013 年 8 月 29 日）
安徽省安徽师范大学（2013 年 10 月 29 日）
湖北省武汉科技大学（2013 年 12 月）
山东省山东师范大学（2013 年 12 月）
山东省济南大学（2013 年 12 月）
云南省云南师范大学（2013 年 12 月）
安徽省安徽理工大学（2014 年 10 月 30 日）
江苏省江苏师范大学（2014 年 9 月）
广东省华南师范大学（2015 年 6 月，原 211 工程大学）

河北省河北师范大学（2014 年 11 月 26 日）

河北省、天津市河北工业大学（2014 年 12 月，原 211 工程大学）

省级政府与工信部共建地方高校：

教育部、工信部、中国电子科技集团、陕西省西安电子科技大学（原 211 工程大学）

教育部、工信部、湖南省中南大学（原 211 工程、985 工程大学）

教育部、工信部、北京市北京邮电大学（原 211 工程大学）

教育部、工信部、安徽省合肥工业大学（原 211 工程大学）

江西省、教育部、工信部江西理工大学

河北省、教育部、工信部燕山大学

注：湖南大学、湘潭大学等仅为国防科工局（工信部下属机构之一）共建，不是工信部共建。

省级政府与水利部共建地方高校：

华北水利水电大学

三峡大学

河北工程大学

南昌工程学院

浙江水利水电学院

省级政府与国家三大石油公司共建地方高校：

东北石油大学

西南石油大学

西安石油大学

辽宁石油化工大学

长江大学

重庆科技学院

常州大学

广东石油化工学院

江苏省政府与中国船舶工业集团公司、中国船舶重工集团公司共建高校：

江苏科技大学

江苏省政府与国家交通运输部共建高校：

南通大学

广东省政府与司法部共建高校：

广东财经大学（原广东商学院）

省政府与国土资源部共建高校：

成都理工大学

石家庄经济学院（原河北地质学院）

132. 查询院校的师资力量对志愿填报有什么帮助？

中国自古就有“名师出高徒”的说法，其实学生的发展在很大程度上跟教师有重要的关系，那么一所院校有多少中国科学院院士、中国工程院院士、哲学社会科学资深教授、“青年千人计划”入选者、“万人计划”入选者、“青年拔尖人才计划”入选者、“长江学者”、国家杰出青年基金获得者、国家基金委创新群体、国家基金委优秀青年基金获得者、国家级教学名师将会对考生以后的发展起到很重要的作用。在查询这些师资个人或者团体的时候，最好查询一下这些个人或者团体的研究方向，如果被录取的专业在这些优秀教师个人或团体的研究方向上，那么一定可以享受到非常好的资源，也必将获得良好的学习、成长环境。

例如：经过查询得知燕山大学有1位院士，这位院士的名字叫作田永君。通过搜索可以得知田永君院士共获得国家自然科学奖二等奖1项，中国高校科学技术奖（自然科学类）一等奖1项，获得其他省部级一等奖1项、二等奖1项、三等奖3项。通过搜索还可以找到“以燕山大学田永君教授为学术带头人的创新团队申请的国家自然科学创新研究群体科学基金项目——‘新型亚稳材料的设计原理、实验合成与结构调控’，日前获得国家自然科学基金委员会的批准，第一期资助经费为500万元。这标志着河北省国家级创新研究群体实现了零的突破”的报道，那么我们可以判断燕山大学的材料学应该有独到之处。

在2017年12月27日教育部发布的全国第四轮学科评估结果中，燕山大学的材料科学与工程学科和吉林大学、复旦大学、同济大学、华东理工大学、东华大学、山东大学、国防科技大学等院校同获B+级评价，材料学评级甚至比东南大学、厦门大学、湖南大学、中山大学、武汉大学的评级还高。

而我们知道，燕山大学作为“机械四小龙”之一，机械类的实力是非常强悍的，如果将机械和材料综合考虑的考生，填报燕山大学是不错的选择。

133. 为什么选择院校时要参照院校的科研成果？

对于中高分考生，充分考虑院校的科研成果是对中长期发展有积极影响的。尤其是“科技奖励三大奖”（国家技术发明奖、国家科学技术发明奖、国家自然科学奖），是院校科研实力的最直接体现。在其他条件基本相同的情况下，优先选择“科技奖励三大奖”表现更好的院校肯定是不会错的，如果院校的获奖项目和自己拟就读的学科是同一个方向的，那将是更好的选择。

134. 录取可能性接近的院校怎么选择？

一、如果按照院校提档线或者专业录取分数计算录取概率接近的院校，还要比较一下所报专业方向上有没有院士、长江学者、杰青基金获得者；除此之外，如果所报学科是一级学科国家重点学科、二级学科国家重点学科、世界一流学科建设学科或者有硕士点、博士点、博士后流动工作站则应优先选择。

二、在高考竞争激烈的省份优质院校计划数往往并不充裕，但是考生成绩却往往比较突出，此类考生往往需要比计划数充裕省份的考生要高出许多分数才能进入相同的院校进行学习。此类省份的分数优势在本省并没有优势的考生，可以优先考虑具有推荐免试攻读研究生资格的院校，可以将招生计划较少这一劣势转化为后续长期发展的优势。名单见下表。

表3.22 具有推荐优秀应届本科毕业生免试攻读硕士研究生资格院校名单

单位名称	所在省市	单位名称	所在省市
北京大学	北京市	浙江工商大学	浙江省
中国人民大学	北京市	中国美术学院	浙江省
清华大学	北京市	宁波大学	浙江省
北京交通大学	北京市	安徽大学	安徽省
北京工业大学	北京市	中国科学技术大学	安徽省

续表

单位名称	所在省市	单位名称	所在省市
北京航空航天大学	北京市	合肥工业大学	安徽省
北京理工大学	北京市	安徽工业大学	安徽省
北京科技大学	北京市	安徽理工大学	安徽省
北方工业大学	北京市	安徽农业大学	安徽省
北京化工大学	北京市	安徽医科大学	安徽省
北京工商大学	北京市	蚌埠医学院	安徽省
北京服装学院	北京市	安徽中医药大学	安徽省
北京邮电大学	北京市	安徽师范大学	安徽省
北京建筑大学	北京市	安徽财经大学	安徽省
中国农业大学	北京市	厦门大学	福建省
北京林业大学	北京市	华侨大学	福建省
北京协和医学院	北京市	福州大学	福建省
首都医科大学	北京市	福建农林大学	福建省
北京中医药大学	北京市	集美大学	福建省
北京师范大学	北京市	福建医科大学	福建省
首都师范大学	北京市	福建中医药大学	福建省
北京外国语大学	北京市	福建师范大学	福建省
北京语言大学	北京市	南昌大学	江西省
中国传媒大学	北京市	华东交通大学	江西省
中央财经大学	北京市	南昌航空大学	江西省
对外经济贸易大学	北京市	江西理工大学	江西省
首都经济贸易大学	北京市	江西农业大学	江西省
外交学院	北京市	江西中医药大学	江西省
中国人民公安大学	北京市	江西师范大学	江西省
国际关系学院	北京市	江西财经大学	江西省
北京体育大学	北京市	山东大学	山东省
中央音乐学院	北京市	中国海洋大学	山东省
中国音乐学院	北京市	山东科技大学	山东省
中央美术学院	北京市	中国石油大学（华东）	山东省
中央戏剧学院	北京市	青岛科技大学	山东省
北京电影学院	北京市	济南大学	山东省
中央民族大学	北京市	青岛理工大学	山东省
中国政法大学	北京市	山东建筑大学	山东省
华北电力大学	北京市	山东理工大学	山东省
北京信息科技大学	北京市	山东农业大学	山东省

续表

单位名称	所在省市	单位名称	所在省市
中国矿业大学（北京）	北京市	山东中医药大学	山东省
中国石油大学（北京）	北京市	山东师范大学	山东省
中国地质大学（北京）	北京市	曲阜师范大学	山东省
中国科学院大学	北京市	聊城大学	山东省
中国社会科学院大学	北京市	山东财经大学	山东省
南开大学	天津市	山东艺术学院	山东省
天津大学	天津市	青岛大学	山东省
天津科技大学	天津市	华北水利水电大学	河南省
天津工业大学	天津市	郑州大学	河南省
中国民航大学	天津市	河南理工大学	河南省
天津理工大学	天津市	河南工业大学	河南省
天津医科大学	天津市	河南科技大学	河南省
天津中医药大学	天津市	河南农业大学	河南省
天津师范大学	天津市	河南中医药大学	河南省
天津外国语大学	天津市	河南大学	河南省
天津商业大学	天津市	河南师范大学	河南省
天津财经大学	天津市	河南财经政法大学	河南省
天津体育学院	天津市	武汉大学	湖北省
河北大学	河北省	华中科技大学	湖北省
河北工程大学	河北省	武汉科技大学	湖北省
华北电力大学（保定）	河北省	长江大学	湖北省
河北工业大学	河北省	武汉工程大学	湖北省
华北理工大学	河北省	中国地质大学（武汉）	湖北省
河北农业大学	河北省	武汉理工大学	湖北省
河北医科大学	河北省	湖北工业大学	湖北省
河北师范大学	河北省	华中农业大学	湖北省
石家庄铁道大学	河北省	湖北中医药大学	湖北省
燕山大学	河北省	华中师范大学	湖北省
河北经贸大学	河北省	湖北大学	湖北省
河北中医学院	河北省	中南财经政法大学	湖北省
山西大学	山西省	武汉体育学院	湖北省
太原科技大学	山西省	中南民族大学	湖北省
中北大学	山西省	三峡大学	湖北省
太原理工大学	山西省	湘潭大学	湖南省
山西农业大学	山西省	吉首大学	湖南省

续表

单位名称	所在省市	单位名称	所在省市
山西医科大学	山西省	湖南大学	湖南省
山西师范大学	山西省	中南大学	湖南省
山西财经大学	山西省	湖南科技大学	湖南省
山西中医药大学	山西省	长沙理工大学	湖南省
内蒙古大学	内蒙古自治区	湖南农业大学	湖南省
内蒙古科技大学	内蒙古自治区	中南林业科技大学	湖南省
内蒙古工业大学	内蒙古自治区	湖南中医药大学	湖南省
内蒙古农业大学	内蒙古自治区	湖南师范大学	湖南省
内蒙古师范大学	内蒙古自治区	南华大学	湖南省
辽宁大学	辽宁省	中山大学	广东省
大连理工大学	辽宁省	暨南大学	广东省
沈阳工业大学	辽宁省	汕头大学	广东省
沈阳航空航天大学	辽宁省	华南理工大学	广东省
东北大学	辽宁省	华南农业大学	广东省
辽宁科技大学	辽宁省	广东海洋大学	广东省
辽宁工程技术大学	辽宁省	广州医科大学	广东省
沈阳化工大学	辽宁省	广州中医药大学	广东省
大连交通大学	辽宁省	华南师范大学	广东省
大连海事大学	辽宁省	深圳大学	广东省
大连工业大学	辽宁省	广州大学	广东省
沈阳建筑大学	辽宁省	五邑大学	广东省
沈阳农业大学	辽宁省	广东工业大学	广东省
大连海洋大学	辽宁省	广东外语外贸大学	广东省
中国医科大学	辽宁省	南方医科大学	广东省
大连医科大学	辽宁省	南方科技大学	广东省
辽宁中医药大学	辽宁省	广西大学	广西壮族自治区
沈阳药科大学	辽宁省	桂林电子科技大学	广西壮族自治区
辽宁师范大学	辽宁省	桂林理工大学	广西壮族自治区
沈阳师范大学	辽宁省	广西医科大学	广西壮族自治区
渤海大学	辽宁省	广西中医药大学	广西壮族自治区
大连外国语大学	辽宁省	广西师范大学	广西壮族自治区
东北财经大学	辽宁省	广西艺术学院	广西壮族自治区
鲁迅美术学院	辽宁省	海南大学	海南省
吉林大学	吉林省	海南师范大学	海南省
延边大学	吉林省	重庆大学	重庆市

续表

单位名称	所在省市	单位名称	所在省市
长春理工大学	吉林省	重庆邮电大学	重庆市
东北电力大学	吉林省	重庆交通大学	重庆市
长春工业大学	吉林省	重庆医科大学	重庆市
吉林农业大学	吉林省	西南大学	重庆市
长春中医药大学	吉林省	重庆师范大学	重庆市
东北师范大学	吉林省	四川外国语大学	重庆市
吉林师范大学	吉林省	西南政法大学	重庆市
吉林财经大学	吉林省	四川大学	四川省
黑龙江大学	黑龙江省	西南交通大学	四川省
哈尔滨工业大学	黑龙江省	电子科技大学	四川省
哈尔滨理工大学	黑龙江省	西南石油大学	四川省
哈尔滨工程大学	黑龙江省	成都理工大学	四川省
黑龙江科技大学	黑龙江省	西南科技大学	四川省
东北石油大学	黑龙江省	西华大学	四川省
佳木斯大学	黑龙江省	四川农业大学	四川省
黑龙江八一农垦大学	黑龙江省	西南医科大学	四川省
东北农业大学	黑龙江省	成都中医药大学	四川省
东北林业大学	黑龙江省	四川师范大学	四川省
哈尔滨医科大学	黑龙江省	西华师范大学	四川省
黑龙江中医药大学	黑龙江省	西南财经大学	四川省
哈尔滨师范大学	黑龙江省	成都体育学院	四川省
哈尔滨商业大学	黑龙江省	西南民族大学	四川省
复旦大学	上海市	贵州大学	贵州省
同济大学	上海市	贵州医科大学	贵州省
上海交通大学	上海市	遵义医学院	贵州省
华东理工大学	上海市	贵阳中医学院	贵州省
上海理工大学	上海市	贵州师范大学	贵州省
上海海事大学	上海市	云南大学	云南省
东华大学	上海市	昆明理工大学	云南省
上海海洋大学	上海市	云南农业大学	云南省
上海中医药大学	上海市	西南林业大学	云南省
华东师范大学	上海市	昆明医科大学	云南省
上海师范大学	上海市	云南师范大学	云南省
上海外国语大学	上海市	云南财经大学	云南省
上海财经大学	上海市	云南民族大学	云南省

续表

单位名称	所在省市	单位名称	所在省市
上海对外经贸大学	上海市	西藏大学	西藏自治区
华东政法大学	上海市	西藏民族大学	西藏自治区
上海体育学院	上海市	西北大学	陕西省
上海音乐学院	上海市	西安交通大学	陕西省
上海大学	上海市	西北工业大学	陕西省
上海科技大学	上海市	西安理工大学	陕西省
南京大学	江苏省	西安电子科技大学	陕西省
苏州大学	江苏省	西安工业大学	陕西省
东南大学	江苏省	西安建筑科技大学	陕西省
南京航空航天大学	江苏省	西安科技大学	陕西省
南京理工大学	江苏省	西安石油大学	陕西省
江苏科技大学	江苏省	陕西科技大学	陕西省
中国矿业大学	江苏省	西安工程大学	陕西省
南京工业大学	江苏省	长安大学	陕西省
南京邮电大学	江苏省	西北农林科技大学	陕西省
河海大学	江苏省	陕西师范大学	陕西省
江南大学	江苏省	延安大学	陕西省
南京林业大学	江苏省	西安外国语大学	陕西省
江苏大学	江苏省	西北政法大学	陕西省
南京信息工程大学	江苏省	西安美术学院	陕西省
南通大学	江苏省	兰州大学	甘肃省
南京农业大学	江苏省	兰州理工大学	甘肃省
南京医科大学	江苏省	兰州交通大学	甘肃省
徐州医科大学	江苏省	甘肃农业大学	甘肃省
南京中医药大学	江苏省	甘肃中医药大学	甘肃省
中国药科大学	江苏省	西北师范大学	甘肃省
南京师范大学	江苏省	西北民族大学	甘肃省
江苏师范大学	江苏省	青海大学	青海省
南京体育学院	江苏省	青海师范大学	青海省
南京艺术学院	江苏省	青海民族大学	青海省
扬州大学	江苏省	宁夏大学	宁夏回族自治区
浙江大学	浙江省	宁夏医科大学	宁夏回族自治区
杭州电子科技大学	浙江省	新疆大学	新疆维吾尔自治区
浙江工业大学	浙江省	新疆农业大学	新疆维吾尔自治区
浙江理工大学	浙江省	石河子大学	新疆维吾尔自治区

续表

单位名称	所在省市	单位名称	所在省市
温州医科大学	浙江省	新疆医科大学	新疆维吾尔自治区
浙江中医药大学	浙江省	新疆师范大学	新疆维吾尔自治区
浙江师范大学	浙江省	新疆财经大学	新疆维吾尔自治区
杭州师范大学	浙江省		

135. 平行志愿为什么要设置院校梯度？

平行志愿在同一批次可以填报多个院校，有些省份和批次是 5、6 个，有些省份多达数十个，新高考省份志愿单位更会多达 60、80 甚至更多个，那么志愿间就需要设置一定梯度。在梯度设置时不同的人喜欢用不同的描述，有叫“冲、稳、保”的，也有叫“冲、稳、保、垫”的，但是无论是哪一种描述，基本思想都是将录取难度大的放在前面而将录取难度小的放在后面，因为即便是平行志愿，在投档的时候也是按照从前到后的顺序进行检索投档。如果将录取难度小的放在前面，则很容易被录取，而后面录取难度大的院校则不具有投档的可能性了，这种操作也被通俗的称为“倒挂”，是志愿填报的大忌，尤其是志愿数量较少的省份和批次，这种操作更具风险性。

136. 在院校梯度中如何设置“冲”的志愿？

首先，并不是所有考生都需要设置“冲”的志愿。所谓的“冲”往往是指用有限的分数进入更高层次、更高水准的院校，以便获得更加良好的发展平台。但是“冲”往往是不具有分数优势的，也就意味着很有可能会进入目标院校的非优势专业，甚至有专业调剂的可能。所以我们建议学科成绩均衡优秀、学习能力较强、专业适合度较广泛、可塑性强的考生，为了获得更好的平台而设置“冲”的院校。

其次，对于分数优势不大，综合实力不强甚至在部分学科上表现出一定不足的考生，但也想试一试争取进入更高平台发展的，那么在挑选“冲”的院校的时候一定要选择那些水平能够满足要求，所投放计划中又没有特别不适应、不喜欢专业的院校。

最后，要对目标院校历史录取数据做一个梳理，这个梳理不能单纯依靠分数，也不能单纯依靠历史录取位次。因为分数会受到题目难度的强烈影响，而录取位次又会受到强基计划、港澳升学、高分复读、计划波动等影响。将这些波动充分考虑进去之后将会得出历年录取排位，将得到的最近 3－5 年录取排位做线性回归处理，能够得出目标院校在考生所在省份的录取趋势预测值，这个预测可以用来判断录取概率。而对历史数据的分散度进行分析，应该尽量优先“冲”那些数据离散度高的院校。

137. 如何计算计划数的增减？

理论上各高校每年的最低录取分数线（或提档线）会有一些波动，但是一般不会出现知名高校分数线骤然降低，也不会出现水平不高的院校分数骤然升高的情况。影响院校提档分数（或位次）的原因有很多，本校计划数的增减是原因之一，这个因素很好比较，只要查询历史年份相关院校的计划数即可得出结论。但是在报考时，考生和家长往往忽略其他院校计划数的增减，低位院校计划数的增减对考生的影响并不大，而比考生实力水平相对应院校录取要求更高的院校计划数的波动则会影响到考生的录取概率。

在此建议考生不仅要衡量自己的实力和目标院校录取要求之间的差距，还要将本省本科类（如：文史类、理工类）历史年份的提档数据做一个梳理，最好是按照其录取位次从高到低做一个列表，在表格中以年份为列注明院校每年的计划数。在做好的列表中找到自己的目标院校，统计录取位次更高的所有院校的计划总数（含报考当年各院校公布的计划数），将历史数据与本年度数据进行对比。如果本年度高于目标院校的计划总数有增加则填报成功概率较大，或者可以填报更高位置的院校；如果考生目标院校之前所有院校当年计划数总数低于历史年份，则填报成功概率会有所降低，或者可以考虑填报更低位置的院校。

138. 为什么志愿填报时候要考虑强基计划的影响?

强基计划是不占分省计划或者单列计划的，而且往往是相当于一本线（合并本科批次省份会设置一个特殊招生参照线，其数值类似于传统的一本线），或者高于一本线考生才有机会。所以高分考生通过强基计划升学会造成“一分一段表”中的排序有一定的“虚空”可能，合理分析通过强基计划升学考生的数量及位置，也对考生志愿填报成功率的提升有帮助，同时也能减少分数上的浪费。

139. 精准进行志愿填报还要考虑哪些因素的影响?

港澳招生、出国留学、高分复读考生、三大专项的数量都会对相邻位次同学的志愿填报产生影响，这种影响在高分段尤为明显，因为哪怕是个位数字的波动都有可能会对考生所能进入的院校产生较大影响。考生可以通过对历史年份数据的分析、当年的政策行情等的分析来测算这种影响。

140. 在院校梯度中如何设置“稳”的院校?

以目标院校的历史平均录取位次为依据，充分参照前面两个问题中的修正方法，然后计算目标院校历史年份录取的数据离散度，将离散度较低的院校选出来，按照由高到低排队的若干个（也可以只有一二个）作为“稳”的院校使用。

考生在竞争“稳”的院校时提档概率非常大，但是因为参照的是院校的平均录取位次，在分专业录取的时候并不具有非常大的优势。所以在专业选择的时候要尽量参照目标院校的录取规则去排列专业计划：如果目标院校采取“分数清”的录取规则，考生应按照自己的主观意愿排列专业，只要专业中有高低搭配则基本不会被调剂或者退档；如果目标院校采取“志愿清”的录取规则，考生则应尽量避免填写目标院校最热门的专业，因为考生并不具有绝对的分数优势，舍弃目标院校最热门的一个或几个专业则有可能因“错位竞争”而胜出；如果目标院校采取的是“分数级差”的录取规则，考生在选择专业的时候应该采取更加保守的策略，避免因级差减分而形成不理想的录取结果。

141. 在院校梯度中如何设置“保”的院校?

一般人理解的“保”是用来保证考生在当前批次被录取的院校志愿，但是如果这么理解可能就过于简单了。其实“保”的院校应该是在考生前面志愿失效的情况下保证其获得良好的培养环境，说通俗一点就是在院校水平上录取结果可能会低一些，但是在学科水平上则要尽量高一些。也就是在设置“保”的院校的时候要结合专业实力综合考虑，以进入录取难度较小的院校但是专业实力较强的专业为主要出发点，这样可以保证考生在后续的发展中获得良好的成长空间，在就业或者考研的过程中可能会比进入更高位置院校更具优势。

要使用那些低收分高专业实力的院校专业作为梯度中“保”的院校。

142. 在院校梯度中如何设置“垫”的院校?

所说的院校梯度是一种思路或者道理，至于设置几个梯度，梯度怎么命名并不重要。所谓“垫”的院校一般就是保证考生的录取批次不下降，或者避免进入征集志愿的一个“保险”，是损失最小化的一个设置。但是本着对考生利益的考虑以及长期发展的考虑，我们也要尽量在“垫”的院校里选择一些有利于考生发展的院校。

前面有一个“具有推荐优秀应届本科毕业生免试攻读硕士研究生资格院校名单”，名单中涵盖了在各省各段位录取的院校。考生如果被“垫”这一级别的院校录取，那么必然是以非常大的分数优势进入院校的，以入学成绩而论，很有可能就是“学霸”一级的，那么在良好学习习惯学习能力的延续下维持较高位置的机会自然也就比较多，那么各学期成绩积累下来获得免试推荐就读研究生的机会也就比较多，也因而减少了考研的压力。如果延伸考虑，在其他人拿出时间复习考研的时候，我们的考生却有时间在更多领域提升自己的实力和竞争力，这也算是在录取优势不大的情况下形成了职业发展的优势了。

143. 新高考省份设置志愿要注意哪些问题?

(1) 志愿单位变化：

新高考省份因为志愿单位变为“专业（类）＋院校”，所以考生在比较和衡量各专业录取概率就不能再简单参照院校的历史最低录取位次。

(2) 志愿数量变化：

一般情况下新高考省份的志愿数量会增加到 60、80 甚至更多个，其实这种增加只是表面的，在传统平行志愿省份志愿数较少的是某些省份的一本志愿数为 5～6 个院校，每个院校一般是 6 个专业志愿和 1 个是否服从专业调剂志愿，也就是相当于 30～40 个专业志愿；而合并本科批次的省份则一般会有 12～16 个院校志愿，再算上每所院校的专业志愿最多的相当于近百个志愿。所以，新高考省份的志愿数量并没有显著的增加，只是将原有志愿单位进行了重新组合。

(3) 思路导向变化：

在传统志愿填报模式下，考生先被提档进入一所院校，然后安置专业，也就是说是以院校为保障的，考生如果不能就读 A 专业则只能就读其他专业；在新高考志愿填报模式下，考生的志愿直接指向了“专业”，即便无法去 A 院校攻读心仪的专业还可以去 B 院校攻读此心仪专业。也就是相当于传统志愿填报模式“保”的是进入某一院校，而新高考报考模式则保证的是考生能够进入指定的专业。其实新高考志愿填报模式更有利于考生的长期发展，所以志愿填报的时候也要用“专业导向”来设计志愿策略。

(4) 影响因素增加：

在新高考的模式下，考生志愿填报会受到选科的影响，因为高校会提前发布各专业（专业类、实验班）的选科考试要求，考生只有在选择了相应科目的情况下才具有填报资格。在传统模式下只要没有限报影响而分数又足够的情况就可以填报目标院校的专业，而新高考模式的志愿填报弱化了分数影响，强化了专业学习的衔接效应，所以在填报志愿的时候一定要充分考虑选科情况，而不要单纯考虑分数而导致最后才发现做了“无用功”。

(5) 报考难度加大：

因为从院校导向转为专业导向，社会接受还需要一段时间的磨合，很多人还延续旧的思维方式而无法顺应新的政策，这就会导致很多人在志愿填报的过程中“吃亏”。而对于能够积极转换思路的人来说，需要考虑和处理的因素也骤然增加，而且在刚刚开始改革的省份因为“无所适从”的人比较多，会造成数据上的混乱，这就使得报考难度再次加大。

第四章　志愿方案评价的四个标准

无论一个志愿方案是如何出台的，在系统提交并确认之前绕不开的一个工作就是对方案进行评价。一般建议参照以下四个标准对志愿方案进行评价：安全、高效、理性、长远。

一、安全性标准

“安全”说的是对于考生来说尽量不要出现“滑档”“退档”等“上线落榜”的情况。“滑档”说的是考生志愿方案内的院校专业（类）要求普遍高于考生的实力，导致在相应批次考生档案不能投出，不得不进入后续批次进行填报的情况。而考生往往会认为下一批次（含同批次征集计划）的计划质量无法满足自己的要求，于是不得不在“高分低就”和“复读”之间进行痛苦的选择。虽然部分合并录取批次省份为高分考生设置了保护性措施，但是普遍偏高的志愿方案因为容易造成“滑档”也就不能算是好方案了。

在依然保留批次设置的省份，“卡线”考生往往会是当前批次心仪的院校、专业上不去，去下一批次又不甘心。但是批次本身并不是院校的属性，也就是说院校根本没有“一本”“二本”“三本”这样的区分，所谓的批次仅仅是计划投放和招生录取顺序的区别而已。如果考生可以接受上一批次不被录取而进入下一批次以增加选择面的话，那么当前批次安全与否将不再重要了。

“安全”还有另一层含义，就是专业上的安全。在传统的以院校为提档单位、以专业为录取单位的报考录取模式下，考生可以填报同一所院校内的多个专业并对这些专业进行排序。那么究竟能够被哪个专业录取，能不能被自己意向的专业录取就是大问题了。不同院校的专业录取规则是不一样的，有“分数清”“专业清”和“专业级差”等多种规则，一定要在充分考虑目标院校规则和各专业热度的情况下合理排序。如果是“分数清”则可以较为“任性”地按照主观意愿排序，如果是“专业清”则要理性分析目标院校各专业的热度之后进行专业排序，如果是“分数级差”的规则则应该采取更为谨慎和保守的策略设置。如果考生未被所填写的任何一个专业志愿录取，则会进入“调剂”环节。如考生服从专业调剂则有可能会被安置进入尚未录取满员的专业，如果考生不服从“调剂”则会做退档处理。

退档即为将档案退回省考试院，其后续填报将与“滑档”考生是一样的。现在越来越多高校设置了“服从调剂不退档”的承诺，但是具体到某一高校相应年份是否具有本政策，还要通过详细阅读高校《招生章程》《招生简章》而获取。新高考省份使用“院校志愿组”招生录取的可以参照这些经验，采用“院校专业（类）”模式进行的录取的则没有调剂设置。

这里所说的安全不是针对某一所具体院校，而是针对整个志愿方案的一种描述。因为“志愿”本身就是考生志向和愿望的一种表示，所以能够被志愿内任何一所院校的意向专业录取都是安全的。而安全性很大程度上来自于技术保障和心理预期的较量。考生和家长可以通过模拟历史年份的填报，并用已经公开的数据验证录取结果的方式来练习志愿编制技术。

只有能保证录取的方案才是好方案。

二、高效性标准

一个志愿方案只有安全性是不够的，在实际操作中往往会因为顾及安全性而出现方案过于保守的情况。如果方案过于保守则很有可能造成分数上较大的浪费，而分数来之不易，理论上不应被过多浪费。

“高效”说的是尽量利用好考生的高考、学考和综合评价，为学生争取尽量好的录取结果。

现在保留普通本科批次设置的省份，有些省本科一批是四五个院校单位（部分省份不诚信考生为两个单位），本科二批、三批合并为本科二批的省份一般会在本科二批设置十个左右的院校单位，普通本科批次合并为一个的省份院校单位一般大于十个而小于二十个。

无论志愿单位多或者少，在基本思路上要做到“层次分明”“顺序合理”。虽然目前普通本科录取普遍使用的是“平行志愿”，但是在投档检索的时候还是会按照考生所设置的顺序进行。这就要求不能将收分较高的院校填写在收分较低院校的后面，将优质院校倒挂在后面的方案是没有意义的。再就是无论志愿单位是多还是少，都要尽量区分层次，拉开一定的梯度。因为志愿填报毕竟是一个群体性选择博弈的行为，具体某一个院校、专业在录取时出现波动是很正常的，如果志愿过于集中则会增加“滑档”的可能，如果太分散则可能会造成分数上的浪费。

常见的做法是将计划范围分为“冲”、“稳”、“保”、“垫”等多个梯度。“冲”往往指的是对于考生来说有机会进入，但是机会不大的院校，如果院校向下波动了则有机会进入，但是往往不会被太优质的专业录取，所以“冲”的思想适合那些专业适合度比较高的考生；“稳”往往指那些录取概率比较大的院校、专业，但是为了安全性的考虑这一档位的志愿应该分散在不同专业倾向、不同地域分布的院校、专业上；“保”往往指录取概率较大的院校、专业，可以在专业选择时候有较大的自由度；“垫”指的是录取情况低于考生实际情况的院校、专业，即便出现一些波动，也不至于出现“滑档”“退档”的情况，是一种最保险的安全性设置。

以上关于效率的设置思路在新高考改革省份依然有效。效率问题可以通过模拟历史年份的填报训练，达到较高的水平。

只有尽量少浪费分数的方案才是好方案。

三、理性原则

“理性”说的是要尽量考虑到志愿填报行为产生的各种可能性。每年都有考生填报了志愿也被录取了但是不去报到的情况出现。录取不报到造成的影响是使高校学位空置而造成的社会资源浪费，考生自己也不得不再拿出一年的时间复读再考。而且，部分省份已经将录取不报到定义为高考不诚信行为，在次年报考单位数量等方面做出了较为严格的限制，也已经有部分高校明确声明不录取此类考生。所以志愿填报方案一定要理性，不想就读的院校就尽量不要填写。

还有考生因为心理预期过高，自身条件达不到意向院校及专业的要求而退档、滑档，于是不得不进入征集志愿或后续批次的录取，这也是形成志愿填报失败的原因之一。

提前批作为一个包含众多类型计划的批次是很多考生和家长兴趣较大的一个批次，因为具有“提前报考、提前录取”的特征而被视为一个“多出来的机会”。但是事实是提前批的所有计划均具有较强的特殊性，更多的机会往往附加着更多的要求和条件。甚至于有家长热衷于追问军事类院校的“分数”而不去注意不同专业体检上的要求。甚至于有家长和考生出现“先报个军校，大不了毕业后不去部队”这样非常不理智的思路，其实如果军校毕业后不服从安排进入部队单位工作的话，是可以注销学籍、取消毕业证学位证的，可以说这是害人害己的一种想法。

平行志愿扎堆、倒挂等也会增加志愿方案的危险性。以专业（类）为填报指向的新高考实施省份更有可能出现考生只填报热门专业、不搭配冷门专业的情况，因为没有专业调剂，很容易导致考生向热门专业扎堆而造成安全性的下降。

只有充满理性的方案才是好方案。

四、长远性原则

“长远”说的是高考志愿方案一定要能够体现出长远的思路。方案直接指向的当然是进入大学的学习，但是大学本专科阶段的学习只是一个人职业生涯过程中的一个环节，甚至是基础环节，这个基础能不能支撑长远的目标也就成了评价志愿方案优劣的一个原则了。

例如：基础不好、成绩不佳的同学，只能进入竞争力不是很强的本科院校学习，即便有长期学习考研的准备，在考研“大决战”中收获较好成绩的可能性并不大，那么此时选择具有推免资格的院校，将考研的“大任务”转换成每学期成绩靠前的“小任务”，也许对个人的长远发展是更有好处的。而且有考研准备的同学可以尽量选择基础一些、对应面宽一些的专业进行学习，以便在考研时候再次选择更精准的方向；而明确大学本专科毕业之后就选择工作的考生，尽量选择指向性强的专业进行学习，这样有助于在日后的工作中形成较强的职业优势和职业竞争力。

再如：部分考生因为当前届次考试分数过低，只能进入高职高专层次就读。但是有升入本科或者研究生的需求，这在志愿填报时也要有充分的体现。

需要注意的是部分本科层次院校可能也具有专科招生计划，如：青岛科技大学、河北大学、广东海洋大学；也有部分专科院校与其他本科院校合作培养本科学员的，如：石家庄铁路职业技术学院与石家庄铁道大学合办的工程教育实验班就是在专科院校修读本科学历的。

本科院校的专科计划因为往往能够享受到更好的教育资源以及更多的升本机会而受到考生和家长的追逐，进而造成了实际录取分数往往较高的情况。而在专科学校修读本科学历的计划也往往因为能够获得更高的学历而收分不低。

考生要分析判断自己的分数在省内属于哪一个批次，专科批次的考生往往是无法填报本科计划的（只有在某些本科批次征集志愿的时候可能会有条件的将分数降低到本科线以下进行招生）。但是各省都有本科线以上（甚至一本线以上）考生填报专科计划的。

志愿填报工作是当下的工作、眼前的工作，但也是以后职业生涯的基础。

只有体现出长远思路的方案才是好方案。

附录 全国第四轮学科评估结果列表

院校代码	院校名称	代码	名称	评定结果
10001	北京大学	0101	哲学	A+
10001	北京大学	0201	理论经济学	A
10001	北京大学	0202	应用经济学	A+
10001	北京大学	0301	法学	A
10001	北京大学	0302	政治学	A+
10001	北京大学	0303	社会学	A+
10001	北京大学	0305	马克思主义理论	A
10001	北京大学	0402	心理学	A+
10001	北京大学	0501	中国语言文学	A+
10001	北京大学	0502	外国语言文学	A+
10001	北京大学	0601	考古学	A+
10001	北京大学	0602	中国史	A
10001	北京大学	0603	世界史	A−
10001	北京大学	0706	大气科学	A−
10001	北京大学	0701	数学	A+
10001	北京大学	0702	物理学	A+
10001	北京大学	0703	化学	A+
10001	北京大学	0705	地理学	A+
10001	北京大学	0708	地球物理学	B
10001	北京大学	0709	地质学	B+
10001	北京大学	0710	生物学	A+
10001	北京大学	0713	生态学	A
10001	北京大学	0714	统计学	A+
10001	北京大学	0801	力学	A+
10001	北京大学	0805	材料科学与工程	
10001	北京大学	0809	电子科学与技术	A
10001	北京大学	0811	控制科学与工程	
10001	北京大学	0812	计算机科学与技术	A+
10001	北京大学	0830	环境科学与工程	A
10001	北京大学	0835	软件工程	A

续表

院校代码	院校名称	代码	名称	评定结果
10001	北京大学	1202	工商管理	A
10001	北京大学	1204	公共管理	A
10001	北京大学	0401	教育学	A－
10001	北京大学	1001	基础医学	A＋
10001	北京大学	1002	临床医学	A－
10001	北京大学	0503	新闻传播学	B＋
10001	北京大学	1003	口腔医学	A＋
10001	北京大学	0810	信息与通信工程	B＋
10001	北京大学	0816	测绘科学与技术	B＋
10001	北京大学	0827	核科学与技术	B＋
10001	北京大学	0831	生物医学工程	B＋
10001	北京大学	1004	公共卫生与预防医学	A－
10001	北京大学	1205	图书情报与档案管理	B＋
10001	北京大学	1007	药学	A
10001	北京大学	0712	科学技术史	B
10001	北京大学	1006	中西医结合	B
10001	北京大学	0704	天文学	B－
10001	北京大学	1201	管理科学与工程	B－
10001	北京大学	1303	戏剧与影视学	C＋
10001	北京大学	1011	护理学	B＋
10001	北京大学	1301	艺术学理论	A＋
10001	北京大学	740	语言学	
10001	北京大学		现代语言学	
10001	北京大学		机械及航空航天和制造工程	
10001	北京大学		商业与管理	
10001	北京大学		社会政策与管理	
10002	中国人民大学	0201	理论经济学	A＋
10002	中国人民大学	0202	应用经济学	A＋
10002	中国人民大学	0301	法学	A＋
10002	中国人民大学	0303	社会学	A＋
10002	中国人民大学	0305	马克思主义理论	A＋
10002	中国人民大学	0503	新闻传播学	A＋
10002	中国人民大学	0714	统计学	A＋
10002	中国人民大学	1202	工商管理	A＋
10002	中国人民大学	1204	公共管理	A＋

续表

院校代码	院校名称	代码	名称	评定结果
10002	中国人民大学	0101	哲学	A
10002	中国人民大学	0302	政治学	A
10002	中国人民大学	0501	中国语言文学	A−
10002	中国人民大学	0602	中国史	A−
10002	中国人民大学	1205	图书情报与档案管理	A−
10002	中国人民大学	0502	外国语言文学	B+
10002	中国人民大学	0812	计算机科学与技术	B+
10002	中国人民大学	1203	农林经济管理	B+
10002	中国人民大学	0603	世界史	B
10002	中国人民大学	0702	物理学	B
10002	中国人民大学	0835	软件工程	B
10002	中国人民大学	0601	考古学	B−
10002	中国人民大学	1301	艺术学理论	B−
10002	中国人民大学	1304	美术学	B−
10002	中国人民大学	0703	化学	C+
10002	中国人民大学	0830	环境科学与工程	C+
10002	中国人民大学	1201	管理科学与工程	C+
10002	中国人民大学	0713	生态学	C
10002	中国人民大学	1302	音乐与舞蹈学	C
10002	中国人民大学	1305	设计学	C−
10002	中国人民大学	0701	数学	B
10003	清华大学	0305	马克思主义理论	A+
10003	清华大学	0703	化学	A+
10003	清华大学	0710	生物学	A+
10003	清华大学	0801	力学	A+
10003	清华大学	0802	机械工程	A+
10003	清华大学	0804	仪器科学与技术	A+
10003	清华大学	0805	材料科学与工程	A+
10003	清华大学	0807	动力工程及工程热物理	A+
10003	清华大学	0808	电气工程	A+
10003	清华大学	0811	控制科学与工程	A+
10003	清华大学	0812	计算机科学与技术	A+
10003	清华大学	0813	建筑学	A+
10003	清华大学	0815	水利工程	A+
10003	清华大学	0827	核科学与技术	A+

续表

院校代码	院校名称	代码	名称	评定结果
10003	清华大学	0830	环境科学与工程	A+
10003	清华大学	0833	城乡规划学	A+
10003	清华大学	0834	风景园林学	A+
10003	清华大学	1201	管理科学与工程	A+
10003	清华大学	1202	工商管理	A+
10003	清华大学	1204	公共管理	A+
10003	清华大学	1305	设计学	A+
10003	清华大学	0301	法学	A
10003	清华大学	0702	物理学	A
10003	清华大学	0809	电子科学与技术	A
10003	清华大学	0810	信息与通信工程	A
10003	清华大学	0814	土木工程	A
10003	清华大学	0817	化学工程与技术	A
10003	清华大学	0835	软件工程	A
10003	清华大学	0202	应用经济学	A−
10003	清华大学	0302	政治学	A−
10003	清华大学	0303	社会学	A−
10003	清华大学	0502	外国语言文学	A−
10003	清华大学	0503	新闻传播学	A−
10003	清华大学	0831	生物医学工程	A−
10003	清华大学	1301	艺术学理论	A−
10003	清华大学	1304	美术学	A−
10003	清华大学	0101	哲学	B+
10003	清华大学	0201	理论经济学	B+
10003	清华大学	0401	教育学	B+
10003	清华大学	0403	体育学	B+
10003	清华大学	0501	中国语言文学	B+
10003	清华大学	0602	中国史	B+
10003	清华大学	0713	生态学	B+
10003	清华大学	0714	统计学	B+
10003	清华大学	0803	光学工程	B+
10003	清华大学	0837	安全科学与工程	B+
10003	清华大学	0603	世界史	B−
10003	清华大学	0825	航空宇航科学与技术	B−
10003	清华大学	0706	大气科学	C+

续表

院校代码	院校名称	代码	名称	评定结果
10003	清华大学	0712	科学技术史	C+
10003	清华大学	0402	心理学	C−
10003	清华大学	0823	交通运输工程	C−
10003	清华大学		会计与金融	
10003	清华大学		经济学和计量经济学	
10003	清华大学		统计学与运筹学	
10003	清华大学		现代语言学	
10003	清华大学	0701	数学	A
10004	北京交通大学	0711	系统科学	A+
10004	北京交通大学	0810	信息与通信工程	A−
10004	北京交通大学	0812	计算机科学与技术	A−
10004	北京交通大学	0823	交通运输工程	A−
10004	北京交通大学	1202	工商管理	A−
10004	北京交通大学	0202	应用经济学	B+
10004	北京交通大学	0305	马克思主义理论	B+
10004	北京交通大学	0714	统计学	B+
10004	北京交通大学	0802	机械工程	B+
10004	北京交通大学	0814	土木工程	B+
10004	北京交通大学	0835	软件工程	B+
10004	北京交通大学	1201	管理科学与工程	B+
10004	北京交通大学	0801	力学	B
10004	北京交通大学	0803	光学工程	B
10004	北京交通大学	0808	电气工程	B
10004	北京交通大学	0502	外国语言文学	B−
10004	北京交通大学	0809	电子科学与技术	B−
10004	北京交通大学	0811	控制科学与工程	B−
10004	北京交通大学	0837	安全科学与工程	B−
10004	北京交通大学	0702	物理学	C+
10004	北京交通大学	0301	法学	C
10004	北京交通大学	0805	材料科学与工程	C
10004	北京交通大学	0807	动力工程及工程热物理	C
10004	北京交通大学	0830	环境科学与工程	C
10004	北京交通大学	0833	城乡规划学	C
10004	北京交通大学	1305	设计学	C−
10004	北京交通大学	0701	数学	B−

续表

院校代码	院校名称	代码	名称	评定结果
10004	北京交通大学	0813	建筑学	C
10005	北京工业大学	0814	土木工程	A
10005	北京工业大学	0830	环境科学与工程	A−
10005	北京工业大学	0714	统计学	B+
10005	北京工业大学	0802	机械工程	B+
10005	北京工业大学	0803	光学工程	B+
10005	北京工业大学	0805	材料科学与工程	B+
10005	北京工业大学	0811	控制科学与工程	B+
10005	北京工业大学	0812	计算机科学与技术	B+
10005	北京工业大学	0835	软件工程	B+
10005	北京工业大学	0809	电子科学与技术	B
10005	北京工业大学	0817	化学工程与技术	B
10005	北京工业大学	0831	生物医学工程	B
10005	北京工业大学	0702	物理学	B−
10005	北京工业大学	0801	力学	B−
10005	北京工业大学	0807	动力工程及工程热物理	B−
10005	北京工业大学	0823	交通运输工程	B−
10005	北京工业大学	0804	仪器科学与技术	C+
10005	北京工业大学	0810	信息与通信工程	C+
10005	北京工业大学	0401	教育学	C
10005	北京工业大学	0833	城乡规划学	C
10005	北京工业大学	1305	设计学	C
10005	北京工业大学	0710	生物学	C−
10005	北京工业大学	0815	水利工程	C−
10005	北京工业大学	0701	数学	B
10005	北京工业大学	0813	建筑学	B−
10006	北京航空航天大学	0804	仪器科学与技术	A+
10006	北京航空航天大学	0805	材料科学与工程	A+
10006	北京航空航天大学	0825	航空宇航科学与技术	A+
10006	北京航空航天大学	0835	软件工程	A+
10006	北京航空航天大学	0811	控制科学与工程	A
10006	北京航空航天大学	0812	计算机科学与技术	A
10006	北京航空航天大学	1201	管理科学与工程	A
10006	北京航空航天大学	0502	外国语言文学	A−
10006	北京航空航天大学	0801	力学	A−

续表

院校代码	院校名称	代码	名称	评定结果
10006	北京航空航天大学	0802	机械工程	A−
10006	北京航空航天大学	0810	信息与通信工程	A−
10006	北京航空航天大学	0823	交通运输工程	A−
10006	北京航空航天大学	0831	生物医学工程	A−
10006	北京航空航天大学	1204	公共管理	A−
10006	北京航空航天大学	0301	法学	B+
10006	北京航空航天大学	0803	光学工程	B+
10006	北京航空航天大学	0807	动力工程及工程热物理	B+
10006	北京航空航天大学	0809	电子科学与技术	B+
10006	北京航空航天大学	1202	工商管理	B
10006	北京航空航天大学	0305	马克思主义理论	B−
10006	北京航空航天大学	0830	环境科学与工程	B−
10006	北京航空航天大学	0808	电气工程	C+
10006	北京航空航天大学	0814	土木工程	C+
10007	北京理工大学	0826	兵器科学与技术	A−
10007	北京理工大学	0802	机械工程	A
10007	北京理工大学	0811	控制科学与工程	A
10007	北京理工大学	0803	光学工程	A−
10007	北京理工大学	0805	材料科学与工程	A−
10007	北京理工大学	0810	信息与通信工程	A−
10007	北京理工大学	0812	计算机科学与技术	A−
10007	北京理工大学	0817	化学工程与技术	A−
10007	北京理工大学	1201	管理科学与工程	A−
10007	北京理工大学	0801	力学	B+
10007	北京理工大学	0807	动力工程及工程热物理	B+
10007	北京理工大学	0809	电子科学与技术	B+
10007	北京理工大学	0835	软件工程	B+
10007	北京理工大学	0837	安全科学与工程	B+
10007	北京理工大学	1202	工商管理	B+
10007	北京理工大学	0202	应用经济学	B
10007	北京理工大学	0401	教育学	B
10007	北京理工大学	0804	仪器科学与技术	B
10007	北京理工大学	0825	航空宇航科学与技术	B
10007	北京理工大学	0831	生物医学工程	B
10007	北京理工大学	1305	设计学	B

续表

院校代码	院校名称	代码	名称	评定结果
10007	北京理工大学	0201	理论经济学	C+
10007	北京理工大学	0301	法学	C+
10007	北京理工大学	0305	马克思主义理论	C+
10007	北京理工大学	0502	外国语言文学	C+
10007	北京理工大学	1204	公共管理	C
10008	北京科技大学	0712	科学技术史	A+
10008	北京科技大学	0806	冶金工程	A+
10008	北京科技大学	0805	材料科学与工程	A
10008	北京科技大学	0802	机械工程	B+
10008	北京科技大学	0811	控制科学与工程	B+
10008	北京科技大学	0812	计算机科学与技术	B+
10008	北京科技大学	0819	矿业工程	B+
10008	北京科技大学	0830	环境科学与工程	B+
10008	北京科技大学	0837	安全科学与工程	B+
10008	北京科技大学	0305	马克思主义理论	B
10008	北京科技大学	0502	外国语言文学	B
10008	北京科技大学	0703	化学	B
10008	北京科技大学	0807	动力工程及工程热物理	B
10008	北京科技大学	0814	土木工程	B
10008	北京科技大学	1201	管理科学与工程	B
10008	北京科技大学	1202	工商管理	B
10008	北京科技大学	0702	物理学	B−
10008	北京科技大学	0801	力学	B−
10008	北京科技大学	0804	仪器科学与技术	C+
10008	北京科技大学	0810	信息与通信工程	C+
10008	北京科技大学	1204	公共管理	C+
10008	北京科技大学	0202	应用经济学	C
10008	北京科技大学	0714	统计学	C−
10008	北京科技大学	0817	化学工程与技术	C−
10008	北京科技大学	0701	数学	B−
10009	北方工业大学	0812	计算机科学与技术	B−
10009	北方工业大学	0811	控制科学与工程	C+
10009	北方工业大学	1202	工商管理	C+
10009	北方工业大学	0305	马克思主义理论	C
10009	北方工业大学	0802	机械工程	C

续表

院校代码	院校名称	代码	名称	评定结果
10009	北方工业大学	0814	土木工程	C
10009	北方工业大学	0835	软件工程	C
10009	北方工业大学	0301	法学	C−
10009	北方工业大学	0714	统计学	C−
10009	北方工业大学	0809	电子科学与技术	C−
10009	北方工业大学	1305	设计学	C−
10009	北方工业大学	0701	数学	C+
10010	北京化工大学	0817	化学工程与技术	A
10010	北京化工大学	0805	材料科学与工程	A−
10010	北京化工大学	0703	化学	B+
10010	北京化工大学	0811	控制科学与工程	B+
10010	北京化工大学	0830	环境科学与工程	B
10010	北京化工大学	0802	机械工程	B−
10010	北京化工大学	0807	动力工程及工程热物理	B−
10010	北京化工大学	0812	计算机科学与技术	C+
10010	北京化工大学	0837	安全科学与工程	C+
10010	北京化工大学	1201	管理科学与工程	C+
10010	北京化工大学	1202	工商管理	C+
10010	北京化工大学	0702	物理学	C
10010	北京化工大学	0822	轻工技术与工程	C
10010	北京化工大学	0835	软件工程	C
10010	北京化工大学	0305	马克思主义理论	C−
10010	北京化工大学	1007	药学	C−
10010	北京化工大学	0701	数学	C−
10011	北京工商大学	0202	应用经济学	B
10011	北京工商大学	0832	食品科学与工程	B
10011	北京工商大学	1202	工商管理	B
10011	北京工商大学	0817	化学工程与技术	C+
10011	北京工商大学	0812	计算机科学与技术	C
10011	北京工商大学	0830	环境科学与工程	C
10011	北京工商大学	0201	理论经济学	C−
10011	北京工商大学	0301	法学	C−
10011	北京工商大学	0305	马克思主义理论	C−
10011	北京工商大学	0503	新闻传播学	C−
10011	北京工商大学	0811	控制科学与工程	C−

续表

院校代码	院校名称	代码	名称	评定结果
10011	北京工商大学	1201	管理科学与工程	C−
10012	北京服装学院	1305	设计学	B+
10012	北京服装学院	1304	美术学	B−
10012	北京服装学院	1301	艺术学理论	C+
10013	北京邮电大学	0810	信息与通信工程	A+
10013	北京邮电大学	0812	计算机科学与技术	A
10013	北京邮电大学	0809	电子科学与技术	A−
10013	北京邮电大学	0835	软件工程	B+
10013	北京邮电大学	1201	管理科学与工程	B
10013	北京邮电大学	0803	光学工程	B−
10013	北京邮电大学	0811	控制科学与工程	B−
10013	北京邮电大学	1202	工商管理	B−
10013	北京邮电大学	0802	机械工程	C+
10013	北京邮电大学	1204	公共管理	C+
10013	北京邮电大学	0831	生物医学工程	C−
10015	北京印刷学院	1305	设计学	B−
10015	北京印刷学院	0503	新闻传播学	C+
10015	北京印刷学院	1304	美术学	C+
10015	北京印刷学院	0805	材料科学与工程	C−
10016	北京建筑大学	0814	土木工程	B
10016	北京建筑大学	0833	城乡规划学	B−
10016	北京建筑大学	0816	测绘科学与技术	C+
10016	北京建筑大学	0830	环境科学与工程	C+
10016	北京建筑大学	0811	控制科学与工程	C
10016	北京建筑大学	0823	交通运输工程	C
10016	北京建筑大学	0834	风景园林学	C
10016	北京建筑大学	0813	建筑学	B
10019	中国农业大学	0828	农业工程	A+
10019	中国农业大学	0832	食品科学与工程	A+
10019	中国农业大学	0901	作物学	A+
10019	中国农业大学	0905	畜牧学	A+
10019	中国农业大学	0906	兽医学	A+
10019	中国农业大学	0909	草学	A+
10019	中国农业大学	0710	生物学	A
10019	中国农业大学	0903	农业资源与环境	A−

续表

院校代码	院校名称	代码	名称	评定结果
10019	中国农业大学	0904	植物保护	A－
10019	中国农业大学	0713	生态学	B＋
10019	中国农业大学	0815	水利工程	B＋
10019	中国农业大学	0902	园艺学	B＋
10019	中国农业大学	1203	农林经济管理	B＋
10019	中国农业大学	1204	公共管理	B＋
10019	中国农业大学	0303	社会学	B
10019	中国农业大学	0802	机械工程	B
10019	中国农业大学	0830	环境科学与工程	B
10019	中国农业大学	0812	计算机科学与技术	B－
10019	中国农业大学	1202	工商管理	B－
10019	中国农业大学	0703	化学	C＋
10019	中国农业大学	0305	马克思主义理论	C－
10019	中国农业大学	0808	电气工程	C－
10019	中国农业大学	0814	土木工程	C－
10019	中国农业大学	1205	图书情报与档案管理	C－
10019	中国农业大学	0701	数学	C
10020	北京农学院	0902	园艺学	C＋
10020	北京农学院	1203	农林经济管理	C
10020	北京农学院	0906	兽医学	C－
10022	北京林业大学	0834	风景园林学	A＋
10022	北京林业大学	0907	林学	A＋
10022	北京林业大学	0710	生物学	B
10022	北京林业大学	0713	生态学	B
10022	北京林业大学	0829	林业工程	B
10022	北京林业大学	1203	农林经济管理	B
10022	北京林业大学	0830	环境科学与工程	B－
10022	北京林业大学	0802	机械工程	C－
10022	北京林业大学	1305	设计学	C＋
10022	北京林业大学	0502	外国语言文学	C
10022	北京林业大学	1202	工商管理	C
10022	北京林业大学	0714	统计学	C－
10022	北京林业大学	0833	城乡规划学	C－
10022	北京林业大学	1201	管理科学与工程	C－
10022	北京林业大学	0909	草学	C＋

续表

院校代码	院校名称	代码	名称	评定结果
10023	北京协和医学院	0710	生物学	A+
10023	北京协和医学院	0831	生物医学工程	A−
10023	北京协和医学院	1001	基础医学	A+
10023	北京协和医学院	1002	临床医学	A
10023	北京协和医学院	1004	公共卫生与预防医学	B
10023	北京协和医学院	1006	中西医结合	C+
10023	北京协和医学院	1007	药学	A+
10023	北京协和医学院	1008	中药学	B−
10023	北京协和医学院	1011	护理学	A−
10023	北京协和医学院	1204	公共管理	C−
10023	北京协和医学院	1205	图书情报与档案管理	C
10025	首都医科大学	1002	临床医学	A−
10025	首都医科大学	1011	护理学	A−
10025	首都医科大学	0710	生物学	B+
10025	首都医科大学	1004	公共卫生与预防医学	B+
10025	首都医科大学	1007	药学	B+
10025	首都医科大学	1001	基础医学	B
10025	首都医科大学	1003	口腔医学	B
10025	首都医科大学	0831	生物医学工程	B−
10025	首都医科大学	1005	中医学	C+
10025	首都医科大学	1006	中西医结合	C
10025	首都医科大学	1008	中药学	C−
10026	北京中医药大学	1005	中医学	A+
10026	北京中医药大学	1006	中西医结合	A+
10026	北京中医药大学	1008	中药学	B+
10027	北京师范大学	0701	数学	A
10027	北京师范大学	0401	教育学	A+
10027	北京师范大学	0402	心理学	A+
10027	北京师范大学	0501	中国语言文学	A+
10027	北京师范大学	0602	中国史	A+
10027	北京师范大学	0705	地理学	A+
10027	北京师范大学	1303	戏剧与影视学	A+
10027	北京师范大学	0830	环境科学与工程	A
10027	北京师范大学	0101	哲学	A−
10027	北京师范大学	0201	理论经济学	A−

续表

院校代码	院校名称	代码	名称	评定结果
10027	北京师范大学	0305	马克思主义理论	A—
10027	北京师范大学	0502	外国语言文学	A—
10027	北京师范大学	0713	生态学	A—
10027	北京师范大学	0714	统计学	A—
10027	北京师范大学	1204	公共管理	A—
10027	北京师范大学	0301	法学	B+
10027	北京师范大学	0403	体育学	B+
10027	北京师范大学	0603	世界史	B+
10027	北京师范大学	0702	物理学	B+
10027	北京师范大学	0703	化学	B+
10027	北京师范大学	0710	生物学	B+
10027	北京师范大学	1301	艺术学理论	B+
10027	北京师范大学	0812	计算机科学与技术	B
10027	北京师范大学	1202	工商管理	B
10027	北京师范大学	0302	政治学	B—
10027	北京师范大学	0303	社会学	B—
10027	北京师范大学	0711	系统科学	B—
10027	北京师范大学	0202	应用经济学	C+
10027	北京师范大学	0503	新闻传播学	C+
10027	北京师范大学	0815	水利工程	C+
10027	北京师范大学	0816	测绘科学与技术	C+
10027	北京师范大学	1205	图书情报与档案管理	C+
10027	北京师范大学	1302	音乐与舞蹈学	C+
10027	北京师范大学	0827	核科学与技术	C
10027	北京师范大学	0601	考古学	C—
10027	北京师范大学	0704	天文学	C—
10027	北京师范大学	1304	美术学	C—
10027	北京师范大学	740	语言学	
10028	首都师范大学	0305	马克思主义理论	A—
10028	首都师范大学	0401	教育学	A—
10028	首都师范大学	0501	中国语言文学	A—
10028	首都师范大学	0603	世界史	A—
10028	首都师范大学	1304	美术学	A—
10028	首都师范大学	0602	中国史	B+
10028	首都师范大学	0705	地理学	B+

续表

院校代码	院校名称	代码	名称	评定结果
10028	首都师范大学	0710	生物学	B+
10028	首都师范大学	0714	统计学	B+
10028	首都师范大学	1302	音乐与舞蹈学	B+
10028	首都师范大学	0402	心理学	B
10028	首都师范大学	0502	外国语言文学	B
10028	首都师范大学	0713	生态学	B
10028	首都师范大学	0601	考古学	B−
10028	首都师范大学	0812	计算机科学与技术	B−
10028	首都师范大学	0835	软件工程	B−
10028	首都师范大学	0302	政治学	C+
10028	首都师范大学	0703	化学	C+
10028	首都师范大学	0301	法学	C
10028	首都师范大学	1305	设计学	C
10028	首都师范大学	0712	科学技术史	C−
10028	首都师范大学	0701	数学	B+
10029	首都体育学院	0403	体育学	B+
10030	北京外国语大学	0502	外国语言文学	A+
10030	北京外国语大学	0302	政治学	B−
10030	北京外国语大学	0301	法学	C+
10030	北京外国语大学	0501	中国语言文学	C+
10030	北京外国语大学	0503	新闻传播学	C+
10030	北京外国语大学	1201	管理科学与工程	C+
10031	北京第二外国语学院	0502	外国语言文学	B
10031	北京第二外国语学院	1202	工商管理	B
10031	北京第二外国语学院	0501	中国语言文学	C
10032	北京语言大学	0501	中国语言文学	B+
10032	北京语言大学	0502	外国语言文学	B+
10032	北京语言大学	0812	计算机科学与技术	C+
10033	中国传媒大学	0503	新闻传播学	A+
10033	中国传媒大学	1303	戏剧与影视学	A+
10033	中国传媒大学	1301	艺术学理论	A−
10033	中国传媒大学	1305	设计学	B+
10033	中国传媒大学	0810	信息与通信工程	B
10033	中国传媒大学	1302	音乐与舞蹈学	B
10033	中国传媒大学	1304	美术学	B

续表

院校代码	院校名称	代码	名称	评定结果
10033	中国传媒大学	0501	中国语言文学	B−
10033	中国传媒大学	0809	电子科学与技术	C+
10033	中国传媒大学	0812	计算机科学与技术	C+
10033	中国传媒大学	0502	外国语言文学	C
10034	中央财经大学	0202	应用经济学	A+
10034	中央财经大学	1202	工商管理	A−
10034	中央财经大学	0201	理论经济学	B+
10034	中央财经大学	0305	马克思主义理论	B+
10034	中央财经大学	0714	统计学	B+
10034	中央财经大学	0301	法学	B
10034	中央财经大学	1204	公共管理	B
10034	中央财经大学	0303	社会学	B−
10034	中央财经大学	1201	管理科学与工程	C+
10036	对外经济贸易大学	0202	应用经济学	A
10036	对外经济贸易大学	1202	工商管理	A
10036	对外经济贸易大学	0301	法学	A−
10036	对外经济贸易大学	0502	外国语言文学	A−
10036	对外经济贸易大学	0714	统计学	B+
10036	对外经济贸易大学	0201	理论经济学	B
10036	对外经济贸易大学	0302	政治学	B
10036	对外经济贸易大学	1204	公共管理	B
10037	北京物资学院	1201	管理科学与工程	C+
10037	北京物资学院	1202	工商管理	C+
10038	首都经济贸易大学	0202	应用经济学	B+
10038	首都经济贸易大学	0714	统计学	B+
10038	首都经济贸易大学	1202	工商管理	B+
10038	首都经济贸易大学	1201	管理科学与工程	B
10038	首都经济贸易大学	0201	理论经济学	B−
10038	首都经济贸易大学	1204	公共管理	C+
10040	外交学院	0302	政治学	
10041	中国人民公安大学	0301	法学	B
10041	中国人民公安大学	0306	公安学	
10043	北京体育大学	0403	体育学	A+
10043	北京体育大学	0402	心理学	C−
10045	中央音乐学院	1302	音乐与舞蹈学	A+

续表

院校代码	院校名称	代码	名称	评定结果
10046	中国音乐学院	1302	音乐与舞蹈学	A
10047	中央美术学院	1304	美术学	A+
10047	中央美术学院	1305	设计学	A
10047	中央美术学院	1301	艺术学理论	B+
10047	中央美术学院	0813	建筑学	C+
10048	中央戏剧学院	1303	戏剧与影视学	A-
10048	中央戏剧学院	1301	艺术学理论	B+
10049	中国戏曲学院	1303	戏剧与影视学	B+
10049	中国戏曲学院	1302	音乐与舞蹈学	C+
10050	北京电影学院	1303	戏剧与影视学	A-
10050	北京电影学院	1304	美术学	B+
10050	北京电影学院	1301	艺术学理论	B-
10051	北京舞蹈学院	1302	音乐与舞蹈学	A-
10052	中央民族大学	0304	民族学	A+
10052	中央民族大学	0303	社会学	B+
10052	中央民族大学	0501	中国语言文学	B+
10052	中央民族大学	0101	哲学	B
10052	中央民族大学	1302	音乐与舞蹈学	B
10052	中央民族大学	1304	美术学	B
10052	中央民族大学	0301	法学	B-
10052	中央民族大学	0602	中国史	B-
10052	中央民族大学	1204	公共管理	B-
10052	中央民族大学	0201	理论经济学	C+
10052	中央民族大学	0401	教育学	C+
10052	中央民族大学	0713	生态学	C+
10052	中央民族大学	1202	工商管理	C+
10052	中央民族大学	0305	马克思主义理论	C
10052	中央民族大学	0503	新闻传播学	C
10052	中央民族大学	0601	考古学	C
10052	中央民族大学	0714	统计学	C
10052	中央民族大学	0202	应用经济学	C-
10052	中央民族大学	0812	计算机科学与技术	C-
10053	中国政法大学	0301	法学	A+
10053	中国政法大学	0302	政治学	B+
10053	中国政法大学	0305	马克思主义理论	B

续表

院校代码	院校名称	代码	名称	评定结果
10053	中国政法大学	0303	社会学	B−
10053	中国政法大学	0101	哲学	C+
10053	中国政法大学	0201	理论经济学	C+
10053	中国政法大学	0502	外国语言文学	C+
10053	中国政法大学	0503	新闻传播学	C
10053	中国政法大学	0202	应用经济学	C−
10055	南开大学	0701	数学	A
10055	南开大学	0201	理论经济学	A
10055	南开大学	0703	化学	A
10055	南开大学	0714	统计学	A
10055	南开大学	1202	工商管理	A
10055	南开大学	0202	应用经济学	A−
10055	南开大学	0302	政治学	A−
10055	南开大学	0305	马克思主义理论	A−
10055	南开大学	0501	中国语言文学	A−
10055	南开大学	0602	中国史	A−
10055	南开大学	0603	世界史	A−
10055	南开大学	0702	物理学	A−
10055	南开大学	0710	生物学	A−
10055	南开大学	0830	环境科学与工程	A−
10055	南开大学	0101	哲学	B+
10055	南开大学	0301	法学	B+
10055	南开大学	0303	社会学	B+
10055	南开大学	0502	外国语言文学	B+
10055	南开大学	0713	生态学	B+
10055	南开大学	0803	光学工程	B+
10055	南开大学	0812	计算机科学与技术	B+
10055	南开大学	1204	公共管理	B+
10055	南开大学	1205	图书情报与档案管理	B+
10055	南开大学	0805	材料科学与工程	B
10055	南开大学	0809	电子科学与技术	B
10055	南开大学	0811	控制科学与工程	B
10055	南开大学	0835	软件工程	B
10055	南开大学	1007	药学	B
10055	南开大学	1201	管理科学与工程	B

续表

院校代码	院校名称	代码	名称	评定结果
10055	南开大学	0601	考古学	B−
10055	南开大学	1001	基础医学	B−
10055	南开大学	1002	临床医学	B−
10055	南开大学	0810	信息与通信工程	C
10055	南开大学	0503	新闻传播学	C−
10055	南开大学	1003	口腔医学	C−
10056	天津大学	0813	建筑学	A−
10056	天津大学	0817	化学工程与技术	A+
10056	天津大学	0802	机械工程	A
10056	天津大学	0803	光学工程	A
10056	天津大学	0804	仪器科学与技术	A
10056	天津大学	1201	管理科学与工程	A
10056	天津大学	0801	力学	A−
10056	天津大学	0805	材料科学与工程	A−
10056	天津大学	0807	动力工程及工程热物理	A−
10056	天津大学	0814	土木工程	A−
10056	天津大学	0815	水利工程	A−
10056	天津大学	0830	环境科学与工程	A−
10056	天津大学	0833	城乡规划学	A−
10056	天津大学	0835	软件工程	A−
10056	天津大学	0808	电气工程	B+
10056	天津大学	0809	电子科学与技术	B+
10056	天津大学	0810	信息与通信工程	B+
10056	天津大学	0811	控制科学与工程	B+
10056	天津大学	0812	计算机科学与技术	B+
10056	天津大学	0831	生物医学工程	B+
10056	天津大学	0834	风景园林学	B+
10056	天津大学	1202	工商管理	B+
10056	天津大学	1204	公共管理	B+
10056	天津大学	0401	教育学	B
10056	天津大学	0824	船舶与海洋工程	B
10056	天津大学	0703	化学	
10057	天津科技大学	0822	轻工技术与工程	B+
10057	天津科技大学	0832	食品科学与工程	B+
10057	天津科技大学	0817	化学工程与技术	C+

续表

院校代码	院校名称	代码	名称	评定结果
10057	天津科技大学	0802	机械工程	C
10057	天津科技大学	1007	药学	C
10057	天津科技大学	1201	管理科学与工程	C
10057	天津科技大学	0804	仪器科学与技术	C−
10057	天津科技大学	0830	环境科学与工程	C−
10057	天津科技大学	1202	工商管理	C−
10058	天津工业大学	0821	纺织科学与工程	A+
10058	天津工业大学	0805	材料科学与工程	B−
10058	天津工业大学	0812	计算机科学与技术	B−
10058	天津工业大学	0802	机械工程	C+
10058	天津工业大学	0811	控制科学与工程	C+
10058	天津工业大学	0817	化学工程与技术	C+
10058	天津工业大学	0830	环境科学与工程	C+
10058	天津工业大学	0835	软件工程	C+
10058	天津工业大学	0809	电子科学与技术	C
10058	天津工业大学	0810	信息与通信工程	C
10058	天津工业大学	1201	管理科学与工程	C
10058	天津工业大学	1305	设计学	C
10058	天津工业大学	0202	应用经济学	C−
10058	天津工业大学	1202	工商管理	C−
10059	中国民航大学	0811	控制科学与工程	C+
10059	中国民航大学	0812	计算机科学与技术	C+
10059	中国民航大学	0823	交通运输工程	C+
10059	中国民航大学	0837	安全科学与工程	C+
10059	中国民航大学	0810	信息与通信工程	C
10059	中国民航大学	0825	航空宇航科学与技术	C−
10059	中国民航大学	0701	数学	C−
10060	天津理工大学	0812	计算机科学与技术	B
10060	天津理工大学	1201	管理科学与工程	B
10060	天津理工大学	0805	材料科学与工程	B−
10060	天津理工大学	0835	软件工程	B−
10060	天津理工大学	0811	控制科学与工程	C+
10060	天津理工大学	0817	化学工程与技术	C+
10060	天津理工大学	0809	电子科学与技术	C
10060	天津理工大学	1202	工商管理	C

续表

院校代码	院校名称	代码	名称	评定结果
10060	天津理工大学	0803	光学工程	C−
10060	天津理工大学	0808	电气工程	C−
10060	天津理工大学	0810	信息与通信工程	C−
10061	天津农学院	0908	水产	C
10062	天津医科大学	1001	基础医学	B+
10062	天津医科大学	1002	临床医学	B
10062	天津医科大学	1007	药学	B
10062	天津医科大学	1011	护理学	B
10062	天津医科大学	1003	口腔医学	B−
10062	天津医科大学	1004	公共卫生与预防医学	B−
10062	天津医科大学	1006	中西医结合	B−
10062	天津医科大学	0831	生物医学工程	C+
10063	天津中医药大学	1008	中药学	A−
10063	天津中医药大学	1005	中医学	B+
10063	天津中医药大学	1006	中西医结合	B+
10063	天津中医药大学	1007	药学	C+
10063	天津中医药大学	1011	护理学	C+
10065	天津师范大学	0302	政治学	B+
10065	天津师范大学	0305	马克思主义理论	B+
10065	天津师范大学	0402	心理学	B+
10065	天津师范大学	0603	世界史	B+
10065	天津师范大学	0401	教育学	B
10065	天津师范大学	0501	中国语言文学	B
10065	天津师范大学	0502	外国语言文学	C+
10065	天津师范大学	0503	新闻传播学	C+
10065	天津师范大学	0602	中国史	C+
10065	天津师范大学	0301	法学	C
10065	天津师范大学	0702	物理学	C
10065	天津师范大学	0703	化学	C
10065	天津师范大学	0705	地理学	C
10065	天津师范大学	0710	生物学	C
10065	天津师范大学	1205	图书情报与档案管理	C−
10065	天津师范大学	0701	数学	C−
10066	天津职业技术师范大学	0401	教育学	C−
10066	天津职业技术师范大学	0802	机械工程	C−

续表

院校代码	院校名称	代码	名称	评定结果
10066	天津职业技术师范大学	0811	控制科学与工程	C−
10068	天津外国语大学	0502	外国语言文学	B
10068	天津外国语大学	0501	中国语言文学	C−
10069	天津商业大学	1202	工商管理	C
10069	天津商业大学	0202	应用经济学	C−
10069	天津商业大学	0807	动力工程及工程热物理	C−
10070	天津财经大学	0202	应用经济学	B+
10070	天津财经大学	1202	工商管理	B+
10070	天津财经大学	1201	管理科学与工程	B−
10070	天津财经大学	0201	理论经济学	C+
10070	天津财经大学	1204	公共管理	C
10071	天津体育学院	0403	体育学	A−
10072	天津音乐学院	1302	音乐与舞蹈学	B+
10073	天津美术学院	1304	美术学	B+
10073	天津美术学院	1305	设计学	B−
10075	河北大学	0501	中国语言文学	B
10075	河北大学	0503	新闻传播学	B
10075	河北大学	0305	马克思主义理论	B−
10075	河北大学	0401	教育学	B−
10075	河北大学	0602	中国史	B−
10075	河北大学	0703	化学	B−
10075	河北大学	0710	生物学	B−
10075	河北大学	0803	光学工程	B−
10075	河北大学	0101	哲学	C+
10075	河北大学	0201	理论经济学	C+
10075	河北大学	0301	法学	C+
10075	河北大学	0812	计算机科学与技术	C+
10075	河北大学	0835	软件工程	C+
10075	河北大学	1201	管理科学与工程	C+
10075	河北大学	0202	应用经济学	C
10075	河北大学	0713	生态学	C
10075	河北大学	0714	统计学	C
10075	河北大学	1204	公共管理	C
10075	河北大学	1205	图书情报与档案管理	C
10075	河北大学	0502	外国语言文学	C−

续表

院校代码	院校名称	代码	名称	评定结果
10075	河北大学	0804	仪器科学与技术	C−
10075	河北大学	0809	电子科学与技术	C−
10075	河北大学	1002	临床医学	C−
10075	河北大学	1202	工商管理	C−
10075	河北大学	1304	美术学	C−
10075	河北大学	0701	数学	C−
10076	河北工程大学	0812	计算机科学与技术	C
10077	河北地质大学	1202	工商管理	C−
10078	华北水利水电大学	0815	水利工程	B
10078	华北水利水电大学	1201	管理科学与工程	B−
10078	华北水利水电大学	0818	地质资源与地质工程	C+
10078	华北水利水电大学	0814	土木工程	C
10078	华北水利水电大学	1202	工商管理	C
10078	华北水利水电大学	0807	动力工程及工程热物理	C−
10078	华北水利水电大学	0828	农业工程	C−
10078	华北水利水电大学	0701	数学	C−
10079	华北电力大学	0808	电气工程	A
10079	华北电力大学	0807	动力工程及工程热物理	A−
10079	华北电力大学	1201	管理科学与工程	B+
10079	华北电力大学	1202	工商管理	B+
10079	华北电力大学	0811	控制科学与工程	B
10079	华北电力大学	0812	计算机科学与技术	B−
10079	华北电力大学	0830	环境科学与工程	B−
10079	华北电力大学	0835	软件工程	B−
10079	华北电力大学	0810	信息与通信工程	C+
10079	华北电力大学	0305	马克思主义理论	C
10079	华北电力大学	0802	机械工程	C
10079	华北电力大学	0805	材料科学与工程	C
10079	华北电力大学	0815	水利工程	C
10079	华北电力大学	1204	公共管理	C
10079	华北电力大学	0301	法学	C−
10079	华北电力大学	0502	外国语言文学	C−
10079	华北电力大学	0702	物理学	C−
10079	华北电力大学	0809	电子科学与技术	C−
10079	华北电力大学	0701	数学	C

续表

院校代码	院校名称	代码	名称	评定结果
10080	河北工业大学	0817	化学工程与技术	B+
10080	河北工业大学	0802	机械工程	B
10080	河北工业大学	0805	材料科学与工程	B
10080	河北工业大学	0808	电气工程	B
10080	河北工业大学	1202	工商管理	B
10080	河北工业大学	0811	控制科学与工程	B−
10080	河北工业大学	1201	管理科学与工程	B−
10080	河北工业大学	0305	马克思主义理论	C+
10080	河北工业大学	0809	电子科学与技术	C+
10080	河北工业大学	0812	计算机科学与技术	C+
10080	河北工业大学	0814	土木工程	C+
10080	河北工业大学	0807	动力工程及工程热物理	C
10080	河北工业大学	0804	仪器科学与技术	C−
10080	河北工业大学	0831	生物医学工程	C−
10081	华北理工大学	0806	冶金工程	C+
10081	华北理工大学	0817	化学工程与技术	C
10081	华北理工大学	1004	公共卫生与预防医学	C
10081	华北理工大学	1011	护理学	C
10081	华北理工大学	0802	机械工程	C−
10081	华北理工大学	0805	材料科学与工程	C−
10081	华北理工大学	0819	矿业工程	C−
10081	华北理工大学	1001	基础医学	C−
10081	华北理工大学	0701	数学	C
10082	河北科技大学	0817	化学工程与技术	C+
10082	河北科技大学	0830	环境科学与工程	C
10086	河北农业大学	0710	生物学	B−
10086	河北农业大学	0832	食品科学与工程	B−
10086	河北农业大学	0901	作物学	B−
10086	河北农业大学	0902	园艺学	B−
10086	河北农业大学	0907	林学	B−
10086	河北农业大学	0834	风景园林学	C+
10086	河北农业大学	0903	农业资源与环境	C+
10086	河北农业大学	0904	植物保护	C+
10086	河北农业大学	0905	畜牧学	C+
10086	河北农业大学	0828	农业工程	C

续表

院校代码	院校名称	代码	名称	评定结果
10086	河北农业大学	0906	兽医学	C
10086	河北农业大学	1203	农林经济管理	C
10086	河北农业大学	0713	生态学	C−
10089	河北医科大学	1001	基础医学	B−
10089	河北医科大学	1002	临床医学	B−
10089	河北医科大学	1006	中西医结合	B−
10089	河北医科大学	1007	药学	B−
10089	河北医科大学	0710	生物学	C+
10089	河北医科大学	1003	口腔医学	C−
10089	河北医科大学	1004	公共卫生与预防医学	C−
10094	河北师范大学	0305	马克思主义理论	B
10094	河北师范大学	0501	中国语言文学	B
10094	河北师范大学	0713	生态学	B
10094	河北师范大学	0403	体育学	B−
10094	河北师范大学	0702	物理学	B−
10094	河北师范大学	0710	生物学	B−
10094	河北师范大学	0401	教育学	C+
10094	河北师范大学	0601	考古学	C+
10094	河北师范大学	0602	中国史	C+
10094	河北师范大学	0705	地理学	C+
10094	河北师范大学	1304	美术学	C+
10094	河北师范大学	0502	外国语言文学	C
10094	河北师范大学	0703	化学	C
10094	河北师范大学	1302	音乐与舞蹈学	C
10094	河北师范大学	0101	哲学	C−
10094	河北师范大学	0402	心理学	C−
10094	河北师范大学	0603	世界史	C−
10094	河北师范大学	1301	艺术学理论	C−
10094	河北师范大学	0701	数学	B
10107	石家庄铁道大学	0814	土木工程	B+
10107	石家庄铁道大学	0823	交通运输工程	C+
10107	石家庄铁道大学	0802	机械工程	C
10107	石家庄铁道大学	0812	计算机科学与技术	C
10107	石家庄铁道大学	0801	力学	C−
10107	石家庄铁道大学	1201	管理科学与工程	C−

续表

院校代码	院校名称	代码	名称	评定结果
10108	山西大学	0702	物理学	B+
10108	山西大学	0101	哲学	B
10108	山西大学	0403	体育学	B
10108	山西大学	0703	化学	B
10108	山西大学	0812	计算机科学与技术	B
10108	山西大学	0830	环境科学与工程	B
10108	山西大学	0302	政治学	B−
10108	山西大学	0305	马克思主义理论	B−
10108	山西大学	0501	中国语言文学	B−
10108	山西大学	0710	生物学	B−
10108	山西大学	0712	科学技术史	B−
10108	山西大学	0713	生态学	B−
10108	山西大学	0817	化学工程与技术	B−
10108	山西大学	0301	法学	C+
10108	山西大学	0401	教育学	C+
10108	山西大学	0502	外国语言文学	C+
10108	山西大学	0602	中国史	C+
10108	山西大学	0803	光学工程	C+
10108	山西大学	0811	控制科学与工程	C+
10108	山西大学	0835	软件工程	C+
10108	山西大学	0201	理论经济学	C
10108	山西大学	1201	管理科学与工程	C
10108	山西大学	1202	工商管理	C
10108	山西大学	1302	音乐与舞蹈学	C
10108	山西大学	1304	美术学	C
10108	山西大学	0601	考古学	C−
10108	山西大学	1205	图书情报与档案管理	C−
10108	山西大学	0701	数学	B−
10109	太原科技大学	0802	机械工程	B
10109	太原科技大学	0805	材料科学与工程	C+
10109	太原科技大学	0811	控制科学与工程	C−
10110	中北大学	0804	仪器科学与技术	B+
10110	中北大学	0810	信息与通信工程	B
10110	中北大学	0802	机械工程	B−
10110	中北大学	0805	材料科学与工程	B−

续表

院校代码	院校名称	代码	名称	评定结果
10110	中北大学	0817	化学工程与技术	B−
10110	中北大学	0812	计算机科学与技术	C
10110	中北大学	0837	安全科学与工程	C
10110	中北大学	0809	电子科学与技术	C−
10110	中北大学	0826	兵器科学与技术	C−
10110	中北大学	0701	数学	C
10112	太原理工大学	0802	机械工程	B+
10112	太原理工大学	0817	化学工程与技术	B+
10112	太原理工大学	0819	矿业工程	B
10112	太原理工大学	0805	材料科学与工程	B−
10112	太原理工大学	0808	电气工程	B−
10112	太原理工大学	0812	计算机科学与技术	B−
10112	太原理工大学	0814	土木工程	B−
10112	太原理工大学	0830	环境科学与工程	B−
10112	太原理工大学	0837	安全科学与工程	B−
10112	太原理工大学	0801	力学	C+
10112	太原理工大学	0803	光学工程	C+
10112	太原理工大学	0809	电子科学与技术	C+
10112	太原理工大学	0815	水利工程	C+
10112	太原理工大学	0831	生物医学工程	C
10112	太原理工大学	0807	动力工程及工程热物理	C−
10112	太原理工大学	0811	控制科学与工程	C−
10112	太原理工大学	0818	地质资源与地质工程	C−
10112	太原理工大学	0835	软件工程	C−
10113	山西农业大学	0906	兽医学	B−
10113	山西农业大学	0901	作物学	C+
10113	山西农业大学	0903	农业资源与环境	C+
10113	山西农业大学	0905	畜牧学	C+
10113	山西农业大学	0902	园艺学	C
10113	山西农业大学	0904	植物保护	C−
10113	山西农业大学	0909	草学	C−
10114	山西医科大学	0710	生物学	B−
10114	山西医科大学	1002	临床医学	B−
10114	山西医科大学	1004	公共卫生与预防医学	C+
10114	山西医科大学	1011	护理学	C+

续表

院校代码	院校名称	代码	名称	评定结果
10114	山西医科大学	1001	基础医学	C
10114	山西医科大学	1007	药学	C
10118	山西师范大学	1303	戏剧与影视学	B
10118	山西师范大学	0703	化学	B−
10118	山西师范大学	0305	马克思主义理论	C+
10118	山西师范大学	0401	教育学	C+
10118	山西师范大学	0403	体育学	C+
10118	山西师范大学	1304	美术学	C−
10118	山西师范大学	0701	数学	C−
10125	山西财经大学	1202	工商管理	B+
10125	山西财经大学	0202	应用经济学	B
10125	山西财经大学	0714	统计学	B
10125	山西财经大学	0201	理论经济学	C+
10125	山西财经大学	0301	法学	C
10125	山西财经大学	0305	马克思主义理论	C
10125	山西财经大学	1201	管理科学与工程	C−
10126	内蒙古大学	0304	民族学	B
10126	内蒙古大学	0501	中国语言文学	B
10126	内蒙古大学	0710	生物学	B
10126	内蒙古大学	0713	生态学	B
10126	内蒙古大学	0305	马克思主义理论	B−
10126	内蒙古大学	0702	物理学	B−
10126	内蒙古大学	0703	化学	B−
10126	内蒙古大学	0812	计算机科学与技术	B−
10126	内蒙古大学	0301	法学	C+
10126	内蒙古大学	0602	中国史	C+
10126	内蒙古大学	0202	应用经济学	C
10126	内蒙古大学	0502	外国语言文学	C−
10126	内蒙古大学	0830	环境科学与工程	C−
10126	内蒙古大学	0835	软件工程	C−
10126	内蒙古大学	0701	数学	B−
10127	内蒙古科技大学	0806	冶金工程	B−
10127	内蒙古科技大学	0819	矿业工程	C−
10128	内蒙古工业大学	0817	化学工程与技术	B−
10128	内蒙古工业大学	0805	材料科学与工程	C

续表

院校代码	院校名称	代码	名称	评定结果
10128	内蒙古工业大学	0807	动力工程及工程热物理	C
10128	内蒙古工业大学	0801	力学	C−
10128	内蒙古工业大学	0814	土木工程	C−
10128	内蒙古工业大学	0813	建筑学	C−
10129	内蒙古农业大学	0909	草学	B+
10129	内蒙古农业大学	0832	食品科学与工程	B
10129	内蒙古农业大学	0905	畜牧学	B
10129	内蒙古农业大学	0828	农业工程	B−
10129	内蒙古农业大学	0906	兽医学	C+
10129	内蒙古农业大学	0907	林学	C+
10129	内蒙古农业大学	0815	水利工程	C
10129	内蒙古农业大学	0903	农业资源与环境	C
10129	内蒙古农业大学	1203	农林经济管理	C
10129	内蒙古农业大学	0829	林业工程	C−
10129	内蒙古农业大学	0901	作物学	C−
10132	内蒙古医科大学	1002	临床医学	C−
10135	内蒙古师范大学	0712	科学技术史	B+
10135	内蒙古师范大学	0401	教育学	C+
10135	内蒙古师范大学	0501	中国语言文学	C+
10135	内蒙古师范大学	0304	民族学	C
10135	内蒙古师范大学	0402	心理学	C
10135	内蒙古师范大学	1304	美术学	C
10135	内蒙古师范大学	0705	地理学	C−
10139	内蒙古财经大学	1202	工商管理	B−
10139	内蒙古财经大学	0202	应用经济学	C−
10139	内蒙古财经大学	0714	统计学	C−
10140	辽宁大学	0202	应用经济学	B+
10140	辽宁大学	0301	法学	B+
10140	辽宁大学	0305	马克思主义理论	B+
10140	辽宁大学	1202	工商管理	B+
10140	辽宁大学	0201	理论经济学	B
10140	辽宁大学	0101	哲学	B−
10140	辽宁大学	0501	中国语言文学	B−
10140	辽宁大学	0714	统计学	B−
10140	辽宁大学	1204	公共管理	B−

续表

院校代码	院校名称	代码	名称	评定结果
10140	辽宁大学	0503	新闻传播学	C+
10140	辽宁大学	0703	化学	C+
10140	辽宁大学	0302	政治学	C
10140	辽宁大学	0502	外国语言文学	C
10140	辽宁大学	0702	物理学	C
10140	辽宁大学	0713	生态学	C
10140	辽宁大学	1303	戏剧与影视学	C
10140	辽宁大学	0602	中国史	C-
10140	辽宁大学	0603	世界史	C-
10140	辽宁大学	0710	生物学	C-
10140	辽宁大学	1205	图书情报与档案管理	C-
10140	辽宁大学	0701	数学	C-
10141	大连理工大学	0701	数学	B+
10141	大连理工大学	0802	机械工程	A
10141	大连理工大学	0817	化学工程与技术	A
10141	大连理工大学	0801	力学	A-
10141	大连理工大学	0814	土木工程	A-
10141	大连理工大学		工程	
10141	大连理工大学	0830	环境科学与工程	A-
10141	大连理工大学	1201	管理科学与工程	A-
10141	大连理工大学	1202	工商管理	A-
10141	大连理工大学	0805	材料科学与工程	B+
10141	大连理工大学	0807	动力工程及工程热物理	B+
10141	大连理工大学	0810	信息与通信工程	B+
10141	大连理工大学	0811	控制科学与工程	B+
10141	大连理工大学	0812	计算机科学与技术	B+
10141	大连理工大学	0815	水利工程	B+
10141	大连理工大学	0835	软件工程	B+
10141	大连理工大学	0202	应用经济学	B
10141	大连理工大学	0702	物理学	B
10141	大连理工大学	0703	化学	B
10141	大连理工大学	0804	仪器科学与技术	B
10141	大连理工大学	0833	城乡规划学	B
10141	大连理工大学	1204	公共管理	B
10141	大连理工大学	0101	哲学	B-

续表

院校代码	院校名称	代码	名称	评定结果
10141	大连理工大学	0808	电气工程	B−
10141	大连理工大学	0809	电子科学与技术	B−
10141	大连理工大学	0831	生物医学工程	B−
10141	大连理工大学	0710	生物学	C+
10141	大连理工大学	0803	光学工程	C+
10141	大连理工大学	0824	船舶与海洋工程	C+
10141	大连理工大学	0823	交通运输工程	C
10141	大连理工大学	0837	安全科学与工程	C
10141	大连理工大学	0813	建筑学	B
10142	沈阳工业大学	0808	电气工程	B+
10142	沈阳工业大学	0804	仪器科学与技术	B
10142	沈阳工业大学	0802	机械工程	B−
10142	沈阳工业大学	0805	材料科学与工程	B−
10142	沈阳工业大学	0817	化学工程与技术	C+
10142	沈阳工业大学	1201	管理科学与工程	C+
10143	沈阳航空航天大学	0812	计算机科学与技术	B−
10143	沈阳航空航天大学	0825	航空宇航科学与技术	B−
10143	沈阳航空航天大学	0802	机械工程	C
10143	沈阳航空航天大学	0807	动力工程及工程热物理	C
10143	沈阳航空航天大学	0837	安全科学与工程	C
10143	沈阳航空航天大学	1202	工商管理	C
10143	沈阳航空航天大学	1305	设计学	C
10143	沈阳航空航天大学	0810	信息与通信工程	C−
10143	沈阳航空航天大学	0811	控制科学与工程	C−
10144	沈阳理工大学	0802	机械工程	C+
10144	沈阳理工大学	0805	材料科学与工程	C−
10144	沈阳理工大学	0812	计算机科学与技术	C−
10144	沈阳理工大学	1202	工商管理	C−
10145	东北大学	0811	控制科学与工程	A
10145	东北大学	0805	材料科学与工程	A−
10145	东北大学	0812	计算机科学与技术	A−
10145	东北大学	0835	软件工程	A−
10145	东北大学	0802	机械工程	B+
10145	东北大学	0806	冶金工程	B+
10145	东北大学	0819	矿业工程	B+

续表

院校代码	院校名称	代码	名称	评定结果
10145	东北大学	1201	管理科学与工程	B+
10145	东北大学	1204	公共管理	B+
10145	东北大学	0101	哲学	B
10145	东北大学	0703	化学	B
10145	东北大学	0810	信息与通信工程	B
10145	东北大学	1202	工商管理	B
10145	东北大学	0702	物理学	B—
10145	东北大学	0807	动力工程及工程热物理	B—
10145	东北大学	0814	土木工程	B—
10145	东北大学	0831	生物医学工程	B—
10145	东北大学	0837	安全科学与工程	B—
10145	东北大学	0808	电气工程	C+
10145	东北大学	0830	环境科学与工程	C+
10145	东北大学	0710	生物学	C
10145	东北大学	0801	力学	C
10145	东北大学	0816	测绘科学与技术	C
10145	东北大学	0817	化学工程与技术	C—
10145	东北大学	0818	地质资源与地质工程	C—
10145	东北大学	0701	数学	C+
10146	辽宁科技大学	0817	化学工程与技术	B—
10146	辽宁科技大学	0835	软件工程	C+
10146	辽宁科技大学	0802	机械工程	C
10146	辽宁科技大学	0811	控制科学与工程	C
10146	辽宁科技大学	0805	材料科学与工程	C—
10146	辽宁科技大学	0806	冶金工程	C—
10146	辽宁科技大学	1202	工商管理	C—
10147	辽宁工程技术大学	0837	安全科学与工程	B
10147	辽宁工程技术大学	0816	测绘科学与技术	B—
10147	辽宁工程技术大学	0819	矿业工程	B—
10147	辽宁工程技术大学	0801	力学	C—
10147	辽宁工程技术大学	0802	机械工程	C+
10147	辽宁工程技术大学	0814	土木工程	C+
10147	辽宁工程技术大学	1201	管理科学与工程	C+
10147	辽宁工程技术大学	0808	电气工程	C
10147	辽宁工程技术大学	0835	软件工程	C

续表

院校代码	院校名称	代码	名称	评定结果
10148	辽宁石油化工大学	0817	化学工程与技术	B
10148	辽宁石油化工大学	0811	控制科学与工程	C+
10148	辽宁石油化工大学	0305	马克思主义理论	C−
10148	辽宁石油化工大学	0807	动力工程及工程热物理	C−
10148	辽宁石油化工大学	0837	安全科学与工程	C−
10149	沈阳化工大学	0817	化学工程与技术	B
10149	沈阳化工大学	0805	材料科学与工程	C−
10149	沈阳化工大学	0807	动力工程及工程热物理	C−
10149	沈阳化工大学	0811	控制科学与工程	C−
10150	大连交通大学	0802	机械工程	B
10150	大连交通大学	0805	材料科学与工程	C+
10150	大连交通大学	0823	交通运输工程	C
10150	大连交通大学	0835	软件工程	C
10150	大连交通大学	0801	力学	C−
10150	大连交通大学	0830	环境科学与工程	C−
10151	大连海事大学	0823	交通运输工程	B+
10151	大连海事大学	0301	法学	B
10151	大连海事大学	0305	马克思主义理论	B
10151	大连海事大学	0812	计算机科学与技术	B
10151	大连海事大学	0824	船舶与海洋工程	B
10151	大连海事大学	0830	环境科学与工程	B
10151	大连海事大学	0810	信息与通信工程	B−
10151	大连海事大学	0811	控制科学与工程	B−
10151	大连海事大学	1201	管理科学与工程	B−
10151	大连海事大学	1202	工商管理	C+
10151	大连海事大学	0502	外国语言文学	C
10151	大连海事大学	0835	软件工程	C
10151	大连海事大学	0802	机械工程	C−
10151	大连海事大学	1204	公共管理	C−
10152	大连工业大学	0832	食品科学与工程	B+
10152	大连工业大学	0822	轻工技术与工程	B
10152	大连工业大学	1305	设计学	C+
10152	大连工业大学	0811	控制科学与工程	C
10152	大连工业大学	0821	纺织科学与工程	C
10152	大连工业大学	0803	光学工程	C−

续表

院校代码	院校名称	代码	名称	评定结果
10152	大连工业大学	0817	化学工程与技术	C−
10153	沈阳建筑大学	0814	土木工程	B+
10153	沈阳建筑大学	0802	机械工程	B
10153	沈阳建筑大学	0833	城乡规划学	B
10153	沈阳建筑大学	0834	风景园林学	B−
10153	沈阳建筑大学	0812	计算机科学与技术	C+
10153	沈阳建筑大学	0805	材料科学与工程	C−
10153	沈阳建筑大学	0813	建筑学	B
10154	辽宁工业大学	0811	控制科学与工程	C+
10154	辽宁工业大学	1201	管理科学与工程	C−
10157	沈阳农业大学	0902	园艺学	B+
10157	沈阳农业大学	0832	食品科学与工程	B
10157	沈阳农业大学	0901	作物学	B
10157	沈阳农业大学	0903	农业资源与环境	B
10157	沈阳农业大学	0828	农业工程	B−
10157	沈阳农业大学	0904	植物保护	B−
10157	沈阳农业大学	1203	农林经济管理	B−
10157	沈阳农业大学	0906	兽医学	C+
10157	沈阳农业大学	0834	风景园林学	C
10157	沈阳农业大学	0907	林学	C−
10158	大连海洋大学	0908	水产	B
10158	大连海洋大学	0707	海洋科学	C
10159	中国医科大学	1002	临床医学	B+
10159	中国医科大学	0710	生物学	B
10159	中国医科大学	1001	基础医学	B
10159	中国医科大学	1003	口腔医学	B
10159	中国医科大学	1004	公共卫生与预防医学	B
10159	中国医科大学	1007	药学	B
10159	中国医科大学	1011	护理学	B−
10160	锦州医科大学	1002	临床医学	C
10160	锦州医科大学	0710	生物学	C−
10160	锦州医科大学	1001	基础医学	C−
10161	大连医科大学	1006	中西医结合	B+
10161	大连医科大学	0710	生物学	B
10161	大连医科大学	1001	基础医学	B

续表

院校代码	院校名称	代码	名称	评定结果
10161	大连医科大学	1002	临床医学	B
10161	大连医科大学	1003	口腔医学	C+
10161	大连医科大学	1007	药学	C+
10161	大连医科大学	1011	护理学	C
10162	辽宁中医药大学	1006	中西医结合	B+
10162	辽宁中医药大学	1005	中医学	B
10162	辽宁中医药大学	1007	药学	B−
10162	辽宁中医药大学	1008	中药学	B−
10163	沈阳药科大学	1007	药学	A
10163	沈阳药科大学	1008	中药学	B
10165	辽宁师范大学	0401	教育学	B
10165	辽宁师范大学	0402	心理学	B
10165	辽宁师范大学	0305	马克思主义理论	B−
10165	辽宁师范大学	0403	体育学	B−
10165	辽宁师范大学	0705	地理学	B−
10165	辽宁师范大学	0501	中国语言文学	C+
10165	辽宁师范大学	0502	外国语言文学	C+
10165	辽宁师范大学	0702	物理学	C+
10165	辽宁师范大学	0703	化学	C+
10165	辽宁师范大学	0710	生物学	C+
10165	辽宁师范大学	0812	计算机科学与技术	C+
10165	辽宁师范大学	0602	中国史	C
10165	辽宁师范大学	0302	政治学	C−
10165	辽宁师范大学	0713	生态学	C−
10165	辽宁师范大学	1302	音乐与舞蹈学	C−
10165	辽宁师范大学	1303	戏剧与影视学	C−
10165	辽宁师范大学	1304	美术学	C−
10165	辽宁师范大学	0701	数学	C+
10166	沈阳师范大学	0401	教育学	B
10166	沈阳师范大学	0501	中国语言文学	C+
10166	沈阳师范大学	1304	美术学	C+
10166	沈阳师范大学	0301	法学	C
10166	沈阳师范大学	0713	生态学	C
10166	沈阳师范大学	1204	公共管理	C
10166	沈阳师范大学	1302	音乐与舞蹈学	C

续表

院校代码	院校名称	代码	名称	评定结果
10166	沈阳师范大学	0101	哲学	C−
10166	沈阳师范大学	0303	社会学	C−
10166	沈阳师范大学	0305	马克思主义理论	C−
10166	沈阳师范大学	0403	体育学	C−
10166	沈阳师范大学	0710	生物学	C−
10166	沈阳师范大学	0817	化学工程与技术	C−
10166	沈阳师范大学	0701	数学	C−
10167	渤海大学	0305	马克思主义理论	C
10167	渤海大学	0401	教育学	C
10167	渤海大学	0811	控制科学与工程	C
10167	渤海大学	0832	食品科学与工程	C
10167	渤海大学	0501	中国语言文学	C−
10167	渤海大学	0701	数学	C−
10172	大连外国语大学	0502	外国语言文学	B
10173	东北财经大学	0202	应用经济学	A
10173	东北财经大学	0714	统计学	A−
10173	东北财经大学	1202	工商管理	A−
10173	东北财经大学	1201	管理科学与工程	B+
10173	东北财经大学	0201	理论经济学	B
10173	东北财经大学	1204	公共管理	B
10173	东北财经大学	0301	法学	C
10176	沈阳体育学院	0403	体育学	B+
10177	沈阳音乐学院	1302	音乐与舞蹈学	B+
10177	沈阳音乐学院	1301	艺术学理论	C
10178	鲁迅美术学院	1304	美术学	B+
10178	鲁迅美术学院	1305	设计学	B
10178	鲁迅美术学院	1301	艺术学理论	C
10183	吉林大学	0701	数学	A−
10183	吉林大学	0305	马克思主义理论	A
10183	吉林大学	0703	化学	A
10183	吉林大学	0101	哲学	A−
10183	吉林大学	0301	法学	A−
10183	吉林大学	0302	政治学	A−
10183	吉林大学	0601	考古学	A−
10183	吉林大学	0702	物理学	A−

续表

院校代码	院校名称	代码	名称	评定结果
10183	吉林大学	0802	机械工程	A—
10183	吉林大学	0812	计算机科学与技术	A—
10183	吉林大学	1202	工商管理	A—
10183	吉林大学	0201	理论经济学	B+
10183	吉林大学	0202	应用经济学	B+
10183	吉林大学	0303	社会学	B+
10183	吉林大学	0501	中国语言文学	B+
10183	吉林大学	0710	生物学	B+
10183	吉林大学	0714	统计学	B+
10183	吉林大学	0804	仪器科学与技术	B+
10183	吉林大学	0805	材料科学与工程	B+
10183	吉林大学	0809	电子科学与技术	B+
10183	吉林大学	0818	地质资源与地质工程	B+
10183	吉林大学	0828	农业工程	B+
10183	吉林大学	0835	软件工程	B+
10183	吉林大学	0906	兽医学	B+
10183	吉林大学	1204	公共管理	B+
10183	吉林大学	0502	外国语言文学	B
10183	吉林大学	0602	中国史	B
10183	吉林大学	0603	世界史	B
10183	吉林大学	0709	地质学	B
10183	吉林大学	0811	控制科学与工程	B
10183	吉林大学	0823	交通运输工程	B
10183	吉林大学	0830	环境科学与工程	B
10183	吉林大学	0832	食品科学与工程	B
10183	吉林大学	1001	基础医学	B
10183	吉林大学	1002	临床医学	B
10183	吉林大学	1007	药学	B
10183	吉林大学	1205	图书情报与档案管理	B
10183	吉林大学	0807	动力工程及工程热物理	B—
10183	吉林大学	0810	信息与通信工程	B—
10183	吉林大学	0815	水利工程	B—
10183	吉林大学	0817	化学工程与技术	B—
10183	吉林大学	0905	畜牧学	B—
10183	吉林大学	1003	口腔医学	B—

续表

院校代码	院校名称	代码	名称	评定结果
10183	吉林大学	1004	公共卫生与预防医学	B−
10183	吉林大学	1011	护理学	B−
10183	吉林大学	1201	管理科学与工程	B−
10183	吉林大学	0503	新闻传播学	C
10183	吉林大学	0708	地球物理学	C
10183	吉林大学	0801	力学	C
10183	吉林大学	0814	土木工程	C
10183	吉林大学	0402	心理学	C−
10183	吉林大学	0403	体育学	C−
10183	吉林大学	0831	生物医学工程	C−
10183	吉林大学	0904	植物保护	C−
10183	吉林大学	1303	戏剧与影视学	C−
10183	吉林大学	1305	设计学	C−
10184	延边大学	0502	外国语言文学	B+
10184	延边大学	1007	药学	B−
10184	延边大学	0603	世界史	C+
10184	延边大学	0703	化学	C
10184	延边大学	0710	生物学	C
10184	延边大学	1002	临床医学	C
10184	延边大学	0501	中国语言文学	C−
10184	延边大学	1011	护理学	C−
10184	延边大学	1302	音乐与舞蹈学	C−
10186	长春理工大学	0803	光学工程	A−
10186	长春理工大学	0802	机械工程	B
10186	长春理工大学	0804	仪器科学与技术	B
10186	长春理工大学	0812	计算机科学与技术	B
10186	长春理工大学	0702	物理学	B−
10186	长春理工大学	0805	材料科学与工程	C+
10186	长春理工大学	0809	电子科学与技术	C+
10186	长春理工大学	0810	信息与通信工程	C−
10186	长春理工大学	0305	马克思主义理论	C
10186	长春理工大学	0835	软件工程	C
10186	长春理工大学	0703	化学	C−
10186	长春理工大学	0811	控制科学与工程	C−
10186	长春理工大学	0831	生物医学工程	C−

续表

院校代码	院校名称	代码	名称	评定结果
10188	东北电力大学	0808	电气工程	B
10188	东北电力大学	0807	动力工程及工程热物理	B−
10188	东北电力大学	0811	控制科学与工程	C+
10188	东北电力大学	0812	计算机科学与技术	C
10188	东北电力大学	0817	化学工程与技术	C
10188	东北电力大学	0814	土木工程	C−
10190	长春工业大学	0802	机械工程	B−
10190	长春工业大学	0817	化学工程与技术	B−
10190	长春工业大学	0805	材料科学与工程	C+
10190	长春工业大学	0714	统计学	C
10190	长春工业大学	0811	控制科学与工程	C
10190	长春工业大学	0812	计算机科学与技术	C
10191	吉林建筑大学	0814	土木工程	C
10191	吉林建筑大学	0830	环境科学与工程	C−
10191	吉林建筑大学	0833	城乡规划学	C−
10191	吉林建筑大学	1201	管理科学与工程	C−
10191	吉林建筑大学	0813	建筑学	C
10193	吉林农业大学	0906	兽医学	B
10193	吉林农业大学	0832	食品科学与工程	B−
10193	吉林农业大学	0901	作物学	B−
10193	吉林农业大学	0903	农业资源与环境	B−
10193	吉林农业大学	0904	植物保护	B−
10193	吉林农业大学	1203	农林经济管理	B−
10193	吉林农业大学	0710	生物学	C+
10193	吉林农业大学	0905	畜牧学	C+
10193	吉林农业大学	0713	生态学	C−
10199	长春中医药大学	1005	中医学	B−
10199	长春中医药大学	1008	中药学	B−
10200	东北师范大学	0701	数学	B+
10200	东北师范大学	0305	马克思主义理论	A+
10200	东北师范大学	0401	教育学	A
10200	东北师范大学	0713	生态学	A
10200	东北师范大学	0714	统计学	A
10200	东北师范大学	0603	世界史	A−
10200	东北师范大学	0710	生物学	A−

续表

院校代码	院校名称	代码	名称	评定结果
10200	东北师范大学	0501	中国语言文学	B+
10200	东北师范大学	0502	外国语言文学	B+
10200	东北师范大学	0702	物理学	B+
10200	东北师范大学	0703	化学	B+
10200	东北师范大学	0705	地理学	B+
10200	东北师范大学	1302	音乐与舞蹈学	B+
10200	东北师范大学	1304	美术学	B+
10200	东北师范大学	0302	政治学	B
10200	东北师范大学	0403	体育学	B
10200	东北师范大学	0602	中国史	B
10200	东北师范大学	0201	理论经济学	B-
10200	东北师范大学	0202	应用经济学	B-
10200	东北师范大学	0402	心理学	B-
10200	东北师范大学	1303	戏剧与影视学	B-
10200	东北师范大学	0805	材料科学与工程	
10201	北华大学	0907	林学	C-
10201	北华大学	0305	马克思主义理论	C
10201	北华大学	0834	风景园林学	C
10201	北华大学	0829	林业工程	C-
10203	吉林师范大学	0101	哲学	C
10203	吉林师范大学	0401	教育学	C
10203	吉林师范大学	0501	中国语言文学	C
10203	吉林师范大学	0702	物理学	C
10203	吉林师范大学	0502	外国语言文学	C-
10203	吉林师范大学	0602	中国史	C-
10203	吉林师范大学	0703	化学	C-
10203	吉林师范大学	0701	数学	C
10205	长春师范大学	0305	马克思主义理论	C-
10205	长春师范大学	0401	教育学	C-
10207	吉林财经大学	1202	工商管理	B-
10207	吉林财经大学	0202	应用经济学	C+
10207	吉林财经大学	0714	统计学	C+
10207	吉林财经大学	0201	理论经济学	C
10208	吉林体育学院	0403	体育学	B
10209	吉林艺术学院	1302	音乐与舞蹈学	B-

续表

院校代码	院校名称	代码	名称	评定结果
10209	吉林艺术学院	1303	戏剧与影视学	B−
10209	吉林艺术学院	1304	美术学	B−
10209	吉林艺术学院	1305	设计学	C+
10212	黑龙江大学	0502	外国语言文学	A
10212	黑龙江大学	0101	哲学	B+
10212	黑龙江大学	0301	法学	B
10212	黑龙江大学	0305	马克思主义理论	B
10212	黑龙江大学	0501	中国语言文学	B
10212	黑龙江大学	1205	图书情报与档案管理	B
10212	黑龙江大学	0703	化学	B−
10212	黑龙江大学	0809	电子科学与技术	C+
10212	黑龙江大学	1204	公共管理	C+
10212	黑龙江大学	0201	理论经济学	C
10212	黑龙江大学	0302	政治学	C
10212	黑龙江大学	0710	生物学	C
10212	黑龙江大学	0810	信息与通信工程	C
10212	黑龙江大学	0713	生态学	C−
10212	黑龙江大学	0811	控制科学与工程	C−
10212	黑龙江大学	0812	计算机科学与技术	C−
10212	黑龙江大学	0817	化学工程与技术	C−
10212	黑龙江大学	0835	软件工程	C−
10212	黑龙江大学	0701	数学	C−
10213	哈尔滨工业大学	0701	数学	A−
10213	哈尔滨工业大学	0813	建筑学	B+
10213	哈尔滨工业大学	0802	机械工程	A+
10213	哈尔滨工业大学	0811	控制科学与工程	A+
10213	哈尔滨工业大学	0830	环境科学与工程	A+
10213	哈尔滨工业大学	0801	力学	A
10213	哈尔滨工业大学	0805	材料科学与工程	A
10213	哈尔滨工业大学	0812	计算机科学与技术	A
10213	哈尔滨工业大学	0814	土木工程	A
10213	哈尔滨工业大学	1201	管理科学与工程	A
10213	哈尔滨工业大学	0803	光学工程	A−
10213	哈尔滨工业大学	0804	仪器科学与技术	A−
10213	哈尔滨工业大学	0807	动力工程及工程热物理	A−

续表

院校代码	院校名称	代码	名称	评定结果
10213	哈尔滨工业大学	0808	电气工程	A−
10213	哈尔滨工业大学	0810	信息与通信工程	A−
10213	哈尔滨工业大学	0817	化学工程与技术	A−
10213	哈尔滨工业大学	0833	城乡规划学	A−
10213	哈尔滨工业大学	0835	软件工程	A−
10213	哈尔滨工业大学	0702	物理学	B+
10213	哈尔滨工业大学	0823	交通运输工程	B+
10213	哈尔滨工业大学	0825	航空宇航科学与技术	B+
10213	哈尔滨工业大学	1202	工商管理	B+
10213	哈尔滨工业大学	0714	统计学	B
10213	哈尔滨工业大学	0809	电子科学与技术	B
10213	哈尔滨工业大学	0831	生物医学工程	B
10213	哈尔滨工业大学	0834	风景园林学	B
10213	哈尔滨工业大学	1204	公共管理	B
10213	哈尔滨工业大学	1305	设计学	B
10213	哈尔滨工业大学	0502	外国语言文学	B−
10213	哈尔滨工业大学	0303	社会学	C−
10213	哈尔滨工业大学	0305	马克思主义理论	C−
10213	哈尔滨工业大学	0703	化学	C+
10213	哈尔滨工业大学	0832	食品科学与工程	C+
10213	哈尔滨工业大学	0707	海洋科学	C
10213	哈尔滨工业大学	0710	生物学	C
10213	哈尔滨工业大学	0712	科学技术史	C
10214	哈尔滨理工大学	0802	机械工程	B
10214	哈尔滨理工大学	0808	电气工程	B
10214	哈尔滨理工大学	0812	计算机科学与技术	B
10214	哈尔滨理工大学	1201	管理科学与工程	B
10214	哈尔滨理工大学	1202	工商管理	B
10214	哈尔滨理工大学	0305	马克思主义理论	B−
10214	哈尔滨理工大学	0804	仪器科学与技术	B−
10214	哈尔滨理工大学	0805	材料科学与工程	C+
10214	哈尔滨理工大学	0811	控制科学与工程	C+
10214	哈尔滨理工大学	0835	软件工程	C+
10214	哈尔滨理工大学	0817	化学工程与技术	C−
10214	哈尔滨理工大学	0701	数学	C

续表

院校代码	院校名称	代码	名称	评定结果
10216	燕山大学	0802	机械工程	A−
10216	燕山大学	0805	材料科学与工程	B+
10216	燕山大学	0811	控制科学与工程	B
10216	燕山大学	0812	计算机科学与技术	B
10216	燕山大学	0817	化学工程与技术	B
10216	燕山大学	0804	仪器科学与技术	B−
10216	燕山大学	0835	软件工程	B−
10216	燕山大学	1201	管理科学与工程	B−
10216	燕山大学	0803	光学工程	C+
10216	燕山大学	0808	电气工程	C+
10216	燕山大学	0809	电子科学与技术	C+
10216	燕山大学	1202	工商管理	C
10216	燕山大学	0305	马克思主义理论	C−
10216	燕山大学	0801	力学	C−
10216	燕山大学	0810	信息与通信工程	C−
10216	燕山大学	0814	土木工程	C−
10216	燕山大学	0830	环境科学与工程	C−
10216	燕山大学	1204	公共管理	C−
10217	哈尔滨工程大学	0824	船舶与海洋工程	A+
10217	哈尔滨工程大学	0811	控制科学与工程	A−
10217	哈尔滨工程大学	0807	动力工程及工程热物理	B+
10217	哈尔滨工程大学	0810	信息与通信工程	B+
10217	哈尔滨工程大学	0812	计算机科学与技术	B+
10217	哈尔滨工程大学	0827	核科学与技术	B+
10217	哈尔滨工程大学	1201	管理科学与工程	B+
10217	哈尔滨工程大学	0305	马克思主义理论	B
10217	哈尔滨工程大学	0801	力学	B
10217	哈尔滨工程大学	0802	机械工程	B
10217	哈尔滨工程大学	0803	光学工程	B
10217	哈尔滨工程大学	0805	材料科学与工程	B
10217	哈尔滨工程大学	0835	软件工程	B
10217	哈尔滨工程大学	0804	仪器科学与技术	B−
10217	哈尔滨工程大学	0817	化学工程与技术	B−
10217	哈尔滨工程大学	1202	工商管理	C+
10217	哈尔滨工程大学	0814	土木工程	C

续表

院校代码	院校名称	代码	名称	评定结果
10217	哈尔滨工程大学	1204	公共管理	C
10217	哈尔滨工程大学	0303	社会学	C−
10217	哈尔滨工程大学	0808	电气工程	C−
10217	哈尔滨工程大学	0809	电子科学与技术	C−
10217	哈尔滨工程大学	0831	生物医学工程	C−
10219	黑龙江科技大学	0837	安全科学与工程	C
10219	黑龙江科技大学	0808	电气工程	C−
10220	东北石油大学	0817	化学工程与技术	B
10220	东北石油大学	0820	石油与天然气工程	B
10220	东北石油大学	0818	地质资源与地质工程	B−
10220	东北石油大学	0802	机械工程	C
10220	东北石油大学	0807	动力工程及工程热物理	C
10220	东北石油大学	0804	仪器科学与技术	C−
10220	东北石油大学	1202	工商管理	C−
10222	佳木斯大学	0805	材料科学与工程	C
10223	黑龙江八一农垦大学	0828	农业工程	C+
10223	黑龙江八一农垦大学	0832	食品科学与工程	C+
10223	黑龙江八一农垦大学	0906	兽医学	C+
10223	黑龙江八一农垦大学	0901	作物学	C−
10224	东北农业大学	0828	农业工程	B+
10224	东北农业大学	0832	食品科学与工程	B+
10224	东北农业大学	0906	兽医学	B+
10224	东北农业大学	0905	畜牧学	B
10224	东北农业大学	1203	农林经济管理	B
10224	东北农业大学	0901	作物学	B−
10224	东北农业大学	0834	风景园林学	C+
10224	东北农业大学	0902	园艺学	C+
10224	东北农业大学	0903	农业资源与环境	C+
10224	东北农业大学	0904	植物保护	C
10224	东北农业大学	1204	公共管理	C−
10224	东北农业大学	0909	草学	C+
10225	东北林业大学	0829	林业工程	A+
10225	东北林业大学	0834	风景园林学	B+
10225	东北林业大学	0907	林学	B+
10225	东北林业大学	0710	生物学	B

续表

院校代码	院校名称	代码	名称	评定结果
10225	东北林业大学	0713	生态学	B
10225	东北林业大学	1203	农林经济管理	B
10225	东北林业大学	0305	马克思主义理论	C+
10225	东北林业大学	0802	机械工程	C+
10225	东北林业大学	0823	交通运输工程	C+
10225	东北林业大学	1201	管理科学与工程	C−
10226	哈尔滨医科大学	1004	公共卫生与预防医学	A−
10226	哈尔滨医科大学	1002	临床医学	B+
10226	哈尔滨医科大学	1007	药学	B+
10226	哈尔滨医科大学	0710	生物学	B
10226	哈尔滨医科大学	1011	护理学	B
10226	哈尔滨医科大学	1204	公共管理	B
10226	哈尔滨医科大学	0831	生物医学工程	B−
10226	哈尔滨医科大学	1001	基础医学	B−
10226	哈尔滨医科大学	1003	口腔医学	B−
10228	黑龙江中医药大学	1008	中药学	A+
10228	黑龙江中医药大学	1005	中医学	B+
10228	黑龙江中医药大学	1006	中西医结合	B
10228	黑龙江中医药大学	1007	药学	B−
10231	哈尔滨师范大学	0305	马克思主义理论	B+
10231	哈尔滨师范大学	0401	教育学	B
10231	哈尔滨师范大学	0501	中国语言文学	B
10231	哈尔滨师范大学	1304	美术学	B
10231	哈尔滨师范大学	0502	外国语言文学	B−
10231	哈尔滨师范大学	0705	地理学	B−
10231	哈尔滨师范大学	1303	戏剧与影视学	C+
10231	哈尔滨师范大学	0603	世界史	C
10231	哈尔滨师范大学	0710	生物学	C
10231	哈尔滨师范大学	0403	体育学	C−
10231	哈尔滨师范大学	0702	物理学	C−
10231	哈尔滨师范大学	0703	化学	C−
10231	哈尔滨师范大学	0701	数学	C
10240	哈尔滨商业大学	1202	工商管理	B
10240	哈尔滨商业大学	0202	应用经济学	B−
10240	哈尔滨商业大学	0832	食品科学与工程	B−

续表

院校代码	院校名称	代码	名称	评定结果
10240	哈尔滨商业大学	0830	环境科学与工程	C−
10240	哈尔滨商业大学	1201	管理科学与工程	C−
10240	哈尔滨商业大学	1204	公共管理	C−
10246	复旦大学	0701	数学	A+
10246	复旦大学	0101	哲学	A+
10246	复旦大学	0201	理论经济学	A+
10246	复旦大学	0302	政治学	A+
10246	复旦大学	0602	中国史	A+
10246	复旦大学	0305	马克思主义理论	A
10246	复旦大学	0501	中国语言文学	A
10246	复旦大学	0503	新闻传播学	A
10246	复旦大学	0702	物理学	A
10246	复旦大学	0703	化学	A
10246	复旦大学	1001	基础医学	A
10246	复旦大学	1002	临床医学	A
10246	复旦大学	1202	工商管理	A
10246	复旦大学	0202	应用经济学	A−
10246	复旦大学	0303	社会学	A−
10246	复旦大学	0502	外国语言文学	A−
10246	复旦大学	0710	生物学	A−
10246	复旦大学	0713	生态学	A−
10246	复旦大学	0809	电子科学与技术	A−
10246	复旦大学	1004	公共卫生与预防医学	A−
10246	复旦大学	1006	中西医结合	A−
10246	复旦大学	1007	药学	A−
10246	复旦大学	1204	公共管理	A−
10246	复旦大学	0301	法学	B+
10246	复旦大学	0603	世界史	B+
10246	复旦大学	0714	统计学	B−
10246	复旦大学	0805	材料科学与工程	B−
10246	复旦大学	0812	计算机科学与技术	B−
10246	复旦大学	0830	环境科学与工程	B−
10246	复旦大学	0831	生物医学工程	B+
10246	复旦大学	0835	软件工程	B+
10246	复旦大学	1201	管理科学与工程	B+

续表

院校代码	院校名称	代码	名称	评定结果
10246	复旦大学	0803	光学工程	B
10246	复旦大学	1011	护理学	B
10246	复旦大学	0601	考古学	B−
10246	复旦大学	0801	力学	C+
10246	复旦大学	0810	信息与通信工程	C
10246	复旦大学		机械及航空航天和制造工程	
10246	复旦大学		现代语言学	
10247	同济大学	0814	土木工程	A+
10247	同济大学	0830	环境科学与工程	A+
10247	同济大学	0833	城乡规划学	A+
10247	同济大学	1201	管理科学与工程	A+
10247	同济大学	1305	设计学	A
10247	同济大学	0813	建筑学	A−
10247	同济大学	0701	数学	A−
10247	同济大学	0802	机械工程	A−
10247	同济大学	0812	计算机科学与技术	A−
10247	同济大学	0823	交通运输工程	A−
10247	同济大学	0834	风景园林学	A−
10247	同济大学	0835	软件工程	A−
10247	同济大学	0305	马克思主义理论	B+
10247	同济大学	0502	外国语言文学	B+
10247	同济大学	0702	物理学	B+
10247	同济大学	0703	化学	B+
10247	同济大学	0707	海洋科学	B+
10247	同济大学	0710	生物学	B+
10247	同济大学	0801	力学	B+
10247	同济大学	0805	材料科学与工程	B+
10247	同济大学	0811	控制科学与工程	B+
10247	同济大学	0816	测绘科学与技术	B+
10247	同济大学	1202	工商管理	B+
10247	同济大学	1204	公共管理	B+
10247	同济大学	0101	哲学	B
10247	同济大学	0202	应用经济学	B
10247	同济大学	0301	法学	B
10247	同济大学	0807	动力工程及工程热物理	B

续表

院校代码	院校名称	代码	名称	评定结果
10247	同济大学	0818	地质资源与地质工程	B
10247	同济大学	1001	基础医学	B
10247	同济大学	1002	临床医学	B
10247	同济大学	0302	政治学	B－
10247	同济大学	0831	生物医学工程	B－
10247	同济大学	1003	口腔医学	B－
10247	同济大学	0401	教育学	C＋
10247	同济大学	0708	地球物理学	C＋
10247	同济大学	0808	电气工程	C＋
10247	同济大学	0810	信息与通信工程	C＋
10247	同济大学	0503	新闻传播学	C
10247	同济大学	0815	水利工程	C
10247	同济大学	0403	体育学	C－
10247	同济大学	0501	中国语言文学	C－
10247	同济大学	1004	公共卫生与预防医学	C－
10247	同济大学	1007	药学	C－
10248	上海交通大学	0701	数学	A
10248	上海交通大学	0710	生物学	A＋
10248	上海交通大学	0802	机械工程	A＋
10248	上海交通大学	0824	船舶与海洋工程	A＋
10248	上海交通大学	1002	临床医学	A＋
10248	上海交通大学	1202	工商管理	A＋
10248	上海交通大学	0502	外国语言文学	A
10248	上海交通大学	0702	物理学	A
10248	上海交通大学	0805	材料科学与工程	A
10248	上海交通大学	0807	动力工程及工程热物理	A
10248	上海交通大学	0810	信息与通信工程	A
10248	上海交通大学	0811	控制科学与工程	A
10248	上海交通大学	0812	计算机科学与技术	A
10248	上海交通大学	0831	生物医学工程	A
10248	上海交通大学	1201	管理科学与工程	A
10248	上海交通大学	0301	法学	A－
10248	上海交通大学	0503	新闻传播学	A－
10248	上海交通大学	0703	化学	A－
10248	上海交通大学	0804	仪器科学与技术	A－

续表

院校代码	院校名称	代码	名称	评定结果
10248	上海交通大学	0809	电子科学与技术	A－
10248	上海交通大学	0830	环境科学与工程	A－
10248	上海交通大学	0835	软件工程	A－
10248	上海交通大学	1001	基础医学	A－
10248	上海交通大学	1007	药学	A－
10248	上海交通大学	1204	公共管理	A－
10248	上海交通大学	0712	科学技术史	B＋
10248	上海交通大学	0713	生态学	B＋
10248	上海交通大学	0801	力学	B＋
10248	上海交通大学	0808	电气工程	B＋
10248	上海交通大学	0814	土木工程	B＋
10248	上海交通大学	0817	化学工程与技术	B＋
10248	上海交通大学	1003	口腔医学	B＋
10248	上海交通大学	1011	护理学	B＋
10248	上海交通大学	1305	设计学	B＋
10248	上海交通大学	0305	马克思主义理论	B
10248	上海交通大学	0714	统计学	B
10248	上海交通大学	0827	核科学与技术	B
10248	上海交通大学	0902	园艺学	B
10248	上海交通大学	0501	中国语言文学	B－
10248	上海交通大学	0832	食品科学与工程	B－
10248	上海交通大学	0834	风景园林学	B－
10248	上海交通大学	1004	公共卫生与预防医学	B－
10248	上海交通大学	0302	政治学	C＋
10248	上海交通大学	0704	天文学	C＋
10248	上海交通大学	0823	交通运输工程	C＋
10248	上海交通大学	0825	航空宇航科学与技术	C＋
10248	上海交通大学	1006	中西医结合	C＋
10248	上海交通大学	0602	中国史	C
10248	上海交通大学	0905	畜牧学	C－
10248	上海交通大学	0813	建筑学	C＋
10251	华东理工大学	0817	化学工程与技术	A＋
10251	华东理工大学	0303	社会学	B＋
10251	华东理工大学	0703	化学	B＋
10251	华东理工大学	0805	材料科学与工程	B＋

续表

院校代码	院校名称	代码	名称	评定结果
10251	华东理工大学	0807	动力工程及工程热物理	B+
10251	华东理工大学	0811	控制科学与工程	B+
10251	华东理工大学	0830	环境科学与工程	B+
10251	华东理工大学	1007	药学	B+
10251	华东理工大学	1201	管理科学与工程	B+
10251	华东理工大学	0802	机械工程	B
10251	华东理工大学	0812	计算机科学与技术	B
10251	华东理工大学	0202	应用经济学	B−
10251	华东理工大学	0305	马克思主义理论	B−
10251	华东理工大学	1202	工商管理	B−
10251	华东理工大学	0710	生物学	C+
10251	华东理工大学	1204	公共管理	C+
10251	华东理工大学	0301	法学	C
10251	华东理工大学	0702	物理学	C
10251	华东理工大学	0837	安全科学与工程	C
10251	华东理工大学	0502	外国语言文学	C−
10251	华东理工大学	0701	数学	B−
10252	上海理工大学	0803	光学工程	B+
10252	上海理工大学	0807	动力工程及工程热物理	B+
10252	上海理工大学	1201	管理科学与工程	B+
10252	上海理工大学	0711	系统科学	B
10252	上海理工大学	0802	机械工程	B
10252	上海理工大学	0831	生物医学工程	B
10252	上海理工大学	0804	仪器科学与技术	C+
10252	上海理工大学	0811	控制科学与工程	C+
10252	上海理工大学	0812	计算机科学与技术	C+
10252	上海理工大学	0502	外国语言文学	C
10252	上海理工大学	0503	新闻传播学	C
10252	上海理工大学	0814	土木工程	C
10252	上海理工大学	0830	环境科学与工程	C
10252	上海理工大学	0835	软件工程	C
10252	上海理工大学	1202	工商管理	C
10252	上海理工大学	1204	公共管理	C
10252	上海理工大学	0702	物理学	C−
10252	上海理工大学	0808	电气工程	C−

续表

院校代码	院校名称	代码	名称	评定结果
10252	上海理工大学	0823	交通运输工程	C−
10252	上海理工大学	0832	食品科学与工程	C−
10252	上海理工大学	0701	数学	C
10254	上海海事大学	0823	交通运输工程	B
10254	上海海事大学	1201	管理科学与工程	B
10254	上海海事大学	0502	外国语言文学	B−
10254	上海海事大学	0301	法学	C+
10254	上海海事大学	0808	电气工程	C+
10254	上海海事大学	0810	信息与通信工程	C
10254	上海海事大学	1202	工商管理	C
10254	上海海事大学	0802	机械工程	C−
10254	上海海事大学	0812	计算机科学与技术	C−
10254	上海海事大学	0824	船舶与海洋工程	C−
10255	东华大学	0821	纺织科学与工程	A+
10255	东华大学	0805	材料科学与工程	B+
10255	东华大学	1305	设计学	B+
10255	东华大学	0802	机械工程	B
10255	东华大学	0811	控制科学与工程	B
10255	东华大学	0830	环境科学与工程	B
10255	东华大学	1201	管理科学与工程	B
10255	东华大学	1202	工商管理	B
10255	东华大学	0703	化学	B−
10255	东华大学	0812	计算机科学与技术	B−
10255	东华大学	0835	软件工程	B−
10255	东华大学	0814	土木工程	C+
10255	东华大学	0712	科学技术史	C
10255	东华大学	0817	化学工程与技术	C
10255	东华大学	1301	艺术学理论	C
10255	东华大学	1304	美术学	C
10255	东华大学	0702	物理学	C−
10255	东华大学	0810	信息与通信工程	C−
10255	东华大学	0831	生物医学工程	C−
10255	东华大学	0701	数学	C+
10256	上海电力大学	0808	电气工程	B−
10256	上海电力大学	0807	动力工程及工程热物理	C+

续表

院校代码	院校名称	代码	名称	评定结果
10256	上海电力大学	0817	化学工程与技术	C+
10259	上海应用技术大学	0817	化学工程与技术	B−
10259	上海应用技术大学	0802	机械工程	C−
10264	上海海洋大学	0908	水产	A+
10264	上海海洋大学	0832	食品科学与工程	B+
10264	上海海洋大学	0707	海洋科学	B−
10264	上海海洋大学	0710	生物学	B−
10264	上海海洋大学	0812	计算机科学与技术	C+
10264	上海海洋大学	0830	环境科学与工程	C−
10264	上海海洋大学	1203	农林经济管理	C−
10268	上海中医药大学	1005	中医学	A+
10268	上海中医药大学	1006	中西医结合	A+
10268	上海中医药大学	1008	中药学	A+
10269	华东师范大学	0701	数学	A−
10269	华东师范大学	0401	教育学	A−
10269	华东师范大学	0603	世界史	A−
10269	华东师范大学	0403	体育学	A
10269	华东师范大学	0501	中国语言文学	A
10269	华东师范大学	0705	地理学	A
10269	华东师范大学	0714	统计学	A
10269	华东师范大学	0835	软件工程	A
10269	华东师范大学	0305	马克思主义理论	A−
10269	华东师范大学	0402	心理学	A−
10269	华东师范大学	0502	外国语言文学	A−
10269	华东师范大学	0713	生态学	A−
10269	华东师范大学	0101	哲学	B+
10269	华东师范大学	0302	政治学	B+
10269	华东师范大学	0303	社会学	B+
10269	华东师范大学	0503	新闻传播学	B+
10269	华东师范大学	0602	中国史	B+
10269	华东师范大学	0702	物理学	B+
10269	华东师范大学	0703	化学	B+
10269	华东师范大学	0710	生物学	B+
10269	华东师范大学	0812	计算机科学与技术	B+
10269	华东师范大学	1204	公共管理	B+

续表

院校代码	院校名称	代码	名称	评定结果
10269	华东师范大学	0202	应用经济学	B
10269	华东师范大学	0809	电子科学与技术	B
10269	华东师范大学	0830	环境科学与工程	B
10269	华东师范大学	1202	工商管理	B
10269	华东师范大学	1205	图书情报与档案管理	B－
10269	华东师范大学	0201	理论经济学	C＋
10269	华东师范大学	0810	信息与通信工程	C＋
10269	华东师范大学	0707	海洋科学	C－
10270	上海师范大学	0701	数学	B
10270	上海师范大学	0401	教育学	B＋
10270	上海师范大学	0501	中国语言文学	B＋
10270	上海师范大学	0305	马克思主义理论	B
10270	上海师范大学	0402	心理学	B
10270	上海师范大学	0602	中国史	B
10270	上海师范大学	0603	世界史	B
10270	上海师范大学	1304	美术学	B
10270	上海师范大学	0101	哲学	B－
10270	上海师范大学	0703	化学	B－
10270	上海师范大学	0830	环境科学与工程	B－
10270	上海师范大学	1302	音乐与舞蹈学	B－
10270	上海师范大学	1303	戏剧与影视学	B－
10270	上海师范大学	0302	政治学	C＋
10270	上海师范大学	0502	外国语言文学	C＋
10270	上海师范大学	0702	物理学	C＋
10270	上海师范大学	0710	生物学	C＋
10270	上海师范大学	0202	应用经济学	C
10270	上海师范大学	0812	计算机科学与技术	C
10270	上海师范大学	0301	法学	C－
10270	上海师范大学	0403	体育学	C－
10270	上海师范大学	0503	新闻传播学	C－
10270	上海师范大学	0705	地理学	C－
10270	上海师范大学	0817	化学工程与技术	C－
10271	上海外国语大学	0502	外国语言文学	A＋
10271	上海外国语大学	0302	政治学	B＋
10271	上海外国语大学	0503	新闻传播学	B－

续表

院校代码	院校名称	代码	名称	评定结果
10271	上海外国语大学	1202	工商管理	B−
10271	上海外国语大学	0501	中国语言文学	C+
10272	上海财经大学	0202	应用经济学	A
10272	上海财经大学	1202	工商管理	A
10272	上海财经大学	0714	统计学	A−
10272	上海财经大学	0201	理论经济学	B+
10272	上海财经大学	0305	马克思主义理论	B+
10272	上海财经大学	0301	法学	B
10272	上海财经大学	1201	管理科学与工程	B
10272	上海财经大学	1204	公共管理	B
10272	上海财经大学	0502	外国语言文学	C+
10273	上海对外经贸大学	0202	应用经济学	B
10273	上海对外经贸大学	0502	外国语言文学	B
10273	上海对外经贸大学	1202	工商管理	B−
10273	上海对外经贸大学	0301	法学	C+
10276	华东政法大学	0301	法学	A
10276	华东政法大学	0302	政治学	B
10276	华东政法大学	0305	马克思主义理论	C+
10276	华东政法大学	0202	应用经济学	C
10277	上海体育学院	0403	体育学	A+
10278	上海音乐学院	1302	音乐与舞蹈学	A+
10278	上海音乐学院	1301	艺术学理论	B+
10278	上海音乐学院	1303	戏剧与影视学	B
10279	上海戏剧学院	1303	戏剧与影视学	A−
10279	上海戏剧学院	1301	艺术学理论	B
10279	上海戏剧学院	1302	音乐与舞蹈学	C+
10279	上海戏剧学院	1305	设计学	C
10280	上海大学	0701	数学	B+
10280	上海大学	0303	社会学	A−
10280	上海大学	1304	美术学	A−
10280	上海大学	0305	马克思主义理论	B+
10280	上海大学	0503	新闻传播学	B+
10280	上海大学	0801	力学	B+
10280	上海大学	0802	机械工程	B+
10280	上海大学	0805	材料科学与工程	B+

续表

院校代码	院校名称	代码	名称	评定结果
10280	上海大学	1303	戏剧与影视学	B+
10280	上海大学	0202	应用经济学	B
10280	上海大学	0501	中国语言文学	B
10280	上海大学	0702	物理学	B
10280	上海大学	0806	冶金工程	B
10280	上海大学	0810	信息与通信工程	B
10280	上海大学	0811	控制科学与工程	B
10280	上海大学	0812	计算机科学与技术	B
10280	上海大学	0830	环境科学与工程	B
10280	上海大学	1201	管理科学与工程	B
10280	上海大学	1205	图书情报与档案管理	B
10280	上海大学	1305	设计学	B
10280	上海大学	0502	外国语言文学	B−
10280	上海大学	0603	世界史	B−
10280	上海大学	0814	土木工程	B−
10280	上海大学	0835	软件工程	B−
10280	上海大学	1202	工商管理	B−
10280	上海大学	0301	法学	C+
10280	上海大学	0602	中国史	C+
10280	上海大学	0703	化学	C+
10280	上海大学	0808	电气工程	C+
10280	上海大学	0809	电子科学与技术	C+
10280	上海大学	0817	化学工程与技术	C+
10280	上海大学	0101	哲学	C
10280	上海大学	0710	生物学	C
10280	上海大学	0714	统计学	C
10280	上海大学	0804	仪器科学与技术	C
10280	上海大学	0201	理论经济学	C−
10284	南京大学	0701	数学	A−
10284	南京大学	0704	天文学	A+
10284	南京大学	0709	地质学	A+
10284	南京大学	1205	图书情报与档案管理	A+
10284	南京大学	0101	哲学	A
10284	南京大学	0303	社会学	A
10284	南京大学	0501	中国语言文学	A

续表

院校代码	院校名称	代码	名称	评定结果
10284	南京大学	0502	外国语言文学	A
10284	南京大学	0602	中国史	A
10284	南京大学	0702	物理学	A
10284	南京大学	0710	生物学	A
10284	南京大学	0812	计算机科学与技术	A
10284	南京大学	0830	环境科学与工程	A
10284	南京大学	0835	软件工程	A
10284	南京大学	1202	工商管理	A
10284	南京大学	0201	理论经济学	A—
10284	南京大学	0301	法学	A—
10284	南京大学	0703	化学	A—
10284	南京大学	0705	地理学	A—
10284	南京大学	0713	生态学	A—
10284	南京大学	0809	电子科学与技术	A—
10284	南京大学	0202	应用经济学	B+
10284	南京大学	0302	政治学	B+
10284	南京大学	0305	马克思主义理论	B+
10284	南京大学	0503	新闻传播学	B+
10284	南京大学	0601	考古学	B+
10284	南京大学	0603	世界史	B—
10284	南京大学	0805	材料科学与工程	B—
10284	南京大学	0833	城乡规划学	B+
10284	南京大学	1201	管理科学与工程	B+
10284	南京大学	1204	公共管理	B+
10284	南京大学	0706	大气科学	B
10284	南京大学	0803	光学工程	B
10284	南京大学	0810	信息与通信工程	B
10284	南京大学	0813	建筑学	B
10284	南京大学	0818	地质资源与地质工程	B
10284	南京大学	0714	统计学	B—
10284	南京大学	0815	水利工程	B—
10284	南京大学	0707	海洋科学	C+
10284	南京大学	0831	生物医学工程	C+
10284	南京大学	0811	控制科学与工程	C
10284	南京大学	0817	化学工程与技术	

续表

院校代码	院校名称	代码	名称	评定结果
10284	南京大学	0819	矿业工程	
10285	苏州大学	0701	数学	B+
10285	苏州大学	0835	软件工程	A−
10285	苏州大学	1305	设计学	A−
10285	苏州大学	0301	法学	B+
10285	苏州大学	0305	马克思主义理论	B+
10285	苏州大学	0403	体育学	B+
10285	苏州大学	0501	中国语言文学	B+
10285	苏州大学	0502	外国语言文学	B+
10285	苏州大学	0703	化学	B+
10285	苏州大学	0803	光学工程	B+
10285	苏州大学	0805	材料科学与工程	B+
10285	苏州大学	0821	纺织科学与工程	B+
10285	苏州大学	1001	基础医学	B+
10285	苏州大学	1007	药学	B+
10285	苏州大学	0302	政治学	B
10285	苏州大学	0702	物理学	B
10285	苏州大学	0812	计算机科学与技术	B
10285	苏州大学	0817	化学工程与技术	B
10285	苏州大学	1202	工商管理	B
10285	苏州大学	0101	哲学	B−
10285	苏州大学	0202	应用经济学	B−
10285	苏州大学	0401	教育学	B−
10285	苏州大学	0503	新闻传播学	B−
10285	苏州大学	0714	统计学	B−
10285	苏州大学	0810	信息与通信工程	B−
10285	苏州大学	1002	临床医学	B−
10285	苏州大学	1304	美术学	B−
10285	苏州大学	0402	心理学	C+
10285	苏州大学	0602	中国史	C+
10285	苏州大学	0834	风景园林学	C+
10285	苏州大学	1004	公共卫生与预防医学	C+
10285	苏州大学	1011	护理学	C+
10285	苏州大学	0303	社会学	C
10285	苏州大学	0710	生物学	C

续表

院校代码	院校名称	代码	名称	评定结果
10285	苏州大学	0802	机械工程	C
10285	苏州大学	0831	生物医学工程	C
10285	苏州大学	1204	公共管理	C
10285	苏州大学	1205	图书情报与档案管理	C
10285	苏州大学	0809	电子科学与技术	C−
10285	苏州大学	1301	艺术学理论	C−
10285	苏州大学	1303	戏剧与影视学	C−
10286	东南大学	0813	建筑学	A+
10286	东南大学	0814	土木工程	A+
10286	东南大学	0823	交通运输工程	A+
10286	东南大学	0831	生物医学工程	A+
10286	东南大学	1301	艺术学理论	A+
10286	东南大学	0809	电子科学与技术	A
10286	东南大学	0804	仪器科学与技术	A−
10286	东南大学	0810	信息与通信工程	A−
10286	东南大学	0811	控制科学与工程	A−
10286	东南大学	0833	城乡规划学	A−
10286	东南大学	0834	风景园林学	A−
10286	东南大学	1201	管理科学与工程	A−
10286	东南大学	0101	哲学	B+
10286	东南大学	0202	应用经济学	B+
10286	东南大学	0802	机械工程	B+
10286	东南大学	0807	动力工程及工程热物理	B+
10286	东南大学	0808	电气工程	B+
10286	东南大学	0812	计算机科学与技术	B+
10286	东南大学	0817	化学工程与技术	B+
10286	东南大学	0830	环境科学与工程	B−
10286	东南大学	0835	软件工程	B+
10286	东南大学	0803	光学工程	B
10286	东南大学	0805	材料科学与工程	B
10286	东南大学	1202	工商管理	B
10286	东南大学	1305	设计学	B
10286	东南大学	0801	力学	B−
10286	东南大学	1204	公共管理	B−
10286	东南大学	0816	测绘科学与技术	C+

续表

院校代码	院校名称	代码	名称	评定结果
10287	南京航空航天大学	0801	力学	A－
10287	南京航空航天大学	0802	机械工程	A－
10287	南京航空航天大学	1201	管理科学与工程	A－
10287	南京航空航天大学	0808	电气工程	B＋
10287	南京航空航天大学	0811	控制科学与工程	B＋
10287	南京航空航天大学	0812	计算机科学与技术	B＋
10287	南京航空航天大学	0825	航空宇航科学与技术	B＋
10287	南京航空航天大学	0835	软件工程	B＋
10287	南京航空航天大学	0305	马克思主义理论	B
10287	南京航空航天大学	0805	材料科学与工程	B
10287	南京航空航天大学	0807	动力工程及工程热物理	B
10287	南京航空航天大学	0810	信息与通信工程	B
10287	南京航空航天大学	0823	交通运输工程	B
10287	南京航空航天大学	1202	工商管理	B
10287	南京航空航天大学	0804	仪器科学与技术	B－
10287	南京航空航天大学	0502	外国语言文学	C＋
10287	南京航空航天大学	0702	物理学	C＋
10287	南京航空航天大学	0803	光学工程	C＋
10287	南京航空航天大学	0703	化学	C
10287	南京航空航天大学	0809	电子科学与技术	C
10287	南京航空航天大学	0814	土木工程	C
10287	南京航空航天大学	0827	核科学与技术	C－
10287	南京航空航天大学	0831	生物医学工程	C－
10287	南京航空航天大学	0701	数学	B－
10288	南京理工大学	0826	兵器科学与技术	A＋
10288	南京理工大学	0817	化学工程与技术	A－
10288	南京理工大学	0802	机械工程	B＋
10288	南京理工大学	0803	光学工程	B＋
10288	南京理工大学	0811	控制科学与工程	B＋
10288	南京理工大学	0812	计算机科学与技术	B＋
10288	南京理工大学	0801	力学	B
10288	南京理工大学	0805	材料科学与工程	B
10288	南京理工大学	0809	电子科学与技术	B
10288	南京理工大学	0810	信息与通信工程	B
10288	南京理工大学	0830	环境科学与工程	B

续表

院校代码	院校名称	代码	名称	评定结果
10288	南京理工大学	0835	软件工程	B
10288	南京理工大学	1201	管理科学与工程	B
10288	南京理工大学	0305	马克思主义理论	B−
10288	南京理工大学	0804	仪器科学与技术	B−
10288	南京理工大学	0807	动力工程及工程热物理	C+
10288	南京理工大学	0837	安全科学与工程	C+
10288	南京理工大学	1202	工商管理	C+
10288	南京理工大学	1205	图书情报与档案管理	C+
10288	南京理工大学	1305	设计学	C+
10288	南京理工大学	0808	电气工程	C
10288	南京理工大学	0825	航空宇航科学与技术	C
10288	南京理工大学	0502	外国语言文学	C−
10288	南京理工大学	0702	物理学	C−
10288	南京理工大学	0703	化学	C−
10288	南京理工大学	0814	土木工程	C−
10288	南京理工大学	0701	数学	B−
10289	江苏科技大学	0805	材料科学与工程	B−
10289	江苏科技大学	1201	管理科学与工程	B−
10289	江苏科技大学	0811	控制科学与工程	C
10289	江苏科技大学	0824	船舶与海洋工程	C
10289	江苏科技大学	1202	工商管理	C
10289	江苏科技大学	0710	生物学	C−
10289	江苏科技大学	0802	机械工程	C−
10289	江苏科技大学	0812	计算机科学与技术	C−
10289	江苏科技大学	0835	软件工程	C−
10290	中国矿业大学	0701	数学	B
10290	中国矿业大学	0819	矿业工程	A+
10290	中国矿业大学	0837	安全科学与工程	A+
10290	中国矿业大学	0816	测绘科学与技术	A−
10290	中国矿业大学	0818	地质资源与地质工程	A−
10290	中国矿业大学	0802	机械工程	B+
10290	中国矿业大学	0814	土木工程	B+
10290	中国矿业大学	0817	化学工程与技术	B+
10290	中国矿业大学	1201	管理科学与工程	B+
10290	中国矿业大学	0801	力学	B

续表

院校代码	院校名称	代码	名称	评定结果
10290	中国矿业大学	0808	电气工程	B
10290	中国矿业大学	0812	计算机科学与技术	B
10290	中国矿业大学	0830	环境科学与工程	B
10290	中国矿业大学	1204	公共管理	B
10290	中国矿业大学	0305	马克思主义理论	B−
10290	中国矿业大学	0810	信息与通信工程	B−
10290	中国矿业大学	0811	控制科学与工程	B−
10290	中国矿业大学	1202	工商管理	B−
10290	中国矿业大学	0502	外国语言文学	C+
10290	中国矿业大学	0709	地质学	C+
10290	中国矿业大学	0202	应用经济学	C
10290	中国矿业大学	0714	统计学	C
10290	中国矿业大学	0805	材料科学与工程	C
10290	中国矿业大学	0807	动力工程及工程热物理	C
10290	中国矿业大学	0833	城乡规划学	C
10290	中国矿业大学	0702	物理学	C−
10290	中国矿业大学	0703	化学	C−
10290	中国矿业大学	0835	软件工程	C−
10291	南京工业大学	0817	化学工程与技术	A
10291	南京工业大学	0805	材料科学与工程	B+
10291	南京工业大学	0837	安全科学与工程	B+
10291	南京工业大学	0807	动力工程及工程热物理	B
10291	南京工业大学	0814	土木工程	B
10291	南京工业大学	0822	轻工技术与工程	B
10291	南京工业大学	0811	控制科学与工程	C+
10291	南京工业大学	0830	环境科学与工程	C+
10291	南京工业大学	0833	城乡规划学	C+
10291	南京工业大学	1007	药学	C+
10291	南京工业大学	0703	化学	C
10291	南京工业大学	1201	管理科学与工程	C
10291	南京工业大学	1202	工商管理	C
10291	南京工业大学	0802	机械工程	C−
10291	南京工业大学	0835	软件工程	C−
10291	南京工业大学	0813	建筑学	C
10292	常州大学	0817	化学工程与技术	B−

续表

院校代码	院校名称	代码	名称	评定结果
10292	常州大学	0812	计算机科学与技术	C+
10292	常州大学	0805	材料科学与工程	C
10292	常州大学	0830	环境科学与工程	C
10292	常州大学	0802	机械工程	C−
10292	常州大学	0837	安全科学与工程	C−
10293	南京邮电大学	0803	光学工程	B+
10293	南京邮电大学	0809	电子科学与技术	B+
10293	南京邮电大学	0810	信息与通信工程	B+
10293	南京邮电大学	0835	软件工程	B
10293	南京邮电大学	0812	计算机科学与技术	B−
10293	南京邮电大学	0811	控制科学与工程	C+
10293	南京邮电大学	1201	管理科学与工程	C
10293	南京邮电大学	1202	工商管理	C
10293	南京邮电大学	0804	仪器科学与技术	C−
10294	河海大学	0815	水利工程	A+
10294	河海大学	0814	土木工程	A−
10294	河海大学	0830	环境科学与工程	A−
10294	河海大学	0305	马克思主义理论	B+
10294	河海大学	1201	管理科学与工程	B+
10294	河海大学	1202	工商管理	B+
10294	河海大学	0303	社会学	B
10294	河海大学	0801	力学	B
10294	河海大学	0812	计算机科学与技术	B
10294	河海大学	0828	农业工程	B
10294	河海大学	0835	软件工程	B
10294	河海大学	0808	电气工程	B−
10294	河海大学	0810	信息与通信工程	B−
10294	河海大学	0816	测绘科学与技术	B−
10294	河海大学	0818	地质资源与地质工程	B−
10294	河海大学	1204	公共管理	B−
10294	河海大学	0707	海洋科学	C+
10294	河海大学	0301	法学	C
10294	河海大学	0705	地理学	C
10294	河海大学	0802	机械工程	C
10294	河海大学	0805	材料科学与工程	C

续表

院校代码	院校名称	代码	名称	评定结果
10294	河海大学	0811	控制科学与工程	C
10294	河海大学	0807	动力工程及工程热物理	C−
10294	河海大学	0823	交通运输工程	C−
10294	河海大学	0701	数学	C−
10295	江南大学	0822	轻工技术与工程	A+
10295	江南大学	0832	食品科学与工程	A+
10295	江南大学	1305	设计学	A−
10295	江南大学	0811	控制科学与工程	B+
10295	江南大学	0817	化学工程与技术	B+
10295	江南大学	0821	纺织科学与工程	B
10295	江南大学	0835	软件工程	B
10295	江南大学	0305	马克思主义理论	B−
10295	江南大学	0812	计算机科学与技术	B−
10295	江南大学	0830	环境科学与工程	B−
10295	江南大学	1304	美术学	B−
10295	江南大学	0401	教育学	C+
10295	江南大学	0802	机械工程	C+
10295	江南大学	1007	药学	C+
10295	江南大学	1202	工商管理	C+
10295	江南大学	0202	应用经济学	C
10295	江南大学	0803	光学工程	C
10295	江南大学	0805	材料科学与工程	C
10298	南京林业大学	0829	林业工程	A+
10298	南京林业大学	0907	林学	A+
10298	南京林业大学	0834	风景园林学	A−
10298	南京林业大学	0802	机械工程	C+
10298	南京林业大学	0822	轻工技术与工程	C+
10298	南京林业大学	0814	土木工程	C
10298	南京林业大学	0817	化学工程与技术	C
10298	南京林业大学	0830	环境科学与工程	C
10298	南京林业大学	0823	交通运输工程	C−
10299	江苏大学	0828	农业工程	A−
10299	江苏大学	0802	机械工程	B+
10299	江苏大学	0807	动力工程及工程热物理	B+
10299	江苏大学	0832	食品科学与工程	B+

续表

院校代码	院校名称	代码	名称	评定结果
10299	江苏大学	0805	材料科学与工程	B
10299	江苏大学	0811	控制科学与工程	B
10299	江苏大学	0812	计算机科学与技术	B
10299	江苏大学	0830	环境科学与工程	B
10299	江苏大学	1201	管理科学与工程	B
10299	江苏大学	0305	马克思主义理论	B−
10299	江苏大学	0804	仪器科学与技术	C+
10299	江苏大学	0808	电气工程	C+
10299	江苏大学	0817	化学工程与技术	C+
10299	江苏大学	0823	交通运输工程	C+
10299	江苏大学	0835	软件工程	C+
10299	江苏大学	1007	药学	C+
10299	江苏大学	0202	应用经济学	C
10299	江苏大学	0502	外国语言文学	C
10299	江苏大学	0703	化学	C
10299	江苏大学	0801	力学	C
10299	江苏大学	0803	光学工程	C
10299	江苏大学	1002	临床医学	C
10299	江苏大学	1202	工商管理	C
10299	江苏大学	0401	教育学	C−
10299	江苏大学	0710	生物学	C−
10299	江苏大学	0714	统计学	C−
10299	江苏大学	1001	基础医学	C−
10299	江苏大学	1204	公共管理	C−
10299	江苏大学	1304	美术学	C−
10299	江苏大学	0701	数学	C+
10300	南京信息工程大学	0706	大气科学	A+
10300	南京信息工程大学	0812	计算机科学与技术	B
10300	南京信息工程大学	0712	科学技术史	B−
10300	南京信息工程大学	0830	环境科学与工程	B−
10300	南京信息工程大学	0810	信息与通信工程	C+
10300	南京信息工程大学	0835	软件工程	C+
10300	南京信息工程大学	1201	管理科学与工程	C+
10300	南京信息工程大学	0713	生态学	C
10300	南京信息工程大学	0705	地理学	C−

续表

院校代码	院校名称	代码	名称	评定结果
10300	南京信息工程大学	0803	光学工程	C−
10300	南京信息工程大学	1202	工商管理	C−
10300	南京信息工程大学	0701	数学	B−
10304	南通大学	1001	基础医学	B−
10304	南通大学	0810	信息与通信工程	C+
10304	南通大学	0305	马克思主义理论	C
10304	南通大学	0802	机械工程	C
10304	南通大学	1002	临床医学	C
10304	南通大学	0501	中国语言文学	C−
10304	南通大学	0811	控制科学与工程	C−
10307	南京农业大学	0901	作物学	A+
10307	南京农业大学	0903	农业资源与环境	A+
10307	南京农业大学	0904	植物保护	A+
10307	南京农业大学	1203	农林经济管理	A+
10307	南京农业大学	1204	公共管理	A
10307	南京农业大学	0832	食品科学与工程	A−
10307	南京农业大学	0902	园艺学	A−
10307	南京农业大学	0905	畜牧学	B+
10307	南京农业大学	0906	兽医学	B+
10307	南京农业大学	0828	农业工程	B
10307	南京农业大学	0908	水产	B−
10307	南京农业大学	1205	图书情报与档案管理	B−
10307	南京农业大学	0830	环境科学与工程	C+
10307	南京农业大学	0834	风景园林学	C+
10307	南京农业大学	1202	工商管理	C
10307	南京农业大学	0909	草学	C+
10312	南京医科大学	1004	公共卫生与预防医学	A+
10312	南京医科大学	1001	基础医学	B+
10312	南京医科大学	1002	临床医学	B+
10312	南京医科大学	1003	口腔医学	B+
10312	南京医科大学	1011	护理学	B+
10312	南京医科大学	1007	药学	B
10313	徐州医科大学	1001	基础医学	C+
10313	徐州医科大学	1002	临床医学	C+
10313	徐州医科大学	1007	药学	C+

续表

院校代码	院校名称	代码	名称	评定结果
10315	南京中医药大学	1005	中医学	A−
10315	南京中医药大学	1006	中西医结合	A−
10315	南京中医药大学	1008	中药学	A−
10315	南京中医药大学	1011	护理学	B+
10315	南京中医药大学	1007	药学	B−
10315	南京中医药大学	1204	公共管理	C−
10316	中国药科大学	1007	药学	A+
10316	中国药科大学	1008	中药学	B+
10316	中国药科大学	1006	中西医结合	C+
10316	中国药科大学	1202	工商管理	C−
10319	南京师范大学	0701	数学	B+
10319	南京师范大学	0305	马克思主义理论	A
10319	南京师范大学	0401	教育学	A
10319	南京师范大学	0501	中国语言文学	A−
10319	南京师范大学	0502	外国语言文学	A−
10319	南京师范大学	0705	地理学	A−
10319	南京师范大学	1304	美术学	A−
10319	南京师范大学	0301	法学	B+
10319	南京师范大学	0402	心理学	B+
10319	南京师范大学	0503	新闻传播学	B+
10319	南京师范大学	0710	生物学	B+
10319	南京师范大学	0101	哲学	B
10319	南京师范大学	0403	体育学	B
10319	南京师范大学	0703	化学	B
10319	南京师范大学	1302	音乐与舞蹈学	B
10319	南京师范大学	0202	应用经济学	B−
10319	南京师范大学	0302	政治学	B−
10319	南京师范大学	0602	中国史	B−
10319	南京师范大学	0702	物理学	B−
10319	南京师范大学	0714	统计学	B−
10319	南京师范大学	1303	戏剧与影视学	B−
10319	南京师范大学	1305	设计学	B−
10319	南京师范大学	0713	生态学	C+
10319	南京师范大学	0303	社会学	C
10319	南京师范大学	0601	考古学	C

续表

院校代码	院校名称	代码	名称	评定结果
10320	江苏师范大学	0401	教育学	B
10320	江苏师范大学	0501	中国语言文学	B
10320	江苏师范大学	0305	马克思主义理论	B−
10320	江苏师范大学	0714	统计学	B−
10320	江苏师范大学	0202	应用经济学	C
10320	江苏师范大学	0705	地理学	C
10320	江苏师范大学	0710	生物学	C
10320	江苏师范大学	0803	光学工程	C
10320	江苏师范大学	0403	体育学	C−
10320	江苏师范大学	0502	外国语言文学	C−
10320	江苏师范大学	0703	化学	C−
10320	江苏师范大学	0701	数学	B−
10327	南京财经大学	0202	应用经济学	B
10327	南京财经大学	1202	工商管理	B
10327	南京财经大学	0832	食品科学与工程	B−
10327	南京财经大学	0201	理论经济学	C+
10327	南京财经大学	0714	统计学	C+
10327	南京财经大学	0301	法学	C−
10327	南京财经大学	0305	马克思主义理论	C−
10327	南京财经大学	0835	软件工程	C−
10327	南京财经大学	1201	管理科学与工程	C−
10330	南京体育学院	0403	体育学	B−
10331	南京艺术学院	1304	美术学	A
10331	南京艺术学院	1302	音乐与舞蹈学	A−
10331	南京艺术学院	1305	设计学	A−
10331	南京艺术学院	1301	艺术学理论	B+
10331	南京艺术学院	1303	戏剧与影视学	B+
10332	苏州科技大学	0833	城乡规划学	B
10332	苏州科技大学	0814	土木工程	B−
10332	苏州科技大学	0830	环境科学与工程	C+
10332	苏州科技大学	0603	世界史	C
10332	苏州科技大学	0834	风景园林学	C
10332	苏州科技大学	0803	光学工程	C−
10332	苏州科技大学	0813	建筑学	C−
10335	浙江大学	0701	数学	A−

续表

院校代码	院校名称	代码	名称	评定结果
10335	浙江大学	0813	建筑学	B+
10335	浙江大学	0713	生态学	A+
10335	浙江大学	0803	光学工程	A−
10335	浙江大学	0811	控制科学与工程	A−
10335	浙江大学	0812	计算机科学与技术	A−
10335	浙江大学	0828	农业工程	A+
10335	浙江大学	0835	软件工程	A+
10335	浙江大学	0902	园艺学	A+
10335	浙江大学	0903	农业资源与环境	A+
10335	浙江大学	0904	植物保护	A+
10335	浙江大学	1002	临床医学	A+
10335	浙江大学	1203	农林经济管理	A+
10335	浙江大学	0501	中国语言文学	A
10335	浙江大学	0502	外国语言文学	A
10335	浙江大学	0802	机械工程	A
10335	浙江大学	0805	材料科学与工程	A
10335	浙江大学	0807	动力工程及工程热物理	A
10335	浙江大学	0814	土木工程	A
10335	浙江大学	0817	化学工程与技术	A
10335	浙江大学	0830	环境科学与工程	A
10335	浙江大学	1007	药学	A
10335	浙江大学	1201	管理科学与工程	A
10335	浙江大学	1204	公共管理	A
10335	浙江大学	0201	理论经济学	A−
10335	浙江大学	0301	法学	A−
10335	浙江大学	0305	马克思主义理论	A−
10335	浙江大学	0401	教育学	A−
10335	浙江大学	0702	物理学	A−
10335	浙江大学	0703	化学	A−
10335	浙江大学	0710	生物学	A−
10335	浙江大学	0808	电气工程	A−
10335	浙江大学	0809	电子科学与技术	A−
10335	浙江大学	0831	生物医学工程	A−
10335	浙江大学	0832	食品科学与工程	A−
10335	浙江大学	0901	作物学	A−

续表

院校代码	院校名称	代码	名称	评定结果
10335	浙江大学	0905	畜牧学	A－
10335	浙江大学	1001	基础医学	A－
10335	浙江大学	1202	工商管理	A－
10335	浙江大学	1305	设计学	A－
10335	浙江大学	0101	哲学	B＋
10335	浙江大学	0202	应用经济学	B＋
10335	浙江大学	0402	心理学	B＋
10335	浙江大学	0403	体育学	B＋
10335	浙江大学	0503	新闻传播学	B＋
10335	浙江大学	0801	力学	B＋
10335	浙江大学	0810	信息与通信工程	B＋
10335	浙江大学	1011	护理学	B＋
10335	浙江大学	0303	社会学	B
10335	浙江大学	0601	考古学	B
10335	浙江大学	0603	世界史	B
10335	浙江大学	0906	兽医学	B
10335	浙江大学	1003	口腔医学	B
10335	浙江大学	1004	公共卫生与预防医学	B
10335	浙江大学	0602	中国史	B－
10335	浙江大学	0707	海洋科学	B－
10335	浙江大学	0709	地质学	C＋
10335	浙江大学	0824	船舶与海洋工程	C－
10335	浙江大学	0825	航空宇航科学与技术	C－
10336	杭州电子科技大学	0809	电子科学与技术	B＋
10336	杭州电子科技大学	0811	控制科学与工程	B＋
10336	杭州电子科技大学	0812	计算机科学与技术	B＋
10336	杭州电子科技大学	1202	工商管理	B－
10336	杭州电子科技大学	0802	机械工程	C＋
10336	杭州电子科技大学	0835	软件工程	C＋
10336	杭州电子科技大学	1201	管理科学与工程	C＋
10336	杭州电子科技大学	0810	信息与通信工程	C
10337	浙江工业大学	0817	化学工程与技术	A－
10337	浙江工业大学	0802	机械工程	B＋
10337	浙江工业大学	1202	工商管理	B＋
10337	浙江工业大学	0811	控制科学与工程	B

续表

院校代码	院校名称	代码	名称	评定结果
10337	浙江工业大学	0812	计算机科学与技术	B
10337	浙江工业大学	0830	环境科学与工程	B
10337	浙江工业大学	0835	软件工程	B
10337	浙江工业大学	1007	药学	B
10337	浙江工业大学	0202	应用经济学	B−
10337	浙江工业大学	1305	设计学	B−
10337	浙江工业大学	0702	物理学	C+
10337	浙江工业大学	0805	材料科学与工程	C+
10337	浙江工业大学	0807	动力工程及工程热物理	C+
10337	浙江工业大学	0814	土木工程	C+
10337	浙江工业大学	0832	食品科学与工程	C+
10337	浙江工业大学	0401	教育学	C
10337	浙江工业大学	0501	中国语言文学	C
10337	浙江工业大学	0810	信息与通信工程	C
10337	浙江工业大学	1201	管理科学与工程	C
10337	浙江工业大学	0701	数学	C
10338	浙江理工大学	0802	机械工程	B
10338	浙江理工大学	0821	纺织科学与工程	B
10338	浙江理工大学	1301	艺术学理论	B−
10338	浙江理工大学	1305	设计学	B−
10338	浙江理工大学	0305	马克思主义理论	C−
10338	浙江理工大学	0812	计算机科学与技术	C−
10338	浙江理工大学	0835	软件工程	C+
10338	浙江理工大学	0202	应用经济学	C
10338	浙江理工大学	0703	化学	C
10338	浙江理工大学	0710	生物学	C
10338	浙江理工大学	0805	材料科学与工程	C
10338	浙江理工大学	1201	管理科学与工程	C
10338	浙江理工大学	0811	控制科学与工程	C−
10338	浙江理工大学	0701	数学	C+
10340	浙江海洋大学	0707	海洋科学	B
10340	浙江海洋大学	0908	水产	C+
10341	浙江农林大学	0907	林学	B+
10341	浙江农林大学	0834	风景园林学	B
10341	浙江农林大学	0713	生态学	C+

续表

院校代码	院校名称	代码	名称	评定结果
10341	浙江农林大学	0829	林业工程	C+
10341	浙江农林大学	0903	农业资源与环境	C+
10341	浙江农林大学	0710	生物学	C
10341	浙江农林大学	1203	农林经济管理	C−
10343	温州医科大学	1002	临床医学	B−
10343	温州医科大学	1007	药学	B−
10343	温州医科大学	0710	生物学	C+
10343	温州医科大学	0831	生物医学工程	C+
10343	温州医科大学	1008	中药学	C
10343	温州医科大学	1011	护理学	C
10343	温州医科大学	1001	基础医学	C−
10343	温州医科大学	1003	口腔医学	C−
10344	浙江中医药大学	1005	中医学	B
10344	浙江中医药大学	1008	中药学	B
10344	浙江中医药大学	1006	中西医结合	B−
10344	浙江中医药大学	1007	药学	C+
10344	浙江中医药大学	1011	护理学	C+
10344	浙江中医药大学	1002	临床医学	C−
10345	浙江师范大学	0701	数学	B+
10345	浙江师范大学	0401	教育学	B+
10345	浙江师范大学	0501	中国语言文学	B+
10345	浙江师范大学	0305	马克思主义理论	B
10345	浙江师范大学	0402	心理学	B−
10345	浙江师范大学	0502	外国语言文学	B−
10345	浙江师范大学	0835	软件工程	B−
10345	浙江师范大学	1202	工商管理	B−
10345	浙江师范大学	1302	音乐与舞蹈学	B−
10345	浙江师范大学	1304	美术学	B−
10345	浙江师范大学	0303	社会学	C+
10345	浙江师范大学	0403	体育学	C+
10345	浙江师范大学	0702	物理学	C+
10345	浙江师范大学	0703	化学	C+
10345	浙江师范大学	0705	地理学	C+
10345	浙江师范大学	0710	生物学	C+
10345	浙江师范大学	0812	计算机科学与技术	C+

续表

院校代码	院校名称	代码	名称	评定结果
10345	浙江师范大学	0302	政治学	C
10345	浙江师范大学	0603	世界史	C
10345	浙江师范大学	0602	中国史	C−
10345	浙江师范大学	0713	生态学	C−
10346	杭州师范大学	0502	外国语言文学	B
10346	杭州师范大学	1301	艺术学理论	B
10346	杭州师范大学	0401	教育学	B−
10346	杭州师范大学	0710	生物学	B−
10346	杭州师范大学	1204	公共管理	B−
10346	杭州师范大学	1304	美术学	B−
10346	杭州师范大学	0305	马克思主义理论	C+
10346	杭州师范大学	0501	中国语言文学	C+
10346	杭州师范大学	0703	化学	C+
10346	杭州师范大学	0713	生态学	C+
10346	杭州师范大学	0402	心理学	C
10346	杭州师范大学	0702	物理学	C
10346	杭州师范大学	0301	法学	C−
10346	杭州师范大学	0403	体育学	C−
10346	杭州师范大学	0602	中国史	C−
10346	杭州师范大学	1011	护理学	C−
10346	杭州师范大学	0701	数学	C+
10351	温州大学	0305	马克思主义理论	B−
10351	温州大学	0401	教育学	C+
10351	温州大学	0703	化学	C+
10351	温州大学	0812	计算机科学与技术	C+
10351	温州大学	0501	中国语言文学	C
10351	温州大学	0701	数学	C+
10353	浙江工商大学	0714	统计学	A−
10353	浙江工商大学	0202	应用经济学	B+
10353	浙江工商大学	1202	工商管理	B+
10353	浙江工商大学	0502	外国语言文学	B
10353	浙江工商大学	0832	食品科学与工程	B
10353	浙江工商大学	0301	法学	B−
10353	浙江工商大学	0812	计算机科学与技术	B−
10353	浙江工商大学	0305	马克思主义理论	C+

续表

院校代码	院校名称	代码	名称	评定结果
10353	浙江工商大学	1204	公共管理	C+
10353	浙江工商大学	0810	信息与通信工程	C
10353	浙江工商大学	0830	环境科学与工程	C
10353	浙江工商大学	1201	管理科学与工程	C
10355	中国美术学院	1304	美术学	A+
10355	中国美术学院	1305	设计学	A+
10355	中国美术学院	1301	艺术学理论	A−
10355	中国美术学院	1303	戏剧与影视学	B+
10356	中国计量大学	0804	仪器科学与技术	B
10356	中国计量大学	0803	光学工程	B−
10356	中国计量大学	0811	控制科学与工程	B−
10356	中国计量大学	1201	管理科学与工程	C+
10356	中国计量大学	0710	生物学	C
10356	中国计量大学	0805	材料科学与工程	C
10356	中国计量大学	0809	电子科学与技术	C−
10357	安徽大学	0701	数学	B
10357	安徽大学	0202	应用经济学	B
10357	安徽大学	0301	法学	B
10357	安徽大学	0503	新闻传播学	B
10357	安徽大学	0713	生态学	B
10357	安徽大学	0714	统计学	B
10357	安徽大学	0812	计算机科学与技术	B
10357	安徽大学	0305	马克思主义理论	B−
10357	安徽大学	0501	中国语言文学	B−
10357	安徽大学	0703	化学	B−
10357	安徽大学	0809	电子科学与技术	B−
10357	安徽大学	0835	软件工程	B−
10357	安徽大学	0101	哲学	C+
10357	安徽大学	0303	社会学	C+
10357	安徽大学	0502	外国语言文学	C+
10357	安徽大学	0811	控制科学与工程	C+
10357	安徽大学	0201	理论经济学	C
10357	安徽大学	0602	中国史	C
10357	安徽大学	0710	生物学	C
10357	安徽大学	0805	材料科学与工程	C

续表

院校代码	院校名称	代码	名称	评定结果
10357	安徽大学	0601	考古学	C−
10357	安徽大学	0702	物理学	C−
10357	安徽大学	0803	光学工程	C−
10357	安徽大学	0830	环境科学与工程	C−
10358	中国科学技术大学	0701	数学	A
10358	中国科学技术大学	0702	物理学	A+
10358	中国科学技术大学	0703	化学	A+
10358	中国科学技术大学	0704	天文学	A+
10358	中国科学技术大学	0708	地球物理学	A+
10358	中国科学技术大学	0712	科学技术史	A+
10358	中国科学技术大学	0827	核科学与技术	A+
10358	中国科学技术大学	0837	安全科学与工程	A+
10358	中国科学技术大学	0710	生物学	A
10358	中国科学技术大学	0714	统计学	A−
10358	中国科学技术大学	0805	材料科学与工程	A−
10358	中国科学技术大学	0812	计算机科学与技术	A−
10358	中国科学技术大学	0830	环境科学与工程	A−
10358	中国科学技术大学	0835	软件工程	A−
10358	中国科学技术大学	1201	管理科学与工程	A−
10358	中国科学技术大学	0713	生态学	B+
10358	中国科学技术大学	0801	力学	B+
10358	中国科学技术大学	0804	仪器科学与技术	B+
10358	中国科学技术大学	0807	动力工程及工程热物理	B+
10358	中国科学技术大学	0810	信息与通信工程	B+
10358	中国科学技术大学	0811	控制科学与工程	B+
10358	中国科学技术大学	1202	工商管理	B+
10358	中国科学技术大学	0709	地质学	B
10358	中国科学技术大学	0809	电子科学与技术	B
10358	中国科学技术大学	1204	公共管理	B
10358	中国科学技术大学	0803	光学工程	B−
10358	中国科学技术大学	0831	生物医学工程	B−
10358	中国科学技术大学	0706	大气科学	C−
10359	合肥工业大学	0813	建筑学	B−
10359	合肥工业大学	1201	管理科学与工程	A
10359	合肥工业大学	0305	马克思主义理论	B+

续表

院校代码	院校名称	代码	名称	评定结果
10359	合肥工业大学	0802	机械工程	B+
10359	合肥工业大学	0804	仪器科学与技术	B+
10359	合肥工业大学	0812	计算机科学与技术	B+
10359	合肥工业大学	1202	工商管理	B+
10359	合肥工业大学	0805	材料科学与工程	B
10359	合肥工业大学	0808	电气工程	B
10359	合肥工业大学	0814	土木工程	B
10359	合肥工业大学	0817	化学工程与技术	B
10359	合肥工业大学	0832	食品科学与工程	B
10359	合肥工业大学	0835	软件工程	B
10359	合肥工业大学	0701	数学	B−
10359	合肥工业大学	0809	电子科学与技术	B−
10359	合肥工业大学	0810	信息与通信工程	B−
10359	合肥工业大学	0811	控制科学与工程	B−
10359	合肥工业大学	0709	地质学	C+
10359	合肥工业大学	0830	环境科学与工程	C+
10359	合肥工业大学	0833	城乡规划学	C+
10359	合肥工业大学	0710	生物学	C−
10359	合肥工业大学	0801	力学	C−
10359	合肥工业大学	0803	光学工程	C−
10359	合肥工业大学	0807	动力工程及工程热物理	C−
10359	合肥工业大学	0815	水利工程	C−
10360	安徽工业大学	0805	材料科学与工程	C+
10360	安徽工业大学	0817	化学工程与技术	C+
10360	安徽工业大学	0305	马克思主义理论	C
10360	安徽工业大学	0802	机械工程	C
10360	安徽工业大学	0806	冶金工程	C
10360	安徽工业大学	0812	计算机科学与技术	C
10360	安徽工业大学	1201	管理科学与工程	C
10360	安徽工业大学	1202	工商管理	C
10360	安徽工业大学	0202	应用经济学	C−
10361	安徽理工大学	0837	安全科学与工程	B
10361	安徽理工大学	0814	土木工程	B−
10361	安徽理工大学	0819	矿业工程	B−
10361	安徽理工大学	0830	环境科学与工程	C+

续表

院校代码	院校名称	代码	名称	评定结果
10361	安徽理工大学	0802	机械工程	C
10361	安徽理工大学	0817	化学工程与技术	C
10361	安徽理工大学	0818	地质资源与地质工程	C−
10363	安徽工程大学	0811	控制科学与工程	C+
10364	安徽农业大学	0710	生物学	B
10364	安徽农业大学	0713	生态学	B−
10364	安徽农业大学	0902	园艺学	B−
10364	安徽农业大学	0901	作物学	C+
10364	安徽农业大学	0904	植物保护	C+
10364	安徽农业大学	0905	畜牧学	C
10364	安徽农业大学	0907	林学	C
10364	安徽农业大学	0832	食品科学与工程	C−
10364	安徽农业大学	0834	风景园林学	C−
10364	安徽农业大学	0903	农业资源与环境	C−
10366	安徽医科大学	1004	公共卫生与预防医学	B
10366	安徽医科大学	1007	药学	B
10366	安徽医科大学	1002	临床医学	B−
10366	安徽医科大学	1001	基础医学	C+
10366	安徽医科大学	1011	护理学	C+
10366	安徽医科大学	1003	口腔医学	C
10366	安徽医科大学	0402	心理学	C−
10366	安徽医科大学	0710	生物学	C−
10366	安徽医科大学	1204	公共管理	C−
10367	蚌埠医学院	1001	基础医学	C−
10367	蚌埠医学院	1002	临床医学	C−
10369	安徽中医药大学	1005	中医学	B−
10369	安徽中医药大学	1008	中药学	B−
10369	安徽中医药大学	1006	中西医结合	C+
10369	安徽中医药大学	1007	药学	C−
10370	安徽师范大学	0305	马克思主义理论	B
10370	安徽师范大学	0703	化学	B
10370	安徽师范大学	0401	教育学	B−
10370	安徽师范大学	0501	中国语言文学	B−
10370	安徽师范大学	0713	生态学	B−
10370	安徽师范大学	0403	体育学	C+

续表

院校代码	院校名称	代码	名称	评定结果
10370	安徽师范大学	0705	地理学	C+
10370	安徽师范大学	0710	生物学	C+
10370	安徽师范大学	1302	音乐与舞蹈学	C+
10370	安徽师范大学	0602	中国史	C
10370	安徽师范大学	0702	物理学	C
10370	安徽师范大学	1304	美术学	C
10370	安徽师范大学	0101	哲学	C−
10370	安徽师范大学	0503	新闻传播学	C−
10370	安徽师范大学	0714	统计学	C−
10370	安徽师范大学	0701	数学	C
10373	淮北师范大学	0703	化学	C
10373	淮北师范大学	0401	教育学	C−
10373	淮北师范大学	0835	软件工程	C−
10378	安徽财经大学	0202	应用经济学	B−
10378	安徽财经大学	0714	统计学	B−
10378	安徽财经大学	1202	工商管理	B−
10378	安徽财经大学	0301	法学	C−
10378	安徽财经大学	1201	管理科学与工程	C−
10378	安徽财经大学	1204	公共管理	C−
10384	厦门大学	0701	数学	B+
10384	厦门大学	0707	海洋科学	A+
10384	厦门大学	0202	应用经济学	A
10384	厦门大学	0703	化学	A
10384	厦门大学	0714	统计学	A
10384	厦门大学	1202	工商管理	A
10384	厦门大学	0301	法学	A−
10384	厦门大学	0710	生物学	A−
10384	厦门大学	0201	理论经济学	B+
10384	厦门大学	0302	政治学	B+
10384	厦门大学	0401	教育学	B+
10384	厦门大学	0502	外国语言文学	B+
10384	厦门大学	0503	新闻传播学	B+
10384	厦门大学	0602	中国史	B+
10384	厦门大学	0702	物理学	B+
10384	厦门大学	0713	生态学	B+

续表

院校代码	院校名称	代码	名称	评定结果
10384	厦门大学	0812	计算机科学与技术	B+
10384	厦门大学	0817	化学工程与技术	B+
10384	厦门大学	0830	环境科学与工程	B+
10384	厦门大学	1204	公共管理	B+
10384	厦门大学	1303	戏剧与影视学	B+
10384	厦门大学	0101	哲学	B
10384	厦门大学	0303	社会学	B
10384	厦门大学	0305	马克思主义理论	B
10384	厦门大学	0501	中国语言文学	B
10384	厦门大学	0603	世界史	B
10384	厦门大学	0804	仪器科学与技术	B
10384	厦门大学	0805	材料科学与工程	B
10384	厦门大学	0809	电子科学与技术	B
10384	厦门大学	0810	信息与通信工程	B
10384	厦门大学	0835	软件工程	B
10384	厦门大学	1201	管理科学与工程	B
10384	厦门大学	0304	民族学	B−
10384	厦门大学	0802	机械工程	B−
10384	厦门大学	0811	控制科学与工程	B−
10384	厦门大学	1004	公共卫生与预防医学	B−
10384	厦门大学	1007	药学	B−
10384	厦门大学	1302	音乐与舞蹈学	B−
10384	厦门大学	0601	考古学	C+
10384	厦门大学	1001	基础医学	C−
10384	厦门大学	1301	艺术学理论	C−
10384	厦门大学	0803	光学工程	C
10384	厦门大学	0814	土木工程	C
10384	厦门大学	0831	生物医学工程	C
10384	厦门大学	1002	临床医学	C
10384	厦门大学	1304	美术学	C
10384	厦门大学	0801	力学	C−
10384	厦门大学	1005	中医学	C−
10384	厦门大学	1305	设计学	C−
10384	厦门大学	0813	建筑学	C+
10385	华侨大学	1202	工商管理	B

续表

院校代码	院校名称	代码	名称	评定结果
10385	华侨大学	0202	应用经济学	B−
10385	华侨大学	0802	机械工程	B−
10385	华侨大学	0814	土木工程	B−
10385	华侨大学	0817	化学工程与技术	B−
10385	华侨大学	0101	哲学	C+
10385	华侨大学	0301	法学	C+
10385	华侨大学	0302	政治学	C+
10385	华侨大学	0805	材料科学与工程	C+
10385	华侨大学	0501	中国语言文学	C
10385	华侨大学	0803	光学工程	C
10385	华侨大学	0835	软件工程	C
10385	华侨大学	0703	化学	C−
10385	华侨大学	0812	计算机科学与技术	C−
10385	华侨大学	1201	管理科学与工程	C−
10385	华侨大学	0813	建筑学	C+
10386	福州大学	0701	数学	B
10386	福州大学	0703	化学	A−
10386	福州大学	1201	管理科学与工程	B+
10386	福州大学	1202	工商管理	B+
10386	福州大学	0802	机械工程	B
10386	福州大学	0814	土木工程	B
10386	福州大学	0817	化学工程与技术	B
10386	福州大学	0301	法学	B−
10386	福州大学	0808	电气工程	B−
10386	福州大学	0809	电子科学与技术	B−
10386	福州大学	0812	计算机科学与技术	B−
10386	福州大学	0835	软件工程	B−
10386	福州大学	0305	马克思主义理论	C+
10386	福州大学	0805	材料科学与工程	C+
10386	福州大学	0810	信息与通信工程	C+
10386	福州大学	1305	设计学	C+
10386	福州大学	0830	环境科学与工程	C
10386	福州大学	0832	食品科学与工程	C
10386	福州大学	0833	城乡规划学	C
10386	福州大学	1204	公共管理	C

续表

院校代码	院校名称	代码	名称	评定结果
10386	福州大学	1304	美术学	C
10386	福州大学	0502	外国语言文学	C−
10386	福州大学	0710	生物学	C−
10386	福州大学	0813	建筑学	C
10389	福建农林大学	0713	生态学	B+
10389	福建农林大学	0834	风景园林学	B+
10389	福建农林大学	0904	植物保护	B+
10389	福建农林大学	0907	林学	B+
10389	福建农林大学	0710	生物学	B
10389	福建农林大学	0832	食品科学与工程	B
10389	福建农林大学	0829	林业工程	B−
10389	福建农林大学	0902	园艺学	B−
10389	福建农林大学	0903	农业资源与环境	B−
10389	福建农林大学	1203	农林经济管理	B−
10389	福建农林大学	0305	马克思主义理论	C+
10389	福建农林大学	0901	作物学	C+
10389	福建农林大学	1204	公共管理	C+
10389	福建农林大学	0905	畜牧学	C
10389	福建农林大学	0714	统计学	C−
10389	福建农林大学	0906	兽医学	C−
10389	福建农林大学	1202	工商管理	C−
10390	集美大学	0832	食品科学与工程	C+
10390	集美大学	0908	水产	C+
10390	集美大学	0403	体育学	C−
10390	集美大学	0701	数学	C−
10393	福建中医药大学	1006	中西医结合	B
10393	福建中医药大学	1005	中医学	B−
10393	福建中医药大学	1008	中药学	C−
10393	福建中医药大学	1011	护理学	C−
10394	福建师范大学	0701	数学	B
10394	福建师范大学	0305	马克思主义理论	A−
10394	福建师范大学	0403	体育学	A−
10394	福建师范大学	1302	音乐与舞蹈学	A−
10394	福建师范大学	0501	中国语言文学	B+
10394	福建师范大学	0705	地理学	B+

续表

院校代码	院校名称	代码	名称	评定结果
10394	福建师范大学	0201	理论经济学	B
10394	福建师范大学	0502	外国语言文学	B
10394	福建师范大学	1304	美术学	B
10394	福建师范大学	0401	教育学	B−
10394	福建师范大学	0603	世界史	B−
10394	福建师范大学	0702	物理学	B−
10394	福建师范大学	0710	生物学	B−
10394	福建师范大学	0713	生态学	B−
10394	福建师范大学	1303	戏剧与影视学	B−
10394	福建师范大学	0402	心理学	C+
10394	福建师范大学	0602	中国史	C+
10394	福建师范大学	0703	化学	C+
10394	福建师范大学	0714	统计学	C+
10394	福建师范大学	0803	光学工程	C+
10394	福建师范大学	0812	计算机科学与技术	C+
10394	福建师范大学	0301	法学	C
10394	福建师范大学	1205	图书情报与档案管理	C
10394	福建师范大学	1301	艺术学理论	C
10394	福建师范大学	0830	环境科学与工程	C−
10394	福建师范大学	0835	软件工程	C−
10403	南昌大学	0832	食品科学与工程	A
10403	南昌大学	0503	新闻传播学	B−
10403	南昌大学	0703	化学	B−
10403	南昌大学	0710	生物学	B−
10403	南昌大学	0802	机械工程	B−
10403	南昌大学	0805	材料科学与工程	B−
10403	南昌大学	0817	化学工程与技术	B−
10403	南昌大学	0830	环境科学与工程	B−
10403	南昌大学	1002	临床医学	B−
10403	南昌大学	1201	管理科学与工程	B−
10403	南昌大学	1204	公共管理	B−
10403	南昌大学	0101	哲学	C+
10403	南昌大学	0202	应用经济学	C+
10403	南昌大学	0501	中国语言文学	C+
10403	南昌大学	0702	物理学	C+

续表

院校代码	院校名称	代码	名称	评定结果
10403	南昌大学	0812	计算机科学与技术	C+
10403	南昌大学	1001	基础医学	C+
10403	南昌大学	0713	生态学	C
10403	南昌大学	0810	信息与通信工程	C
10403	南昌大学	1007	药学	C
10403	南昌大学	1202	工商管理	C
10403	南昌大学	1305	设计学	C
10403	南昌大学	0502	外国语言文学	C−
10403	南昌大学	0602	中国史	C−
10403	南昌大学	0801	力学	C−
10403	南昌大学	0815	水利工程	C−
10403	南昌大学	1011	护理学	C−
10403	南昌大学	0701	数学	C−
10404	华东交通大学	0811	控制科学与工程	B−
10404	华东交通大学	0823	交通运输工程	B−
10404	华东交通大学	0814	土木工程	C+
10404	华东交通大学	0810	信息与通信工程	C
10405	东华理工大学	1202	工商管理	C+
10405	东华理工大学	0816	测绘科学与技术	C
10405	东华理工大学	0818	地质资源与地质工程	C
10405	东华理工大学	0827	核科学与技术	C
10405	东华理工大学	0812	计算机科学与技术	C−
10406	南昌航空大学	0830	环境科学与工程	B−
10406	南昌航空大学	0305	马克思主义理论	C+
10406	南昌航空大学	0804	仪器科学与技术	C+
10406	南昌航空大学	0835	软件工程	C+
10406	南昌航空大学	0803	光学工程	C
10406	南昌航空大学	0805	材料科学与工程	C
10407	江西理工大学	0806	冶金工程	C+
10407	江西理工大学	0819	矿业工程	C
10407	江西理工大学	0305	马克思主义理论	C−
10407	江西理工大学	0805	材料科学与工程	C−
10407	江西理工大学	0812	计算机科学与技术	C−
10407	江西理工大学	0816	测绘科学与技术	C−
10407	江西理工大学	1202	工商管理	C−

续表

院校代码	院校名称	代码	名称	评定结果
10408	景德镇陶瓷大学	1304	美术学	B+
10408	景德镇陶瓷大学	1305	设计学	B+
10408	景德镇陶瓷大学	0805	材料科学与工程	C+
10410	江西农业大学	0905	畜牧学	B
10410	江西农业大学	0907	林学	B−
10410	江西农业大学	0834	风景园林学	C
10410	江西农业大学	0901	作物学	C
10410	江西农业大学	0906	兽医学	C
10410	江西农业大学	1204	公共管理	C
10410	江西农业大学	1203	农林经济管理	C−
10412	江西中医药大学	1008	中药学	B+
10412	江西中医药大学	1005	中医学	C+
10412	江西中医药大学	1006	中西医结合	C
10414	江西师范大学	0701	数学	B−
10414	江西师范大学	0305	马克思主义理论	A−
10414	江西师范大学	0401	教育学	B
10414	江西师范大学	0402	心理学	B−
10414	江西师范大学	0501	中国语言文学	B−
10414	江西师范大学	0703	化学	B−
10414	江西师范大学	0403	体育学	C+
10414	江西师范大学	0502	外国语言文学	C+
10414	江西师范大学	1201	管理科学与工程	C+
10414	江西师范大学	1302	音乐与舞蹈学	C+
10414	江西师范大学	0602	中国史	C
10414	江西师范大学	0702	物理学	C
10414	江西师范大学	0705	地理学	C
10414	江西师范大学	0812	计算机科学与技术	C
10414	江西师范大学	1304	美术学	C−
10418	赣南师范大学	0305	马克思主义理论	C
10418	赣南师范大学	0401	教育学	C
10418	赣南师范大学	0303	社会学	C−
10421	江西财经大学	0202	应用经济学	A−
10421	江西财经大学	0714	统计学	A−
10421	江西财经大学	1202	工商管理	B+
10421	江西财经大学	0201	理论经济学	B

续表

院校代码	院校名称	代码	名称	评定结果
10421	江西财经大学	0301	法学	B
10421	江西财经大学	1201	管理科学与工程	B
10421	江西财经大学	1204	公共管理	B−
10421	江西财经大学	0305	马克思主义理论	C+
10421	江西财经大学	0812	计算机科学与技术	C−
10422	山东大学	0701	数学	A+
10422	山东大学	0305	马克思主义理论	A
10422	山东大学	0501	中国语言文学	A
10422	山东大学	0202	应用经济学	A−
10422	山东大学	0502	外国语言文学	A−
10422	山东大学	0811	控制科学与工程	A−
10422	山东大学	1007	药学	A−
10422	山东大学	1202	工商管理	A−
10422	山东大学	0101	哲学	B+
10422	山东大学	0201	理论经济学	B+
10422	山东大学	0301	法学	B+
10422	山东大学	0302	政治学	B+
10422	山东大学	0601	考古学	B+
10422	山东大学	0602	中国史	B+
10422	山东大学	0702	物理学	B+
10422	山东大学	0703	化学	B+
10422	山东大学	0710	生物学	B+
10422	山东大学	0714	统计学	B+
10422	山东大学	0802	机械工程	B+
10422	山东大学	0805	材料科学与工程	B+
10422	山东大学	0808	电气工程	B−
10422	山东大学	0812	计算机科学与技术	B−
10422	山东大学	0814	土木工程	B−
10422	山东大学	0830	环境科学与工程	B+
10422	山东大学	0835	软件工程	B+
10422	山东大学	1001	基础医学	B+
10422	山东大学	1002	临床医学	B+
10422	山东大学	1011	护理学	B+
10422	山东大学	0807	动力工程及工程热物理	B
10422	山东大学	0810	信息与通信工程	B

续表

院校代码	院校名称	代码	名称	评定结果
10422	山东大学	1003	口腔医学	B
10422	山东大学	1004	公共卫生与预防医学	B
10422	山东大学	1201	管理科学与工程	B
10422	山东大学	1204	公共管理	B
10422	山东大学	0303	社会学	B−
10422	山东大学	0503	新闻传播学	B−
10422	山东大学	0713	生态学	B−
10422	山东大学	0803	光学工程	B−
10422	山东大学	0809	电子科学与技术	B−
10422	山东大学	0603	世界史	C+
10422	山东大学	0817	化学工程与技术	C+
10422	山东大学	0831	生物医学工程	C+
10422	山东大学	0801	力学	C
10422	山东大学	0815	水利工程	C−
10423	中国海洋大学	0707	海洋科学	A+
10423	中国海洋大学	0908	水产	A+
10423	中国海洋大学	0710	生物学	B+
10423	中国海洋大学	0830	环境科学与工程	B+
10423	中国海洋大学	0832	食品科学与工程	B+
10423	中国海洋大学	1007	药学	B+
10423	中国海洋大学	0202	应用经济学	B
10423	中国海洋大学	0301	法学	B
10423	中国海洋大学	0502	外国语言文学	B
10423	中国海洋大学	0713	生态学	B
10423	中国海洋大学	0812	计算机科学与技术	B
10423	中国海洋大学	0815	水利工程	B
10423	中国海洋大学	0835	软件工程	B
10423	中国海洋大学	1202	工商管理	B
10423	中国海洋大学	0705	地理学	C+
10423	中国海洋大学	0706	大气科学	C+
10423	中国海洋大学	1203	农林经济管理	C+
10423	中国海洋大学	1204	公共管理	C+
10423	中国海洋大学	0302	政治学	C
10423	中国海洋大学	0501	中国语言文学	C
10423	中国海洋大学	0703	化学	C

续表

院校代码	院校名称	代码	名称	评定结果
10423	中国海洋大学	0805	材料科学与工程	C
10423	中国海洋大学	0810	信息与通信工程	C
10423	中国海洋大学	0817	化学工程与技术	C
10423	中国海洋大学	0702	物理学	C－
10423	中国海洋大学	0709	地质学	C－
10423	中国海洋大学	0803	光学工程	C－
10423	中国海洋大学	0811	控制科学与工程	C－
10423	中国海洋大学	0814	土木工程	C－
10423	中国海洋大学	0818	地质资源与地质工程	C－
10423	中国海洋大学	0701	数学	C＋
10424	山东科技大学	0811	控制科学与工程	B
10424	山东科技大学	0816	测绘科学与技术	B
10424	山东科技大学	0819	矿业工程	B
10424	山东科技大学	0837	安全科学与工程	B
10424	山东科技大学	0802	机械工程	B－
10424	山东科技大学	0812	计算机科学与技术	B－
10424	山东科技大学	0814	土木工程	B－
10424	山东科技大学	0818	地质资源与地质工程	B－
10424	山东科技大学	1201	管理科学与工程	B－
10424	山东科技大学	0817	化学工程与技术	C
10424	山东科技大学	0805	材料科学与工程	C－
10424	山东科技大学	0808	电气工程	C－
10424	山东科技大学	0810	信息与通信工程	C－
10425	中国石油大学（华东）	0820	石油与天然气工程	
10425	中国石油大学（华东）	0818	地质资源与地质工程	
10426	青岛科技大学	0817	化学工程与技术	B＋
10426	青岛科技大学	0703	化学	B
10426	青岛科技大学	0805	材料科学与工程	B－
10426	青岛科技大学	0802	机械工程	C＋
10426	青岛科技大学	0807	动力工程及工程热物理	C＋
10426	青岛科技大学	0811	控制科学与工程	C
10426	青岛科技大学	0835	软件工程	C
10426	青岛科技大学	0830	环境科学与工程	C－
10426	青岛科技大学	0837	安全科学与工程	C－
10427	济南大学	0817	化学工程与技术	B

续表

院校代码	院校名称	代码	名称	评定结果
10427	济南大学	0805	材料科学与工程	B−
10427	济南大学	0812	计算机科学与技术	B−
10427	济南大学	0202	应用经济学	C+
10427	济南大学	0830	环境科学与工程	C+
10427	济南大学	1002	临床医学	C+
10427	济南大学	1202	工商管理	C+
10427	济南大学	0303	社会学	C
10427	济南大学	0501	中国语言文学	C
10427	济南大学	0703	化学	C
10427	济南大学	0811	控制科学与工程	C
10427	济南大学	0702	物理学	C−
10427	济南大学	0802	机械工程	C−
10427	济南大学	0814	土木工程	C−
10427	济南大学	1007	药学	C−
10427	济南大学	1201	管理科学与工程	C−
10429	青岛理工大学	0814	土木工程	B
10429	青岛理工大学	0802	机械工程	C+
10429	青岛理工大学	0830	环境科学与工程	C
10429	青岛理工大学	0834	风景园林学	C−
10429	青岛理工大学	0813	建筑学	C+
10430	山东建筑大学	0813	建筑学	B−
10430	山东建筑大学	0814	土木工程	B−
10430	山东建筑大学	0833	城乡规划学	B−
10430	山东建筑大学	0802	机械工程	C−
10430	山东建筑大学	0811	控制科学与工程	C−
10430	山东建筑大学	1201	管理科学与工程	C−
10431	齐鲁工业大学	0822	轻工技术与工程	B−
10431	齐鲁工业大学	0802	机械工程	C−
10431	齐鲁工业大学	0817	化学工程与技术	C−
10431	齐鲁工业大学	1202	工商管理	C−
10431	齐鲁工业大学	1305	设计学	C−
10433	山东理工大学	0802	机械工程	B−
10433	山东理工大学	0817	化学工程与技术	B−
10433	山东理工大学	0828	农业工程	C+
10433	山东理工大学	0202	应用经济学	C

续表

院校代码	院校名称	代码	名称	评定结果
10433	山东理工大学	0808	电气工程	C
10434	山东农业大学	0901	作物学	B+
10434	山东农业大学	0902	园艺学	B+
10434	山东农业大学	0904	植物保护	B
10434	山东农业大学	0903	农业资源与环境	B−
10434	山东农业大学	0905	畜牧学	B−
10434	山东农业大学	0906	兽医学	B−
10434	山东农业大学	0907	林学	B−
10435	青岛农业大学	0828	农业工程	C
10435	青岛农业大学	0906	兽医学	C
10435	青岛农业大学	0832	食品科学与工程	C−
10435	青岛农业大学	0834	风景园林学	C−
10435	青岛农业大学	0903	农业资源与环境	C−
10435	青岛农业大学	0904	植物保护	C−
10435	青岛农业大学	0905	畜牧学	C−
10441	山东中医药大学	1005	中医学	B
10441	山东中医药大学	1006	中西医结合	C+
10441	山东中医药大学	1008	中药学	C+
10441	山东中医药大学	1007	药学	C
10445	山东师范大学	0701	数学	B−
10445	山东师范大学	0305	马克思主义理论	B+
10445	山东师范大学	0401	教育学	B+
10445	山东师范大学	0501	中国语言文学	B+
10445	山东师范大学	0402	心理学	B
10445	山东师范大学	0703	化学	B
10445	山东师范大学	1302	音乐与舞蹈学	B
10445	山东师范大学	1304	美术学	B
10445	山东师范大学	0403	体育学	B−
10445	山东师范大学	0502	外国语言文学	B−
10445	山东师范大学	0702	物理学	B−
10445	山东师范大学	0705	地理学	B−
10445	山东师范大学	0710	生物学	B−
10445	山东师范大学	1201	管理科学与工程	C+
10445	山东师范大学	1303	戏剧与影视学	C+
10445	山东师范大学	0603	世界史	C

续表

院校代码	院校名称	代码	名称	评定结果
10445	山东师范大学	0602	中国史	C−
10446	曲阜师范大学	0701	数学	B−
10446	曲阜师范大学	0403	体育学	B
10446	曲阜师范大学	0305	马克思主义理论	B−
10446	曲阜师范大学	0401	教育学	B−
10446	曲阜师范大学	0501	中国语言文学	B−
10446	曲阜师范大学	0502	外国语言文学	B−
10446	曲阜师范大学	0714	统计学	B−
10446	曲阜师范大学	0602	中国史	C+
10446	曲阜师范大学	0702	物理学	C+
10446	曲阜师范大学	0703	化学	C
10446	曲阜师范大学	0811	控制科学与工程	C
10446	曲阜师范大学	1302	音乐与舞蹈学	C
10446	曲阜师范大学	0402	心理学	C−
10447	聊城大学	0302	政治学	C−
10447	聊城大学	0603	世界史	C−
10447	聊城大学	0835	软件工程	C−
10451	鲁东大学	0502	外国语言文学	C
10451	鲁东大学	0401	教育学	C−
10451	鲁东大学	0501	中国语言文学	C−
10456	山东财经大学	0202	应用经济学	B+
10456	山东财经大学	1202	工商管理	B+
10456	山东财经大学	1201	管理科学与工程	B−
10456	山东财经大学	1204	公共管理	B−
10456	山东财经大学	0714	统计学	C+
10456	山东财经大学	0201	理论经济学	C
10456	山东财经大学	0812	计算机科学与技术	C
10456	山东财经大学	0305	马克思主义理论	C−
10457	山东体育学院	0403	体育学	B−
10459	郑州大学	0701	数学	B
10459	郑州大学	0305	马克思主义理论	B+
10459	郑州大学	0601	考古学	B+
10459	郑州大学	0703	化学	B+
10459	郑州大学	0805	材料科学与工程	B+
10459	郑州大学	0815	水利工程	B+

续表

院校代码	院校名称	代码	名称	评定结果
10459	郑州大学	0817	化学工程与技术	B+
10459	郑州大学	1204	公共管理	B+
10459	郑州大学	0301	法学	B
10459	郑州大学	0503	新闻传播学	B
10459	郑州大学	0814	土木工程	B
10459	郑州大学	0835	软件工程	B
10459	郑州大学	1002	临床医学	B
10459	郑州大学	1007	药学	B
10459	郑州大学	0502	外国语言文学	B−
10459	郑州大学	0602	中国史	B−
10459	郑州大学	0702	物理学	B−
10459	郑州大学	1001	基础医学	B−
10459	郑州大学	1205	图书情报与档案管理	B−
10459	郑州大学	0202	应用经济学	C+
10459	郑州大学	0403	体育学	C−
10459	郑州大学	0501	中国语言文学	C+
10459	郑州大学	0603	世界史	C+
10459	郑州大学	0807	动力工程及工程热物理	C+
10459	郑州大学	0810	信息与通信工程	C+
10459	郑州大学	0811	控制科学与工程	C+
10459	郑州大学	0812	计算机科学与技术	C+
10459	郑州大学	1004	公共卫生与预防医学	C+
10459	郑州大学	1011	护理学	C+
10459	郑州大学	1202	工商管理	C+
10459	郑州大学	0302	政治学	C
10459	郑州大学	0710	生物学	C
10459	郑州大学	0714	统计学	C
10459	郑州大学	0801	力学	C
10459	郑州大学	0802	机械工程	C
10459	郑州大学	0808	电气工程	C
10459	郑州大学	0830	环境科学与工程	C
10459	郑州大学	1201	管理科学与工程	C
10459	郑州大学	0809	电子科学与技术	C−
10459	郑州大学	0833	城乡规划学	C−
10459	郑州大学	0837	安全科学与工程	C−

续表

院校代码	院校名称	代码	名称	评定结果
10459	郑州大学	1302	音乐与舞蹈学	C−
10459	郑州大学	0813	建筑学	C−
10460	河南理工大学	0837	安全科学与工程	A−
10460	河南理工大学	0819	矿业工程	B
10460	河南理工大学	0816	测绘科学与技术	B−
10460	河南理工大学	0305	马克思主义理论	C+
10460	河南理工大学	0802	机械工程	C+
10460	河南理工大学	0818	地质资源与地质工程	C+
10460	河南理工大学	1204	公共管理	C+
10460	河南理工大学	0811	控制科学与工程	C
10460	河南理工大学	0812	计算机科学与技术	C
10460	河南理工大学	0835	软件工程	C
10460	河南理工大学	0805	材料科学与工程	C−
10460	河南理工大学	0808	电气工程	C−
10460	河南理工大学	0814	土木工程	C−
10460	河南理工大学	1202	工商管理	C−
10460	河南理工大学	0701	数学	C−
10462	郑州轻工业学院	0817	化学工程与技术	C+
10462	郑州轻工业学院	0832	食品科学与工程	C+
10462	郑州轻工业学院	0802	机械工程	C
10462	郑州轻工业学院	0808	电气工程	C
10462	郑州轻工业学院	0812	计算机科学与技术	C
10462	郑州轻工业学院	0835	软件工程	C
10463	河南工业大学	0832	食品科学与工程	B−
10463	河南工业大学	0305	马克思主义理论	C−
10463	河南工业大学	0812	计算机科学与技术	C−
10464	河南科技大学	0802	机械工程	B−
10464	河南科技大学	0805	材料科学与工程	B−
10464	河南科技大学	0811	控制科学与工程	B−
10464	河南科技大学	0832	食品科学与工程	C
10464	河南科技大学	0305	马克思主义理论	C−
10465	中原工学院	0821	纺织科学与工程	C
10466	河南农业大学	0828	农业工程	B
10466	河南农业大学	0901	作物学	B
10466	河南农业大学	0906	兽医学	B

续表

院校代码	院校名称	代码	名称	评定结果
10466	河南农业大学	0834	风景园林学	B−
10466	河南农业大学	0832	食品科学与工程	C+
10466	河南农业大学	0905	畜牧学	C+
10466	河南农业大学	1203	农林经济管理	C+
10466	河南农业大学	0710	生物学	C
10466	河南农业大学	0903	农业资源与环境	C
10466	河南农业大学	0904	植物保护	C
10466	河南农业大学	0907	林学	C
10466	河南农业大学	0305	马克思主义理论	C−
10466	河南农业大学	0902	园艺学	C−
10466	河南农业大学	1201	管理科学与工程	C−
10466	河南农业大学	0909	草学	C−
10471	河南中医药大学	1005	中医学	C+
10471	河南中医药大学	1008	中药学	C+
10472	新乡医学院	1001	基础医学	C
10472	新乡医学院	1002	临床医学	C
10472	新乡医学院	1007	药学	C−
10475	河南大学	0401	教育学	B+
10475	河南大学	0501	中国语言文学	B+
10475	河南大学	0705	地理学	B+
10475	河南大学	0305	马克思主义理论	B
10475	河南大学	0502	外国语言文学	B
10475	河南大学	0710	生物学	B
10475	河南大学	0202	应用经济学	B−
10475	河南大学	0301	法学	B−
10475	河南大学	0403	体育学	B−
10475	河南大学	0503	新闻传播学	B−
10475	河南大学	0602	中国史	B−
10475	河南大学	0703	化学	B−
10475	河南大学	1202	工商管理	B−
10475	河南大学	1302	音乐与舞蹈学	B−
10475	河南大学	0101	哲学	C−
10475	河南大学	0201	理论经济学	C−
10475	河南大学	0601	考古学	C−
10475	河南大学	0702	物理学	C+

续表

院校代码	院校名称	代码	名称	评定结果
10475	河南大学	0714	统计学	C+
10475	河南大学	0402	心理学	C
10475	河南大学	0603	世界史	C
10475	河南大学	0713	生态学	C
10475	河南大学	1303	戏剧与影视学	C
10475	河南大学	0812	计算机科学与技术	C−
10475	河南大学	0817	化学工程与技术	C−
10475	河南大学	1002	临床医学	C−
10475	河南大学	1204	公共管理	C−
10475	河南大学	1301	艺术学理论	C−
10475	河南大学	1304	美术学	C−
10475	河南大学	0701	数学	C+
10476	河南师范大学	0702	物理学	B
10476	河南师范大学	0703	化学	B
10476	河南师范大学	0710	生物学	B
10476	河南师范大学	0401	教育学	B−
10476	河南师范大学	0830	环境科学与工程	B−
10476	河南师范大学	0305	马克思主义理论	C+
10476	河南师范大学	0502	外国语言文学	C+
10476	河南师范大学	0302	政治学	C
10476	河南师范大学	0403	体育学	C
10476	河南师范大学	0714	统计学	C
10476	河南师范大学	1302	音乐与舞蹈学	C
10476	河南师范大学	1304	美术学	C
10476	河南师范大学	0101	哲学	C−
10476	河南师范大学	0501	中国语言文学	C−
10476	河南师范大学	0812	计算机科学与技术	C−
10476	河南师范大学	0701	数学	C+
10477	信阳师范学院	0305	马克思主义理论	C+
10477	信阳师范学院	0701	数学	C−
10484	河南财经政法大学	1202	工商管理	B−
10484	河南财经政法大学	0202	应用经济学	C+
10484	河南财经政法大学	0301	法学	C
10486	武汉大学	0701	数学	A−
10486	武汉大学	0813	建筑学	B

续表

院校代码	院校名称	代码	名称	评定结果
10486	武汉大学	0305	马克思主义理论	A+
10486	武汉大学	0708	地球物理学	A+
10486	武汉大学	0816	测绘科学与技术	A+
10486	武汉大学	1205	图书情报与档案管理	A+
10486	武汉大学	0301	法学	A
10486	武汉大学	0710	生物学	A
10486	武汉大学	0835	软件工程	A
10486	武汉大学	1204	公共管理	A
10486	武汉大学	0101	哲学	A−
10486	武汉大学	0201	理论经济学	A−
10486	武汉大学	0501	中国语言文学	A−
10486	武汉大学	0503	新闻传播学	A−
10486	武汉大学	0702	物理学	A−
10486	武汉大学	0703	化学	A−
10486	武汉大学	0705	地理学	A−
10486	武汉大学	0812	计算机科学与技术	A−
10486	武汉大学	0815	水利工程	A−
10486	武汉大学	1202	工商管理	A−
10486	武汉大学	0202	应用经济学	B+
10486	武汉大学	0502	外国语言文学	B+
10486	武汉大学	0602	中国史	B+
10486	武汉大学	0603	世界史	B+
10486	武汉大学	0713	生态学	B+
10486	武汉大学	0814	土木工程	B+
10486	武汉大学	0830	环境科学与工程	B+
10486	武汉大学	1003	口腔医学	B+
10486	武汉大学	1007	药学	B+
10486	武汉大学	1201	管理科学与工程	B+
10486	武汉大学	0302	政治学	B
10486	武汉大学	0303	社会学	B
10486	武汉大学	0601	考古学	B
10486	武汉大学	0714	统计学	B
10486	武汉大学	0802	机械工程	B
10486	武汉大学	0808	电气工程	B
10486	武汉大学	0809	电子科学与技术	B

续表

院校代码	院校名称	代码	名称	评定结果
10486	武汉大学	0810	信息与通信工程	B
10486	武汉大学	0833	城乡规划学	B
10486	武汉大学	1001	基础医学	B
10486	武汉大学	1002	临床医学	B
10486	武汉大学	0805	材料科学与工程	B−
10486	武汉大学	0807	动力工程及工程热物理	B−
10486	武汉大学	0811	控制科学与工程	B−
10486	武汉大学	1011	护理学	B−
10486	武汉大学	0801	力学	C+
10486	武汉大学	0804	仪器科学与技术	C+
10486	武汉大学	0822	轻工技术与工程	C+
10486	武汉大学	1004	公共卫生与预防医学	C+
10486	武汉大学	0803	光学工程	C
10486	武汉大学	0831	生物医学工程	C
10486	武汉大学	0819	矿业工程	
10487	华中科技大学	0813	建筑学	B+
10487	华中科技大学	0701	数学	B+
10487	华中科技大学	0802	机械工程	A+
10487	华中科技大学	0803	光学工程	A+
10487	华中科技大学	0831	生物医学工程	A+
10487	华中科技大学	1004	公共卫生与预防医学	A+
10487	华中科技大学	0503	新闻传播学	A
10487	华中科技大学	0808	电气工程	A
10487	华中科技大学	0812	计算机科学与技术	A
10487	华中科技大学	0702	物理学	A−
10487	华中科技大学	0710	生物学	A−
10487	华中科技大学	0807	动力工程及工程热物理	A−
10487	华中科技大学	0811	控制科学与工程	A−
10487	华中科技大学	1002	临床医学	A−
10487	华中科技大学	1202	工商管理	A−
10487	华中科技大学	1204	公共管理	A−
10487	华中科技大学	0101	哲学	B+
10487	华中科技大学	0201	理论经济学	B+
10487	华中科技大学	0202	应用经济学	B+
10487	华中科技大学	0303	社会学	B+

续表

院校代码	院校名称	代码	名称	评定结果
10487	华中科技大学	0305	马克思主义理论	B+
10487	华中科技大学	0401	教育学	B+
10487	华中科技大学	0703	化学	B+
10487	华中科技大学	0801	力学	B+
10487	华中科技大学	0805	材料科学与工程	B+
10487	华中科技大学	0809	电子科学与技术	B+
10487	华中科技大学	0810	信息与通信工程	B+
10487	华中科技大学	0814	土木工程	B+
10487	华中科技大学	0830	环境科学与工程	B+
10487	华中科技大学	0833	城乡规划学	B+
10487	华中科技大学	1001	基础医学	B+
10487	华中科技大学	1007	药学	B+
10487	华中科技大学	1201	管理科学与工程	B+
10487	华中科技大学	0502	外国语言文学	B
10487	华中科技大学	0714	统计学	B
10487	华中科技大学	0815	水利工程	B
10487	华中科技大学	1006	中西医结合	B
10487	华中科技大学	1011	护理学	B
10487	华中科技大学	0301	法学	B−
10487	华中科技大学	0501	中国语言文学	B−
10487	华中科技大学	0834	风景园林学	B−
10487	华中科技大学	1305	设计学	B−
10487	华中科技大学	0824	船舶与海洋工程	C+
10487	华中科技大学	1003	口腔医学	C
10488	武汉科技大学	0802	机械工程	B
10488	武汉科技大学	0805	材料科学与工程	B
10488	武汉科技大学	0806	冶金工程	B
10488	武汉科技大学	0811	控制科学与工程	B
10488	武汉科技大学	0817	化学工程与技术	B
10488	武汉科技大学	0837	安全科学与工程	B−
10488	武汉科技大学	0812	计算机科学与技术	C+
10488	武汉科技大学	0819	矿业工程	C+
10488	武汉科技大学	1204	公共管理	C+
10488	武汉科技大学	0305	马克思主义理论	C
10488	武汉科技大学	0835	软件工程	C

续表

院校代码	院校名称	代码	名称	评定结果
10488	武汉科技大学	1201	管理科学与工程	C
10488	武汉科技大学	1202	工商管理	C
10488	武汉科技大学	0814	土木工程	C−
10488	武汉科技大学	1004	公共卫生与预防医学	C−
10489	长江大学	0818	地质资源与地质工程	B−
10489	长江大学	0820	石油与天然气工程	C+
10489	长江大学	0708	地球物理学	C−
10489	长江大学	0834	风景园林学	C−
10489	长江大学	0901	作物学	C−
10490	武汉工程大学	0817	化学工程与技术	B+
10490	武汉工程大学	0305	马克思主义理论	C+
10490	武汉工程大学	0805	材料科学与工程	C+
10490	武汉工程大学	0703	化学	C−
10490	武汉工程大学	0807	动力工程及工程热物理	C−
10490	武汉工程大学	0812	计算机科学与技术	C−
10491	中国地质大学	0709	地质学	A+
10491	中国地质大学	0818	地质资源与地质工程	A+
10491	中国地质大学	0830	环境科学与工程	B+
10491	中国地质大学	1204	公共管理	B+
10491	中国地质大学	0305	马克思主义理论	B
10491	中国地质大学	0707	海洋科学	B
10491	中国地质大学	0812	计算机科学与技术	B
10491	中国地质大学	0814	土木工程	B
10491	中国地质大学	0815	水利工程	B
10491	中国地质大学	0816	测绘科学与技术	B
10491	中国地质大学	0835	软件工程	B
10491	中国地质大学	0837	安全科学与工程	B
10491	中国地质大学	0202	应用经济学	B−
10491	中国地质大学	0708	地球物理学	B−
10491	中国地质大学	0805	材料科学与工程	B−
10491	中国地质大学	0820	石油与天然气工程	B−
10491	中国地质大学	1201	管理科学与工程	B−
10491	中国地质大学	1202	工商管理	B−
10491	中国地质大学	0811	控制科学与工程	C+
10491	中国地质大学	1305	设计学	C+

续表

院校代码	院校名称	代码	名称	评定结果
10491	中国地质大学	0502	外国语言文学	C
10491	中国地质大学	0703	化学	C
10491	中国地质大学	0705	地理学	C
10491	中国地质大学	0802	机械工程	C
10491	中国地质大学	0804	仪器科学与技术	C
10491	中国地质大学	0702	物理学	C−
10491	中国地质大学	0714	统计学	C−
10491	中国地质大学	0810	信息与通信工程	C−
10491	中国地质大学	0701	数学	C
10495	武汉纺织大学	0821	纺织科学与工程	B−
10495	武汉纺织大学	1305	设计学	B−
10495	武汉纺织大学	0305	马克思主义理论	C
10495	武汉纺织大学	0802	机械工程	C
10495	武汉纺织大学	0830	环境科学与工程	C
10495	武汉纺织大学	1201	管理科学与工程	C
10495	武汉纺织大学	0812	计算机科学与技术	C−
10496	武汉轻工大学	0832	食品科学与工程	B−
10497	武汉理工大学	0805	材料科学与工程	A+
10497	武汉理工大学	0305	马克思主义理论	B+
10497	武汉理工大学	0802	机械工程	B+
10497	武汉理工大学	0823	交通运输工程	B+
10497	武汉理工大学	1305	设计学	B+
10497	武汉理工大学	0202	应用经济学	B
10497	武汉理工大学	0810	信息与通信工程	B
10497	武汉理工大学	0812	计算机科学与技术	B
10497	武汉理工大学	0814	土木工程	B
10497	武汉理工大学	0830	环境科学与工程	B
10497	武汉理工大学	1201	管理科学与工程	B
10497	武汉理工大学	0801	力学	B−
10497	武汉理工大学	0819	矿业工程	B−
10497	武汉理工大学	0824	船舶与海洋工程	B−
10497	武汉理工大学	0835	软件工程	B−
10497	武汉理工大学	0837	安全科学与工程	B−
10497	武汉理工大学	1202	工商管理	B−
10497	武汉理工大学	1301	艺术学理论	B−

续表

院校代码	院校名称	代码	名称	评定结果
10497	武汉理工大学	0807	动力工程及工程热物理	C+
10497	武汉理工大学	0811	控制科学与工程	C+
10497	武汉理工大学	0817	化学工程与技术	C+
10497	武汉理工大学	0804	仪器科学与技术	C
10497	武汉理工大学	0301	法学	C−
10497	武汉理工大学	0809	电子科学与技术	C−
10497	武汉理工大学	0833	城乡规划学	C−
10500	湖北工业大学	0822	轻工技术与工程	B−
10500	湖北工业大学	1305	设计学	B−
10500	湖北工业大学	0814	土木工程	C+
10500	湖北工业大学	1202	工商管理	C+
10500	湖北工业大学	0802	机械工程	C
10500	湖北工业大学	0804	仪器科学与技术	C−
10500	湖北工业大学	0805	材料科学与工程	C−
10500	湖北工业大学	0812	计算机科学与技术	C−
10504	华中农业大学	0902	园艺学	A+
10504	华中农业大学	0905	畜牧学	A+
10504	华中农业大学	0906	兽医学	A+
10504	华中农业大学	0710	生物学	A
10504	华中农业大学	0832	食品科学与工程	A−
10504	华中农业大学	0901	作物学	A−
10504	华中农业大学	1203	农林经济管理	A−
10504	华中农业大学	0834	风景园林学	B+
10504	华中农业大学	0903	农业资源与环境	B+
10504	华中农业大学	0904	植物保护	B+
10504	华中农业大学	0908	水产	B+
10504	华中农业大学	1204	公共管理	B+
10504	华中农业大学	0828	农业工程	B
10504	华中农业大学	0713	生态学	C+
10504	华中农业大学	0822	轻工技术与工程	C
10504	华中农业大学	0830	环境科学与工程	C
10504	华中农业大学	1202	工商管理	C
10504	华中农业大学	0907	林学	C−
10507	湖北中医药大学	1008	中药学	B−
10507	湖北中医药大学	1005	中医学	C+

续表

院校代码	院校名称	代码	名称	评定结果
10507	湖北中医药大学	1006	中西医结合	C−
10507	湖北中医药大学	1007	药学	C−
10511	华中师范大学	0701	数学	B+
10511	华中师范大学	0305	马克思主义理论	A
10511	华中师范大学	0401	教育学	A
10511	华中师范大学	0302	政治学	A−
10511	华中师范大学	0602	中国史	A−
10511	华中师范大学	0402	心理学	B+
10511	华中师范大学	0403	体育学	B+
10511	华中师范大学	0501	中国语言文学	B+
10511	华中师范大学	0702	物理学	B+
10511	华中师范大学	0703	化学	B+
10511	华中师范大学	1205	图书情报与档案管理	B+
10511	华中师范大学	0303	社会学	B
10511	华中师范大学	0502	外国语言文学	B
10511	华中师范大学	0705	地理学	B
10511	华中师范大学	0710	生物学	B
10511	华中师范大学	0714	统计学	B
10511	华中师范大学	1204	公共管理	B
10511	华中师范大学	0603	世界史	B−
10511	华中师范大学	0812	计算机科学与技术	B−
10511	华中师范大学	0202	应用经济学	C+
10511	华中师范大学	0301	法学	C+
10511	华中师范大学	1201	管理科学与工程	C+
10511	华中师范大学	1304	美术学	C+
10511	华中师范大学	0201	理论经济学	C
10511	华中师范大学	0835	软件工程	C
10511	华中师范大学	1302	音乐与舞蹈学	C
10511	华中师范大学	0503	新闻传播学	C−
10511	华中师范大学	0713	生态学	C−
10511	华中师范大学	1305	设计学	C−
10512	湖北大学	0701	数学	B−
10512	湖北大学	0710	生物学	B
10512	湖北大学	0201	理论经济学	B−
10512	湖北大学	0305	马克思主义理论	B−

续表

院校代码	院校名称	代码	名称	评定结果
10512	湖北大学	0501	中国语言文学	B−
10512	湖北大学	0101	哲学	C+
10512	湖北大学	0805	材料科学与工程	C+
10512	湖北大学	1202	工商管理	C+
10512	湖北大学	0401	教育学	C
10512	湖北大学	0403	体育学	C
10512	湖北大学	0602	中国史	C
10512	湖北大学	0703	化学	C
10512	湖北大学	0705	地理学	C
10512	湖北大学	0713	生态学	C
10512	湖北大学	0809	电子科学与技术	C
10512	湖北大学	0502	外国语言文学	C−
10512	湖北大学	0702	物理学	C−
10512	湖北大学	1204	公共管理	C−
10513	湖北师范大学	0401	教育学	C−
10513	湖北师范大学	0703	化学	C−
10513	湖北师范大学	0701	数学	C−
10517	湖北民族学院	0304	民族学	C
10520	中南财经政法大学	0202	应用经济学	A−
10520	中南财经政法大学	0301	法学	A−
10520	中南财经政法大学	0714	统计学	B+
10520	中南财经政法大学	1202	工商管理	B+
10520	中南财经政法大学	1204	公共管理	B+
10520	中南财经政法大学	0201	理论经济学	B
10520	中南财经政法大学	0101	哲学	C+
10520	中南财经政法大学	0305	马克思主义理论	C+
10520	中南财经政法大学	1203	农林经济管理	C+
10520	中南财经政法大学	1201	管理科学与工程	C
10520	中南财经政法大学	0502	外国语言文学	C−
10522	武汉体育学院	0403	体育学	A−
10523	湖北美术学院	1304	美术学	B+
10523	湖北美术学院	1305	设计学	B
10523	湖北美术学院	1301	艺术学理论	C+
10524	中南民族大学	0304	民族学	A−
10524	中南民族大学	0305	马克思主义理论	B−

续表

院校代码	院校名称	代码	名称	评定结果
10524	中南民族大学	0703	化学	C+
10524	中南民族大学	1202	工商管理	C+
10524	中南民族大学	0301	法学	C
10524	中南民族大学	0401	教育学	C
10524	中南民族大学	0501	中国语言文学	C
10524	中南民族大学	0710	生物学	C-
10530	湘潭大学	0701	数学	B+
10530	湘潭大学	0301	法学	B+
10530	湘潭大学	0305	马克思主义理论	B+
10530	湘潭大学	0805	材料科学与工程	B
10530	湘潭大学	0817	化学工程与技术	B
10530	湘潭大学	1204	公共管理	B
10530	湘潭大学	0201	理论经济学	B-
10530	湘潭大学	0702	物理学	B-
10530	湘潭大学	0703	化学	B-
10530	湘潭大学	0302	政治学	C+
10530	湘潭大学	0501	中国语言文学	C+
10530	湘潭大学	0502	外国语言文学	C+
10530	湘潭大学	0714	统计学	C+
10530	湘潭大学	0801	力学	C+
10530	湘潭大学	1205	图书情报与档案管理	C+
10530	湘潭大学	0802	机械工程	C
10530	湘潭大学	0812	计算机科学与技术	C
10530	湘潭大学	0830	环境科学与工程	C
10530	湘潭大学	0835	软件工程	C
10530	湘潭大学	1202	工商管理	C
10531	吉首大学	0101	哲学	C
10531	吉首大学	0403	体育学	C
10531	吉首大学	0304	民族学	C-
10531	吉首大学	0713	生态学	C-
10532	湖南大学	0701	数学	B+
10532	湖南大学	0813	建筑学	B
10532	湖南大学	0703	化学	A-
10532	湖南大学	0802	机械工程	A-
10532	湖南大学	0814	土木工程	A-

续表

院校代码	院校名称	代码	名称	评定结果
10532	湖南大学	1202	工商管理	A－
10532	湖南大学	1305	设计学	A－
10532	湖南大学	0202	应用经济学	B＋
10532	湖南大学	0305	马克思主义理论	B＋
10532	湖南大学	0502	外国语言文学	B＋
10532	湖南大学	0808	电气工程	B＋
10532	湖南大学	0812	计算机科学与技术	B＋
10532	湖南大学	0830	环境科学与工程	B＋
10532	湖南大学	0301	法学	B
10532	湖南大学	0503	新闻传播学	B
10532	湖南大学	0702	物理学	B
10532	湖南大学	0714	统计学	B
10532	湖南大学	0805	材料科学与工程	B
10532	湖南大学	0811	控制科学与工程	B
10532	湖南大学	0817	化学工程与技术	B
10532	湖南大学	0833	城乡规划学	B
10532	湖南大学	1201	管理科学与工程	B
10532	湖南大学	0201	理论经济学	B－
10532	湖南大学	0602	中国史	B－
10532	湖南大学	0801	力学	B－
10532	湖南大学	0809	电子科学与技术	B－
10532	湖南大学	1204	公共管理	B－
10532	湖南大学	0710	生物学	C＋
10532	湖南大学	0810	信息与通信工程	C＋
10532	湖南大学	0501	中国语言文学	C
10532	湖南大学	0823	交通运输工程	C
10533	中南大学	0701	数学	B＋
10533	中南大学	0806	冶金工程	A＋
10533	中南大学	0819	矿业工程	A＋
10533	中南大学	1011	护理学	A＋
10533	中南大学	0305	马克思主义理论	A－
10533	中南大学	0802	机械工程	A－
10533	中南大学	0805	材料科学与工程	A－
10533	中南大学	0811	控制科学与工程	A－
10533	中南大学	0812	计算机科学与技术	A－

续表

院校代码	院校名称	代码	名称	评定结果
10533	中南大学	0814	土木工程	A−
10533	中南大学	0837	安全科学与工程	A−
10533	中南大学	1002	临床医学	A−
10533	中南大学	1201	管理科学与工程	A−
10533	中南大学	0301	法学	B+
10533	中南大学	0710	生物学	B+
10533	中南大学	0714	统计学	B+
10533	中南大学	0816	测绘科学与技术	B+
10533	中南大学	0817	化学工程与技术	B+
10533	中南大学	0818	地质资源与地质工程	B+
10533	中南大学	0823	交通运输工程	B+
10533	中南大学	1001	基础医学	B+
10533	中南大学	1007	药学	B+
10533	中南大学	1202	工商管理	B+
10533	中南大学	0702	物理学	B
10533	中南大学	0703	化学	B
10533	中南大学	1204	公共管理	B
10533	中南大学	0101	哲学	B−
10533	中南大学	0303	社会学	B−
10533	中南大学	0402	心理学	B−
10533	中南大学	0807	动力工程及工程热物理	B−
10533	中南大学	0830	环境科学与工程	B−
10533	中南大学	1004	公共卫生与预防医学	B−
10533	中南大学	0809	电子科学与技术	C+
10533	中南大学	0709	地质学	C
10533	中南大学	0801	力学	C
10533	中南大学	0808	电气工程	C
10533	中南大学	0810	信息与通信工程	C
10533	中南大学	1003	口腔医学	C
10534	湖南科技大学	0305	马克思主义理论	B
10534	湖南科技大学	0202	应用经济学	B−
10534	湖南科技大学	0802	机械工程	B−
10534	湖南科技大学	0812	计算机科学与技术	C+
10534	湖南科技大学	0814	土木工程	C+
10534	湖南科技大学	0837	安全科学与工程	C+

续表

院校代码	院校名称	代码	名称	评定结果
10534	湖南科技大学	0502	外国语言文学	C
10534	湖南科技大学	0703	化学	C
10534	湖南科技大学	0811	控制科学与工程	C−
10534	湖南科技大学	0819	矿业工程	C−
10534	湖南科技大学	0835	软件工程	C−
10536	长沙理工大学	0814	土木工程	B+
10536	长沙理工大学	0823	交通运输工程	B
10536	长沙理工大学	1202	工商管理	B
10536	长沙理工大学	0808	电气工程	B−
10536	长沙理工大学	0815	水利工程	B−
10536	长沙理工大学	0202	应用经济学	C+
10536	长沙理工大学	0305	马克思主义理论	C
10536	长沙理工大学	0802	机械工程	C
10536	长沙理工大学	0807	动力工程及工程热物理	C
10536	长沙理工大学	0809	电子科学与技术	C
10536	长沙理工大学	0714	统计学	C−
10536	长沙理工大学	0812	计算机科学与技术	C−
10536	长沙理工大学	0832	食品科学与工程	C−
10536	长沙理工大学	1201	管理科学与工程	C−
10536	长沙理工大学	0701	数学	C
10537	湖南农业大学	0901	作物学	B+
10537	湖南农业大学	0902	园艺学	B+
10537	湖南农业大学	0710	生物学	B
10537	湖南农业大学	0903	农业资源与环境	B
10537	湖南农业大学	0713	生态学	B−
10537	湖南农业大学	0904	植物保护	B−
10537	湖南农业大学	0905	畜牧学	B−
10537	湖南农业大学	0906	兽医学	B−
10537	湖南农业大学	1203	农林经济管理	C+
10537	湖南农业大学	1204	公共管理	C+
10537	湖南农业大学	0908	水产	C−
10537	湖南农业大学	0909	草学	C
10538	中南林业科技大学	0713	生态学	B
10538	中南林业科技大学	0907	林学	B
10538	中南林业科技大学	0829	林业工程	B−

续表

院校代码	院校名称	代码	名称	评定结果
10538	中南林业科技大学	0834	风景园林学	B−
10538	中南林业科技大学	0710	生物学	C+
10538	中南林业科技大学	0832	食品科学与工程	C+
10538	中南林业科技大学	0814	土木工程	C
10538	中南林业科技大学	0830	环境科学与工程	C−
10538	中南林业科技大学	1202	工商管理	C−
10541	湖南中医药大学	1005	中医学	B
10541	湖南中医药大学	1006	中西医结合	B−
10541	湖南中医药大学	1007	药学	C+
10541	湖南中医药大学	1008	中药学	C−
10542	湖南师范大学	0701	数学	B+
10542	湖南师范大学	0401	教育学	B+
10542	湖南师范大学	0502	外国语言文学	B+
10542	湖南师范大学	0101	哲学	B
10542	湖南师范大学	0301	法学	B
10542	湖南师范大学	0305	马克思主义理论	B
10542	湖南师范大学	0403	体育学	B
10542	湖南师范大学	0501	中国语言文学	B
10542	湖南师范大学	0503	新闻传播学	B
10542	湖南师范大学	0702	物理学	B
10542	湖南师范大学	0703	化学	B
10542	湖南师范大学	0705	地理学	B
10542	湖南师范大学	0710	生物学	B
10542	湖南师范大学	1302	音乐与舞蹈学	B
10542	湖南师范大学	1304	美术学	B
10542	湖南师范大学	0302	政治学	B−
10542	湖南师范大学	0402	心理学	B−
10542	湖南师范大学	0602	中国史	B−
10542	湖南师范大学	0713	生态学	B−
10542	湖南师范大学	0201	理论经济学	C+
10542	湖南师范大学	0714	统计学	C+
10542	湖南师范大学	1305	设计学	C
10542	湖南师范大学	0303	社会学	C−
10542	湖南师范大学	0603	世界史	C−
10542	湖南师范大学	1001	基础医学	C−

续表

院校代码	院校名称	代码	名称	评定结果
10554	湖南商学院	1202	工商管理	C−
10555	南华大学	0827	核科学与技术	B−
10555	南华大学	0837	安全科学与工程	C+
10555	南华大学	1001	基础医学	C+
10555	南华大学	0819	矿业工程	C
10555	南华大学	0835	软件工程	C
10555	南华大学	0305	马克思主义理论	C−
10555	南华大学	0814	土木工程	C−
10558	中山大学	0701	数学	A−
10558	中山大学	0713	生态学	A+
10558	中山大学	1202	工商管理	A+
10558	中山大学	0305	马克思主义理论	A
10558	中山大学	1204	公共管理	A
10558	中山大学	0101	哲学	A−
10558	中山大学	0501	中国语言文学	A−
10558	中山大学	0602	中国史	A−
10558	中山大学	0702	物理学	A−
10558	中山大学	0703	化学	A−
10558	中山大学	0710	生物学	A−
10558	中山大学	1001	基础医学	A−
10558	中山大学	1002	临床医学	A−
10558	中山大学	1007	药学	A−
10558	中山大学	0201	理论经济学	B+
10558	中山大学	0202	应用经济学	B+
10558	中山大学	0301	法学	B+
10558	中山大学	0303	社会学	B+
10558	中山大学	0304	民族学	B+
10558	中山大学	0502	外国语言文学	B+
10558	中山大学	0705	地理学	B+
10558	中山大学	0707	海洋科学	B+
10558	中山大学	0812	计算机科学与技术	B+
10558	中山大学	0830	环境科学与工程	B+
10558	中山大学	1003	口腔医学	B+
10558	中山大学	1004	公共卫生与预防医学	B+
10558	中山大学	1205	图书情报与档案管理	B+

续表

院校代码	院校名称	代码	名称	评定结果
10558	中山大学	0302	政治学	B
10558	中山大学	0503	新闻传播学	B
10558	中山大学	0601	考古学	B
10558	中山大学	0714	统计学	B
10558	中山大学	0805	材料科学与工程	B
10558	中山大学	0809	电子科学与技术	B
10558	中山大学	0835	软件工程	B
10558	中山大学	1011	护理学	B
10558	中山大学	1201	管理科学与工程	B
10558	中山大学	0402	心理学	B—
10558	中山大学	0603	世界史	B—
10558	中山大学	0801	力学	B—
10558	中山大学	0803	光学工程	B—
10558	中山大学	0810	信息与通信工程	B—
10558	中山大学	0831	生物医学工程	B—
10558	中山大学	0706	大气科学	C
10558	中山大学	0709	地质学	C
10558	中山大学	0815	水利工程	C
10558	中山大学	0817	化学工程与技术	C
10558	中山大学	0823	交通运输工程	C
10558	中山大学	1006	中西医结合	C
10559	暨南大学	0701	数学	C+
10559	暨南大学	0503	新闻传播学	A—
10559	暨南大学	0202	应用经济学	B+
10559	暨南大学	0501	中国语言文学	B+
10559	暨南大学	0710	生物学	B+
10559	暨南大学	1202	工商管理	B+
10559	暨南大学	0302	政治学	B
10559	暨南大学	0602	中国史	B
10559	暨南大学	0812	计算机科学与技术	B
10559	暨南大学	1008	中药学	B
10559	暨南大学	0201	理论经济学	B—
10559	暨南大学	0301	法学	B—
10559	暨南大学	0502	外国语言文学	B—
10559	暨南大学	0713	生态学	B—

续表

院校代码	院校名称	代码	名称	评定结果
10559	暨南大学	0714	统计学	B－
10559	暨南大学	0831	生物医学工程	B－
10559	暨南大学	1001	基础医学	B－
10559	暨南大学	1007	药学	B－
10559	暨南大学	1201	管理科学与工程	B－
10559	暨南大学	0603	世界史	C＋
10559	暨南大学	0703	化学	C＋
10559	暨南大学	0801	力学	C＋
10559	暨南大学	0803	光学工程	C＋
10559	暨南大学	0830	环境科学与工程	C＋
10559	暨南大学	0832	食品科学与工程	C＋
10559	暨南大学	1002	临床医学	C＋
10559	暨南大学	1006	中西医结合	C＋
10559	暨南大学	1204	公共管理	C＋
10559	暨南大学	0810	信息与通信工程	C
10559	暨南大学	0805	材料科学与工程	C－
10560	汕头大学	0701	数学	C＋
10560	汕头大学	0710	生物学	C＋
10560	汕头大学	1002	临床医学	C＋
10560	汕头大学	0503	新闻传播学	C
10560	汕头大学	0703	化学	C
10560	汕头大学	0814	土木工程	C
10560	汕头大学	1001	基础医学	C
10560	汕头大学	1007	药学	C
10560	汕头大学	1202	工商管理	C
10561	华南理工大学	0813	建筑学	A－
10561	华南理工大学	0701	数学	B＋
10561	华南理工大学	0822	轻工技术与工程	A＋
10561	华南理工大学	0802	机械工程	A－
10561	华南理工大学	0805	材料科学与工程	A－
10561	华南理工大学	0817	化学工程与技术	A－
10561	华南理工大学	0830	环境科学与工程	A－
10561	华南理工大学	0832	食品科学与工程	A－
10561	华南理工大学	1201	管理科学与工程	A－
10561	华南理工大学	0810	信息与通信工程	B＋

续表

院校代码	院校名称	代码	名称	评定结果
10561	华南理工大学	0811	控制科学与工程	B+
10561	华南理工大学	0812	计算机科学与技术	B+
10561	华南理工大学	0814	土木工程	B+
10561	华南理工大学	0831	生物医学工程	B+
10561	华南理工大学	0833	城乡规划学	B+
10561	华南理工大学	0834	风景园林学	B+
10561	华南理工大学	0835	软件工程	B+
10561	华南理工大学	1202	工商管理	B+
10561	华南理工大学	0305	马克思主义理论	B
10561	华南理工大学	0703	化学	B
10561	华南理工大学	0808	电气工程	B
10561	华南理工大学	0809	电子科学与技术	B
10561	华南理工大学	0301	法学	B−
10561	华南理工大学	0502	外国语言文学	B−
10561	华南理工大学	0503	新闻传播学	B−
10561	华南理工大学	0710	生物学	B−
10561	华南理工大学	0823	交通运输工程	B−
10561	华南理工大学	1204	公共管理	B−
10561	华南理工大学	0702	物理学	C−
10561	华南理工大学	0801	力学	C−
10561	华南理工大学	0807	动力工程及工程热物理	C+
10561	华南理工大学	0837	安全科学与工程	C+
10561	华南理工大学	0815	水利工程	C−
10561	华南理工大学	09	农学	
10564	华南农业大学	0909	草学	B−
10564	华南农业大学	0906	兽医学	A−
10564	华南农业大学	0828	农业工程	B+
10564	华南农业大学	0832	食品科学与工程	B+
10564	华南农业大学	0905	畜牧学	B+
10564	华南农业大学	1203	农林经济管理	B+
10564	华南农业大学	0901	作物学	B
10564	华南农业大学	0902	园艺学	B
10564	华南农业大学	0903	农业资源与环境	B
10564	华南农业大学	0904	植物保护	B
10564	华南农业大学	0834	风景园林学	B−

续表

院校代码	院校名称	代码	名称	评定结果
10564	华南农业大学	0907	林学	C+
10564	华南农业大学	0812	计算机科学与技术	C
10564	华南农业大学	1204	公共管理	C
10564	华南农业大学	0817	化学工程与技术	C−
10564	华南农业大学	0830	环境科学与工程	C−
10566	广东海洋大学	0832	食品科学与工程	B−
10566	广东海洋大学	0908	水产	B−
10566	广东海洋大学	0707	海洋科学	C+
10570	广州医科大学	1002	临床医学	B−
10570	广州医科大学	1001	基础医学	C
10570	广州医科大学	1007	药学	C
10570	广州医科大学	1011	护理学	C
10570	广州医科大学	1004	公共卫生与预防医学	C−
10571	广东医科大学	1002	临床医学	C
10572	广州中医药大学	1006	中西医结合	A−
10572	广州中医药大学	1005	中医学	B+
10572	广州中医药大学	1008	中药学	B
10572	广州中医药大学	1007	药学	C−
10573	广东药科大学	1007	药学	B
10574	华南师范大学	0701	数学	B+
10574	华南师范大学	0402	心理学	A+
10574	华南师范大学	0305	马克思主义理论	A−
10574	华南师范大学	0401	教育学	A−
10574	华南师范大学	0403	体育学	A−
10574	华南师范大学	0702	物理学	B+
10574	华南师范大学	0501	中国语言文学	B
10574	华南师范大学	0703	化学	B
10574	华南师范大学	0705	地理学	B
10574	华南师范大学	0101	哲学	B−
10574	华南师范大学	0201	理论经济学	B−
10574	华南师范大学	0302	政治学	B−
10574	华南师范大学	0502	外国语言文学	B−
10574	华南师范大学	0710	生物学	B−
10574	华南师范大学	0713	生态学	B−
10574	华南师范大学	1302	音乐与舞蹈学	B−

续表

院校代码	院校名称	代码	名称	评定结果
10574	华南师范大学	0202	应用经济学	C+
10574	华南师范大学	0603	世界史	C+
10574	华南师范大学	1304	美术学	C+
10574	华南师范大学	0602	中国史	C
10574	华南师范大学	0301	法学	C−
10585	广州体育学院	0403	体育学	B
10586	广州美术学院	1304	美术学	B+
10586	广州美术学院	1305	设计学	B+
10586	广州美术学院	1301	艺术学理论	B
10587	星海音乐学院	1302	音乐与舞蹈学	B+
10589	海南大学	0301	法学	B
10589	海南大学	1202	工商管理	B
10589	海南大学	0305	马克思主义理论	C+
10589	海南大学	0810	信息与通信工程	C+
10589	海南大学	0817	化学工程与技术	C+
10589	海南大学	0202	应用经济学	C
10589	海南大学	0805	材料科学与工程	C
10589	海南大学	0832	食品科学与工程	C
10589	海南大学	0902	园艺学	C
10589	海南大学	0501	中国语言文学	C−
10589	海南大学	0812	计算机科学与技术	C−
10589	海南大学	0834	风景园林学	C−
10589	海南大学	0901	作物学	C−
10589	海南大学	0908	水产	C−
10590	深圳大学	0813	建筑学	B−
10590	深圳大学	0803	光学工程	B+
10590	深圳大学	0201	理论经济学	B
10590	深圳大学	0503	新闻传播学	B
10590	深圳大学	0810	信息与通信工程	B
10590	深圳大学	0812	计算机科学与技术	B
10590	深圳大学	0831	生物医学工程	B
10590	深圳大学	0301	法学	B−
10590	深圳大学	0833	城乡规划学	B−
10590	深圳大学	1202	工商管理	B−
10590	深圳大学	0302	政治学	C+

续表

院校代码	院校名称	代码	名称	评定结果
10590	深圳大学	0402	心理学	C+
10590	深圳大学	0814	土木工程	C+
10590	深圳大学	1201	管理科学与工程	C+
10590	深圳大学	1301	艺术学理论	C+
10590	深圳大学	1304	美术学	C+
10590	深圳大学	1305	设计学	C+
10590	深圳大学	0101	哲学	C
10590	深圳大学	0305	马克思主义理论	C
10590	深圳大学	0403	体育学	C
10590	深圳大学	0502	外国语言文学	C
10590	深圳大学	0805	材料科学与工程	C
10590	深圳大学	0401	教育学	C−
10590	深圳大学	0501	中国语言文学	C−
10590	深圳大学	0802	机械工程	C−
10590	深圳大学	0809	电子科学与技术	C−
10590	深圳大学	0811	控制科学与工程	C−
10590	深圳大学	1303	戏剧与影视学	C−
10592	广东财经大学	0301	法学	B−
10592	广东财经大学	1202	工商管理	B−
10592	广东财经大学	0202	应用经济学	C+
10592	广东财经大学	0305	马克思主义理论	C−
10592	广东财经大学	0714	统计学	C−
10592	广东财经大学	1201	管理科学与工程	C−
10593	广西大学	0701	数学	C+
10593	广西大学	0202	应用经济学	B
10593	广西大学	0817	化学工程与技术	B
10593	广西大学	0305	马克思主义理论	B−
10593	广西大学	0710	生物学	B−
10593	广西大学	0713	生态学	B−
10593	广西大学	0812	计算机科学与技术	B−
10593	广西大学	0814	土木工程	B−
10593	广西大学	1204	公共管理	B−
10593	广西大学	0502	外国语言文学	C+
10593	广西大学	0808	电气工程	C+
10593	广西大学	0822	轻工技术与工程	C+

续表

院校代码	院校名称	代码	名称	评定结果
10593	广西大学	0835	软件工程	C+
10593	广西大学	0905	畜牧学	C+
10593	广西大学	0906	兽医学	C+
10593	广西大学	1202	工商管理	C+
10593	广西大学	0501	中国语言文学	C
10593	广西大学	0503	新闻传播学	C
10593	广西大学	0702	物理学	C
10593	广西大学	0802	机械工程	C
10593	广西大学	0830	环境科学与工程	C
10593	广西大学	0901	作物学	C
10593	广西大学	0904	植物保护	C
10593	广西大学	0101	哲学	C−
10593	广西大学	0301	法学	C−
10593	广西大学	0714	统计学	C−
10593	广西大学	0805	材料科学与工程	C−
10595	桂林电子科技大学	0802	机械工程	B−
10595	桂林电子科技大学	0804	仪器科学与技术	B−
10595	桂林电子科技大学	0810	信息与通信工程	B−
10595	桂林电子科技大学	0812	计算机科学与技术	B−
10595	桂林电子科技大学	0835	软件工程	C+
10595	桂林电子科技大学	0805	材料科学与工程	C
10595	桂林电子科技大学	0809	电子科学与技术	C
10595	桂林电子科技大学	0701	数学	C
10596	桂林理工大学	0830	环境科学与工程	B
10596	桂林理工大学	0714	统计学	C
10596	桂林理工大学	0805	材料科学与工程	C
10596	桂林理工大学	0814	土木工程	C
10596	桂林理工大学	0818	地质资源与地质工程	C
10596	桂林理工大学	1202	工商管理	C
10596	桂林理工大学	0812	计算机科学与技术	C−
10596	桂林理工大学	0816	测绘科学与技术	C−
10596	桂林理工大学	0835	软件工程	C−
10598	广西医科大学	1001	基础医学	C+
10598	广西医科大学	1002	临床医学	C+
10598	广西医科大学	1003	口腔医学	C+

续表

院校代码	院校名称	代码	名称	评定结果
10598	广西医科大学	1004	公共卫生与预防医学	C+
10598	广西医科大学	1007	药学	C+
10598	广西医科大学	1011	护理学	C+
10600	广西中医药大学	1005	中医学	C+
10600	广西中医药大学	1006	中西医结合	C−
10600	广西中医药大学	1008	中药学	C−
10601	桂林医学院	1001	基础医学	C−
10602	广西师范大学	0305	马克思主义理论	B+
10602	广西师范大学	0401	教育学	B
10602	广西师范大学	0501	中国语言文学	B
10602	广西师范大学	0703	化学	B−
10602	广西师范大学	0835	软件工程	B−
10602	广西师范大学	1304	美术学	B−
10602	广西师范大学	0403	体育学	C+
10602	广西师范大学	0502	外国语言文学	C+
10602	广西师范大学	0812	计算机科学与技术	C+
10602	广西师范大学	0702	物理学	C
10602	广西师范大学	0202	应用经济学	C−
10602	广西师范大学	0301	法学	C−
10602	广西师范大学	0603	世界史	C−
10602	广西师范大学	0714	统计学	C−
10602	广西师范大学	0830	环境科学与工程	C−
10602	广西师范大学	1302	音乐与舞蹈学	C−
10603	广西师范学院	0305	马克思主义理论	C−
10603	广西师范学院	0401	教育学	C−
10607	广西艺术学院	1304	美术学	B+
10607	广西艺术学院	1302	音乐与舞蹈学	B
10607	广西艺术学院	1305	设计学	B
10607	广西艺术学院	1301	艺术学理论	C+
10608	广西民族大学	0304	民族学	B
10608	广西民族大学	0501	中国语言文学	B−
10608	广西民族大学	0502	外国语言文学	B−
10608	广西民族大学	0712	科学技术史	C+
10608	广西民族大学	0305	马克思主义理论	C
10608	广西民族大学	0302	政治学	C−

续表

院校代码	院校名称	代码	名称	评定结果
10608	广西民族大学	0701	数学	C－
10610	四川大学	0701	数学	A－
10610	四川大学	1003	口腔医学	A＋
10610	四川大学	0501	中国语言文学	A
10610	四川大学	0305	马克思主义理论	A－
10610	四川大学	0703	化学	A－
10610	四川大学	0710	生物学	A－
10610	四川大学	0805	材料科学与工程	A－
10610	四川大学	0817	化学工程与技术	A－
10610	四川大学	0831	生物医学工程	A－
10610	四川大学	0835	软件工程	A－
10610	四川大学	1002	临床医学	A－
10610	四川大学	1007	药学	A－
10610	四川大学	1011	护理学	A－
10610	四川大学	1201	管理科学与工程	A－
10610	四川大学	1202	工商管理	A－
10610	四川大学	1204	公共管理	A－
10610	四川大学	0301	法学	B＋
10610	四川大学	0502	外国语言文学	B＋
10610	四川大学	0503	新闻传播学	B＋
10610	四川大学	0601	考古学	B＋
10610	四川大学	0602	中国史	B＋
10610	四川大学	0713	生态学	B＋
10610	四川大学	0812	计算机科学与技术	B＋
10610	四川大学	0815	水利工程	B＋
10610	四川大学	0830	环境科学与工程	B＋
10610	四川大学	1001	基础医学	B＋
10610	四川大学	1006	中西医结合	B＋
10610	四川大学	1304	美术学	B＋
10610	四川大学	0101	哲学	B
10610	四川大学	0201	理论经济学	B
10610	四川大学	0603	世界史	B
10610	四川大学	0702	物理学	B
10610	四川大学	0802	机械工程	B
10610	四川大学	0803	光学工程	B

续表

院校代码	院校名称	代码	名称	评定结果
10610	四川大学	0810	信息与通信工程	B
10610	四川大学	0814	土木工程	B
10610	四川大学	0822	轻工技术与工程	B
10610	四川大学	1004	公共卫生与预防医学	B
10610	四川大学	1301	艺术学理论	B
10610	四川大学	1305	设计学	B
10610	四川大学	0202	应用经济学	B－
10610	四川大学	0302	政治学	B－
10610	四川大学	0714	统计学	B－
10610	四川大学	0801	力学	B－
10610	四川大学	0808	电气工程	B－
10610	四川大学	0827	核科学与技术	B－
10610	四川大学	0303	社会学	C＋
10610	四川大学	0304	民族学	C＋
10610	四川大学	0804	仪器科学与技术	C＋
10610	四川大学	0807	动力工程及工程热物理	C＋
10610	四川大学	0832	食品科学与工程	C＋
10610	四川大学	0833	城乡规划学	C＋
10610	四川大学	1205	图书情报与档案管理	C＋
10610	四川大学	0711	系统科学	C
10610	四川大学	0809	电子科学与技术	C
10610	四川大学	0811	控制科学与工程	C
10610	四川大学	0834	风景园林学	C
10610	四川大学	0821	纺织科学与工程	C－
10611	重庆大学	0813	建筑学	B＋
10611	重庆大学	0701	数学	B＋
10611	重庆大学	0802	机械工程	A－
10611	重庆大学	0804	仪器科学与技术	A－
10611	重庆大学	0808	电气工程	A－
10611	重庆大学	0301	法学	B＋
10611	重庆大学	0805	材料科学与工程	B＋
10611	重庆大学	0812	计算机科学与技术	B＋
10611	重庆大学	0814	土木工程	B＋
10611	重庆大学	0817	化学工程与技术	B＋
10611	重庆大学	0819	矿业工程	B＋

续表

院校代码	院校名称	代码	名称	评定结果
10611	重庆大学	0830	环境科学与工程	B+
10611	重庆大学	0831	生物医学工程	B+
10611	重庆大学	0833	城乡规划学	B+
10611	重庆大学	0835	软件工程	B+
10611	重庆大学	1201	管理科学与工程	B+
10611	重庆大学	1202	工商管理	B+
10611	重庆大学	0202	应用经济学	B
10611	重庆大学	0702	物理学	B
10611	重庆大学	0713	生态学	B
10611	重庆大学	0807	动力工程及工程热物理	B
10611	重庆大学	0811	控制科学与工程	B
10611	重庆大学	0834	风景园林学	B
10611	重庆大学	0837	安全科学与工程	B
10611	重庆大学	1303	戏剧与影视学	B
10611	重庆大学	0502	外国语言文学	B−
10611	重庆大学	0714	统计学	B−
10611	重庆大学	0801	力学	B−
10611	重庆大学	0806	冶金工程	B−
10611	重庆大学	0809	电子科学与技术	B−
10611	重庆大学	0810	信息与通信工程	B−
10611	重庆大学	1204	公共管理	B−
10611	重庆大学	0503	新闻传播学	C−
10611	重庆大学	0710	生物学	C−
10611	重庆大学	0803	光学工程	C+
10611	重庆大学	0201	理论经济学	C
10611	重庆大学	0305	马克思主义理论	C
10611	重庆大学	0703	化学	C
10611	重庆大学	1304	美术学	C
10611	重庆大学	1305	设计学	C−
10613	西南交通大学	0813	建筑学	B−
10613	西南交通大学	0823	交通运输工程	A+
10613	西南交通大学	0814	土木工程	A−
10613	西南交通大学	0305	马克思主义理论	B+
10613	西南交通大学	0802	机械工程	B+
10613	西南交通大学	0808	电气工程	B+

续表

院校代码	院校名称	代码	名称	评定结果
10613	西南交通大学	0810	信息与通信工程	B+
10613	西南交通大学	0812	计算机科学与技术	B+
10613	西南交通大学	1201	管理科学与工程	B+
10613	西南交通大学	1202	工商管理	B+
10613	西南交通大学	0801	力学	B
10613	西南交通大学	0805	材料科学与工程	B
10613	西南交通大学	0816	测绘科学与技术	B
10613	西南交通大学	0809	电子科学与技术	B−
10613	西南交通大学	0811	控制科学与工程	B−
10613	西南交通大学	0835	软件工程	B−
10613	西南交通大学	0502	外国语言文学	C+
10613	西南交通大学	0702	物理学	C+
10613	西南交通大学	0818	地质资源与地质工程	C+
10613	西南交通大学	0833	城乡规划学	C+
10613	西南交通大学	1204	公共管理	C+
10613	西南交通大学	1305	设计学	C+
10613	西南交通大学	0501	中国语言文学	C
10613	西南交通大学	0714	统计学	C
10613	西南交通大学	0830	环境科学与工程	C
10613	西南交通大学	0831	生物医学工程	C
10613	西南交通大学	1007	药学	C−
10613	西南交通大学	0701	数学	C
10614	电子科技大学	0809	电子科学与技术	A+
10614	电子科技大学	0810	信息与通信工程	A+
10614	电子科技大学	0812	计算机科学与技术	A
10614	电子科技大学	0803	光学工程	A−
10614	电子科技大学	0804	仪器科学与技术	B+
10614	电子科技大学	0831	生物医学工程	B+
10614	电子科技大学	0835	软件工程	B+
10614	电子科技大学	1201	管理科学与工程	B+
10614	电子科技大学	1202	工商管理	B+
10614	电子科技大学	0802	机械工程	B
10614	电子科技大学	0805	材料科学与工程	B
10614	电子科技大学	0811	控制科学与工程	B
10614	电子科技大学	1204	公共管理	B

续表

院校代码	院校名称	代码	名称	评定结果
10614	电子科技大学	0808	电气工程	C
10614	电子科技大学	0817	化学工程与技术	C−
10615	西南石油大学	0820	石油与天然气工程	A+
10615	西南石油大学	0817	化学工程与技术	B+
10615	西南石油大学	0802	机械工程	B
10615	西南石油大学	0818	地质资源与地质工程	B
10615	西南石油大学	0305	马克思主义理论	C
10615	西南石油大学	0805	材料科学与工程	C
10615	西南石油大学	0835	软件工程	C
10615	西南石油大学	1201	管理科学与工程	C
10615	西南石油大学	0804	仪器科学与技术	C−
10615	西南石油大学	0812	计算机科学与技术	C−
10615	西南石油大学	1202	工商管理	C−
10615	西南石油大学	0701	数学	C−
10616	成都理工大学	0818	地质资源与地质工程	B+
10616	成都理工大学	0709	地质学	B−
10616	成都理工大学	0814	土木工程	B−
10616	成都理工大学	1201	管理科学与工程	C−
10616	成都理工大学	0305	马克思主义理论	C−
10616	成都理工大学	0708	地球物理学	C−
10616	成都理工大学	0817	化学工程与技术	C−
10616	成都理工大学	0820	石油与天然气工程	C−
10616	成都理工大学	0827	核科学与技术	C−
10616	成都理工大学	0701	数学	C
10617	重庆邮电大学	0810	信息与通信工程	B+
10617	重庆邮电大学	0812	计算机科学与技术	B+
10617	重庆邮电大学	0811	控制科学与工程	B−
10617	重庆邮电大学	0835	软件工程	B−
10617	重庆邮电大学	0305	马克思主义理论	C+
10617	重庆邮电大学	0809	电子科学与技术	C+
10617	重庆邮电大学	1201	管理科学与工程	C
10618	重庆交通大学	0814	土木工程	B
10618	重庆交通大学	0815	水利工程	B
10618	重庆交通大学	0823	交通运输工程	B
10618	重庆交通大学	1201	管理科学与工程	B−

续表

院校代码	院校名称	代码	名称	评定结果
10618	重庆交通大学	0305	马克思主义理论	C
10618	重庆交通大学	0802	机械工程	C−
10618	重庆交通大学	0812	计算机科学与技术	C−
10618	重庆交通大学	1202	工商管理	C−
10619	西南科技大学	0830	环境科学与工程	B−
10619	西南科技大学	0805	材料科学与工程	C+
10619	西南科技大学	0811	控制科学与工程	C+
10619	西南科技大学	0305	马克思主义理论	C
10619	西南科技大学	0710	生物学	C−
10621	成都信息工程大学	0810	信息与通信工程	C+
10621	成都信息工程大学	0812	计算机科学与技术	C+
10621	成都信息工程大学	0835	软件工程	C+
10621	成都信息工程大学	0714	统计学	C
10621	成都信息工程大学	1201	管理科学与工程	C
10622	四川理工学院	0817	化学工程与技术	C−
10622	四川理工学院	1201	管理科学与工程	C−
10623	西华大学	0305	马克思主义理论	C+
10623	西华大学	0807	动力工程及工程热物理	C
10623	西华大学	0832	食品科学与工程	C
10623	西华大学	0802	机械工程	C−
10623	西华大学	0812	计算机科学与技术	C−
10623	西华大学	0835	软件工程	C−
10623	西华大学	1202	工商管理	C−
10626	四川农业大学	0909	草学	B
10626	四川农业大学	0905	畜牧学	A−
10626	四川农业大学	0901	作物学	B+
10626	四川农业大学	0834	风景园林学	B
10626	四川农业大学	0903	农业资源与环境	B
10626	四川农业大学	0906	兽医学	B
10626	四川农业大学	0907	林学	B
10626	四川农业大学	0710	生物学	B−
10626	四川农业大学	1203	农林经济管理	B−
10626	四川农业大学	0902	园艺学	C+
10626	四川农业大学	0832	食品科学与工程	C
10626	四川农业大学	0904	植物保护	C

续表

院校代码	院校名称	代码	名称	评定结果
10631	重庆医科大学	1002	临床医学	B+
10631	重庆医科大学	1001	基础医学	B−
10631	重庆医科大学	1007	药学	B−
10631	重庆医科大学	1011	护理学	B−
10631	重庆医科大学	1003	口腔医学	C+
10631	重庆医科大学	1004	公共卫生与预防医学	C
10632	西南医科大学	1002	临床医学	C−
10633	成都中医药大学	1005	中医学	B+
10633	成都中医药大学	1008	中药学	B+
10633	成都中医药大学	1006	中西医结合	B
10633	成都中医药大学	1007	药学	C
10633	成都中医药大学	1011	护理学	C−
10635	西南大学	0701	数学	B
10635	西南大学	0305	马克思主义理论	A−
10635	西南大学	0401	教育学	A−
10635	西南大学	0402	心理学	A−
10635	西南大学	0501	中国语言文学	B−
10635	西南大学	0502	外国语言文学	B+
10635	西南大学	0703	化学	B+
10635	西南大学	0903	农业资源与环境	B+
10635	西南大学	0905	畜牧学	B+
10635	西南大学	0602	中国史	B
10635	西南大学	0710	生物学	B
10635	西南大学	0812	计算机科学与技术	B
10635	西南大学	0832	食品科学与工程	B
10635	西南大学	0901	作物学	B
10635	西南大学	0904	植物保护	B
10635	西南大学	1203	农林经济管理	B
10635	西南大学	1303	戏剧与影视学	B
10635	西南大学	1304	美术学	B
10635	西南大学	0101	哲学	B−
10635	西南大学	0705	地理学	B−
10635	西南大学	0714	统计学	B−
10635	西南大学	0835	软件工程	B−
10635	西南大学	0902	园艺学	B−

续表

院校代码	院校名称	代码	名称	评定结果
10635	西南大学	0713	生态学	C+
10635	西南大学	0828	农业工程	C+
10635	西南大学	0834	风景园林学	C+
10635	西南大学	1202	工商管理	C+
10635	西南大学	1302	音乐与舞蹈学	C+
10635	西南大学	0303	社会学	C
10635	西南大学	0403	体育学	C
10635	西南大学	0702	物理学	C
10635	西南大学	0906	兽医学	C
10635	西南大学	0908	水产	C
10635	西南大学	0503	新闻传播学	C−
10635	西南大学	0603	世界史	C−
10635	西南大学	0830	环境科学与工程	C−
10635	西南大学	1204	公共管理	C−
10636	四川师范大学	0701	数学	B−
10636	四川师范大学	0401	教育学	B
10636	四川师范大学	0501	中国语言文学	B
10636	四川师范大学	0502	外国语言文学	C+
10636	四川师范大学	1303	戏剧与影视学	C+
10636	四川师范大学	0201	理论经济学	C
10636	四川师范大学	0702	物理学	C
10636	四川师范大学	1304	美术学	C
10636	四川师范大学	0101	哲学	C−
10636	四川师范大学	0602	中国史	C−
10636	四川师范大学	0705	地理学	C−
10636	四川师范大学	0835	软件工程	C−
10636	四川师范大学	1202	工商管理	C−
10637	重庆师范大学	0701	数学	B−
10637	重庆师范大学	0401	教育学	B−
10637	重庆师范大学	0305	马克思主义理论	C+
10637	重庆师范大学	0501	中国语言文学	C+
10637	重庆师范大学	0601	考古学	C+
10637	重庆师范大学	0502	外国语言文学	C
10637	重庆师范大学	1304	美术学	C
10637	重庆师范大学	0705	地理学	C−

续表

院校代码	院校名称	代码	名称	评定结果
10637	重庆师范大学	0710	生物学	C−
10637	重庆师范大学	0711	系统科学	C−
10638	西华师范大学	0302	政治学	B−
10638	西华师范大学	0713	生态学	C+
10638	西华师范大学	0305	马克思主义理论	C
10638	西华师范大学	0501	中国语言文学	C
10638	西华师范大学	0701	数学	C−
10650	四川外国语大学	0502	外国语言文学	B+
10651	西南财经大学	0202	应用经济学	A−
10651	西南财经大学	1202	工商管理	A−
10651	西南财经大学	0201	理论经济学	B+
10651	西南财经大学	0301	法学	B
10651	西南财经大学	0305	马克思主义理论	B−
10651	西南财经大学	1204	公共管理	B−
10651	西南财经大学	0303	社会学	C+
10651	西南财经大学	1201	管理科学与工程	C+
10651	西南财经大学	0812	计算机科学与技术	C−
10652	西南政法大学	0301	法学	A
10652	西南政法大学	0302	政治学	C+
10652	西南政法大学	0503	新闻传播学	C+
10652	西南政法大学	0202	应用经济学	C
10652	西南政法大学	0305	马克思主义理论	C
10652	西南政法大学	1202	工商管理	C
10652	西南政法大学	0101	哲学	C−
10652	西南政法大学	0502	外国语言文学	C−
10652	西南政法大学	1204	公共管理	C−
10653	成都体育学院	0403	体育学	A−
10654	四川音乐学院	1302	音乐与舞蹈学	B+
10655	四川美术学院	1304	美术学	A−
10655	四川美术学院	1305	设计学	B+
10655	四川美术学院	1301	艺术学理论	C−
10655	四川美术学院	1303	戏剧与影视学	C
10656	西南民族大学	0304	民族学	B−
10656	西南民族大学	0501	中国语言文学	C+
10656	西南民族大学	1304	美术学	C+

续表

院校代码	院校名称	代码	名称	评定结果
10656	西南民族大学	0101	哲学	C
10656	西南民族大学	0202	应用经济学	C
10656	西南民族大学	0301	法学	C
10656	西南民族大学	0502	外国语言文学	C−
10656	西南民族大学	0905	畜牧学	C−
10656	西南民族大学	1302	音乐与舞蹈学	C−
10657	贵州大学	0701	数学	B−
10657	贵州大学	0904	植物保护	B+
10657	贵州大学	0710	生物学	B−
10657	贵州大学	0802	机械工程	B−
10657	贵州大学	0835	软件工程	B−
10657	贵州大学	0301	法学	C+
10657	贵州大学	0805	材料科学与工程	C+
10657	贵州大学	0812	计算机科学与技术	C+
10657	贵州大学	0713	生态学	C
10657	贵州大学	0809	电子科学与技术	C
10657	贵州大学	0814	土木工程	C
10657	贵州大学	0817	化学工程与技术	C
10657	贵州大学	0907	林学	C
10657	贵州大学	1204	公共管理	C
10657	贵州大学	0202	应用经济学	C−
10657	贵州大学	0702	物理学	C−
10657	贵州大学	0703	化学	C−
10657	贵州大学	0806	冶金工程	C−
10660	贵州医科大学	1001	基础医学	C+
10660	贵州医科大学	1007	药学	C+
10660	贵州医科大学	1002	临床医学	C
10660	贵州医科大学	1004	公共卫生与预防医学	C
10661	遵义医学院	1007	药学	C
10661	遵义医学院	1002	临床医学	C−
10662	贵阳中医学院	1005	中医学	C
10662	贵阳中医学院	1008	中药学	C
10663	贵州师范大学	0701	数学	C+
10663	贵州师范大学	0305	马克思主义理论	B
10663	贵州师范大学	0705	地理学	B−

续表

院校代码	院校名称	代码	名称	评定结果
10663	贵州师范大学	0501	中国语言文学	C+
10663	贵州师范大学	0401	教育学	C
10663	贵州师范大学	0402	心理学	C
10663	贵州师范大学	0302	政治学	C−
10663	贵州师范大学	0713	生态学	C−
10671	贵州财经大学	1202	工商管理	C+
10671	贵州财经大学	0202	应用经济学	C
10671	贵州财经大学	0305	马克思主义理论	C
10671	贵州财经大学	0714	统计学	C−
10671	贵州财经大学	1204	公共管理	C−
10672	贵州民族大学	0303	社会学	C
10672	贵州民族大学	0304	民族学	C−
10672	贵州民族大学	0501	中国语言文学	C−
10673	云南大学	0701	数学	B
10673	云南大学	0304	民族学	A+
10673	云南大学	0713	生态学	A−
10673	云南大学	0302	政治学	B+
10673	云南大学	0710	生物学	B+
10673	云南大学	0201	理论经济学	B
10673	云南大学	0602	中国史	B
10673	云南大学	0703	化学	B
10673	云南大学	0714	统计学	B
10673	云南大学	1202	工商管理	B
10673	云南大学	1205	图书情报与档案管理	B
10673	云南大学	0301	法学	B−
10673	云南大学	0305	马克思主义理论	B−
10673	云南大学	0501	中国语言文学	B−
10673	云南大学	0812	计算机科学与技术	B−
10673	云南大学	0835	软件工程	B−
10673	云南大学	0303	社会学	C+
10673	云南大学	0603	世界史	C+
10673	云南大学	0702	物理学	C+
10673	云南大学	0711	系统科学	C+
10673	云南大学	0810	信息与通信工程	C+
10673	云南大学	1204	公共管理	C+

续表

院校代码	院校名称	代码	名称	评定结果
10673	云南大学	0101	哲学	C
10673	云南大学	0202	应用经济学	C
10673	云南大学	0401	教育学	C
10673	云南大学	0502	外国语言文学	C−
10673	云南大学	0503	新闻传播学	C−
10673	云南大学	0705	地理学	C−
10673	云南大学	1301	艺术学理论	C−
10673	云南大学	1304	美术学	C−
10674	昆明理工大学	0813	建筑学	C+
10674	昆明理工大学	0806	冶金工程	B+
10674	昆明理工大学	0830	环境科学与工程	B+
10674	昆明理工大学	0805	材料科学与工程	B
10674	昆明理工大学	0802	机械工程	B−
10674	昆明理工大学	0801	力学	C+
10674	昆明理工大学	0812	计算机科学与技术	C+
10674	昆明理工大学	0814	土木工程	C+
10674	昆明理工大学	0819	矿业工程	C+
10674	昆明理工大学	1201	管理科学与工程	C+
10674	昆明理工大学	0101	哲学	C
10674	昆明理工大学	0301	法学	C
10674	昆明理工大学	0710	生物学	C
10674	昆明理工大学	0817	化学工程与技术	C
10674	昆明理工大学	0818	地质资源与地质工程	C
10674	昆明理工大学	0807	动力工程及工程热物理	C−
10674	昆明理工大学	0811	控制科学与工程	C−
10674	昆明理工大学	0816	测绘科学与技术	C−
10674	昆明理工大学	0823	交通运输工程	C−
10674	昆明理工大学	0833	城乡规划学	C−
10674	昆明理工大学	0835	软件工程	C−
10674	昆明理工大学	0837	安全科学与工程	C−
10674	昆明理工大学	1202	工商管理	C−
10674	昆明理工大学	0701	数学	C−
10676	云南农业大学	0904	植物保护	B
10676	云南农业大学	0905	畜牧学	B
10676	云南农业大学	0901	作物学	C+

续表

院校代码	院校名称	代码	名称	评定结果
10676	云南农业大学	0832	食品科学与工程	C
10676	云南农业大学	0903	农业资源与环境	C
10676	云南农业大学	0712	科学技术史	C−
10676	云南农业大学	0828	农业工程	C−
10676	云南农业大学	0902	园艺学	C−
10676	云南农业大学	0909	草学	C
10677	西南林业大学	0907	林学	B
10677	西南林业大学	0834	风景园林学	B−
10677	西南林业大学	0713	生态学	C
10677	西南林业大学	0829	林业工程	C
10678	昆明医科大学	1002	临床医学	B−
10678	昆明医科大学	1001	基础医学	C
10678	昆明医科大学	1003	口腔医学	C
10678	昆明医科大学	1004	公共卫生与预防医学	C
10678	昆明医科大学	1007	药学	C
10680	云南中医学院	1005	中医学	C−
10681	云南师范大学	0701	数学	C
10681	云南师范大学	0705	地理学	B+
10681	云南师范大学	0401	教育学	B−
10681	云南师范大学	0403	体育学	C+
10681	云南师范大学	0828	农业工程	C+
10681	云南师范大学	0305	马克思主义理论	C
10681	云南师范大学	0501	中国语言文学	C
10681	云南师范大学	1303	戏剧与影视学	C
10681	云南师范大学	0101	哲学	C−
10681	云南师范大学	0202	应用经济学	C−
10681	云南师范大学	0303	社会学	C−
10681	云南师范大学	0502	外国语言文学	C−
10681	云南师范大学	0602	中国史	C−
10681	云南师范大学	0710	生物学	C−
10681	云南师范大学	0803	光学工程	C−
10689	云南财经大学	0202	应用经济学	B
10689	云南财经大学	0714	统计学	B
10689	云南财经大学	1202	工商管理	B
10689	云南财经大学	1201	管理科学与工程	C

续表

院校代码	院校名称	代码	名称	评定结果
10689	云南财经大学	1204	公共管理	C
10689	云南财经大学	0201	理论经济学	C−
10689	云南财经大学	0305	马克思主义理论	C−
10690	云南艺术学院	1303	戏剧与影视学	B
10690	云南艺术学院	1304	美术学	B
10690	云南艺术学院	1302	音乐与舞蹈学	B−
10690	云南艺术学院	1305	设计学	C
10690	云南艺术学院	1301	艺术学理论	C−
10691	云南民族大学	0304	民族学	B
10691	云南民族大学	0303	社会学	B−
10691	云南民族大学	0501	中国语言文学	C−
10691	云南民族大学	0703	化学	C−
10694	西藏大学	0713	生态学	
10695	西藏民族大学	0304	民族学	C
10697	西北大学	0701	数学	B
10697	西北大学	0601	考古学	A+
10697	西北大学	0201	理论经济学	A−
10697	西北大学	0603	世界史	B+
10697	西北大学	0703	化学	B+
10697	西北大学	0709	地质学	B+
10697	西北大学	0817	化学工程与技术	B+
10697	西北大学	0835	软件工程	B+
10697	西北大学	0501	中国语言文学	B
10697	西北大学	0602	中国史	B
10697	西北大学	0702	物理学	B
10697	西北大学	0705	地理学	B
10697	西北大学	0710	生物学	B
10697	西北大学	0712	科学技术史	B
10697	西北大学	0713	生态学	B
10697	西北大学	0818	地质资源与地质工程	B
10697	西北大学	0812	计算机科学与技术	B−
10697	西北大学	0202	应用经济学	C+
10697	西北大学	0503	新闻传播学	C+
10697	西北大学	0714	统计学	C+
10697	西北大学	0833	城乡规划学	C+

续表

院校代码	院校名称	代码	名称	评定结果
10697	西北大学	0502	外国语言文学	C
10697	西北大学	0803	光学工程	C−
10697	西北大学	0809	电子科学与技术	C−
10697	西北大学	0810	信息与通信工程	C−
10697	西北大学	0830	环境科学与工程	C−
10698	西安交通大学	0701	数学	A
10698	西安交通大学	0807	动力工程及工程热物理	A+
10698	西安交通大学	0808	电气工程	A+
10698	西安交通大学	0801	力学	A
10698	西安交通大学	0802	机械工程	A
10698	西安交通大学	1202	工商管理	A
10698	西安交通大学	0202	应用经济学	A−
10698	西安交通大学	0305	马克思主义理论	A−
10698	西安交通大学	0805	材料科学与工程	A−
10698	西安交通大学	0809	电子科学与技术	A−
10698	西安交通大学	0811	控制科学与工程	A−
10698	西安交通大学	0812	计算机科学与技术	A−
10698	西安交通大学	1201	管理科学与工程	A−
10698	西安交通大学	1204	公共管理	A−
10698	西安交通大学	0702	物理学	B+
10698	西安交通大学	0804	仪器科学与技术	B+
10698	西安交通大学	0810	信息与通信工程	B+
10698	西安交通大学	0817	化学工程与技术	B+
10698	西安交通大学	0827	核科学与技术	B+
10698	西安交通大学	0831	生物医学工程	B+
10698	西安交通大学	0714	统计学	B
10698	西安交通大学	0835	软件工程	B
10698	西安交通大学	1001	基础医学	B
10698	西安交通大学	1002	临床医学	B
10698	西安交通大学	1007	药学	B
10698	西安交通大学	0101	哲学	B−
10698	西安交通大学	0301	法学	B−
10698	西安交通大学	0303	社会学	B−
10698	西安交通大学	0502	外国语言文学	B−
10698	西安交通大学	0710	生物学	B−

续表

院校代码	院校名称	代码	名称	评定结果
10698	西安交通大学	0830	环境科学与工程	B−
10698	西安交通大学	1011	护理学	B−
10698	西安交通大学	0703	化学	C+
10698	西安交通大学	0814	土木工程	C+
10698	西安交通大学	1003	口腔医学	C+
10698	西安交通大学	1004	公共卫生与预防医学	C+
10698	西安交通大学	0503	新闻传播学	C
10698	西安交通大学	0825	航空宇航科学与技术	C
10698	西安交通大学	0201	理论经济学	C−
10698	西安交通大学	1006	中西医结合	C−
10698	西安交通大学	0813	建筑学	C−
10699	西北工业大学	0701	数学	B
10699	西北工业大学	0825	航空宇航科学与技术	A+
10699	西北工业大学	0805	材料科学与工程	A
10699	西北工业大学	0812	计算机科学与技术	A−
10699	西北工业大学	0801	力学	B+
10699	西北工业大学	0802	机械工程	B+
10699	西北工业大学	0809	电子科学与技术	B+
10699	西北工业大学	0811	控制科学与工程	B+
10699	西北工业大学	0835	软件工程	B+
10699	西北工业大学	1201	管理科学与工程	B+
10699	西北工业大学	0702	物理学	B
10699	西北工业大学	0808	电气工程	B
10699	西北工业大学	0810	信息与通信工程	B
10699	西北工业大学	0826	兵器科学与技术	B
10699	西北工业大学	0703	化学	B−
10699	西北工业大学	0803	光学工程	B−
10699	西北工业大学	0804	仪器科学与技术	B−
10699	西北工业大学	0807	动力工程及工程热物理	B−
10699	西北工业大学	0823	交通运输工程	B−
10699	西北工业大学	0824	船舶与海洋工程	B−
10699	西北工业大学	1202	工商管理	B−
10699	西北工业大学	1305	设计学	B−
10699	西北工业大学	0831	生物医学工程	C+
10699	西北工业大学	0710	生物学	C−

续表

院校代码	院校名称	代码	名称	评定结果
10699	西北工业大学	0814	土木工程	C−
10699	西北工业大学	1204	公共管理	C−
10700	西安理工大学	0811	控制科学与工程	B+
10700	西安理工大学	0815	水利工程	B+
10700	西安理工大学	1201	管理科学与工程	B+
10700	西安理工大学	0305	马克思主义理论	B
10700	西安理工大学	0802	机械工程	B
10700	西安理工大学	0805	材料科学与工程	B
10700	西安理工大学	0804	仪器科学与技术	B−
10700	西安理工大学	0809	电子科学与技术	B−
10700	西安理工大学	0814	土木工程	B−
10700	西安理工大学	0830	环境科学与工程	B−
10700	西安理工大学	1202	工商管理	B−
10700	西安理工大学	0808	电气工程	C+
10700	西安理工大学	0812	计算机科学与技术	C
10700	西安理工大学	0810	信息与通信工程	C−
10700	西安理工大学	0822	轻工技术与工程	C−
10700	西安理工大学	0828	农业工程	C−
10700	西安理工大学	1305	设计学	C−
10701	西安电子科技大学	0809	电子科学与技术	A−
10701	西安电子科技大学	0810	信息与通信工程	A
10701	西安电子科技大学	0812	计算机科学与技术	A−
10701	西安电子科技大学	0802	机械工程	B−
10701	西安电子科技大学	0811	控制科学与工程	B−
10701	西安电子科技大学	0835	软件工程	B+
10701	西安电子科技大学	0803	光学工程	B
10701	西安电子科技大学	0804	仪器科学与技术	B
10701	西安电子科技大学	1201	管理科学与工程	B−
10701	西安电子科技大学	0805	材料科学与工程	C+
10701	西安电子科技大学	0831	生物医学工程	C+
10702	西安工业大学	0803	光学工程	B−
10702	西安工业大学	0802	机械工程	C+
10702	西安工业大学	0805	材料科学与工程	C+
10702	西安工业大学	0812	计算机科学与技术	C
10702	西安工业大学	0811	控制科学与工程	C−

续表

院校代码	院校名称	代码	名称	评定结果
10703	西安建筑科技大学	0813	建筑学	B+
10703	西安建筑科技大学	0814	土木工程	B+
10703	西安建筑科技大学	0830	环境科学与工程	B+
10703	西安建筑科技大学	0833	城乡规划学	B+
10703	西安建筑科技大学	0834	风景园林学	B+
10703	西安建筑科技大学	0805	材料科学与工程	B
10703	西安建筑科技大学	1201	管理科学与工程	B−
10703	西安建筑科技大学	0802	机械工程	C+
10703	西安建筑科技大学	1304	美术学	C+
10703	西安建筑科技大学	0806	冶金工程	C
10704	西安科技大学	0837	安全科学与工程	A−
10704	西安科技大学	0305	马克思主义理论	B−
10704	西安科技大学	0814	土木工程	B−
10704	西安科技大学	0802	机械工程	C+
10704	西安科技大学	0816	测绘科学与技术	C+
10704	西安科技大学	0818	地质资源与地质工程	C+
10704	西安科技大学	0819	矿业工程	C+
10704	西安科技大学	0810	信息与通信工程	C−
10704	西安科技大学	1201	管理科学与工程	C−
10705	西安石油大学	0817	化学工程与技术	C
10705	西安石油大学	0820	石油与天然气工程	C
10705	西安石油大学	0812	计算机科学与技术	C−
10708	陕西科技大学	0822	轻工技术与工程	B+
10708	陕西科技大学	0817	化学工程与技术	B
10708	陕西科技大学	0805	材料科学与工程	B−
10708	陕西科技大学	1305	设计学	C+
10708	陕西科技大学	0832	食品科学与工程	C
10708	陕西科技大学	0835	软件工程	C
10708	陕西科技大学	0802	机械工程	C−
10708	陕西科技大学	0811	控制科学与工程	C−
10708	陕西科技大学	0830	环境科学与工程	C−
10709	西安工程大学	0821	纺织科学与工程	C+
10709	西安工程大学	0811	控制科学与工程	C
10709	西安工程大学	1305	设计学	C
10710	长安大学	0818	地质资源与地质工程	B+

续表

院校代码	院校名称	代码	名称	评定结果
10710	长安大学	0823	交通运输工程	B+
10710	长安大学	0814	土木工程	B
10710	长安大学	0816	测绘科学与技术	B
10710	长安大学	0802	机械工程	B−
10710	长安大学	0830	环境科学与工程	B−
10710	长安大学	0833	城乡规划学	B−
10710	长安大学	0305	马克思主义理论	C+
10710	长安大学	0812	计算机科学与技术	C+
10710	长安大学	0815	水利工程	C
10710	长安大学	1202	工商管理	C
10710	长安大学	1204	公共管理	C
10710	长安大学	0801	力学	C−
10710	长安大学	0805	材料科学与工程	C−
10710	长安大学	0835	软件工程	C−
10710	长安大学	0813	建筑学	C−
10712	西北农林科技大学	0909	草学	B+
10712	西北农林科技大学	0907	林学	A−
10712	西北农林科技大学	0710	生物学	B−
10712	西北农林科技大学	0713	生态学	B−
10712	西北农林科技大学	0828	农业工程	B+
10712	西北农林科技大学	0832	食品科学与工程	B+
10712	西北农林科技大学	0901	作物学	B+
10712	西北农林科技大学	0902	园艺学	B+
10712	西北农林科技大学	0903	农业资源与环境	B+
10712	西北农林科技大学	0904	植物保护	B+
10712	西北农林科技大学	0905	畜牧学	B+
10712	西北农林科技大学	0906	兽医学	B+
10712	西北农林科技大学	1203	农林经济管理	B+
10712	西北农林科技大学	0834	风景园林学	B
10712	西北农林科技大学	0815	水利工程	B−
10712	西北农林科技大学	0830	环境科学与工程	B−
10712	西北农林科技大学	0303	社会学	C
10712	西北农林科技大学	0812	计算机科学与技术	C
10712	西北农林科技大学	0817	化学工程与技术	C−
10712	西北农林科技大学	0822	轻工技术与工程	C−

续表

院校代码	院校名称	代码	名称	评定结果
10712	西北农林科技大学	09	农学	
10716	陕西中医药大学	1005	中医学	C
10716	陕西中医药大学	1008	中药学	C
10716	陕西中医药大学	1006	中西医结合	C−
10718	陕西师范大学	0701	数学	B+
10718	陕西师范大学	0305	马克思主义理论	B+
10718	陕西师范大学	0401	教育学	B+
10718	陕西师范大学	0402	心理学	B+
10718	陕西师范大学	0501	中国语言文学	B+
10718	陕西师范大学	0602	中国史	B+
10718	陕西师范大学	0703	化学	B+
10718	陕西师范大学	0710	生物学	B+
10718	陕西师范大学	0101	哲学	B
10718	陕西师范大学	0502	外国语言文学	B
10718	陕西师范大学	0503	新闻传播学	B
10718	陕西师范大学	0702	物理学	B
10718	陕西师范大学	0705	地理学	B
10718	陕西师范大学	0201	理论经济学	B−
10718	陕西师范大学	0304	民族学	B−
10718	陕西师范大学	0403	体育学	B−
10718	陕西师范大学	0603	世界史	B−
10718	陕西师范大学	0713	生态学	C+
10718	陕西师范大学	0601	考古学	C
10718	陕西师范大学	0202	应用经济学	C−
10718	陕西师范大学	0302	政治学	C−
10719	延安大学	0305	马克思主义理论	C
10719	延安大学	0302	政治学	C−
10724	西安外国语大学	0502	外国语言文学	B+
10726	西北政法大学	0301	法学	B+
10726	西北政法大学	0101	哲学	C
10727	西安体育学院	0403	体育学	B
10728	西安音乐学院	1302	音乐与舞蹈学	B+
10729	西安美术学院	1304	美术学	A
10729	西安美术学院	1305	设计学	B+
10729	西安美术学院	1301	艺术学理论	B

续表

院校代码	院校名称	代码	名称	评定结果
10730	兰州大学	0909	草学	A+
10730	兰州大学	0701	数学	B+
10730	兰州大学	0713	生态学	A
10730	兰州大学	0304	民族学	B+
10730	兰州大学	0305	马克思主义理论	B+
10730	兰州大学	0702	物理学	B+
10730	兰州大学	0703	化学	B+
10730	兰州大学	0705	地理学	B+
10730	兰州大学	0710	生物学	B+
10730	兰州大学	1204	公共管理	B+
10730	兰州大学	0602	中国史	B
10730	兰州大学	0801	力学	B
10730	兰州大学	0812	计算机科学与技术	B
10730	兰州大学	1202	工商管理	B
10730	兰州大学	0202	应用经济学	B−
10730	兰州大学	0301	法学	B−
10730	兰州大学	0501	中国语言文学	B−
10730	兰州大学	0503	新闻传播学	B−
10730	兰州大学	0706	大气科学	B−
10730	兰州大学	1001	基础医学	B−
10730	兰州大学	0101	哲学	C+
10730	兰州大学	0502	外国语言文学	C+
10730	兰州大学	0805	材料科学与工程	C+
10730	兰州大学	0809	电子科学与技术	C+
10730	兰州大学	0827	核科学与技术	C+
10730	兰州大学	0830	环境科学与工程	C+
10730	兰州大学	1002	临床医学	C+
10730	兰州大学	1007	药学	C+
10730	兰州大学	0303	社会学	C
10730	兰州大学	0817	化学工程与技术	C
10730	兰州大学	0201	理论经济学	C−
10730	兰州大学	0709	地质学	C−
10730	兰州大学	0810	信息与通信工程	C−
10730	兰州大学	0905	畜牧学	C−
10730	兰州大学	1003	口腔医学	C−

续表

院校代码	院校名称	代码	名称	评定结果
10731	兰州理工大学	0814	土木工程	B
10731	兰州理工大学	0802	机械工程	B−
10731	兰州理工大学	0805	材料科学与工程	B−
10731	兰州理工大学	0811	控制科学与工程	B−
10731	兰州理工大学	0807	动力工程及工程热物理	C+
10731	兰州理工大学	0817	化学工程与技术	C
10731	兰州理工大学	0305	马克思主义理论	C−
10732	兰州交通大学	0814	土木工程	B
10732	兰州交通大学	0823	交通运输工程	B
10732	兰州交通大学	0830	环境科学与工程	B
10732	兰州交通大学	0802	机械工程	B−
10732	兰州交通大学	0810	信息与通信工程	C−
10732	兰州交通大学	0817	化学工程与技术	C−
10733	甘肃农业大学	0909	草学	B+
10733	甘肃农业大学	0905	畜牧学	B−
10733	甘肃农业大学	0906	兽医学	B−
10733	甘肃农业大学	0901	作物学	C+
10733	甘肃农业大学	0902	园艺学	C+
10733	甘肃农业大学	0828	农业工程	C
10733	甘肃农业大学	0832	食品科学与工程	C−
10733	甘肃农业大学	0907	林学	C−
10735	甘肃中医药大学	1005	中医学	C
10735	甘肃中医药大学	1008	中药学	C
10736	西北师范大学	0701	数学	B
10736	西北师范大学	0401	教育学	B+
10736	西北师范大学	0501	中国语言文学	B
10736	西北师范大学	0305	马克思主义理论	B−
10736	西北师范大学	0502	外国语言文学	B−
10736	西北师范大学	0702	物理学	B−
10736	西北师范大学	0703	化学	B−
10736	西北师范大学	0705	地理学	B−
10736	西北师范大学	1304	美术学	B−
10736	西北师范大学	0402	心理学	C+
10736	西北师范大学	0403	体育学	C+
10736	西北师范大学	0602	中国史	C+

续表

院校代码	院校名称	代码	名称	评定结果
10736	西北师范大学	1302	音乐与舞蹈学	C+
10736	西北师范大学	1303	戏剧与影视学	C+
10741	兰州财经大学	0714	统计学	C+
10741	兰州财经大学	0202	应用经济学	C
10741	兰州财经大学	0201	理论经济学	C−
10741	兰州财经大学	1202	工商管理	C−
10742	西北民族大学	0304	民族学	C+
10742	西北民族大学	0501	中国语言文学	C+
10742	西北民族大学	1302	音乐与舞蹈学	C
10742	西北民族大学	0303	社会学	C−
10743	青海大学	0909	草学	B−
10743	青海大学	0901	作物学	C
10743	青海大学	1002	临床医学	C−
10743	青海大学	0713	生态学	
10746	青海师范大学	0812	计算机科学与技术	B−
10746	青海师范大学	0705	地理学	C+
10749	宁夏大学	0701	数学	C+
10749	宁夏大学	0909	草学	B−
10749	宁夏大学	0304	民族学	B−
10749	宁夏大学	0815	水利工程	C−
10749	宁夏大学	0501	中国语言文学	C−
10749	宁夏大学	0502	外国语言文学	C−
10749	宁夏大学	0710	生物学	C−
10749	宁夏大学	0713	生态学	C−
10749	宁夏大学	0817	化学工程与技术	
10752	宁夏医科大学	1002	临床医学	C+
10752	宁夏医科大学	1001	基础医学	C
10755	新疆大学	0701	数学	B
10755	新疆大学	0305	马克思主义理论	B
10755	新疆大学	0201	理论经济学	B−
10755	新疆大学	0501	中国语言文学	B−
10755	新疆大学	0703	化学	B−
10755	新疆大学	0812	计算机科学与技术	B−
10755	新疆大学	0817	化学工程与技术	B−
10755	新疆大学	0301	法学	C+

续表

院校代码	院校名称	代码	名称	评定结果
10755	新疆大学	0705	地理学	C+
10755	新疆大学	0710	生物学	C+
10755	新疆大学	0713	生态学	C+
10755	新疆大学	0802	机械工程	C+
10755	新疆大学	0808	电气工程	C+
10755	新疆大学	0835	软件工程	C+
10755	新疆大学	0302	政治学	C−
10755	新疆大学	0503	新闻传播学	C−
10758	新疆农业大学	0909	草学	B
10758	新疆农业大学	0815	水利工程	C+
10758	新疆农业大学	0905	畜牧学	C
10758	新疆农业大学	1203	农林经济管理	C
10758	新疆农业大学	0902	园艺学	C−
10758	新疆农业大学	0906	兽医学	C−
10758	新疆农业大学	1204	公共管理	C−
10759	石河子大学	0817	化学工程与技术	B−
10759	石河子大学	0828	农业工程	B−
10759	石河子大学	1202	工商管理	C+
10759	石河子大学	0901	作物学	C
10759	石河子大学	0902	园艺学	C
10759	石河子大学	0905	畜牧学	C
10759	石河子大学	1001	基础医学	C
10759	石河子大学	0202	应用经济学	C−
10759	石河子大学	0401	教育学	C−
10759	石河子大学	0906	兽医学	C−
10759	石河子大学	1002	临床医学	C−
10759	石河子大学	1203	农林经济管理	C−
10760	新疆医科大学	1007	药学	B−
10760	新疆医科大学	1002	临床医学	C+
10760	新疆医科大学	1004	公共卫生与预防医学	C
10760	新疆医科大学	1006	中西医结合	C
10760	新疆医科大学	1001	基础医学	C−
10760	新疆医科大学	1011	护理学	C−
10762	新疆师范大学	0305	马克思主义理论	B
10762	新疆师范大学	1304	美术学	B

续表

院校代码	院校名称	代码	名称	评定结果
10762	新疆师范大学	0401	教育学	B−
10762	新疆师范大学	0304	民族学	C+
10762	新疆师范大学	0403	体育学	C+
10762	新疆师范大学	0501	中国语言文学	C+
10766	新疆财经大学	1202	工商管理	B−
10766	新疆财经大学	0202	应用经济学	C+
10766	新疆财经大学	0714	统计学	C
10792	天津城建大学	0814	土木工程	C+
10792	天津城建大学	0833	城乡规划学	C
10792	天津城建大学	1201	管理科学与工程	C−
10856	上海工程技术大学	0802	机械工程	C+
10856	上海工程技术大学	1202	工商管理	C+
10856	上海工程技术大学	0805	材料科学与工程	C−
10878	安徽建筑大学	0813	建筑学	C+
10878	安徽建筑大学	0833	城乡规划学	B−
10878	安徽建筑大学	0814	土木工程	C+
10878	安徽建筑大学	0805	材料科学与工程	C−
10908	山东工艺美术学院	1305	设计学	B
10908	山东工艺美术学院	1304	美术学	C
11035	沈阳大学	0830	环境科学与工程	C
11035	沈阳大学	0805	材料科学与工程	C−
11035	沈阳大学	1202	工商管理	C−
11065	青岛大学	0702	物理学	C+
11065	青岛大学	0710	生物学	C+
11065	青岛大学	0711	系统科学	C+
11065	青岛大学	0805	材料科学与工程	C+
11065	青岛大学	0812	计算机科学与技术	C+
11065	青岛大学	0821	纺织科学与工程	C+
11065	青岛大学	1001	基础医学	C+
11065	青岛大学	1002	临床医学	C+
11065	青岛大学	1201	管理科学与工程	C+
11065	青岛大学	0201	理论经济学	C
11065	青岛大学	0501	中国语言文学	C
11065	青岛大学	0502	外国语言文学	C
11065	青岛大学	0811	控制科学与工程	C

续表

院校代码	院校名称	代码	名称	评定结果
11065	青岛大学	0835	软件工程	C
11065	青岛大学	1011	护理学	C
11065	青岛大学	1202	工商管理	C
11065	青岛大学	0301	法学	C−
11065	青岛大学	0302	政治学	C−
11065	青岛大学	0802	机械工程	C−
11065	青岛大学	0817	化学工程与技术	C−
11065	青岛大学	0830	环境科学与工程	C−
11065	青岛大学	1004	公共卫生与预防医学	C−
11065	青岛大学	1007	药学	C−
11065	青岛大学	1302	音乐与舞蹈学	C−
11065	青岛大学	0701	数学	C−
11066	烟台大学	0701	数学	C
11066	烟台大学	0301	法学	B
11066	烟台大学	1007	药学	C
11066	烟台大学	0814	土木工程	C−
11072	江汉大学	0817	化学工程与技术	C
11075	三峡大学	0808	电气工程	B−
11075	三峡大学	0814	土木工程	B−
11075	三峡大学	0815	水利工程	B−
11075	三峡大学	0305	马克思主义理论	C+
11075	三峡大学	0501	中国语言文学	C
11075	三峡大学	0812	计算机科学与技术	C
11075	三峡大学	1201	管理科学与工程	C
11075	三峡大学	1202	工商管理	C
11075	三峡大学	0710	生物学	C−
11075	三峡大学	0713	生态学	C−
11078	广州大学	0701	数学	B
11078	广州大学	0814	土木工程	B+
11078	广州大学	0714	统计学	B−
11078	广州大学	0301	法学	C+
11078	广州大学	0305	马克思主义理论	C+
11078	广州大学	0401	教育学	C+
11078	广州大学	1202	工商管理	C+
11078	广州大学	1304	美术学	C+

续表

院校代码	院校名称	代码	名称	评定结果
11078	广州大学	0402	心理学	C
11078	广州大学	1204	公共管理	C
11078	广州大学	1302	音乐与舞蹈学	C
11078	广州大学	1303	戏剧与影视学	C
11078	广州大学	0501	中国语言文学	C−
11078	广州大学	0705	地理学	C−
11078	广州大学	0802	机械工程	C−
11078	广州大学	0830	环境科学与工程	C−
11079	成都学院	1007	药学	C−
11117	扬州大学	0701	数学	B−
11117	扬州大学	0906	兽医学	A−
11117	扬州大学	0305	马克思主义理论	B
11117	扬州大学	0501	中国语言文学	B
11117	扬州大学	0703	化学	B
11117	扬州大学	0901	作物学	B
11117	扬州大学	0905	畜牧学	B
11117	扬州大学	0502	外国语言文学	B−
11117	扬州大学	0403	体育学	C−
11117	扬州大学	0710	生物学	C+
11117	扬州大学	0815	水利工程	C+
11117	扬州大学	0904	植物保护	C+
11117	扬州大学	0301	法学	C
11117	扬州大学	0401	教育学	C
11117	扬州大学	0602	中国史	C
11117	扬州大学	0812	计算机科学与技术	C
11117	扬州大学	0828	农业工程	C
11117	扬州大学	1202	工商管理	C
11117	扬州大学	0814	土木工程	C−
11117	扬州大学	0832	食品科学与工程	C−
11117	扬州大学	0902	园艺学	C−
11117	扬州大学	0903	农业资源与环境	C−
11117	扬州大学	0909	草学	C−
11117	扬州大学	1006	中西医结合	C−
11117	扬州大学	1303	戏剧与影视学	C−
11232	北京信息科技大学	0804	仪器科学与技术	C+

续表

院校代码	院校名称	代码	名称	评定结果
11232	北京信息科技大学	0802	机械工程	C
11232	北京信息科技大学	1201	管理科学与工程	C
11232	北京信息科技大学	0811	控制科学与工程	C−
11232	北京信息科技大学	0812	计算机科学与技术	C−
11258	大连大学	0835	软件工程	B−
11258	大连大学	0812	计算机科学与技术	C
11258	大连大学	0703	化学	C−
11287	南京审计大学	1202	工商管理	B
11287	南京审计大学	0202	应用经济学	C
11287	南京审计大学	0201	理论经济学	C−
11406	甘肃政法学院	0301	法学	B−
11407	北方民族大学	0304	民族学	C−
11413	中国矿业大学（北京）	0837	安全科学与工程	
11413	中国矿业大学（北京）	0819	矿业工程	
11414	中国石油大学	0701	数学	C+
11414	中国石油大学	0818	地质资源与地质工程	A+
11414	中国石油大学	0820	石油与天然气工程	A+
11414	中国石油大学	0817	化学工程与技术	A−
11414	中国石油大学	0837	安全科学与工程	B+
11414	中国石油大学	0305	马克思主义理论	B
11414	中国石油大学	0802	机械工程	B
11414	中国石油大学	0807	动力工程及工程热物理	B
11414	中国石油大学	1201	管理科学与工程	B
11414	中国石油大学	0703	化学	B−
11414	中国石油大学	0708	地球物理学	B−
11414	中国石油大学	0709	地质学	B−
11414	中国石油大学	0805	材料科学与工程	B−
11414	中国石油大学	0811	控制科学与工程	B−
11414	中国石油大学	0812	计算机科学与技术	B−
11414	中国石油大学	0830	环境科学与工程	B−
11414	中国石油大学	0502	外国语言文学	C+
11414	中国石油大学	0801	力学	C+
11414	中国石油大学	1202	工商管理	C+
11414	中国石油大学	0202	应用经济学	C
11414	中国石油大学	0816	测绘科学与技术	C

续表

院校代码	院校名称	代码	名称	评定结果
11414	中国石油大学	0702	物理学	C−
11415	中国地质大学（北京）	0709	地质学	
11415	中国地质大学（北京）	0818	地质资源与地质工程	
11417	北京联合大学	0835	软件工程	B−
11417	北京联合大学	1202	工商管理	C+
11417	北京联合大学	0601	考古学	C−
11482	浙江财经大学	0202	应用经济学	B+
11482	浙江财经大学	1202	工商管理	B
11482	浙江财经大学	1204	公共管理	B−
11482	浙江财经大学	0714	统计学	C+
11482	浙江财经大学	0201	理论经济学	C
11482	浙江财经大学	0301	法学	C−
11535	湖南工业大学	1305	设计学	C+
11535	湖南工业大学	0831	生物医学工程	C
11535	湖南工业大学	0808	电气工程	C−
11535	湖南工业大学	0812	计算机科学与技术	C−
11535	湖南工业大学	1202	工商管理	C−
11560	西安财经学院	0202	应用经济学	C+
11560	西安财经学院	0714	统计学	C+
11560	西安财经学院	1202	工商管理	C+
11646	宁波大学	0701	数学	B−
11646	宁波大学	0502	外国语言文学	B
11646	宁波大学	0908	水产	B
11646	宁波大学	0403	体育学	B−
11646	宁波大学	0810	信息与通信工程	B−
11646	宁波大学	0202	应用经济学	C+
11646	宁波大学	0301	法学	C+
11646	宁波大学	0401	教育学	C+
11646	宁波大学	0702	物理学	C
11646	宁波大学	0801	力学	C
11646	宁波大学	0814	土木工程	C
11646	宁波大学	0832	食品科学与工程	C
11646	宁波大学	0305	马克思主义理论	C−
11646	宁波大学	0703	化学	C−
11658	海南师范大学	0305	马克思主义理论	B−

续表

院校代码	院校名称	代码	名称	评定结果
11658	海南师范大学	0501	中国语言文学	C+
11658	海南师范大学	0703	化学	C+
11658	海南师范大学	0713	生态学	C+
11658	海南师范大学	0401	教育学	C−
11660	重庆理工大学	1202	工商管理	B−
11660	重庆理工大学	0802	机械工程	C+
11660	重庆理工大学	0804	仪器科学与技术	C
11660	重庆理工大学	0805	材料科学与工程	C−
11664	西安邮电大学	0810	信息与通信工程	B−
11664	西安邮电大学	0812	计算机科学与技术	C+
11664	西安邮电大学	0809	电子科学与技术	C
11664	西安邮电大学	0835	软件工程	C
11664	西安邮电大学	0202	应用经济学	C−
11799	重庆工商大学	0202	应用经济学	B−
11799	重庆工商大学	1202	工商管理	B−
11799	重庆工商大学	0714	统计学	C+
11799	重庆工商大学	0830	环境科学与工程	C+
11799	重庆工商大学	0305	马克思主义理论	C−
11799	重庆工商大学	1201	管理科学与工程	C−
11832	河北经贸大学	0202	应用经济学	C+
11832	河北经贸大学	1202	工商管理	C+
11832	河北经贸大学	0301	法学	C
11832	河北经贸大学	0714	统计学	C
11835	上海政法学院	0301	法学	B−
11845	广东工业大学	0811	控制科学与工程	A−
11845	广东工业大学	0802	机械工程	B+
11845	广东工业大学	0817	化学工程与技术	B
11845	广东工业大学	1305	设计学	B
11845	广东工业大学	0805	材料科学与工程	B−
11845	广东工业大学	1201	管理科学与工程	B−
11845	广东工业大学	0814	土木工程	C+
11845	广东工业大学	0830	环境科学与工程	C+
11845	广东工业大学	0835	软件工程	C+
11845	广东工业大学	0812	计算机科学与技术	C
11845	广东工业大学	1202	工商管理	C

续表

院校代码	院校名称	代码	名称	评定结果
11845	广东工业大学	0804	仪器科学与技术	C—
11845	广东工业大学	0810	信息与通信工程	C—
11846	广东外语外贸大学	0502	外国语言文学	A
11846	广东外语外贸大学	0202	应用经济学	B—
11846	广东外语外贸大学	1202	工商管理	B—
11846	广东外语外贸大学	0301	法学	C+
11846	广东外语外贸大学	0302	政治学	C
11846	广东外语外贸大学	0501	中国语言文学	C—
11846	广东外语外贸大学	1201	管理科学与工程	C—
12121	南方医科大学	1001	基础医学	B+
12121	南方医科大学	1004	公共卫生与预防医学	B+
12121	南方医科大学	1006	中西医结合	B—
12121	南方医科大学	0831	生物医学工程	B
12121	南方医科大学	1002	临床医学	B
12121	南方医科大学	1007	药学	B
12121	南方医科大学	1011	护理学	B
12121	南方医科大学	1003	口腔医学	C—
12121	南方医科大学	1008	中药学	C—
14432	河北中医学院	1006	中西医结合	C
14432	河北中医学院	1005	中医学	C—
14560	哈尔滨音乐学院	1302	音乐与舞蹈学	B
14560	哈尔滨音乐学院	1301	艺术学理论	B—
14430	中国科学院大学	0701	数学	A+
14430	中国科学院大学	0702	物理学	A+
14430	中国科学院大学	0703	化学	A+
14430	中国科学院大学	0704	天文学	A+
14430	中国科学院大学	0705	地理学	A+
14430	中国科学院大学	0706	大气科学	A+
14430	中国科学院大学	0707	海洋科学	A+
14430	中国科学院大学	0708	地球物理学	A+
14430	中国科学院大学	0709	地质学	A+
14430	中国科学院大学	0710	生物学	A+
14430	中国科学院大学	0711	系统科学	A+
14430	中国科学院大学	0839	网络空间安全	
14430	中国科学院大学	0713	生态学	A+

续表

院校代码	院校名称	代码	名称	评定结果
14430	中国科学院大学	0809	电子科学与技术	A+
14430	中国科学院大学	0812	计算机科学与技术	A+
14430	中国科学院大学	0830	环境科学与工程	A+
14430	中国科学院大学	0903	农业资源与环境	A+
14430	中国科学院大学	0908	水产	A+
14430	中国科学院大学	1007	药学	A+
14430	中国科学院大学	0803	光学工程	A
14430	中国科学院大学	0805	材料科学与工程	A
14430	中国科学院大学	0810	信息与通信工程	A
14430	中国科学院大学	0811	控制科学与工程	A
14430	中国科学院大学	0817	化学工程与技术	A
14430	中国科学院大学	1201	管理科学与工程	A
14430	中国科学院大学	0402	心理学	A−
14430	中国科学院大学	0714	统计学	A−
14430	中国科学院大学	0801	力学	A−
14430	中国科学院大学	0804	仪器科学与技术	A−
14430	中国科学院大学	0814	土木工程	A−
14430	中国科学院大学	0835	软件工程	A−
14430	中国科学院大学	0712	科学技术史	B+
14430	中国科学院大学	0802	机械工程	B+
14430	中国科学院大学	0807	动力工程及工程热物理	B+
14430	中国科学院大学	0808	电气工程	B+
14430	中国科学院大学	0816	测绘科学与技术	B+
14430	中国科学院大学	0818	地质资源与地质工程	B+
14430	中国科学院大学	0827	核科学与技术	B+
14430	中国科学院大学	0831	生物医学工程	B+
14430	中国科学院大学	1205	图书情报与档案管理	B+
14430	中国科学院大学	0905	畜牧学	B
14430	中国科学院大学	0907	林学	B
14430	中国科学院大学	1001	基础医学	B−
14430	中国科学院大学	1202	工商管理	B−
14430	中国科学院大学	0101	哲学	C+
14430	中国科学院大学	0901	作物学	C+
14430	中国科学院大学	1204	公共管理	C+
14430	中国科学院大学	0825	航空宇航科学与技术	C−

续表

院校代码	院校名称	代码	名称	评定结果
14430	中国科学院大学	1008	中药学	C−
90002	国防科技大学	0701	数学	B+
90002	国防科技大学	0711	系统科学	A+
90002	国防科技大学	0812	计算机科学与技术	A+
90002	国防科技大学	0835	软件工程	A+
90002	国防科技大学	1201	管理科学与工程	A+
90002	国防科技大学	0803	光学工程	A
90002	国防科技大学	0810	信息与通信工程	A
90002	国防科技大学	0811	控制科学与工程	A
90002	国防科技大学	0802	机械工程	A−
90002	国防科技大学	0702	物理学	B+
90002	国防科技大学	0804	仪器科学与技术	B+
90002	国防科技大学	0805	材料科学与工程	B+
90002	国防科技大学	0809	电子科学与技术	B+
90002	国防科技大学	0825	航空宇航科学与技术	B+
90002	国防科技大学	0801	力学	B
90002	国防科技大学	0502	外国语言文学	C
90002	国防科技大学	0831	生物医学工程	C
90005	解放军信息工程大学	0816	测绘科学与技术	A+
90005	解放军信息工程大学	0810	信息与通信工程	A−
90005	解放军信息工程大学	0812	计算机科学与技术	A−
90005	解放军信息工程大学	0835	软件工程	B
90005	解放军信息工程大学	0811	控制科学与工程	B−
90005	解放军信息工程大学	0809	电子科学与技术	C+
90005	解放军信息工程大学	0804	仪器科学与技术	C
90006	解放军理工大学	0701	数学	C
90006	解放军理工大学	0810	信息与通信工程	A−
90006	解放军理工大学	0814	土木工程	A−
90006	解放军理工大学	0812	计算机科学与技术	B+
90006	解放军理工大学	0835	软件工程	B+
90006	解放军理工大学	0706	大气科学	B
90006	解放军理工大学	0802	机械工程	B
90006	解放军理工大学	0809	电子科学与技术	B−
90006	解放军理工大学	0826	兵器科学与技术	C+
90006	解放军理工大学	0803	光学工程	C

续表

院校代码	院校名称	代码	名称	评定结果
90006	解放军理工大学	0707	海洋科学	C−
90021	南京政治学院	0305	马克思主义理论	B+
90021	南京政治学院	1205	图书情报与档案管理	B
90021	南京政治学院	0503	新闻传播学	B−
90026	军事经济学院	0202	应用经济学	B−
90030	第二军医大学	1011	护理学	A+
90030	第二军医大学	1001	基础医学	A−
90030	第二军医大学	1007	药学	A−
90030	第二军医大学	1002	临床医学	B+
90030	第二军医大学	1004	公共卫生与预防医学	B+
90030	第二军医大学	1006	中西医结合	B
90030	第二军医大学	1204	公共管理	B
90030	第二军医大学	1008	中药学	C+
90032	第四军医大学	1003	口腔医学	A+
90032	第四军医大学	0710	生物学	B+
90032	第四军医大学	1002	临床医学	B+
90032	第四军医大学	1004	公共卫生与预防医学	B+
90032	第四军医大学	1007	药学	B+
90032	第四军医大学	0402	心理学	B
90032	第四军医大学	0831	生物医学工程	B
90032	第四军医大学	1001	基础医学	B
90032	第四军医大学	1006	中西医结合	B−
90032	第四军医大学	1011	护理学	B−
90032	第四军医大学	1008	中药学	C+
90033	装备学院	0810	信息与通信工程	B−
90033	装备学院	0825	航空宇航科学与技术	C
90033	装备学院	0826	兵器科学与技术	C
90038	海军工程大学	0808	电气工程	A−
90038	海军工程大学	0824	船舶与海洋工程	B+
90038	海军工程大学	0807	动力工程及工程热物理	B
90038	海军工程大学	0811	控制科学与工程	B
90038	海军工程大学	0810	信息与通信工程	B−
90038	海军工程大学	0827	核科学与技术	C+
90038	海军工程大学	0805	材料科学与工程	C−
90038	海军工程大学	0826	兵器科学与技术	C−

续表

院校代码	院校名称	代码	名称	评定结果
90039	海军航空工程学院	0810	信息与通信工程	B+
90039	海军航空工程学院	0811	控制科学与工程	B
90039	海军航空工程学院	0825	航空宇航科学与技术	B−
90039	海军航空工程学院	0804	仪器科学与技术	C
90039	海军航空工程学院	0809	电子科学与技术	C
90039	海军航空工程学院	0812	计算机科学与技术	C−
90039	海军航空工程学院	0835	软件工程	C−
90045	空军工程大学	0809	电子科学与技术	B+
90045	空军工程大学	0810	信息与通信工程	B+
90045	空军工程大学	0811	控制科学与工程	B
90045	空军工程大学	0825	航空宇航科学与技术	B
90045	空军工程大学	1201	管理科学与工程	B
90045	空军工程大学	0812	计算机科学与技术	B−
90045	空军工程大学	0826	兵器科学与技术	B−
90045	空军工程大学	0823	交通运输工程	C+
90059	火箭军工程大学	0811	控制科学与工程	A−
90059	火箭军工程大学	0812	计算机科学与技术	B
90059	火箭军工程大学	0826	兵器科学与技术	B−
90059	火箭军工程大学	0802	机械工程	C+
90059	火箭军工程大学	0825	航空宇航科学与技术	C+
90059	火箭军工程大学	0810	信息与通信工程	C−

注：1. 院校代码和专业代码并非各院校各专业在各省招生的代码。

2. 专业名称主要为一级学科名称。

3. 前2%（或前2名）为A+，2%～5%为A（不含2%，下同），5%～10%为A−，10%～20%为B+，20%～30%为B，30%～40%为B−，40%～50%为C+，50%～60%为C，60%～70%为C−。

4. 第四轮评估于2016年在95个一级学科范围内开展（不含军事学门类等16个学科），共有513个单位的7449个学科参评，全国高校具有博士学位授予权的学科有94%申请参评。

5. 部分院校部分专业为院校自设专业，所以“专业代码”栏为空。

6. 部分院校部分专业为实际一流学科建设学科，并未参评，所以“评定结果”栏为空。